21世纪应用型本科金融系列规划教材

货币金融学

The Economics of Money, Banking, and
Financial Markets

陶　芸　刘姣华　主　编
李梅华　郭　丹　吴义能　李　薇　副主编

（第二版）

东北财经大学出版社
Dongbei University of Finance & Economics Press
大连

图书在版编目（CIP）数据

货币金融学 / 陶芸，刘姣华主编． —2 版． —大连：东北财经大学出版社， 2025.8.—（21世纪应用型本科金融系列规划教材）． —ISBN 978-7-5654-5749-4

Ⅰ．F820

中国国家版本馆 CIP 数据核字第 20256EF722 号

货币金融学

HUOBI JINRONGXUE

东北财经大学出版社出版

（大连市黑石礁尖山街 217 号　邮政编码　116025）

网　　　址：http://www.dufep.cn

读者信箱：dufep@dufe.edu.cn

大连永盛印业有限公司印刷　　东北财经大学出版社发行

幅面尺寸：185mm×260mm　　字数：411千字　印张：19.5

2025 年 8 月第 2 版　　　　　2025 年 8 月第 1 次印刷

责任编辑：石真珍　　　　　　责任校对：石建华

封面设计：张智波　　　　　　版式设计：原　皓

书号：ISBN 978-7-5654-5749-4　　定价：48.00元

第二版前言

2021年以来，国际国内受到新冠肺炎疫情影响，社会、经济、政治等领域发生了一系列变化，后疫情时代各国在拉动经济、改善民生、完善制度等方面又采取了多项举措，全球政治、经济的复杂多变在这几年表现得非常突出。货币金融学是一门既重视打好理论基础，又强调关注社会经济领域各种动态、前沿变化的实践性非常强的课程，所以教材的内容一定要跟上时代发展的步伐，体现学科前沿、国家大政方针政策的变化。本教材的第一版自2021年出版以来，受到广大读者欢迎，其间也多次收到读者朋友们的诚恳意见。为了让教材的内容常用常新，为读者提供更有价值的参考资源，我们进行了《货币金融学》第二版的编写工作。与教材第一版相比，第二版在以下几个方面进行了改进和完善：

（1）突出了教材的培根铸魂、启智增慧作用。第二版在各章设置了"课程思政教学参考"栏目，提炼出各章教学知识点中的课程思政结合点，方便教师在教学过程中将这些课程思政结合点融入专业知识点的教学中去，也能帮助读者认识到金融专业理论知识在现实中的应用价值。

（2）体现了教材内容的与时俱进。第二版更新了各章的统计数据和图表，力求为读者呈现更有价值的数据信息；根据国家最新的政策变化和改革要求修改了相关章节的内容，帮助读者了解我国金融领域的新政策、新方向；增加了最新的学科前沿知识和金融法规，吸收了新的典型案例。

（3）更新了阅读材料并在目录中单列。教材第一版各章都提供了丰富的课外阅读材料，有利于读者拓宽专业知识面，结合实践理解专业知识点，也为教师在教学中培养学生的知识应用能力提供了素材。第二版对阅读材料进行了更新和完善，并且在文前列出所有阅读材料的目录，方便读者一目了然地对阅读材料进行整体把握，并自行选择更感兴趣、更有价值的材料进行阅读。

本教材第二版由湖北工程学院陶芸博士和刘姣华副教授担任主编，陶芸博士对全书内容进行修改、总纂和定稿。各章具体的写作分工是：李薇老师编写第1章；陶芸博士编写第2、3、7、8、9章；郭丹博士编写第4章；吴义能博士编写第5、6章；李梅华副教授编写第10章；刘姣华副教授编写第11章。同时，本教材还是笔者所主持的省级教研项目"课程思政融入金融专业教学全过程的方法途径探索和创新——《货币金融学》的实践与反思"（项目编号：2024452）的研究成果之一。

本教材在编写过程中参考借鉴了大量的资料，在此向这些资料的作者表示感谢。由于编者学识有限，书中难免存在疏漏和不足，敬请各位读者指正。

陶　芸

2025 年 6 月

第一版前言

"货币金融学"是金融学专业的入门课程，该课程此前被称为"货币银行学"，后来随着金融市场和互联网金融的迅速发展，改为"货币金融学"，这一称谓更能适应学科发展的需要，也更能体现时代发展的特点。现在该课程不仅面向金融学专业的学生开设，很多高校也将它作为专业大类课程面向经济类与管理类各专业的学生开设，还有一些非经管专业的学生将它作为一门公选课来学习。"货币金融学"课程的学习群体如此广泛，也从一个侧面反映出人们对金融的重视，金融作为现代经济的核心发挥着重要的作用。实际上，金融是调节宏观经济的重要杠杆，金融业作为联结国民经济各方面的纽带，和我们的日常生活息息相关，学习一些基本的货币金融知识，能够使我们的人生变得更加美好、精彩。

在"货币金融学"课程中，你可以感受到黄金这种自古以来被人们推崇备至的财富形式所展现的魅力；能理解现代社会中纸币给经济活动带来的便捷和麻烦；能通过对利率的了解选择更适合自己的储蓄、投资和信贷方式；也能清楚地知道一国金融机构体系的构成及在国家经济中所发挥的作用。你会分清楚中央银行和商业银行在国家经济活动中所扮演的不同角色；能正确认识信用对个人从事经济活动的重要性，从而更珍视自己的信用记录；也能通过金融市场的投融资活动加深对金融全球化正负效应的理解；还能更从容地面对货币兑换和汇率问题，从而为今后的出国留学、商务出差或旅行带来更多美好的体验。

如今，随着信息技术的迅猛发展，信息化教学作为传统教学模式的有益补充逐渐受到人们的关注和重视，尤其是在2020年新冠肺炎疫情期间，"停课不停学"的号召使得线上教学在我国大中小学教学工作中广泛地开展起来。为了适应教育信息化的发展趋势，笔者根据自己多年在"货币金融学"课程教学中积累的经验和素材，完成了在线课程"货币金融学——生活中的金融学"的建设。目前这门课程已在优课联盟和智慧树平台上线运行。为了使学生更有效地进行线上和线下学习，也为了更好地实施和推广线上教学、线上线下混合式教学这些新兴的教学模式，我们需要有优秀的教材进行辅助。正是出于这样的初衷，笔者及其团队成员将在"货币金融学"课程教学中的有益尝试、探索和收获通过本书呈现出来。

本书内容共分为11章，涵盖货币与货币制度、信用、金融机构体系、利率、原生金融工具市场、金融衍生工具市场、商业银行经营管理、中央银行、金融监管、货币供求、国际货币体系等方面，每章设有学习目标、重难点提示、阅读材料、案例分析、本章小结、概念回顾、思考题等栏目，以期为教授和学习本课程的师生提供更系统、更实用、更有针对性、更生活化的货币金融知识和相关学习资料。

　　本书由湖北工程学院陶芸博士和刘姣华副教授担任主编，陶芸博士对全书内容进行修改、总纂和定稿。各章具体的写作分工是：李薇老师编写第1章；陶芸博士编写第2、3、7、8、9章；郭丹博士编写第4章；吴义能博士编写第5、6章；李梅华副教授编写第10章；刘姣华副教授编写第11章。

　　本书适合作为金融学专业以及其他经济管理类专业学生修读"货币金融学"等相关课程的教材，也可作为金融爱好者了解金融基础知识的参考资料。

　　本书可以作为"货币金融学——生活中的金融学"在线课程的配套教材使用，在线课程学习网址：优课联盟平台 http://www.uooconline.com/course/360389474；智慧树平台 http://coursehome.zhihuishu.com/courseHome/1000009495#teachTeam。

　　由于编者学识有限，而且货币金融学也是一门不断发展的学科，书中难免有疏漏和不尽如人意之处，还请读者不吝赐教。

陶　芸

2020年12月

目　录

阅读材料目录

第1章

货币与货币制度

学习目标 ☑️ - ●

通过本章的学习，掌握货币的基本概念，明确货币职能的内涵，了解货币形式的演变和发展历程，理解货币制度的演变特点，尤其是不兑现的货币信用制度的含义和特点，为认识货币在经济社会中的重要作用做好准备。

重难点提示 ☑️ - ●

重点：货币的内涵、职能以及不同阶段货币制度的特点。

难点：理解货币产生的本质和货币职能在实际生活中的具体表现，以及通过货币制度演变的特点理解现代货币体系的运行机制。

课程思政教学参考 ☑️ - ●

教学知识点	思政结合点
中国货币发展史	中华优秀传统文化的传承和弘扬
世界货币的含义和特点	提升人民币国际地位 有序推进人民币国际化
货币制度的演变和发展	提升辩证思维能力

1.1 货币概述

1.1.1 货币的含义

"货币"一词经常在我们日常生活中出现，经济学中被称为"货币"的东西，就是我们平日里称之为"钱"的物体。但是，"钱"的概念过于丰富，与很多日常用语相近，在弄清楚货币的含义前，需要对几组相似概念进行区分。

（1）货币与通货

我们在电影中看到过打劫的场景，劫匪恶狠狠地说："要钱还是要命？"听到这句话，被打劫的人赶紧把全身上下可以搜罗出来的现金都交出来。这时，钱的概念显然指的是他身上所带着的现金。现金其实在日常生活中被通货（currency）的概念代替，指的是流通中的现实货币，包括纸币和硬币。

对于经济学家而言，用通货来替代货币的概念，就显得过于狭隘了。在流通中可用于购买商品或劳务的货币，除了以通货的形式存在，还有支票存款等形式，它们能迅速转化为通货，一样可以用于支付。

（2）货币与财富

我们说"这个人很有钱"，其实是指这个人拥有很多财富，意味着这个人不仅有大量的通货和支票存款，还可能拥有像股票、债券、住宅、收藏品等众多资产。财富（wealth）是由各种资产所组成的，这些资产具有储藏价值，其中包括货币。

在不同时期，人们对财富的理解也存在差异。重商主义时期，金银货币被看成唯一的财富。后来威廉·配第提出："土地是财富之母，劳动是财富之父。"亚当·斯密在《国富论》中指出一国的财富是由可供消费品的多少来决定的。后来，萨伊认为财富也可以是像服务这样的"无形产品"。显然，如果将货币与财富的含义等同的话，其内涵将被扩大。

（3）货币与收入

当我们听到"他工作不错，可以挣好多钱"这句话时，显然能明白这里的钱是指收入。人们经常用货币来表述经济学家所说的收入，但其实二者是有明确差异的。

收入（income）是指一定期限内特定的收益数额，是新增的货币量，因此是一个流量的概念。这里，对期限的定义必须明确：一段时期内，通常是以月或年为单位。如果你只知道一个人收入的数额而没有明确的时间范围，你将无法判断他的收入高低。而货币则相反，它是一个存量的概念，反映的是一个特定时点上的货币总量。要区分货币与收入的差异，引入存量和流量的概念很重要。当然，收入以货币的形式表现在商品经济时代比较普遍，但收入也存在其他的形式，例如企业对员工发放股权等。

通过对上述三组相似概念的讨论可知，货币看似简单，要给它下一个精确的定义却并不容易。如果不考虑历史因素，大多数经济学家是根据货币的功能来定义的：货币（money）是由国家法律规定的、在商品和劳务交换以及债务清偿中被社会普遍接受的任何物体或东西。

1.1.2　货币的形态

货币出现后，适应于不同时期的经济形势以及当时的生产力发展水平，在历史上曾经以多种形式存在过。通过对不同时期的货币形式进行梳理，我们可以了解货币不断演进的基本过程。

（1）实物货币

实物货币是指以自然界存在的某种物品或人们生产出来的某种物品的自然形态充当货币的一种货币形式。

我国很多历史古籍对实物货币均有简略记述，如《史记·八书·平准书》中的"虞夏之币"以及《盐铁论·错币》提及的"夏后以玄币"等。中华人民共和国成立后，考古发掘证明了货币在夏代就已出现，主要以贝壳为主，这一点可从1976年发掘出的位于殷墟西南角的妇好墓中大量的殉葬贝壳得到实证。《史记·八书·平准书》描述了秦朝统一币制之前的情景："……农工商交易之路通，而龟贝金钱刀布之币兴焉。"由此可以判断，我国古代还有其他实物货币形式。

"货币"一词，在古汉语中实际包括"货"和"币"两部分，前者指贝、币、玉等，后者包括皮、帛、布等。在人类历史上，各种商品如米、布、家畜等都充当过货币。不管是贝币，还是其他形态的实物货币，都具有如下特点：相较于其他商品，充当货币的商品，其自身价值与作为货币的价值是相等的，较为珍贵且易于保存，因而也容易被大多数人接受和使用；同时，存在质量不统一、分割不易和运输不便等问题，在流通中容易磨损变质，并且供给不稳定从而导致价值波动。所以，实物货币随着经济的发展逐渐被取代。

（2）金属货币

金属货币是指以金属尤其是贵金属为币材的货币形式。严格来说，金属货币也是一种实物，但相对于其他实物货币而言，它的价值更高，易分割、易携带且不易变质，可以更有效地发挥货币的性能。

从铸造货币材料的变化来看，金属货币经历了从贱金属到贵金属的发展过程。随着铜、铁等金属在货币铸造中的广泛使用，我国出现了诸如春秋时期的货币、秦半两钱、王莽改制时期的货币、曹魏时期的五铢钱以及唐朝的开元通宝等货币形态。到了清朝，市场上逐渐出现了诸如元宝、铜币、银锭等形态的货币，民国初期，市场上广泛流通的是被称为"袁大头"的银圆。

在这个过程中，金属货币也经历了由称量货币向铸币演变的过程。

① 称量货币。称量货币又称重量货币，它是以金属条块形状出现，按金属的实际价值充当货币价值的货币形式。金属充当币材时，在流通初期，货币金属的成色及形状都没有统一规范，需要专门的评估师进行鉴定，称衡重量以定价额，所以这样的货币被称为"称量货币"。这种方式导致货币流通并不便捷，并且随着交易中出现的自然和人为磨损，货币的重量减少而出现"不足值"现象。后来，这种现象对货币流通产生的影响并不显著，从而为铸币的产生提供了条件。

② 铸币。铸币是由国家铸造，具有一定形状并标明成色、重量和面值的金属货币。这时候的币材大多是金银等贵金属，具有实际价值，不易随通货膨胀出现贬值现象。马克思曾说："金银天然不是货币，但货币天然是金银。"由此可见，金银等贵金属的作用非常重要。后来，随着经济的进一步发展，贵金属铸币也出现了一系列问题，如币材所需金属的产量跟不上经济发展的需要而导致铸币匮乏，大额交易中贵金属铸币使用不便且出现磨损等。究其根本，仍然是金属货币不适应当时经

济形势和生产力的发展，因而人们又选择了新的货币形式——信用货币。

（3）信用货币

信用货币是由国家法律规定，以国家权力为后盾，不以任何贵金属为基础，独立行使货币职能的货币，它的发行受国家政府或中央银行控制。信用货币经历了由传统信用货币到现代信用货币再到电子货币的发展过程。

①传统信用货币。传统信用货币主要有银行券和纸币两种形式。在金银货币流通的同时，为了避免交易时不便携带等问题，当时的金融机构就开始发行银行券来代替金银货币。这时，银行券持有者可以随时随地向发行者兑换面额标注的黄金，所以这时的银行券是可兑换银行券。

阅读材料1-1

中国已发行
五套人民币
货币历史
悠久

后来，在银行券流通的同时，一些国家政府强制发行了既无任何保证也不允许兑换黄金的纸币。纸币（paper currency）是以纸张为币材印制而成，具有一定形状并标明一定面额的货币。北宋时期我国曾流通过交子，这是世界上最早的纸币，我国也是世界上最早使用纸币的国家。

②现代信用货币。现代信用货币就是存款货币。存款货币是可以签发支票的活期存款。它依靠商业银行转账结算业务进行支付，实质上它是商业银行存款账户上的数字余额，由商业银行信誉作支撑、存在银行的存款账户上。

信用货币的特点包括：第一，是一种价值符号，名义价值高于实际价值。第二，是发行者对持有者的负债。第三，由中央银行垄断货币发行权，强制发行、强制流通、无限法偿，具有强制性。

（4）电子货币

电子货币是网络技术条件下信用货币发展的必然趋势。巴塞尔银行监管委员会定义电子货币为：在零售支付机制中，通过销售终端、不同的电子设备之间以及在互联网络上执行支付的储值（stored value）和预付（prepaid）机制。其实，它就是

阅读材料1-2

货币分层

用一定金额的现金或存款从发行者那里兑换并获得代表相同金额的数据，通过使用某些电子化方法将该数据直接转移给支付对象，从而完成支付或债务清偿。最初，电子货币以借记卡、信用卡的形式存在；现在，支付宝、微信支付等第三方支付平台的出现，都是电子货币发展的重要表现形式。

1.1.3　货币的产生

货币不是从来就有的，它起源于商品交换。在原始社会末期以前，由于生产力水平极其低下，没有商品交换，所以还没有货币。伴随着生产力的发展以及社会分工的逐步展开，商品交换出现，并从低级阶段向高级阶段发展，货币逐渐产生。

（1）私有制和社会分工产生了商品和商品交换

原始社会末期，随着生产力的发展，剩余产品的出现促进了私有制的产生。私有制使生产资料和劳动产品归私人所有，此时社会分工的出现使得不同的劳动者生产不同的产品。这导致生产和消费出现矛盾，劳动者生产某种产品，但无法得到其他产品，于是通过交换产品来满足个人的多样化需求，这时就出现了商品

交换。

（2）价值是商品交换的基础

商品交换以价值为基础，并且遵循等价交换原则。价值形式经历了从简单的价值形式、扩大的价值形式、一般的价值形式到货币形式这四个阶段。简单的价值形式是指一种商品在偶然的物物交换中被用来表现其他商品的价值量。扩大的价值形式是指在此基础上，多种商品可以作为等价形式。一般的价值形式是价值形式发展质的飞跃，它是指把一种或几种商品长期固定作为价值的表现物，至此一般等价物出现。这时商品交换进入高级阶段。货币形式则是指价值形式逐步转移到天然适合执行一般等价物这种社会职能的商品身上，也就是贵金属。

（3）价值形式的变迁推动商品交换从低级阶段向高级阶段发展，货币由此而产生

物物交换是商品交换的低级阶段，在实际的交换活动中具有很大的局限性。为了克服这些局限性，人们在长期的交换活动中发现，保存时间长、价值高、数量充足的商品更容易被普遍接受，于是人们在交换活动中就更倾向于使用这样的商品。随着时间的推移，物物交换的低级阶段慢慢向以一般等价物为交换媒介的商品交换高级阶段发展。对这种交换媒介的合理选择和固定，也就是货币的发展过程。

所以，货币产生的根源在于商品本身，它是商品经济发展到一定阶段的产物。货币的产生有两个必要条件：首先，商品要有剩余；其次，剩余的商品要归所有者私有，也就是财产私有制的建立。由于每个人不可能拥有自己需要的所有商品，于是交换成为必然，这时货币的出现正好弥补了物物交换的不足，由此货币产生。

1.1.4　货币的本质

由上文的分析不难发现，货币其实就是被人们普遍接受的交换媒介，是商品交换从低级阶段向高级阶段发展过程中的产物。从本质上来说，货币就是一般等价物。一般等价物能够表现一切商品的价值，具有与一切商品直接交换的能力。

不管货币形式如何发展，作为一般等价物，它都具备如下特征：①货币要遵循形式的唯一性和计价方式的统一性，从而避免价值尺度多重化带来的不便以及"劣币驱逐良币"的现象。②货币自身币材的使用价值逐渐弱化，这点从之前货币形式的发展变化不难看出。③货币是价值的外在尺度，是商品内在价值尺度即劳动时间的必然表现形式，用以衡量商品的价值量。④货币还反映了一定的社会经济关系。它直接反映商品要依照社会需求进行生产，伴随私有制而生，并可能最终消亡。

1.1.5　货币材料的必要条件

确定货币材料就是规定用何种商品充当本位币的材料。虽然货币材料是由国家

通过法律机制确定的，但其实货币材料的选择受到客观经济需要的制约。如果将现实生活中起不了币材作用的商品规定为币材，将会给货币流通带来混乱。所以，从形式上看，货币的理想材料必须具有如下特征：

（1）价值稳定性

在实物货币阶段，像牲畜这种物品曾经充当过货币的角色，但是因为其价值不稳定，容易随条件、环境变动而高低起伏，逐渐失去了充当货币的资格。所以，任何要充当货币的物品，其本身的价值要相对稳定，这样在进行交换的过程中容易被认可和接受。

（2）普遍接受性

它指的是在购买商品和劳务以及清偿债务的过程中能够为社会公众所广泛接受。只有具备了这一特点，该物品才可以在一定范围内与其他一切商品进行交换。

（3）可分割性

不同规模的商品或劳务交换，使人们在实际交易中所需要的货币数量呈现差异。这时候，如果货币材料可以被分割成不同等份，用以满足多层次的需求，将大大促进商品交换规模的发展。所以，这要求币材是均匀的物体并且可以进行标准化的分割。

（4）易于辨认和随身携带

充当货币的材料必须易于辨别真伪，从而尽量避免被仿制。随着商品交换范围的扩展以及经济发展的复杂化，为了满足人们随时交换的需要，货币要易于随身携带。

（5）供给富有弹性

历史上，金银货币作为重要的币材存在过一段时间，后来退出流通，就是缘于这两种金属资源在当时开采技术水平有限和经济发展需求不断扩大的背景下，供给缺乏弹性，不能满足商品生产和交换增减变动的需要。

1.2 货币的职能

货币的职能是指货币本质所决定的内在的功能。在现代社会中，货币的职能通常被描述为：流通手段、价值尺度、贮藏手段、支付手段和世界货币。其中，流通手段和价值尺度是基本的职能。

1.2.1 流通手段

流通手段，也称交易媒介（medium of exchange），是货币作为商品交换媒介促进商品交换的功能。它将直接的物物交换变成有媒介的交换，将买卖行为一体的过程分割为买和卖两个独立的过程，解决了商品交换在时间和空间上的局限性问题，极大地提升了交易的可能性和效率。

在执行该职能的时候，货币具有以下特点：

（1）必须是现实的货币

要遵循"一手交钱，一手交货"的等价交换原则，货币必须是具体的实实在在的货币。

（2）可以是不足值的货币

货币作为一种交换媒介，在商品所有者手中互相转移。简而言之，它只是一个转瞬即逝的因素，人们在意是否可以等价交换自己所需要的东西，即货币购买力是否稳定的问题。现实中流通的货币从金属货币演变为信用货币，而信用货币本身就不是足值货币。

（3）具有一定的货币危机性

这主要源于买与卖的行为被分为两个过程，货币流通与商品流通相对独立，如果脱节时间过久会带来货币沉淀和商品积压问题。

1.2.2 价值尺度

货币具有普遍的可接受性，所有的商品、劳务都必须经由货币来表现其价值，从而具有价格。商品、劳务的价格就是其价值的货币表现，也就是我们所说的"值多少钱"。在这里，货币发挥了价值尺度职能。

价值尺度（unit of account），就是价值标准，指货币体现商品的价值并衡量商品价值量的功能。它与流通手段一样，是货币最基本、最重要的职能之一。

物物交换需要对双方商品的交换比率或交换价格进行定义，随着交换商品数量的增加，这种交换定价也越来越多。引入货币后，每种商品的价值都可以通过货币这种特殊商品来衡量，大大减少了上述交换定价的数量，进而大大降低了交易成本并提高了交换效率。另外，价格是商品价值的外在表现，也是货币购买力的体现。物价越高，货币购买力越低；反之，则货币购买力越高。

货币执行价值尺度职能时，具备如下特点：

（1）可以是观念上的货币

人们不需要将现实货币放在商品旁边来实现价值尺度职能，而是以价格标签的形式表现出来。只要货币币值相对稳定，人们用想象中的或观念上的货币概念就可以精确完成对商品价值的衡量。

（2）通过价格标准来完成

价值尺度职能实则为货币的一种功能，抽象而不具体，必须通过价格标准来完成。价格标准是人为规定的货币单位名称及所代表的价值量。如果价格标准的等分足够细致，通过各级货币单位的累加就可以精确衡量商品的价值量。例如人民币的价格标准，"角"和"分"就是"元"的进一步等分，采用十进制累加计价的方式为商品标价。

1.2.3 贮藏手段

贮藏手段（store of value），是指货币暂时退出流通领域处于相对静止状态，而被人们用作财富或购买力的贮藏工具。

由于商品的不易保存性，为了防备不测之需或为了保证未来生活的需要，人们产生了对货币进行贮藏的需求。此时，货币必须是现实的货币，也必须是十足的货币，即货币购买力在贮藏进行时和进行后必须等同，币值相对稳定。

货币贮藏有两个目的：储存财富和储存购买力。在不同货币形式下，贮藏手段职能发挥的作用也存在差异。在金属货币流通条件下，金属货币是足值的，贮藏意味着货币退出流通领域，从而拉动物价变化。通过这种方式，货币流通量与物价都呈现均衡、平稳状态。在信用货币流通条件下，信用货币主要以存款方式贮藏，商业银行利用资产业务可以派生大量存款，反而会增加货币流通量。所以，信用货币无法进行自动调节，需要凭借国家宏观调控机制发挥作用。这时的银行存款也不是退出流通领域的货币，没有发挥贮藏手段职能。

1.2.4　支付手段

支付手段（means of payment），是指在以延期付款形式买卖商品时，货币作为独立的价值形式单方面运动时所执行的职能。货币的支付手段有两种类型：一种与商品交换直接相关，例如预付、赊销等付款方式；另一种与商品交换脱钩，如财政收支、工资费用收支等。这种支付看似与商品没有直接联系，实际上是代替实物商品的流通。

货币作为支付手段发挥作用需要满足如下条件：货币的购买力不降低；买方应支付一定数量的利息；买方确保到期偿还债务。这与货币的支付手段职能一般发生在赊买赊卖的商品交易中有关。当商品的出售时间与商品价值的实现时间分离，如出现延期付款的现象时，用来偿还商品货款的货币不再作为交易媒介，而是发挥支付手段的作用。这时买卖双方的关系也从简单的商品买卖关系发展为复杂的信用关系。信用是以偿还和付息为条件的特殊的价值运动形式。信用关系就是商品交易双方之间的债权债务关系，其中提供资金或赊销商品的一方是债权人，借用资金或赊购商品的一方是债务人。授信过程是债权人提供一定的有价物给债务人并约定时间，到期时债务人将有价物归还并支付一定利息的过程。货币执行支付手段职能是以信用关系为基础的，一方面使商品交换的时空范围扩大，从而增加了现实中商品、劳务的交易量，克服了现款交易对商品生产和商品流通的限制；另一方面，过分扩张信用关系以及债务人遭遇突发情况都将导致到期无法支付的"脱节"问题，整个信用关系会遭到破坏，引发信用危机。因此，货币作为支付手段后，潜藏着发生经济危机的可能性。

1.2.5　世界货币

世界货币（universal money），是指货币跨出一国国界，在世界范围内执行流通手段、价值尺度、贮藏手段、支付手段的职能。当经济活动不再局限于一国，出现跨国贸易和结算时，不同国家的经济主体需要一种被共同接受的货币，这就是世界货币。

货币具备世界货币的职能后，作用主要包括：作为支付手段用以平衡国际收支

差额；作为购买手段进行国际贸易；作为一般性财富转移到他国。

当前的世界货币是信用货币，其名义价值是发行国家强制赋予的，超越国境后其强制力失效，所以世界上只有少数几种货币具有该职能，如美元、英镑、欧元、日元等。这些货币广泛地被其他国家用作国际储备和国际购买支付手段。

1.3 货币制度的构成与演变

1.3.1 货币制度的构成

在随商品生产和交换关系的发展而演变的过程中，货币的表现形式总是和一定的经济制度相联系，从而形成了不同的货币制度。通过研究货币制度的演变过程，我们可以进一步认识货币演变的一般规律，理解现代货币体系的运行机制。

（1）货币制度的基本含义

货币制度（monetary system），也称货币本位制度，简称币制，是一国政府为了适应经济发展的需要，以法律或法令的形式对货币的发行与流通所做的一系列规定的总称，是货币运动的规范和准则。

（2）货币制度的内容

货币制度的内容主要包括对货币材料、货币单位、发行和流通程序以及发行准备制度等内容的规定。

①规定货币材料与货币单位。

在金属货币阶段，对货币材料的规定决定了将哪种金属作为基本货币金属，也就是本位货币的铸造材料。货币材料虽然由国家通过法律机制确定，但其实是受到客观经济条件和规律制约的。如果原有的币材不适应生产力发展水平，就会自动实现更迭而被取代，货币制度实质上是对这种客观选择的确定。对货币材料的规定是货币制度的基础。如今各国实行不兑现的信用货币制度，信用货币不具有实际价值，依靠国家强制力量进行流通并垄断发行权，对货币材料的规定已经失去实际意义。

货币材料一经确定，相应的货币单位必须确定。货币单位即价格标准，包括货币单位名称和货币单位价值量。货币单位的名称最初与货币商品的自然单位和重量单位是一致的，例如英国的货币单位"pound"和中国以前的货币单位"两"，其后二者分离。一般来说，一国货币单位的名称往往就是在该国货币的名称前面加上国家名，但也有例外，例如我国的货币名称是人民币，货币单位名称是元，两者不一样。货币单位价值量其实就是货币包含的金属量，关系到货币单位的"值"。在金属货币制度下，货币单位价值量是每个货币单位包含的金属重量及成色；在信用货币制度下，货币单位价值量则是由货币购买力决定的。

②确定本位货币和辅币的发行与流通程序。

在金属货币制度下，本位货币多以贵金属为币材，是足值的货币，是可以自由铸造并进入流通领域的。公民有权将经法令确定的货币金属送到国家造币厂铸成本位货币，也有权通过造币厂把本位货币熔化成金属条块。当流通中的货币量超出需求量时，本位货币的市场价值低于金属价值，公民会选择将本位货币熔化为金属条块贮藏起来，货币退出流通领域，市场中货币的数量减少；反之，则市场中货币的数量增加。这种调节机制使得本位货币的市场价值与所含金属的价值保持一致，从而调节市场中货币的流通量和需求量。自由铸造既是金属本位货币进入流通的程序，又发挥调节货币流通数量的作用。

辅币作为本位货币单位以下的小面额货币，流通速度快、磨损大、贮藏能力弱，故多用贱金属制造，为不足值的货币。辅币可以按固定比例与本位货币自由兑换。在金属货币制度下，辅币被限制制造，铸造权由国家垄断，这一方面可以将铸币收入作为国家重要的财政收入，另一方面可以控制辅币的流通数量，避免出现辅币充斥市场造成币值不稳的问题。

③规定货币的发行准备制度。

货币发行准备制度是指为约束货币发行规模、维护货币信用而制定的，要求货币发行者在发行货币时必须以某种金属或者资产作为发行准备的制度规定。它一般包括现金准备和保证准备，前者主要是指集中存放在中央银行和国库的贵金属与储备外汇资产，后者主要是指作为发行担保的政府债券和商业票据等资产。

④规定货币的对外交往能力。

货币的对外交往能力主要是指本国货币是否可以自由输出输入国境、自由兑换为其他国家的货币，在兑换的时候汇率如何确定等内容，是国际支付的重要保障。

（3）本位货币

本位货币，也叫本位币或主币，是一国货币制度规定的标准货币，也是一国基本的货币单位，其特点是具有无限法偿的能力。无限法偿能力即国家规定本位币有无限的支付能力，它作为流通和支付手段时，债权人不得拒绝接受。本位币在一国经济生活中起主导作用，主要用于满足大宗商品交易和劳务供应的需要。

与之相对应的非本位货币，如辅币，就不具有这种能力。当用于流通和支付时，对于超过一定数量的非本位货币，债权人可以拒绝接受，因而这被称为"有限法偿"。

1.3.2 货币制度的演变

货币制度以货币材料为代表，主要经历了金属货币制度和信用货币制度两大阶段。本节主要讲解金属货币制度的演变过程（如图1-1所示），信用货币制度将在下节讲解。

（1）银本位制

银本位制是比较早的一种货币制度，于16世纪开始盛行。它规定白银为本位货币的币材，银币可以自由铸造、自由熔化，具有无限法偿的能力，白银和银币可以自由输出输入，流通中的纸币和其他货币可以和银币自由兑换，即"自由铸造、自由熔化、自由输出输入、自由兑换"。西班牙、秘鲁、墨西哥和西欧其他一些国

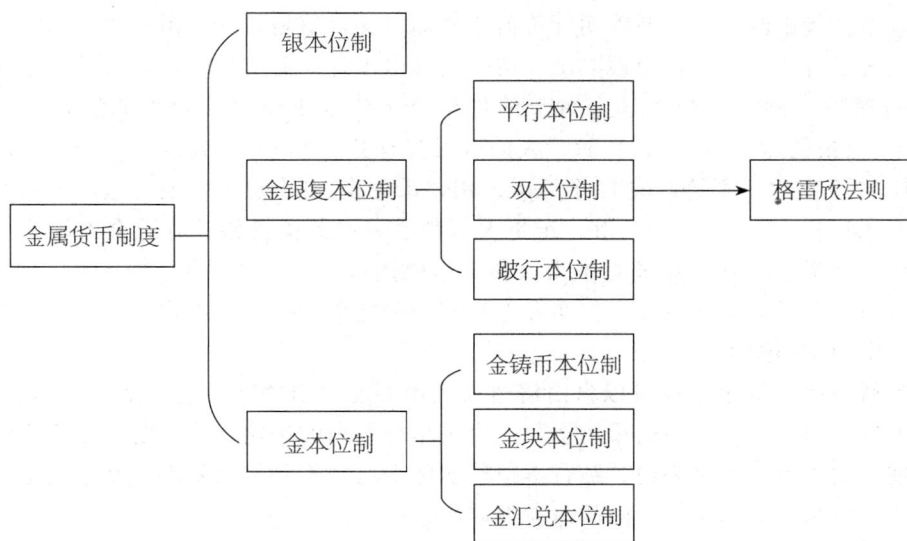

图1-1 金属货币制度

家都曾实行过银本位制。我国从汉代起就用白银和其他金属作为货币，但正式实行银本位制是在清宣统二年。1910年，清政府颁行《币制则例》，规定正式采用银本位制，以"圆"为货币单位，市面上银圆和银两并用。1935年，国民政府又实行了币制改革，宣布废止银本位。这一时期很多资本主义国家都已经进入了金本位制时期。

在随后的经济发展过程中，银本位制逐渐暴露出问题：第一，白银相比黄金来说价值较小，大宗交易中使用白银支付给计量和运输都带来了不便。第二，随着勘探冶炼技术的发展，到了19世纪后期，世界白银产量猛增，使得白银市场价格发生剧烈波动，呈长期下跌趋势。由于白银价格起伏不定，加之白银不适合巨额支付，因而不同国家先后放弃银本位制。于是，货币制度逐步过渡到金银复本位制。

（2）金银复本位制

金银复本位制是指金和银两种金属货币同时作为本位币的货币制度。在这种本位制中，金银两种本位币都可以自由铸造、自由熔化，都具有无限法偿能力。两种金属及其铸币可以自由兑换，可以自由输出输入国境。

根据金银两种金属货币兑换比率的确定方式，金银复本位制可以分为三种类型：平行本位制、双本位制和跛行本位制。

平行本位制是最典型的复本位制，它规定金币和银币的价值由市场上金银金属的价值决定，故价格波动较大，兑换比率变动频繁，在一定程度上容易造成价格混乱。

双本位制则是在平行本位制基础上，通过国家规定固定的兑换比率而产生的。虽然它解决了价格混乱的问题，但又产生了新的矛盾——劣币驱逐良币现象，即格雷欣法则（Gresham's Law）。这种现象最初由16世纪英国的银行家格雷欣发现。它指在双本位货币制度下，两种实际价值不同而名义价值相同的铸币同时流通时，必然出现实际价值较高的良币被贮藏、熔化或输出国外，而实际价值较低的劣币充斥市场的现象。例如，当市场上黄金的价格高于法定价格（金银币的法定比价为1∶10，金银的比价为1∶12）时，人们可以持有1个金币并将其熔化为金块，用金块兑换12个银块，再铸造成12个银币，用银币兑换1.2个金币。通过这种方式，最初的1个金币换回了1.2个金币，于是人们都会采取此类操作，导致金币熔化、退出市场，市场上流通的主要是银币，即劣币驱逐良币。由此可见，在双本位制下，虽然金币和银币都是本位币，但实际上只有一种货币发挥本位币作用，它依然是一种不稳定的货币制度。

此后，政府规定金币可以自由铸造而银币不能自由铸造，这就是跛行本位制。在这种货币制度下，银币的币值实际上由银币与金币的法定比价决定，银币逐渐演变为辅币的角色。严格来说，跛行本位制实际上已经不是金银复本位制，而是介于金银复本位制和金本位制之间的过渡性制度。

（3）金本位制

金本位制是以黄金为本位币的货币制度。在历史上，曾有过三种形式的金本位制：金铸币本位制、金块本位制和金汇兑本位制。

金铸币本位制以一定量的黄金为货币单位铸造金币，金币可以自由铸造、自由熔化，辅币和银行券可以自由兑换金币或等量黄金，黄金可以自由输出输入国境。金铸币本位制具有金属本位制的典型特征。

金块本位制又叫生金本位制，在这种制度下，规定货币单位的含金量，但不铸造、不流通金币，而是流通银行券，黄金集中存储于政府，居民可以按规定的含金量在限定条件下兑换金块。这种制度节省了货币性黄金的使用量，减少了对黄金发行准备量的要求，同时又避免了黄金外流，在当时缓解了黄金短缺的问题。

金汇兑本位制又称虚金本位制，主要内容是：规定货币单位的含金量，但国内不流通金币，以发行的银行券作为本位币进行流通，银行券在国内不能兑换黄金；规定本国货币同另一金本位国家的货币的兑换比率，居民可按法定比率用本国银行券兑换金本位国家的货币，再向该国兑换黄金。这是一种间接使货币与黄金相联系的本位制度。

金块本位制和金汇兑本位制都是被削弱的国际金本位制，1929年世界经济危机爆发，成为金本位制崩溃的导火索。此后，金本位制走向崩溃，各国转而实行不兑现信用货币制度。

1.4 不兑现信用货币制度

1.4.1 不兑现信用货币制度的基本概念

20世纪30年代，伴随着布雷顿森林体系的土崩瓦解，金本位制完全崩溃，世界货币制度进入信用货币本位制阶段，这也是货币制度发生的一次质的飞跃。货币制度的比较见表1-1。

表1-1   货币制度的比较

特点	不兑现信用货币制度	金属货币制度
兑现性	流通中的纸币不能兑换贵金属	流通中的银行券可以兑换贵金属
流通中的货币类型	仅纸币这种信用货币参与流通	银行券、贵金属均可参与流通
贵金属的地位和作用	退出流通，居于次要地位，只作为发行准备金和国际储备资产	在流通中居于主导地位，是铸造货币的主要币材

不兑现信用货币制度是以不兑现信用货币作为流通中的本位货币的一种货币制度。对不兑现信用货币的概念进行理解有助于我们把握该货币制度的特点。

不兑现信用货币（non-acceptance credit money）指以不兑现的纸币或银行券为本位币。它具有如下特点：

① 它以纸币为主要形态，由中央银行垄断发行，以国家信用为保证，并由国家法律的强制力量赋予无限法偿能力。

② 纸币不再与黄金等贵金属直接挂钩，不再兑换贵金属，且其发行不受贵金属的限制。

③ 它不具备自发调节货币流通量的能力，如不遵循经济发行原则，容易导致通货膨胀，政府通过采用各种货币政策工具进行直接或间接干预来协调货币流通量。

阅读材料1-6

我国的人民币制度

1.4.2 不兑现信用货币制度的基本特点

在理解不兑现信用货币的概念和特点的基础上，我们可以将不兑现信用货币制度的基本特点总结如下：

（1）流通中的货币都是信用货币，货币单位不规定含金量

信用货币本位取代黄金本位，突破了货币的"黄金桎梏"，货币发展为无个别使用价值的信用货币，一方面避免了金属本位制下币材匮乏的问题，另一方面大大节约了社会流通费用。

（2）币值的确定和外汇汇率的制定与贵金属的价值无关

货币制度是对货币运动的约束和规范，其核心在于稳定币值。此时，货币不再与黄金等贵金属保持等价关系，在国内不能兑换贵金属，输出国外也无法进行兑换，货币发行不受限于黄金数量，纸币的价值不再与黄金的价值挂钩，而取决于其购买力以及人们对政府维持币值稳定的信心。

（3）贵金属只作为纸币的发行准备金和国际储备资产的一部分

虽然在现代的纸币制度下，贵金属的地位大大下降，但并非完全退出流通领域。中央银行发行纸币时，需要有准备金作保证。黄金作为发行准备金或外汇形式存在，提供信用支持。另外，它作为国际储备资产的一部分，用于国际结算。

1.4.3 不兑现信用货币制度的优势和弊端

（1）优势

在不兑现信用货币制度下，纸币不与任何贵金属挂钩，因此它能够根据经济的需要灵活调节供给量，满足经济贸易对货币的需求。这要求中央银行在垄断货币发行的基础上，严格遵循经济发行原则，时时采用各种货币政策工具对货币流通进行直接或间接的控制。

（2）弊端

信用货币自始至终存在通货膨胀的压力，具有危机性，表现在：一方面，信用货币不具备自发调节货币流通数量的能力，当货币供给量超过需求量时，就会直接表现为币值下跌、物价上涨，从而影响人民的生活水平；另一方面，信用货币中的存款货币通过商业银行的资产业务尤其是放款业务可以派生存款，商业银行受经济效益的驱使可能突破存贷控制比例从而导致信用膨胀。政府必须严格控制货币发行量，否则将动摇货币信用的基础。

1.4.4 不兑现信用货币制度的现代形态

阅读材料1-7

全球数字货币
发展的最新
进展与展望

进入21世纪以后，不兑现信用货币除了纸币外还出现了多种形态，这些形态统称为电子货币。例如，大家日常生活中常见的电子货币包括银行汇票、用于消费的银行卡、微信和支付宝等第三方支付平台账户余额等形式。2009年出现的比特币，作为一种典型的电子货币立刻引起了全球的关注。未来，数字货币的发展将会改变现有的国际支付体系。

案例分析1-1

比特币

案情介绍：

2008年，国际金融危机爆发。同年11月1日，在前人的理论和实践基础之上，一位化名"中本聪"的神秘人发表了一篇题为《比特币：一种点对点的电子现金系统》的论文，阐述了他对电子货币的新构想。

2009年1月3日，中本聪在位于芬兰赫尔辛基的一个小型服务器上挖出了比特币的第一个区块——创世区块（Genesis Block），并获得了"首矿"奖励——50枚比特币。

通俗地说，比特币是一种由开源的P2P（点对点）软件产生的电子数据。比特币的初始来源就是中本聪设计的比特币系统给出的奖励。比特币账户间的交易很像个人发送电子邮件，交易者先要安装一个比特币客户端，注册比特币账户。账户就像是个人电子邮箱地址，而密码就像是比特币交易的个人私钥。

在比特币的网络中，每个安装了客户端的节点都拥有一个分布式数据库来管理比特币的生产、交易，查询账户余额、交易记录，同时也更新和记录比特币系统的最新变化。

区块链是比特币的底层技术，为了保证比特币交易的准确性、公正性和可追溯，需要通过区块链技术记录和确认整个交易过程，就像银行系统准确记录每一笔资金的汇划金额和支付时间、交易对象。比特币交易系统每10分钟就将这段时间内全网所有的交易数据打包，存储在特定的区块文件中，并发送到每个节点，这些区块文件按照时间先后顺序排列，就成为区块链。

比特币网络中有许多电脑节点，这些节点就像一个个"账房先生"，如何从中找出那个记账又快又准的"账房先生"来生成唯一被系统认可的区块呢？中本聪创造了比特币的奖励机制，即哪个"账房先生"能够最全搜集前10分钟内的全网交易数据，并且最快猜出特定复杂方程的解并发送到网络上让大家确认，就让他成为这个区块的记账者。奖励一开始是50枚比特币，以后每隔4年减半，直到2140年2 100万枚比特币全部发完为止。

中本聪设计的这套奖励机制，鼓励各比特币节点努力工作，保证了比特币区块链的正常运转，并不断产生新的区块链，保证比特币的发行和流转。

随着比特币发放数量的增加，以及比特币和法定货币之间交易需求的增加，比特币交易所应运而生。2010年，世界上第一个比特币交易所Bitcoin Market（比特币市场）诞生，此后，全球又陆续出现了100多家交易所，中国境内的交易所也异军突起，一度占据了全世界交易总量的八成。比特币交易所通过线上撮合交易大大便利了比特币的炒作和变现。毕竟，在交易所交易比特币，只在充值和提现的时候才记录到比特币区块链，而用户间的买进卖出交易则记录在交易所的服务器里，并不受系统时间的限制。比特币交易所的出现，又使得比特币吸纳了大量的投机资金，价格扶摇直上。由于交易所的繁荣，比特币可以大规模地在全球各比特币交易所交易，并转换成各种货币，从而也为资金外逃和洗钱打开了方便之门，这也是各国央行打击的重点。

2013年12月5日，中国人民银行等五部门发布《关于防范比特币风险的通知》，要求各金融机构和支付机构不得以比特币为产品或服务定价，不得从事比特币相关业务，不得直接或间接为客户提供其他与比特币相关的服务等。2017年9月4日，中国人民银行等七部门又联合出台严令，叫停代币交易平台的兑换功能，特别是与法定货币的兑换功能。此后，中国境内的比特币交易所全部关停。

2020年3月13日，比特币的价格创下年内新低，一度跌破6 000美元关口。同年12月17日，比特币的价格突破23 000美元，创历史新高，9个月以来涨了将近3倍，比特币成为资本市场的"新宠"。

与此同时，一张央行数字货币在中国农业银行账户内测的照片被广泛传播，社会对于数字货币的关注度也迅速升温。央行数字人民币的全称是"数字货币电子支付"，对应的英文名是"Digital Currency Electronic Payment"（缩写为DCEP）。它是一种基于区块链和密码技术的法定数字货币。

目前，数字人民币已从试点阶段进入全面推广阶段。数字人民币运营机构已动态扩展至10家，分别是中国工商银行、中国农业银行、中国银行、中国建设银行、交通银行、中国邮政储蓄银行、招商银行、兴业银行、微众银行（微信）和网商银行（支付宝）。未来，央行数字人民币正式落地发行，将与法定货币等值，具有国家信用，其功能属性与纸钞完全一样，只不过是数字化形态。

同样基于区块链底层技术并具有分散式账簿特点的数字货币——比特币，是货币吗？

案例分析：

这里的货币是法定货币的概念。在我国，从本质上看，央行数字人民币是以数字形式存在的货币。数字货币在狭义上仅包括纯数字化、没有物理载体的货币，但广义上还包括以电子形式存在的货币。不同于虚拟货币，央行数字人民币不是由私人部门发行，被某个群体成员使用并接受，在网络空间以代币的形式所呈现的，而是央行发行的、具有国家主权背书，具有法偿性和强制性等属性的数字货币，是法定的数字货币。《中华人民共和国中国人民银行法》（简称《中国人民银行法》）规定了中国的法定货币是人民币，人民币指的是中国人民银行发行的纸币和硬币，仅中国人民银行拥有人民币的发行权。所以，除了中国人民银行发行的纸币和硬币，其他任何形式的货币都不属于中国的法定货币。2020年10月，中国人民银行公布的《中华人民共和国中国人民银行法（修订草案征求意见稿）》规定，人民币包括实物形式和数字形式，为我国发行数字货币提供了法律依据。该征求意见稿同时明确，发行数字代币在我国是违法行为——任何单位和个人不得制作、发售代币票券和数字代币，以代替人民币在市场上流通。所以，即便是中国的数字货币已取得阶段性的成绩，研发中的DCEP在适当的法律程序完成前也不能算作中国的法定货币。

比特币与法定的数字货币相比，最关键的区别在于是否有国家信用背书，能否保证币值稳定。根据案例内容，比特币价格大幅波动，无法保证稳定，其实质是具有价值的数字资产。它具有技术支撑力强、总量稳定及匿名性等特质，使得人们愿意进行收藏和投资，可即便如此，投资时仍需具备风险意识，谨慎入市。

资料来源　[1] 佚名. 比特币的来龙去脉 [EB/OL]. （2018-01-26）[2025-06-19]. http：//www.ce.cn/xwzx/gnsz/gdxw/201801/26/t20180126_27916149.shtml. [2] 中国人民银行青岛市支行. 关于数字人民币，你需要知道这些 [EB/OL]. [2025-06-16] .http：//qingdao.pbc.gov. cn/qingdao/126215/5742495/index.html.

本章小结 ✓ -- ●

1.货币是由国家法律规定的，在商品和劳务交换以及债务清偿中被社会普遍接受的任何物体或东西。它与我们日常使用的通货、财富和收入等说法是有区别的。

2.货币形式经历了实物货币、金属货币以及信用货币等演进过程。

3.货币产生的根源在于商品本身，它是商品经济发展到一定阶段的产物。货币的本质就是一般等价物。

4.货币具有流通手段、价值尺度、贮藏手段、支付手段以及世界货币的职能。其中，流通手段和价值尺度是货币的基本职能。

5.货币制度是一国政府为了适应经济发展的需要，以法律或法令的形式对货币的发行与流通所做的一系列规定的总称，是货币运动的规范和准则。货币制度主要包括对货币材料、货币单位、发行和流通程序以及发行准备制度等内容的规定。

6.货币制度主要经历了金属货币制度和不兑现信用货币制度，其演进过程可以表述为：银本位制—金银复本位制—金本位制—不兑现信用货币制度。

核心概念 ✓ --- •

货币　一般等价物　劣币驱逐良币　信用货币　流通手段　价值尺度　贮藏手段　支付手段　本位币　辅币　无限法偿　货币制度　金银复本位制　金本位制不兑现信用货币

课后思考与练习 ✓ ------------------------------------ •

1.如何理解货币的定义？它与日常生活中的通货、财富、收入等概念有何不同？

2.货币的职能是什么？

3.什么是"劣币驱逐良币"？

4.为什么说货币作为支付手段反映了复杂的债权债务关系？

5.什么是货币制度？它有哪些基本构成要素？

6.简述货币形式的演变过程

7.我国的人民币制度的基本内涵是什么？

8.货币是怎样从商品货币演变为信用货币的？

9.如何理解货币的本质？

10.划分货币层次的依据是什么？我国货币可以划分为几个层次？

第2章
信用

学习目标 ☑ - ●

通过本章的学习，了解信用的经济内涵，掌握信用的本质和构成要素，认识现实经济活动中常见的信用形式，了解常用的信用工具在经济活动中所发挥的作用。

重难点提示 ☑ - ●

重点：商业信用、银行信用和国家信用各自的特点和优缺点。
难点：理解经济学意义上的信用以及信用的本质和构成要素。

课程思政教学参考 ☑ - ●

教学知识点	思政结合点
信用的本质是一种还本付息的经济行为	金融风险意识
商业信用风险的特点	讲诚信 严守职业道德操守
支票的含义和支付特点	信用违约、空头支票

2.1 信用概述

2.1.1 信用的经济内涵

在日常生活中我们经常会用到"信用"这个词，在语义上与"信用"这个词类似的词语还有"信誉""信任"等。当我们把人的活动或行为与"信用"这个词语联系在一起的时候，我们往往会以一个人是否言而有信作为判断这个人是否守信用的标准。我们常说的"讲诚信""讲信用""一诺千金""君子一言，驷马难追"等实际上反映的就是这个层面的意思。从这个层面来讲，信用对一个国家、一个民族至关重要，因为一个社会只有讲信用，才能够形成良好的社会秩序，社会才能在人与人之间的互信互爱中良性运转，所以诚实守信是一个社会正常运转的重要基础。在我国，崇尚信用的风尚有几千年的传统。据统计，《论语》中"信"字出现了38次，频次虽然低于"仁"（109次）、"礼"（74次），但是高于描述道德规范的多数词，如"善"（36次）、"义"（24次）、"敬"（21次）、"勇"（16次）、"耻"（16次）。比如，"自古皆有死，民无信不立""人而无信，不知其可也""言必信，行必果""与朋友交，而不信乎"等。这些名句表明我国自古以来就有重视信用的传统。在西方社会，守信同样是人们奉行的道德主轴。这里所说的"信用"是从伦理角度或社会学角度来理解的"信用"，它实际上指的是一种"信守诺言""言而有信"的道德品质。

那么，经济学上的信用又是指什么呢？《新帕尔格雷夫经济学大辞典》对信用的解释是："提供信贷（credit），意味着把对某物（如一笔钱）的财产权给以让渡，以交换在将来的某一特定时刻对另外的物品（如另外一部分钱）的所有权。"《牛津法律大辞典》的解释是："信用（credit），指在得到或提供货物或服务后并不立即而是允诺在将来付给或收取报酬的做法。"从以上两种定义我们可以看到，经济学上的信用包含了一种实际发生的信贷关系或借贷行为。在借贷行为中，财产或货物或服务的让渡行为使得交易的双方形成了特定的经济关系，这种经济关系使得一方未来必须为此支付报酬。所以，经济学上的信用是一种体现特定经济关系的借贷行为。既然有了借贷行为，就必然伴随着偿还的问题，正所谓"有借有还，再借不难"。在偿还的过程中，不仅要偿还所借的本金，还要支付一定的利息，这笔利息就是资金的借方由于使用这笔资金所必须付出的代价，这种代价也可以称为资金的使用费，所以借贷行为的发生使得借方在未来某一时间必须为此还本付息。因此，我们可以将经济学上的信用定义为：经济活动中以偿还和付息为条件的暂时让渡资本使用权的借贷行为。

2.1.2　信用的产生和发展

私有制出现以后，社会分工不断发展，随着生产力的进步出现了大量的剩余产品。私有制和社会分工使得劳动者各自占有不同的劳动产品，剩余产品的出现则使交换行为成为必要和可能。经济行为由单纯的自给自足向着以交换为目的的商品经济转变。随着商品生产和交换的发展，商品流通领域中出现了矛盾，即"一手交钱一手交货"的传统交换方式由于受到客观条件的限制经常发生困难。例如，一些商品生产者出售商品时，购买者可能因自己的商品尚未卖出而无钱购买，于是赊销赊购等延期支付的方式应运而生。赊销意味着卖方对买方未来付款承诺的信任，商品的让渡和价值实现这两者之间在时间上发生了分离。这样，买卖双方除了商品交换关系之外，还形成了一种债权债务关系。这里，赊销的卖方是债权人，赊购的买方是债务人，双方形成了信用关系。当赊销到期、支付货款时，货币不再发挥其流通手段的职能而只充当支付手段，这种支付是价值由买方向卖方的单方面转移。正是

　　　　　　　　第2章　信用

货币作为支付手段的职能，使得商品能够在早已让渡之后独立地完成价值的实现，从而确保了信用的兑现。整个过程实质上就是一种区别于实物交易和现金交易的交易形式，即信用交易。

随着信用交易的进一步发展，它已经超出了商品买卖的范围。作为支付手段的货币本身也加入了交易过程，出现了以资金作为借贷对象的信用活动。从此，信用交易的范围就从商品扩大到了货币，货币的运动和信用关系联结在一起形成了新的经济范畴——金融。现代金融业是信用关系发展的产物，它的存在和正常运转有赖于良好的社会信用环境。金融活动中充满了信用，例如在市场经济较发达时期，随着现代银行的出现和发展，银行信用成为经济活动中最重要的信用形式。银行信用的履行表现为银行必须确保存款人自由取款，但是如果贷款人不对银行恪守信用、确保按时还本付息，那么银行最终也无法对存款人恪守信用。所以，金融信用的发展也依赖于良好的企业信用和个人信用。总之，信用交易和信用制度是随着商品货币经济的不断发展而建立起来的；进而，信用交易的产生和信用制度的建立促进了商品交换和金融工具的发展；最终，现代市场经济发展成为建立在错综复杂的信用关系之上的信用经济。

2.1.3　信用的本质和构成要素

（1）信用的本质

在现实的经济活动中，我们从事信贷活动不仅要看到它带来的融资便利，更应该通过对信用本质的清楚认识，了解它所带来的风险，牢固树立正确的风险意识。

首先，信用的本质是一种借贷行为，这就决定了它必然以偿还作为前提条件。由于资本的本质是追逐利润，所以偿还时不仅要还本，还必须付息。这个利息从资金的借方来看是资金的使用费或使用代价，从资金的贷方来看，是他让渡了资金的使用权所应该获得的风险补偿或资金收益。因此，"天下没有免费的午餐"，不论你以何种信用工具进行借贷，只要有资金的借贷就必然需要偿还。在此前曾经出现的校园贷违法违规行为中，很多网络平台为了吸引大学生贷款宣传所谓的零利息、零首付，很显然这只不过是一个吸引人的噱头。

其次，信用反映了债权债务关系。借贷行为一旦发生，借贷双方的角色就变成了实质上的债权人和债务人，合法的债权债务关系受到法律保护。借方有义务对自己所借的资金还本付息，正所谓"欠债还钱，天经地义"；贷方有权利在贷款到期后连本带利收回自己所贷出的资金。

最后，信用反映了价值运动的特殊形式即借贷资本的运动过程。在借贷行为中，买卖双方的借贷载体是货币资金，这种货币资金存在的目的是满足借贷的需要，因此这种资金也是借贷资本。借贷资本的所有者让渡了对资本的使用权，其目的在于获取利息收益；借贷资本的使用者因为使用了这种资本而必须付出代价即支付利息；这个运动过程使得原来的借贷资本实现了增值。

（2）信用的构成要素

现代意义上的信用活动一般包含以下几个要素：

其一，信用活动的当事人。除我们前述的债权人和债务人外，当事人一般还包括以商业银行为主体的金融机构，它们共同构成了信用活动的主体。商业银行作为金融中介在信用活动中扮演了重要角色，如图2-1所示。债权人直接或间接通过商业银行将资金借给债务人。对于债权人和债务人而言，这个过程分别称为资金的贷出和借入，债务人有义务在借款到期后还本付息。在这个过程中，资金的借方从事了"受信"和"守信"的经济活动，资金的贷方从事了"授信"并收回本息的经济活动。"授信"、"受信"和"守信"这三个词语仅一字之差，却非常准确地表达了信用活动中各方当事人应当遵循的信用准则。

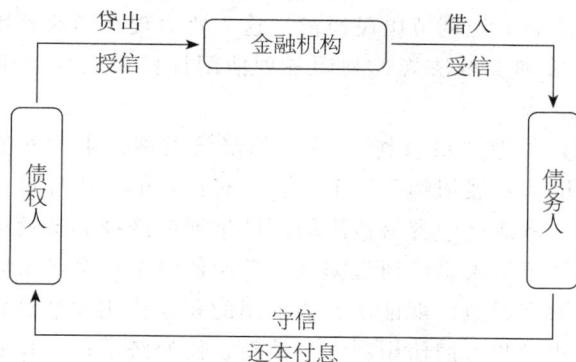

图2-1　商业银行的中介作用

其二，在信用活动中，除了参与主体以外，信用的标的物也是重要的构成要素。信用的标的物也就是信用的对象，它是指信用当事人双方权利义务指向的对象。借贷活动的标的物既可以是实物，也可以是货币。在日常的经济活动中，信用的对象一般以货币资金为主。除了货币资金以外，现代社会还可以以货币性的金融资产作为信用的标的物，如有价证券。目前证券公司的融资融券业务就属于一种典型的以货币性金融资产作为信用对象的业务。

其三，借贷期限的长短和利率的高低也是信用的重要构成要素。借贷期限的长短和利率的高低统称为信用条件，直接影响借贷的成本和风险。一般，中长期借款的利率比较高，短期借款的利率比较低。为什么借贷的期限和利率会呈现出同向变动的关系呢？这实际上和借贷期限变化所带来的风险有关。借贷的期限越长，贷款人所要承担的借款人不能按时还款的风险就越大，同时这笔资金的机会成本越高，贷款人要求的风险补偿自然也就越多，对应的利息也就越高，所以期限条件和利率条件之间是正相关的关系。

2.1.4　信用的作用

第一，信用的发展促进了资源的优化配置，提高了资金的使用效率。借贷活动的开展可以引导资金流向投资收益更高的项目，使优质的项目获得更多的资金，这个过程优化了资源配置，提高了投资的收益率和资金的回报率，从而能更好地提高资金的使用效率。

第二，信用的发展加速了资金周转，解决了资金的使用困难，促进了商业活动的开展，也节约了流通费用。信用能使各种闲置资金集中起来并投放出去，使大量原本处于相对静止状态的资金运动起来，这对于加速整个社会的资金周转无疑是有巨大作用的，并且利用各种信用形式，还能节约大量的流通费用，增加生产投资资金。

第三，信用的发展加速了资本的积聚。信用是积聚资金的有力杠杆，信用制度使得金融机构和金融市场成为集中社会闲散资金的重要载体，这些被聚集起来的闲散资金通过投融资活动流向需要资金的企业及具有高回报率的投资项目，满足了企业的经营需求、扩大了企业规模，有利于形成经济发展的规模效应。

第四，信用还能有效地调节国民经济。这主要表现在国家利用货币和信用制度来制定各项金融政策和金融法规，利用各种信用杠杆来改变信用规模及其运动趋势，从而调整国民经济。

第五，信用也是一把"双刃剑"，它在给经济发展带来益处的同时也会产生很大的风险。信用制度的发展依赖于一个社会具有良好的信用环境，但是人的主观贪欲使得信用在现实经济活动中容易被滥用而产生逆向选择和道德风险。同时，信用货币的滥发还会使经济陷入恶性通货膨胀，从而使整个社会经济陷入严重的衰退。

因此，我们应该客观地、辩证地看待信用的积极作用和消极影响，积极推进整个社会的信用体系建设和人们信用观念的革新，使经济活动在良好的信用环境下良性运行。

2.2 现代信用的形式

现代社会中，信用的形式多种多样，比如有的借贷行为不通过金融中介发生，而由资金的供求双方直接在金融市场上交易完成，这种信用是直接信用；有的借贷行为通过金融中介发生，这种信用是间接信用。从信用的主体来划分，信用可以分为商业信用、银行信用、国家信用、消费信用、租赁信用、证券信用等多种形式。

2.2.1 商业信用（commercial credit）

（1）含义

历史上最早出现的信用形式是商业信用。目前，对于商业信用的解释一般有以下三种：一是将商业信用理解为在正常的经营活动和商品交易中由于延期付款或预收账款而在企业之间所形成的信贷关系；二是立足于产品的销售活动，将商业信用定义为在商品销售过程中，一个企业授予另一个企业的信用；三是将商业信用解释为工商企业之间相互提供的或者企业与个人之间与商品交易直接相联系的信用形式。商业信用的应用范围不应该局限于商品的销售活动，商业信用可以贯穿企业经营活动的始终；商业信用大多发生在企业之间，所以它的主体一般是企业。基于此，本书使用第一种解释来定义商业信用。

商业信用的概念阐明了这一信用产生于正常的经营活动和商品交易中，正是基于延期付款或预收账款的需要，企业之间才提供商业信用。由于商业信用是企业与企业之间进行商品往来时发生的信用，所以它同时包含了商品买卖和借贷两种不同性质的经济行为。一方面，企业在商业活动中就商品的交易条件进行磋商、达成交易，这是典型的商品买卖的过程；另一方面，与商品交易随之而来的延期支付行为又可以被看作卖方对买方的一种信贷行为，它依赖于买方良好的商业信用状况和卖方对买方的信任。

从法律上理解，商业信用是基于主观上的诚实和客观上对承诺的兑现而产生的商业信赖和好评。所谓主观上的诚实，是指在商业活动中，交易双方在主观心理上诚实善意，除了公平交易的理念外，没有其他欺诈意图和目的；所谓客观上对承诺的兑现，是指商事主体应当对自己在交易中向对方做出的有效的意思表示负责，应当使之实际兑现。可以说，商业信用是主客观的统一，是商事主体在商业活动中主观意思和客观行为一致性的体现。

（2）主要形式

商业信用的主要形式包括：

①赊购和赊销。

赊购是指企业凭借自身的信用，采用分期付款或延期付款方式购买商品。企业在资金紧缺而又急需某种商品时可采用该种方式，但采购时的商品价格往往高于现款交易时的价格。这种商业信用取决于两个因素：一是货物的性质。一般来说，若货物销售周转率较高，那么买方很容易将货物转卖或加工后再出售，从而很容易获取现金，这样卖方就很少提供商业信用，即使提供商业信用，其期限也很短；反之，若货物销售周转率较低，那么买方不容易立即获取现金，这样卖方一般都会提供商业信用且其期限较长。二是卖方的财务状况。一般来说，财务状况良好的卖方，现金充裕，比较容易提供商业信用且信用期限相对较长；反之，财务状况较差的卖方，因急需现金改善其财务状况，所以一般很少提供商业信用，即使提供商业信用，其期限也很短。

赊销是信用销售的俗称，是"赊购"的对称。赊销是以信用为基础的销售，卖方与买方签订购货协议后，卖方让买方取走货物，而买方按照协议在规定日期内付款或以分期付款形式付清货款。赊销使商品所有权的让渡和商品价值的实现在时间上分离开来，使货币由流通手段转变为支付手段，它实质上是提供信用的一种形式。赊销商品使卖方成为债权人，买方成为债务人，这种债权债务关系是在商品买卖过程中产生的。

"赊销"和"赊购"是分别站在卖方和买方的角度来描述的同一种商业信用行为，其本质都是卖方为买方提供的一种延期付款便利，它基于买方的商业信用。

②预收货款。

预收货款是指销货单位按照合同或协议规定，在发出货物之前向购货单位预先收取部分或全部货款的信用行为，即卖方向买方先借一笔款项，然后用商品归还，对卖方来说，这是一种短期融资的方式。购买方对于紧俏商品往往乐于采用这种方式购货；销货方对于生产周期长、造价较高的商品，往往采用这种方式销货，以缓和本企业资金占用过多的矛盾。预收货款从本质上来说是买方为卖方提供的一种融资或延期交付货物的便利，它基于卖方的商业信用。

（3）优缺点

商业信用往往和商品的交易活动相伴而生，不需要履行繁杂的信贷手续，不需要提供诸多的信贷审核资料，也不需要企业提供担保，只需要在交易合同中约定双方的支付方式，这使得企业用款和供货的灵活度较高；同时，商业信用往往是商业伙伴基于对彼此的信任而给对方提供的一种融资便利，它不会单独收取融资费用，所以融资的成本很低，而且方便快捷。正因为商业信用具有方便、及时、融资成本低、无须担保、手续简便、灵活度较高等优点，所以它广泛应用于企业的经营活动中。

但是，商业信用的局限性也非常明显，主要表现在：

① 商业信用规模的局限性。由于单个企业的商品数量和资金量有限，它无法提供大额的资金融通，所以商业信用一般规模都比较小，它适合于小规模信贷。

② 商业信用方向的局限性。商业信用大多由卖方提供给买方，受商品流转方向的限制。

③ 商业信用期限的局限性。受生产和商品流转周期的限制，商业信用一般以短期信用居多。

④ 商业信用授信对象的局限性。商业信用的授信对象一般局限于企业，尤其是出于风险防范的考虑，授信方往往优先选择合作次数较多、彼此比较了解的企业。

⑤ 商业信用的风险等级比较高。商业信用基于企业自身的信用状况，往往由卖方或买方单方面承担风险，一旦一方违约，由此产生的风险和给对方造成的损失就非常大。

在日常的经济活动中，商业信用风险时有发生。商业信用风险是指在以信用关系为纽带的交易过程中，交易一方不能履行给付承诺而给另一方造成损失的可能性。其主要的表现为，买方到期不支付货款或者到期没有能力付款、卖方到期无法按时交货等。在现实的企业经营中，很多公司回收应收账款不力，轻则造成流动资金紧张，重则造成大笔坏账损失，导致经营困难。在当今买方市场的经济环境下，市场竞争日益白热化，企业始终面临进退两难的困境：企业必须不断扩张信用以扩大市场份额，但企业又必须最大限度地减少坏账以降低成本，提高盈利水平。为此，企业必须清醒地认识到自身面临的商业信用风险，以保证持续发展和顺利经营。

（4）作用

① 从整个国家和社会层面来说，商业信用节省和用活了资金，活跃了市场。资金是经济发展的重要条件，马克思主义政治经济学把人排在生产力各要素中的第一位，在现实社会中，企业有时不缺人，而是缺资金。在经营性资金严重不足的情况下，企业获得银行信用的希望也很渺茫，而商业信用往往使经营者绝处逢生。通过赊购赊销或预付货款，盘活了卖方积压的存货，缓解了买方的资金压力，同时丰富了市场的商品供给，能更好地满足消费者的需求。我国改革开放以后经济的快速

增长，也受惠于商业信用的巨大作用。从雨后春笋般壮大的超级市场、四通八达的网上买卖、便捷快速的物流托运到遍地开花的房地产行业，可以说都离不开商业信用的支撑。

② 对于供应商来说，商业信用助其减少存货、促进销售、扩大市场份额。供应商向客户赊销商品（服务），不需要增加自己的成本，不影响自己的资金流动，可谓"利人不损己"。此外，过量的商品压在库中，需要支付更多的仓储保管费用，承担更多的意外损失责任。赊销给客户后，既减少了仓储保管费，又消除了可能因火灾、洪水等意外事故造成的或有损失。更为重要的是，赢得了客户，抢占了先机，促进了销售，扩大了市场份额，占领了市场，从这个意义上可谓"利人利己"。

③ 对于零售商来说，商业信用助其融通资金、增强竞争力、获得稳定的货源。零售商要使商店里的商品丰富多彩、应有尽有，就需要相当多的资金，赊购——先提货后付款，是零售商解决这个问题最乐意也最常采用的策略。除了解决资金困难之外，商业信用的第二个好处是增强了竞争能力。琳琅满目的商品，增强了消费者购买的欲望和信心，提高了销售额。第三个好处是稳住了供应商，获得了稳定的货源，而且在商品和服务出现瑕疵时，多一层保障，降低了自己的风险。

④ 对于消费者来说，商业信用有利于降低商品和服务价格，享受到更为快捷、实在、优质的消费。商业信用加快了经营者的资金和商品周转，减少了流通费用，缩减了从生产到消费的时间，必将降低商品成本，增强保鲜效果和时效性，从而使消费者享受到实惠、优质和快捷的产品和服务。

⑤ 对于债权人来说，通过预付商品或预付货款，可以获得比现款交易更高的毛利，提高收益。一般来说，将暂时无法实现现款销售的商品和无其他用途的闲置资金放在自己手中不会直接产生收益，而预付给交易对方，则可以此为条件，提高自己商品的销售价格，或要求对方降低给自己的进货价格，从中扩大价格顺差，产生直接效益。例如，消费者预付话费购买手机，预付话费的数额不大，并没有给消费者增加过多的资金压力，但消费者可以获得比现金交易或延期付款更便宜的价格。

⑥ 对于债务人来说，预收客户货款或商品，不但直接增加了可用资金，增强了竞争实力，更重要的是可以锁定客户，始终掌握交易的主动权。预收上游供应商的商品，可对其选择与自己有竞争关系的客户产生制约，获得向供应商提出不向自己的竞争者供应商品或在供货质量、时间上优先保证自己所需的筹码。预收消费者的货款，则使消费者选择其他商家受到一定程度的限制，并可以此招徕更多的消费者，增强销售预期的准确性，有利于稳定、巩固客户群体。例如，电信企业预收了消费者的话费后，一般情况下，就使消费者打消了选择其他电信企业的念头。

阅读材料2-3

2023年省会及副省级以上城市综合信用指数排名前10强

2.2.2　银行信用（bank credit）

（1）含义

银行信用是指通过各类金融中介机构，主要是银行，将货币转化为借贷资本，进行社会化资金分配的信用形式。银行信用以银行等金融机构为中介，以存款等方式来筹集货币资金，以贷款方式对国民经济各部门、各企业提供资金支持，它伴随着现代银行产生，在商业信用的基础上发展起来。银行信用与商业信用一起构成现代经济社会信用关系的主体。

（2）特点

①银行信用是一种间接信用。银行信用的主体是银行或非银行性金融机构。金融机构作为一种金融中介在经济活动中发挥沟通资金供求双方、调剂资金余缺的作用，它吸收和聚集社会的闲散资金，将其贷给资金需求者。资金的供求双方并没有直接发生联系，所以有银行参与的银行信用是一种间接信用。

②银行信用具有很强的灵活性。银行信用所贷出的货币资本是从产业资本中分离出来的，是相对独立的借贷资本，它既不受个别企业所拥有的资本数额的限制，也不受个别资本循环周转在时间上的限制。同时，银行信用以货币形态提供信用，适用于任何一个生产部门，可以提供给任何一个企业，所以在流通规模、范围、期限上有很大的灵活性，可以满足工商企业的不同需要。

③银行信用具有广泛的服务对象和接受范围。银行信用的业务活动对象除了生产经营企业外，还涉及国家政府部门、各种经济单位以及居民个人等各个社会阶层，影响极其广泛。同时，由于银行信誉良好，它的债务凭证被视为货币而充当流通手段和支付手段，较之商业票据有更大的流通空间，具有最广泛的接受范围。

④银行信用可广泛动员社会各方面闲散资金，资金规模巨大。银行广泛集中再生产过程中游离出来的过剩资本和社会各阶层的货币收入，其资本量巨大，这使得银行能满足企业或个人长期、大额的资金需求。

⑤商业银行的存贷款业务是银行信用的典型体现。银行要维持良好的信用，必须有充足的资金做支撑，同时要通过合理的资金运用获取更大的利益，不断扩大资金规模。通过存款业务，商业银行吸收了社会上的富余资金，储户将资金存入银行是基于对银行的信任，银行有义务保证储户的资金安全，同时满足储户随时取款的要求。存款和取款的过程正是银行信用最重要的体现。贷款业务是商业银行最主要的资产业务，银行由于可贷资金规模大、贷款期限灵活，所以受到了企业和个人的青睐。贷款的发放体现了银行的信用，贷款的收回与企业或个人的信誉有直接关系。

（3）优势和局限性

银行信用资金规模巨大，存贷款业务类型和形式多样，贷款的期限灵活，业务对象包括国家政府部门、各种经济单位、居民个人等广泛的社会阶层；同时，银行的信用等级较高，发生信用风险的概率低于商业信用。正因为它克服了商业信用在资金规模、期限、使用范围等方面的局限性，所以它是目前可靠度较高的资金筹集渠道。在现实经济活动中，这些优势使得银行信用受到了资金需求者的广泛青睐。

但是，银行信用也受到一定条件的限制，例如，银行授信时对借款人的信用状况、经济实力、还款能力、贷款用途等方面都要严格审核，这使得很多还款能力不强或信用状况不良的个人以及一些中小企业的贷款资格受到了很大限制；同时，银行的信贷程序相对复杂，审核周期较长，利息较高，这也使得一些借款人望而却步。

在社会信用体系中，银行信用是支柱和主体信用，是连接国家信用和企业信用、个人信用的桥梁，在整个社会信用体系的建设中具有先导和推动的作用。可以说，银行信用的正常化，是整个社会信用健全、完善的重要标志，也是构筑强健金融体系的基石。然而，在现实的经济活动中，银行信用缺失的事件也时有发生，因此我们也应该对银行的资信状况进行甄别，尽量选择业务能力过硬、信誉状况良好的大型商业银行来办理业务。

案例分析 2-1

美国硅谷银行倒闭案

案情介绍：

2023年3月7日，刚宣布"连续5年登上福布斯年度美国最佳银行榜单"的明星银行——美国硅谷银行——突然被宣布接管，在事实层面上宣告倒闭，震惊全球。在福布斯年度美国最佳银行榜单排名第20位，2022年末资产规模达2 090亿美元的美国硅谷银行发生了什么？为何落得如此下场？

3月10日，美国联邦存款保险公司（FDIC）发布公告称，美国硅谷银行10日被美国加利福尼亚州金融保护和创新部关闭，并指定美国联邦存款保险公司为接管方。公告显示，硅谷银行总部位于加利福尼亚州圣克拉拉，在加利福尼亚州和马萨诸塞州拥有17家分行，截至2022年底，硅谷银行总资产约为2 090亿美元，存款总额约为1 754亿美元。

作为美国第16大银行，硅谷银行是科技行业、初创企业和科技工作者之间的主要金融渠道，但恰恰是与科技行业的联系加剧了它的麻烦。科技股在过去18个月受到重创，整个行业都在裁员，风投资金也一直在减少。与此同时，该银行受到了美联储对抗通胀及一系列激进加息以冷却经济做法的沉重打击。随着美联储提高基准利率，总体稳定的债券价值开始下跌。这通常不是问题，但当储户变得焦虑并开始取款时，银行有时不得不在这些债券到期之前，出售这些债券以弥补资金外流。这正是硅谷银行所遭遇的情况，该银行不得不出售210亿美元的高流动性资产，来满足突然的提款需求，而那笔交易亏损了18亿美元。但这一消息彻底暴露了这家银行的困境。

3月9日，投资者和储户试图从硅谷银行提取420亿美元，这是10多年来美国最大的银行挤兑事件之一。同时，其母公司硅谷银行金融集团的股票价格在9日暴跌超过60%，10日暴跌68%，进入停牌状态。

案例分析：

从这个案例我们可以看到，一方面，硅谷银行作为美国的明星银行，在加利福尼亚州和马萨诸塞州拥有17家分行，截至2022年底，硅谷银行总资产约为2 090亿美元，存款总额约为1 754亿美元。存款、广泛的业务和大量的分支机构使得它能为更广泛的社会公众服务。另一方面，我们也应该看到，银行也会因为行业、金融大环境、国家政策等变化的影响而无法安全、稳定地经营，银行的倒闭会给公众和投资者造成损失，这必然会影响银行信用，也会对整个国民经济造成极大的负面影响。

资料来源　吴家驹，宫宏宇. 硅谷银行48小时破产！惊动拜登，或导致科技公司灭绝？[EB/OL]．（2023-03-13）[2025-06-18]．https：//www.chinanews.com/cj/2023/03-13/9970263.shtml.

2.2.3　国家信用（state credit）

（1）含义

除了商业信用和银行信用以外，在一国的经济发展过程中，政府的信用至关重要。货币的发行就是国家信用的表现，民众愿意使用本国货币，体现了人民对政府的信任。国家信用是以国家为主体进行的一种信用活动，它是一国政府通过财政部门向国内外各类主体举借债务而形成的信用。由于国家信用是国家按照信用原则以发行债券等方式从国内外货币持有者手中借入货币资金，因此它是一种国家负债，是以国家为一方所取得或提供的信用。国家信用的债务人是政府，债权人是国内外的银行、企业和居民。政府出现财政赤字或要进行某项大型的国家投资时，会为了弥补财政赤字和满足投资资金的需要通过举债的方式进行筹资，由此形成国家信用。

国家信用包括国内信用和国际信用。国内信用是国家以债务人身份向国内居民、企业、团体取得的信用，它形成国家的内债。当国家出现经济危机或政府出现严重的财政赤字时，通过国家信用取得的收入，成为政府弥补亏空、度过危机的重要手段。在现代国家，国家信用已不单纯是取得财政收入的手段，也成为调节经济运行的重要杠杆。随着资本主义的发展，国家信用从国内发展到国外，即一国政府以国家名义向另一国政府或私人企业、个人借债以及在国际金融市场上发行债券筹资，它既是弥补一国财政赤字的手段，也成为调节国际收支、对外贸易的有力杠杆。

（2）国家信用的形式

国家信用的典型形式是发行政府债券，主要是发行国库券和中长期公债券。国库券（treasury securities）是指国家财政当局为弥补国库收支不平衡而发行的一种短期政府债券。国库券是1877年由英国经济学家和作家沃尔特·巴佐特发明的，并在英国首次发行。因国库券的债务人是国家，其还款保证是国家财政收入，所以它几乎不存在信用违约风险，是金融市场风险最小的信用工具。西方国家的国库券品种较多，一般可分为3个月、6个月、9个月、1年期4种，其面额起点各国不一。公债券一般是指政府为筹措建设资金或归还旧债本息等而发行的一种期限在1年以上的中长期债券。中华人民共和国成立后曾先后多次发行公债券和国库券，但我国的政府债券不论期限长短，一般都统称为国库券。

虽然国库券和公债券都是国家信用的典型形式，但是两者有一定的区别：首先，两者的发行目的不同。一般来说，发行国库券是为了临时弥补财政赤字，发行公债券是为了筹集建设资金。其次，两者的期限不同。国库券一般是1年以下的短期债券，它也是中央银行公开市场业务的重要交易对象；公债券一般是1年以上的中长期债券。最后，两者还本付息的来源不同。国库券是以国家的国库收入作为还本付息的来源，我国一般使用税收收入偿还国库券的利息，以发行新国库券所筹措的资金偿还原有的本金，即借新债还旧债，这也是国际通行的做法；公债券则一般以项目建成后的收益作为还本付息的来源。

（3）国债的规模

国债的发行的确为政府缓解资金困难提供了便利，但是一国国债的发行规模应当控制在一个合理的界限以内，这个界限主要是由一国的财政经济实力和国债管理水平决定的。一般来说，一国的经济发展水平越高、国债的管理能力越强，其国债的偿债能力就越强，可以发行的国债规模也就越大。通常，我们可以使用3个指标来判定一国的国债规模是否适度：第一个指标是债务负担率，它是指国债余额与当年GDP的比率，反映一个国家国债累积规模的大小。《马斯特里赫特条约》规定这一比率应不高于60%，我国目前这一指标为10%左右。第二个指标是债务依存度，即年度国债发行额与当年财政支出的比率，这是衡量国家财政本身的债务负担能力的一个指标。国际上通常认为，25%的依存度是国债的警戒线。由于各国的财政体制不同，财政集中的国民收入份额不同，不同年度之间的财政政策不同，某一年度的债务负担情况不能反映一个国家债务的总体状况，因此目前大多数国家不用债务依存度来衡量其国债的负担情况与规模。第三个指标是偿债率，指年度国债还本付息额与当年财政收入的比率，这是衡量国家财政本身偿债能力的一个指标。如果国债的还本付息额少，国家财政收入充裕，则反映出国家财政的偿债能力强；反之则较弱。如果国债的本息偿还额超出了财政收入的负担能力，就会发生国家的债务违约，从而引发债务危机。

阅读材料2-4

希腊政府债务
危机

2.2.4 消费信用（consumer credit）

很多人在进行大额商品消费时都使用过分期付款这种支付形式。分期付款能够减轻付款者当期的资金压力，帮助其提前满足消费需求，所以受到人们的广泛青睐。实际上，分期付款这种支付形式就是一种典型的消费信用。

（1）含义

消费信用亦称零售信贷，它是指企业、商业银行或专门的消费信用机构向消费者提供的、用于生活消费目的的信用。消费信用和商业信用以及银行信用并无本质区别，只是授信的对象和目的有所不同。从授信对象来看，消费信用的债务人是个人，即购买生活资料的个人和家庭。从授信目的来看，消费信用是满足个人购买消费资料的资金需求。随着生产力的发展、人民生活水平的提高，市场消费总的供给结构不断发生变化，价格昂贵的耐用消费品及房地产市场等迅速发展。对收入水平不高的居民来说，购买耐用消费品和住房的价款，在短时间内难以备齐，而发展消费信用是解决这个问题的一种办法。

（2）形式

消费信用最典型的形式有以下几种：

① 分期付款。它是零售企业向个人提供的以分期付款方式购买所需消费品的一种信用形式，多用于购买耐用消费品，如汽车、家用电器等。一般来说，耐用消费品价格比较高，消费者采用分期付款的形式，只需要在购买时按规定支付一定比例的货款，剩下的部分就可以采取按月等支付形式来分期支付，减轻了当期的资金压力。如果消费者不能按时偿还所欠货款，将承担违约责任。分期付款的期限一般为1~2年。

② 消费信贷。消费信贷是金融机构以货币形式向个人提供的以消费为目的的贷款，例如个人住房按揭贷款就是消费信贷最典型的形式。这种信用形式需要消费者支付一定比例的首付款，然后金融机构对剩余的部分提供贷款，个人根据贷款合同按期偿还，同时以所购的房屋作为抵押，所以它也是一种抵押贷款。

③ 信用卡。信用卡是现代社会经常使用的一种信用工具，通过信用卡获得贷款是当今流行的消费信贷方式之一。信用卡一般由银行或非银行信用卡公司发行。发卡机构根据消费者个人的信用状况和财力设置一定的信用额度，供消费者当期消费。持卡人可以通过信用卡所代表的账户在任何接受此卡的零售商处购买商品或劳务，以及进行转账支付等，当期消费的资金可以到下期再偿还。接受信用卡的零售商定期与发卡机构进行结算。信用卡的出现的确便利了人们的消费行为，提高了人们的消费能力，满足了人们的消费需求。信用卡消费从本质上来说属于一种无担保贷款，贷款额度主要根据持卡人以往的信用记录确定，因而面临较高的信用风险，由信用卡引发的犯罪也成为一个全球性的问题。此外，随着互联网金融的快速发展，一些网络信贷工具也在实质上具备了消费信贷的功能。不论使用哪一种消费信用工具，在借贷时都应该考虑自身的还款能力，量力而行，以免因无力还款影响自身的信用记录。

（3）作用

① 增加了消费者对高档耐用消费品的需求。随着生活水平的提高，人们越来越追求高质量的生活，消费者结构中满足生存需要的消费者所占比重降低，满足发展和享受需要的消费者所占比重提高，人们对高档耐用消费品的需求不断增加。高档耐用消费品通常价值较高，使用年限较长，完全依靠家庭和个人的资金来满足对这类消费品的需求，一般需要较长时间的积累，大额的资金支出也增加了消费者现时的资金负担，消费信贷既提前满足了消费者的现时需要，又减轻了一次性支付的资金压力，所以当人们购买高档耐用消费品时，更青睐消费信贷。

② 促进了人们消费观念的转变。从经济学的角度来讲，消费是拉动经济、启动内需的重要形式，因此我们在节俭和储蓄的同时也应该适度消费。随着时代的发展，人们的消费观念发生了变化，尤其是年轻群体在消费观念上更注重"及时享乐"。当前国家经济政策鼓励消费，也促进了居民消费观念的转变。消费信贷帮助人们把未来的消费提前到了现在，迎合了"活在当下"的即时消费观，适应了时代发展的需要。

③ 提供了一种新型的理财方式。信用卡从本质上说是一种无担保的银行贷款，但是它的申请手续比银行贷款要简单得多，同时信用卡消费是即期消费、远期还款，这使得还款人有机会获取资金的时间价值。因此，信用卡实际上提供了一种新型的理财方式，即日常消费使用信用卡，将收入或奖金用于投资，到期后再将收入的一部分用于归还信用卡的债务。这种方式盘活了消费者的当期收入，使这些收入产生更多的投资价值。

案例分析2-2

信用消费"盯上"退休老人

案情介绍：

如今，信用支付已经成为网购用户首选的支付方式，而市场红利也在逐渐消退。相关数据显示，中国近1.7亿90后中，超过4 500万人开通了花呗，平均每4个90后中就有1个用花呗进行信用支付。花呗的贷款余额在2017年上半年就已经达到992亿元。"京东世纪贸易"发布的数据显示，京东白条91.94%的债务人年龄在40岁以内，从根据借款笔数和未偿还本金余额统计的债务人年龄分布来看，30岁以下的债务人占比均超过半数。截至2019年6月末，京东白条应收账款余额达到了411.32亿元。从这些数据中可以看到，年轻消费群体一直是信用支付的主流，中老年群体仍是一座待开发的金矿，但现在这种状况在悄悄发生变化，中老年群体对于使用信用支付进行网购越来越青睐。

有很多年轻的消费者反映，此前自己办信用卡、用信用支付方式网购时家里的老人都很反对，他们一直认为消费应该量力而行，任何鼓励消费的信用支付方式都不应该被提倡。然而，随着网络购物的不断普及，很多老人被网购平台上提供的各种优惠活动或销售折扣所吸引，也纷纷开始进行网购。还有老人认为，自己身边同龄的朋友、同事都在使用这种信用支付，自己不能落伍太多。于是，在这样一个网购的大环境下，很多老年人都加入了网购大军，他们也常常会因为挡不住商家销售粮油、鸡蛋、日用品等时提供的小恩小惠，而成为网购分期支付的重要客户群。同时，中老年人在网购时的群体效应特别强烈，例如有消费者反映自己的母亲不仅经常通过信用支付网购，就像着了魔一样，而且介绍给了不少平日在一起跳广场舞的"舞友"，他们也经常向其请教如何开通信用支付。此外，在很多家庭主妇的圈子里，任何优惠的信息都会一传十、十传百。为了满减优惠或者信用支付的一点儿折扣，中老年人可以扎堆研究如何薅取平台的"羊毛"，包括热衷于传播助力链，甚至借用他人账号注册开通信用支付，赚取更多的优惠。

与很多年轻人在心仪商品面前把持不住一样，年长的用户往往会因为网购的各种优惠而动心。能够刺激他们冲动消费的，也有在线消费信用服务平台这一诱因。为了些许优惠，不少中老年人忘记了过去训诫晚辈量力而行、务实消费的忠告。不知道未来在消费信用服务的渗透大势下，老人们的退休金是否还能支撑得起他们的网购消费呢？所以，我们在享受网络购物便利的同时一定不要忘了量力而行。

案例分析：

消费信用给老人们带来了方便和实惠，吸引着他们不太理智地消费，在这种狂热的消费行为下，他们忽视了消费信用存在的风险，尤其是京东白条、花呗或信用卡这类信用工具。消费最终都要以偿还作为条件，所以不论是年轻人还是中老年人，任何时候都应该保持清醒的头脑，量力而行，理性地使用消费信用为我们的生活提供便利。

资料来源　佚名. 信用消费"盯上"老爸老妈，他们的退休金还够"剁手"吗？[EB/OL].（2019-12-18）[2025-06-18]. https://www.sohu.com/a/361249035_134438? scm=1002.46005d.16b016c016f.pc_article_rec_opt.

2.2.5　租赁信用（lease credit）

租赁是一种古老的信用形式。公元前2000年，居住在两河流域的苏美尔人中已出现了租借实物的行为。公元前1400年，地中海东岸的腓尼基人首先开始了商船的租赁。中国奴隶社会后期产生的以土地和房屋为对象的租赁活动，在封建社会得到进一步发展，土地、房屋、车船、农具及其他工具、集市场地等都可以租让。直到20世纪40年代后期，以土地为主要对象的租赁仍然盛行，成为束缚和剥削农民的主要手段。当代租赁是社会化大生产和商品经济高度发展的产物，特别是20世纪以来，随着科学技术的不断发展，投资数额急剧增加，一些国家的租赁业也随之发展。第二次世界大战（简称二战）后，许多国家百废待兴，百业待举，银行信用形式已不能完全满足企业的投资需求。于是，租赁信用得以发展，特别是在美国、日本和欧洲一些国家发展尤为迅速。用户不需要预先积累足够的资金购买设备，而只通过交付租金的办法，就可获得自己所需设备的使用权，解决设备投资的实际问题。这种方式在许多国家的设备投资中占有越来越重要的地位。

（1）含义

租赁信用是一种以融物的方式进行融资的信用活动，它是出租人按照承租人的要求购买货物再出租给承租人使用的一种租赁形式。租赁信用在大型生产设备领域被广泛使用。一般来说，租赁信用是出租方根据客户的要求自己出资购买大型机器设备或与提供设备的单位合作，将购买的设备租赁给承租人使用，按期收取设备使用租金，到期后承租人可以选择继续租赁、折价购买该设备或结束租赁等方式。在国民经济运行中，企业往往需要添置设备却没有足够的资金购买，从银行借款又不能满足企业的全部需求，而企业所需设备并不长期使用，与此同时，生产设备的企业为市场竞争所迫，也愿意先行租赁，然后再转让所有权。在这种情况下，租赁信用就是对各方均有利的一种信用形式。

租赁信用有三个基本当事人，即承租人（一般是企业或个人）、出租人（一般是银行或租赁公司）、供货商。

在现实经济活动中，不仅设备租赁使用租赁信用，经济领域的很多方面都有租赁信用的影子。例如，很多人在节假日出游或是过年返乡时都会去租赁一辆汽车，这种租赁汽车的形式满足了他们临时的用车需求，也能让他们更好地享受自驾的乐趣和方便。汽车的租赁活动就是一种典型的租赁信用。出租人通过出借实物商品收取租金，补偿了购买实物商品所支付的费用，也获取了经营利润；承租人不必支付大笔资金购买商品就可以以租赁的形式使用这个商品，满足了实际需求，减轻了资金压力。因此，这种租赁信用的形式在汽车或是大型生产设备的使用中比较常见。

（2）租赁各方的收益分析

对承租人而言，租赁信用使得承租人获得了大型设备或汽车等大件商品的使用权，而不需要支付过多的费用购买这些昂贵的大件商品，只需要按期支付租金，大大减少了现实的资金压力，因此租赁信用实际上是对承租人的一种变相融资。同时，在租赁到期后，承租人还具有继续租赁、优先购买或放弃租赁的选择权。

对银行等出租人而言，租赁信用使得出租人获得了新的业务和利润增长点，拓宽了业务的渠道和门类。租赁信用虽然是银行给承租企业的一种变相融资，但是银行购买和租赁设备是基于银行和企业双方之间的合同，设备的租赁期限一般较长，银行在每个租赁年度内可以通过收回的租金来弥补前期的垫资并实现更多的盈利，业务风险也比较小。

对供货商而言，租赁信用促进了商品的销售，提高了企业的经营效益。由于租赁信用的租赁对象一般是大型设备或汽车等大件商品，这样的商品价格昂贵，承租人一般没有能力购买，这使得供货商的商品难以保证销量。租赁信用的存在使得出租人按照承租人的要求向供货商购买设备，这显然大大促进了商品销售，保障了供货商的营业收益。

（3）形式

租赁信用是融资与融物相结合的一种信用方式。在实际业务活动中，除由承租人选定设备、谈好价款，然后由出租人出资购买，再出租给承租人这种直接购买租赁方式外，还存在转租赁、杠杆租赁、代理租赁和返租赁等形式。转租赁是由出租人向外租进设备，再转租给使用单位。杠杆租赁又称平衡租赁或借贷租赁，由出租人先付出购买设备所需价款的20%～40%，余下部分以租赁物品作为抵押向银行借款，设备出租后，由承租人向贷款银行交付租金以替代出租人偿还贷款。这种方式适用于飞机、轮船等大型设施设备的长期租赁。代理租赁是当企事业单位有多余的动产或不动产时，委托金融信托租赁部门代办出租，收取租金。返租赁即先卖后租或代偿货款租赁，是企业将自己的设备卖给出租人，然后再作为承租人租用设备使用。

（4）风险

租赁信用的风险是指租赁当事人各自所承担的对方不能全部按时履约的风险。

① 承租人违约。承租人的违约行为包括承租人未按照合同的规定按时、足额支付租金，而出现延付或拒付租金的情况，或是所支付的租金币种与合同不符，或是租赁期间未对租赁设备进行正常的维修和保养，或是越权处理租赁设备，如未经出租人许可转租设备等。引起承租人违约的原因是多方面的：可能是承租企业缺乏

经营管理能力，造成资金周转不灵而无法履约；可能是承租企业信誉太差，有意拖欠租金；也有可能是外部条件发生变化导致承租企业无法履约。承租人违约风险的直接承担者就是出租人，承租人违约会影响出租人的融资能力和融资成本，甚至会危及出租人的正常经营活动。

②出租人违约。出租人违约指出租人资金不足或发生周转困难，未能按照购货合同规定及时开出信用证，导致供货商推迟或拒绝交货，使承租人无法按照计划实施项目及保证生产的正常进行，从而遭受损失。

③供货商违约。供货商违约指供货商未按照购货合同规定的时间交货或者所提交的货物存在瑕疵等不符合合同规定的情况。虽然租赁设备由出租人购买，但是承租人直接承担供货商违约的风险，即无法按期或不能正常使用租赁设备而遭受损失的风险。虽然几乎所有的融资租赁合同中都有"承租人不能以供货商延迟交货或所交货物存有瑕疵为由而延付或拒付租金"这样的条款，但事实上，一旦供货商违约，承租人往往以此为由延付租金或拒付租金，甚至还提出撤销合同。因此，出租人成为事实上的供货商违约风险承担者。

租赁信用的一方当事人若出现上述违约行为，会给其他当事人带来损失，所以各方当事人要在事前和事中注意防范违约风险。当然，市场经济本来就是一种充满了高度不确定性的风险经济，因此防范、处置信用风险也是一项值得研究的重要课题。

2.2.6 证券信用（securities credit）

（1）含义

从广义来讲，证券信用是证券交易涉及的买卖双方相互给予的信用，如证券商给客户融资融券、银行发放以证券为担保的贷款，以及证券期权买卖信用等。从狭义来讲，证券信用是证券商对客户的融资融券业务。相比银行信用而言，证券信用少了很多烦琐的信贷手续，所以它速度更快、规模更大、效率更高。但是，证券信用必须依托完善的、有效率的证券市场，因为证券信用的一个重要条件是所发行的证券具有完全的流动性。如果证券市场组织架构不完善、交易规则不健全，就会出现证券发行者恶意"圈钱"的情况，破坏筹资者与投资者之间的市场平等关系，使投资者丧失信心，使市场变成一个恶性投机的场所，最终使筹资方和投资方两败俱伤。

在完善的市场体系下，信用交易制度能发挥价格稳定器的作用，即当市场过度投机或者坐庄导致某一股票价格暴涨时，投资者可通过融券卖出方式卖出股票，从而促使股价下跌；反之，当某一股票价值被低估时，投资者可通过融资买进方式购入股票，从而促使股价上涨。我国证券市场经过30多年的建设取得了巨大成就，但是目前市场的发展仍然不完善，违法违规行为时有发生。因此，到目前为止，我国的融资体系仍然是以银行信用为主体，要发展我国的证券信用，关键还是建设与完善证券市场。

（2）融资融券交易（securities margin trading）

2010年3月31日，上海证券交易所、深圳证券交易所分别正式开通融资融券交易系统，接受试点会员进行融资融券交易申报，这标志着我国的融资融券业务正式启动。融资融券业务是一种典型的证券信用，它是从狭义上理解的证券信用。融资融券交易又称证券信用交易或保证金交易，它是投资者向具有融资融券业务资格的证券公司提供担保物，借入资金买入证券或借入证券并卖出的行为。其中，借入资金买入证券称为融资交易；借入证券并卖出称为融券交易。融资融券业务既包括证券公司对投资者的融资、融券，也包括金融机构对证券公司的融资、融券。从世界范围来看，融资融券制度是一项基本的信用交易制度。

融资融券交易与普通证券交易相比，有以下几个方面的区别：

① 保证金要求不同。投资者从事普通证券交易须交纳100%的保证金，而从事融资融券交易只需交纳一定的保证金即可进行金额相当于保证金一定倍数的买卖（买多卖空）。

② 法律关系不同。投资者从事普通证券交易时，与证券公司之间只存在委托买卖的关系；而从事融资融券交易时，其与证券公司之间不仅存在委托买卖的关系，还存在资金或证券的借贷关系，因此还要事先以现金或证券的形式向证券公司交付一定比例的保证金，并将融资买入的证券和融券卖出所得资金交付证券公司一并作为担保物。

③ 风险承担和交易权限不同。投资者从事普通证券交易时，风险完全由其自行承担；而从事融资融券交易时，如不能按时、足额偿还资金或证券，还会给证券公司带来风险，所以投资者只能在证券公司确定的融资融券标的证券范围内买卖证券，而证券公司确定的融资融券标的证券均在证券交易所规定的标的证券范围之内，这些证券一般流动性较大、价格波动性较小、不易被操纵。

④ 财务杠杆效应不同。与普通证券交易相比，投资者可以通过向证券公司融资融券扩大交易筹码获取收益，因而融资融券交易具有一定的财务杠杆效应。

⑤ 交易控制不同。投资者从事普通证券交易时，可以自由买卖证券，可以随意转入转出资金，而从事融资融券交易时，需保证融资融券账户内的担保物充裕，达到与证券公司签订融资融券合同时要求的担保比例，如担保比例过低，证券公司可以停止与投资者的融资融券交易及担保物交易，甚至对现有的合约进行部分或全部平仓。另外，投资者维持担保比例超过300%时，才可提取保证金可用余额中的现金或充抵保证金的证券，且提取后维持担保比例不得低于300%。

2.3 信用工具

2.3.1 含义

在现实生活中借贷双方因为借款的金额、利息、还款期限等问题发生经济纠纷的现象时有发生。如果在借贷行为发生之前，首先将借贷的有关事项进行书面记载，就可以在一定程度上减少经济纠纷，这种书面记载的文书就是信用工具。信用工具又称金融工具，它是指在金融活动中产生的，用于记载金融交易金额、期限、价格等信用事项的，保护权属双方利益的一种法律凭证。我们日常生活中常见的借条和借贷合同都是典型的信用工具，两者之间的区别在于：合同比较规范、正式；借条则在亲朋好友之间使用得更多。不论是合同还是借条，作为信用工具，它们一般都会载明如下事项：借贷当事人即出借人和借款人、借贷的金额、借款期限、利率和利息、具体的还款期限、违约责任等。此外，为了降低风险，可以要求第三方提供担保并约定担保责任。如果是比较正式的合同，一般还有相关的诉讼条款。

2.3.2 特征

信用工具种类繁多，不同的信用工具都有其特定用途。一般来说，信用工具都具备以下几个基本特征：

（1）偿还性

偿还性是指信用工具的发行者或债务人必须按期归还本金和利息。这个特征也是由信用的本质特点所决定的。目前市场上的信用工具，除股票和永久性债券外，大多数都注明偿还期，比如前面讲过的借贷合同和借条都会有明确的还款期限要求，债务人到期必须偿还信用凭证上所记载的应偿付债务。

（2）风险性

风险性也就是信用工具不能充分履约或价格不稳定的程度。信用工具最主要的风险表现为信用风险和市场风险。

债务人到期不能履行合约，不能按时还本付息的风险就是信用风险。信用风险的大小依债务人和证券的性质而定。一般来说，政府债券基本上无信用风险，公司债券的信用风险则依公司类型而定。总体说来，普通股的风险大于优先股的风险，优先股的风险大于债券的风险。为了规避未来可能出现的风险，往往需要专业的评级机构对证券进行风险评级。全球著名的评级公司，如美国标准普尔公司或穆迪投资者服务公司，会通过不同的评定等级来判定某一债券的违约风险和投机性。其中，标准普尔公司采用 AAA、AA、A、BBB、BB、B、CCC、CC、C 和 D 10 个等级；穆迪投资者服务公司采用 Aaa、Aa、A、Baa、Ba、B、Caa、Ca 和 C 9 个等级。

市场的利率升降和商品价格涨跌给投资人造成的损益则是市场风险。信用工具的市场价格与市场利率呈反方向变动。

（3）流动性

这是指金融资产在转换成货币时，其价值不会蒙受损失的能力。除货币以外，各种金融资产都存在不同程度的不完全流动性。如果投资者在这些金融资产到期之前想将其转换成货币，则需要通过打折或支付交易费用等方式实现。一般来说，金融工具如果具备以下两个特点就可能具有较强的流动性：第一，发行金融资产的债务人信誉高，在以往的债务偿还中能及时、全部履行其义务。第二，债务的期限短。这样它受市场利率的影响很小，变现时遭受亏损的可能性就很小。

（4）收益性

收益性是信用工具能定期或不定期地为其持有人带来一定收入的能力。衡量收益性的指标包括名义收益率、当期收益率和实际收益率。

①名义收益率（nominal yield）。它是名义收益与本金额的比率，或者说是金融工具的票面收益与票面金额的比率。计算公式为：

名义收益率=年利息收入÷面值×100%

②当期收益率（current yield）。当期收益率是指利息收入所产生的收益，又称直接收益率，可以衡量金融工具某一期间所获得的现金收入与其市场价格的比率。计算公式为：

当期收益率=年利息收入÷当前市场价格

③实际收益率（effective yield）。实际收益率就是扣除了通货膨胀因素以后的收益率概念，具体是指资产收益率（名义收益率）与通货膨胀率之差。计算公式为：

实际收益率=（年利息收入+买卖价差÷持有年数）÷购入价格×100%

准确地说，实际收益率=［（1+名义收益率）÷（1+通货膨胀率）］−1

一般来说，流动性与偿还期成反比，偿还期越短，流动性越大，风险越小，收益率往往越低；偿还期越长，流动性越小，风险越大，收益率往往越高。

2.3.3　常用的信用工具

常用的信用工具一般包括票据、股票和债券。

（1）票据

票据的概念有广义和狭义之分。广义上的票据包括各种有价证券和凭证，如股票、债券、发票、提单等；狭义上的票据，即《中华人民共和国票据法》（简称《票据法》）规定的"票据"，包括汇票、本票和支票，是指由出票人签发的、约定自己或者委托付款人在见票时或指定的日期向收款人或持票人无条件支付一定金额的有价证券。

一般来说，由企业发行并承诺在一定时期偿付的票据是商业票据；由银行签发或由银行承担付款义务的票据是银行票据。票据根据有无真实的商品交易可以分为传统票据和创新票据。传统票据又称为真实票据，它以真实的商品交易为基础。传统票据一般包括汇票、本票和支票三种。创新票据又称为空票据或融通票据，它不以真实的商品交易为基础，只是为了融资的需要由资信好的大企业或金融机构等开出的无担保的短期票据。

①汇票。

汇票（money order）是最常见的票据类型之一，《票据法》第十九条规定：汇票是由出票人签发的，委托付款人在见票时或在指定日期无条件支付确定的金额给收款人或持票人的票据。

A.汇票的产生。汇票是国际结算中使用最广泛的一种信用工具，它随着国际贸易的发展而产生。国际贸易的买卖双方相距遥远，所用货币各异，不能像国内贸

37

第2章　信用

易那样方便地进行结算。从出口方发运货物到进口方收到货物，中间有一个较长的过程。在这段时间一定有一方向另一方提供信用，不是进口商预付货款，就是出口商赊销货物。若没有强有力的中介人做担保，进口商会担心付了款却无法收货，出口商会担心发了货却无法收款，这样国际贸易就难以顺利进行。后来，银行参与国际贸易，作为进出口双方的中介人，通过银行的信用证业务，配合贸易过程中的全套议付单据进行付款、结算和收货，这样才保证了进出口双方的利益，汇票也由此产生。

B.汇票的当事人。汇票有三个基本当事人，即出票人、付款人和收款人。出票人（drawer）是开立票据并将其交付给他人的法人、其他组织或者个人。出票人对收款人及正当持票人承担票据在提示付款或承兑时必须付款或者承兑的保证责任。受票人（drawee/payer）又叫付款人，是指受出票人委托支付票据金额的人，即接受支付命令的人。在进出口业务中，受票人通常为进口人或银行；在托收支付方式下，受票人一般为买方或债务人；在信用证支付方式下，受票人一般为开证行或其指定的银行。收款人（payee）是凭汇票向付款人请求支付票据金额的人，是汇票的债权人，一般是卖方，是实际收到票据款项的人。

C.汇票的特点。

首先，汇票是一方向另一方签发的无条件的书面支付命令。它要求对方（支付命令的接受者）即期、定期或远期向指定人或持票人支付一定的金额。

其次，汇票是一种委付证券，即委托他人支付的证券。汇票的出票人仅仅是签发票据的人，不是票据的付款人，他必须另行委托付款人支付票据金额。

最后，远期汇票需要承兑。承兑是持票人在汇票到期之前，要求付款人在该汇票上做到期付款的记载。这种记载一般是付款人在票据上签名盖章，注明"承兑"字样，以承诺票据到期保证付款的一种票据法律行为。由于汇票是委付证券，所以通常要求付款人进行承兑。汇票一经付款人承兑，付款人就成为承兑人，此时他是汇票的主债务人，负有绝对的付款义务。

②本票。

本票（promissory note）是债务人向债权人签发的，或由出票人签发的，承诺自己在见票时无条件地支付一定金额给收款人或持票人的票据。

A.本票的作用。本票在商业活动中应用比较广泛。商品交易中涉及远期付款时，可先由买方签发一张以约定付款日为到期日的本票，交给卖方，卖方可凭本票如期收到货款；如果急需资金，卖方可将本票贴现或转售他人。本票也可以用作金钱的借贷凭证，由借款人签发本票交给贷款人收执。企业向外筹集资金时，可以发行商业本票，通过金融机构予以保证后，于证券市场销售获取资金，并于本票到期日还本付息。客户提取存款时，银行本应付给现金，如果现金不够，可开立即期本票交给客户，以代替支付现钞。

B.本票的特征。

其一，本票是自付证券，它是由出票人自己对收款人支付并承担绝对付款责任的票据。这是本票和汇票、支票最重要的区别。

其二，本票只有两个当事人，即出票人和收款人。由于本票是自付证券，所以本票的出票人和付款人是同一个人。在本票法律关系中，基本当事人只有出票人和收款人，债权债务关系相对简单。

其三，无须承兑。本票在很多方面可以适用汇票法律制度，但是由于本票是由出票人本人承担付款责任，无须委托他人付款，所以本票无须承兑就能保证付款。

③支票。

支票（cheque）是出票人签发的，委托办理支票存款业务的银行或者其他金融机构在见票时无条件支付确定的金额给收款人或者持票人的票据。支票是以银行为付款人的即期票据。它一般由银行的活期存款客户签发，要求银行在其存款额度或约定的透支额度内无条件即期支付一定款项给收款人或持票人。支票一般根据支付方式的不同可分为现金支票和转账支票。前者可以从银行直接提取现金，后者则只能用于账户之间的转账结算。

支票也有三个基本当事人，即出票人、付款人和收款人。其中，出票人一般是在银行开立了活期存款账户的客户；付款人为办理支票存款业务的银行；收款人为持票人或指定人。出票人签发的支票金额如果超出了其支票存款账户的金额，这种支票就被称为空头支票，我国《票据法》禁止签发空头支票。

支票有以下几个特征：其一，支票的付款人是银行。支票和汇票一样都有三个基本当事人，但是汇票的付款人不一定是银行，可以是法人，也可以是自然人，而支票的付款人必须是办理支票存款业务的银行，自然人和法人不能充当支票的付款人。其二，支票为见票即付票据。汇票的支付可以是即期，也可以是将来的某个时期，但是支票的付款日期只有一个，即见票即付，这也是支票的支付职能决定的，因为使用支票是为了避免使用现金可能带来的危险和麻烦。

④汇票、本票和支票的比较。

汇票、本票和支票都是基本票据，它们具有一切票据所共有的性质，是无因证券、设权证券、文义证券、要式证券、金钱债权证券、流通证券等。三种票据都具有出票人和收款人这两个基本当事人。

三者的差异也比较明显。首先，基本当事人不同。本票有两个基本当事人，即出票人和收款人；汇票和支票有三个基本当事人，即出票人、付款人、收款人。其次，付款方式不同。本票是自己出票自己付款；汇票是出票人要求对汇票已承兑的付款人无条件地付给收款人；支票一般由开立存款账户的银行付款。再次，承兑项目不同。本票不需要进行承兑，由出票人自己保证付款；远期汇票需要进行承兑；支票由于是即期付款，一般不需要承兑。最后，主债务人不同。本票的主债务人是出票人；汇票的主债务人，承兑前是出票人，承兑后是承兑人；支票的主债务人一般是付款的银行，但是如果银行账户资金不足以支付，则由出票人履行付款责任。此外，国际本票遭到退票，不需要做成拒绝证书；国际汇票遭到退票，必须做成拒绝证书。

（2）股票

股票（stocks）是股份公司发行的所有权凭证，是股份公司为筹集资金而发行给各个股东作为持股凭证并借以取得股息和红利的一种有价证券。每股股票都代表股东对公司拥有一个基本单位的所有权,每家上市公司都会发行股票。股票是股份公司资本的构成部分,可以转让、买卖,但不能要求公司返还其出资。获取经常性收入是投资者购买股票的重要原因之一,分红派息是股票投资者经常性收入的主要来源。

股票作为金融市场上重要的长期投资工具,是现代企业制度和信用制度发展的产物。股票一般可以分为普通股和优先股两种类型。

①普通股。

普通股是股份公司资本构成中最普遍、最基本的股票形式,是指在公司的经营管理和盈利及财产的分配上享有普通权利的股份,代表满足所有债权偿付要求及优先股股东的收益权与求偿权要求后对企业盈利和剩余财产的索取权。普通股的投资收益随企业利润的变动而变动。普通股构成公司资本的基础,是股票的一种基本形式。在我国的证券交易所进行交易的股票都是普通股。

普通股股东按其所持有的股份比例享有以下基本权利:

第一,公司决策参与权。普通股股东有权参加股东大会,并有建议权、表决权和选举权,也可以委托他人代表其行使股东权利。

第二,利润分配权。普通股股东有权从公司利润分配中得到股息。普通股的股息是不固定的,由公司盈利状况及其分配政策决定。普通股股东只有在优先股股东取得固定股息之后才有权享受股息分配权。

第三,优先认股权。如果公司增发普通股股票,现有普通股股东有权按其持股比例,以低于市价的某一特定价格优先购买一定数量的新发行股票,从而保持其对企业所有权的原有比例。

第四,剩余资产分配权。当公司破产或清算时,若公司的资产在偿还负债后还有剩余,其剩余部分按先优先股股东、后普通股股东的顺序进行分配。

②优先股。

优先股是指优先于普通股分红并且领取固定股利的一种股票形式。优先股的收益不受公司经营业绩的影响。优先股相对于普通股而言,在利润分红及剩余财产分配的权利方面有一定的优先权。

第一,优先分配权。在公司分配利润时,优先股股东比普通股股东优先,但是享受固定金额的股利,即优先股的股利是相对固定的。

第二,优先求偿权。若公司清算,分配剩余财产时,优先股股东在普通股股东之前分配。当公司决定连续几年不分配股利时,优先股股东可以进入股东大会来表达他们的意见,保护他们的权利。

(3)债券

债券(bonds)是一种金融契约,它是政府、金融机构、工商企业等直接向社会筹借资金时,向投资者发行,同时承诺按一定利率支付利息并按约定条件偿还本金的债权债务凭证。债券也是有价证券的重要组成部分。债券的本质是债权债务关系的证明书,具有法律效力。政府、金融机构、工商企业等债券的发行人是债务人，债券购买者或投资者是债权人，他们与发行者之间形成一种债权债务关系。

①债券分类。

债券一般根据发行主体或付息方式来分类。

A.按发行主体分类。

债券按发行主体的不同可分为政府债券、金融债券、公司债券或企业债券。

政府债券是政府为筹集资金而发行的债券，主要包括国债、地方政府债券等，其中最主要的是国债。国债因其信誉好、利率优、风险小又被称为"金边债券"。除了政府部门直接发行的债券外，有些国家把政府担保的债券也划归政府债券体系，称之为政府保证债券。这种债券由一些与政府有直接关系的公司或金融机构发行，并由政府提供担保。我国历史上发行的国债主要品种有国库券和国家债券，其中国库券自1981年后基本上每年都发行，主要面向企业、个人等；国家债券曾经发行国家重点建设债券、国家建设债券、财政债券、特种债券、保值债券、基本建设债券，这些债券大多对银行、非银行金融机构、企业、基金等定向发行，部分也对个人投资者发行。

金融债券是由银行和非银行金融机构发行的债券。在我国，金融债券主要由国家开发银行、中国进出口银行等开发性或政策性银行发行。金融机构一般有雄厚的资金实力，信用度较高，因此金融债券往往有良好的信誉。

在国外，没有企业债券和公司债券的划分，统称公司债券。在我国，企业债券是按照《企业债券管理条例》的规定发行与交易、由国家发展和改革委员会监督管理的债券。在实际中，其发债主体为中央政府部门所属机构、国有独资企业或国有控股企业，因此它在很大程度上体现了政府信用。公司债券的管理机构为中国证券监督管理委员会，发债主体为按照《中华人民共和国公司法》（简称《公司法》）设立的公司法人。在实践中，其发行主体为上市公司，其信用保障是发债公司的资产质量、经营状况、盈利水平和持续盈利能力等。

B.按付息方式分类。

债券按付息方式的不同可分为息票债券、贴现债券和零息债券。

息票债券也叫附息债券，是指定期支付定额利息、到期偿还本金的债券。息票债券一般适用于期限较长或是在持有期限内不能兑现的债券。息票债券一般采用固定利率，这也是最常见的债券付息方式。

贴现债券又称贴水债券，是指在票面上不规定利率，发行时按照一定的折扣率（贴现率），以低于票面金额的价格发行，到期时按照票面金额偿还本金的债券。其发行价格与票面金额的差价就是利息。美国的短期国库券和日本的贴现国债都是典型的贴现债券。我国1996年开始发行贴现国债，期限分别为3个月、6个月和1年。

零息债券是指以贴现方式发行，不支付利息，而于到期日时按照面值一次性兑付的债券。投资者通过以低于债券面值的折扣价买入来获利。零息债券的时间周期普遍较长，最多可到20年。

阅读材料2-7

我国发行抗疫特别国债

②债券和股票的比较。

债券和股票虽然都是有价证券，都可以作为筹资手段和投资工具，但两者有明显的区别：

A.权属关系不同。债券和股票实质上是两种性质不同的有价证券，二者反映不同的经济利益关系。债券所表示的是债券持有者对发行者的一种债权，而股票所表示的则是股票持有者对公司的所有权。权属关系的不同，就决定了债券持有者无权过问公司的经营管理事务，而股票持有者则有权直接或间接地参与公司的经营管理。

B.风险性不同。债券只是一般的投资对象，其交易转让的周转率比股票低；股票是金融市场上的主要投资对象，其交易转让的周转率高，市场价格变动幅度大，风险大，但又能获得很高的预期收入，因而能够吸引不少人投资股票。

C.发行主体不同。作为筹资手段，无论是国家、地方公共团体还是企业，都可以发行债券，而股票只能由股份制企业发行。

D.收益稳定性不同。从收益方面看，在购买债券之前，利率已定，投资者到期就可以获得固定利息，而不管发行债券的公司经营获利与否；在购买股票之前一般不定股息率，投资者的股息收入随股份公司的盈利情况变动而变动，盈利多就多得，盈利少就少得，无盈利不得。

E.保本能力不同。从本金方面看，债券到期可回收本金，也就是说连本带利都能得到；股票则无到期日，股票本金一旦交给公司，就不能再收回，只要公司存在，就永远归公司支配。公司一旦破产，股票本金需要根据公司剩余资产清算状况来确定是否能收回，从现实的情况来看，收回的可能性比较小。

本章小结

1.经济学上的信用包含了一种实际发生的信贷关系或借贷行为，在借贷行为中，财产或货物或服务的让渡行为使得交易的双方形成了特定的经济关系，这种经济关系使得一方未来必须为此支付报酬。

2.信用的构成要素一般包括信用主体、信用标的物、借贷的期限和利率高低等。

3.从信用的主体来看，信用可以分为商业信用、银行信用、国家信用、消费信用、租赁信用、证券信用等多种形式。

4.商业信用是企业在正常的经营活动和商品交易中由于延期付款或预收账款而在企业之间所形成的信贷关系。

5.商业信用具有方便、及时、融资成本低、无须担保、手续简便、企业的灵活度较高等优点，但是它在商业信用规模、信用方向、信用期限和授信对象上有着明显的局限性。

6.银行信用是指通过各类金融中介机构，主要是通过银行，将货币转化为借贷资本，进行社会化资金分配的信用形式。

7.银行信用是一种间接信用，它有很大的灵活性和广泛的服务对象，接受范围广。银行信用可以广泛动员社会各方面闲散资金，资金规模巨大。商业银行的存贷款业务是银行信用的典型体现。

8.国家信用是以国家为主体进行的一种信用活动，它是一国政府通过财政部门向国内外各类主体举借债务而形成的信用。

9.国家信用的典型形式是发行政府债券，主要是发行国库券和中长期公债券。一国国债的规模是否适度可以通过债务负担率、债务依存度和偿债率这三个指标来进行判断。

10.消费信用是企业、商业银行或专门的消费信用机构向消费者提供的、用于生活消费目的的信用。消费信用的主要形式有分期付款、消费信贷和信用卡等。

11.租赁信用是一种以融物的方式进行融资的信用活动，它是出租人按照承租人的要求购买货物再出租给承租人使用的一种租赁形式。

12.证券信用是证券交易涉及的买卖双方相互给予的信用，如证券商给客户融资融券、银行发放以证券为担保的贷款，以及证券期权买卖信用等。

13.信用工具又称金融工具，它是指在金融活动中产生的，用于记载金融交易金额、期限、价格等信用事项的，保护权属双方利益的一种法律凭证。信用工具具有偿还性、流动性、收益性和风险性等特点。常用的信用工具包括以汇票、本票和支票为代表的票据，此外股票和债券也是重要的信用工具。

核心概念 ☑️ - ●

信用　商业信用　银行信用　国家信用　租赁信用　消费信用　证券信用　融资融券　信用工具　名义收益率　当期收益率　实际收益率　票据　汇票　本票　支票　融通票据　股票　债券

课后思考与练习 ☑️ - ●

1.简述信用的本质和构成要素。
2.简述商业信用的特点及局限性。
3.简述银行信用的特点。
4.衡量国债规模适度性的指标有哪些？
5.简述消费信用的主要形式。
6.租赁信用各方的收益如何表现？
7.常用的信用工具有哪些？这些信用工具有何特性？
8.汇票和本票有什么区别？
9.普通股和优先股的区别是什么？
10.股票与债券有什么区别？

第3章

金融机构体系

学习目标 ☑ ----------------------------------- ●

通过本章的学习，了解金融机构的含义和类型，掌握我国的金融机构体系结构，认识我国常见的一些金融机构，理解金融机构存在的理论基础和功能，了解国际上著名的金融机构。

重难点提示 ☑ ----------------------------------- ●

重点：对金融机构含义和我国金融机构体系结构的掌握。
难点：能结合社会经济实际理解金融机构存在的理论基础和功能。

课程思政教学参考 ☑ ----------------------------------- ●

教学知识点	思政结合点
我国金融机构的体系框架	我国金融事业蒸蒸日上的使命感、自豪感
信息不对称带来逆向选择的不良后果	掌握充分信息 增强风险意识 避免选择性错误
道德风险和逆向选择的差异性	拒绝道德风险行为，遵守职业道德 风险防患于未然
世界上几个重要的国际金融机构	我国的国际地位提高、世界经济政治影 响力增强 道路自信

3.1 金融机构体系的构成

经济生活中很多货币信用业务的办理离不开金融机构的参与，说起金融机构，人们最熟悉的莫过于商业银行。商业银行的确是非常重要的金融机构之一，但是一个国家一般有很多不同类型的金融机构，它们共同构成了金融机构体系。

3.1.1 金融机构概述

金融机构（financial institution）也叫金融中介机构，是指专门从事货币信用等一系列金融活动的中介组织。金融机构从本质上来说就是沟通办理货币信用业务双方的一个中介组织，与经济生活中其他中介组织的不同之处在于，它所经营的业务产品是货币资金。金融机构为社会经济发展和再生产的顺利进行提供了金融服务，是国民经济体系的重要组成部分。

在一定的历史时期和社会条件下，一个国家往往有很多不同类型的金融机构，这些金融机构组成相互联系的统一整体，就形成了金融机构体系。在市场经济条件下，各国金融机构体系大多数是以中央银行为核心进行组织管理，由此形成以中央银行为核心、商业银行为主体、各类银行和非银行金融机构并存的金融机构体系。

3.1.2 金融机构的分类

金融机构根据不同的标准可以分为不同的类型。

（1）按照业务特征分类

按照业务特征分类，金融机构可分为银行类金融机构和非银行金融机构。这也是目前世界各国对金融机构的主要划分标准。由此可见，银行在整个金融机构体系中处于非常重要的地位。银行类金融机构是指以存款、放款、汇兑和结算为核心业务的金融机构，主要有中央银行、商业银行和政策性银行三大类。其中，中央银行是整体金融机构体系的核心，商业银行是主体，政策性银行是补充。除了银行类金融机构以外，其他金融机构都属于非银行金融机构，如保险公司、信托公司、证券公司、租赁公司等。当前，随着经济全球化、金融全球化的发展，很多国家还普遍存在许多外资或合资金融机构。

银行类金融机构和非银行金融机构的共同点在于，它们都是通过某种特定途径吸收资金，又以某种特定方式运用资金的金融企业，它们都以营利为目的，且通过办理货币资金业务在经济运行中发挥融通资金的作用。

两者的差异也非常明显。其一，筹集资金的途径不同。银行类金融机构通过吸收存款来筹集资金，而非银行金融机构则以非存款方式筹集资金。其二，开办的业务不同。银行类金融机构的主要业务是存款和贷款，而非银行金融机构的业务方式呈现出多样化、专业化的特点，如证券公司主要从事股票、债券和期货投资业务，保险公司主要从事保险业务，信托公司主要从事信托业务，租赁公司则主要从事租赁业务。其三，在金融交易中的角色不同。银行类金融机构在其业务中，既是债务人，又是债权人，而非银行金融机构的交易角色比较复杂，如保险公司主要充当保险人，证券公司多作为代理人和经纪人，信托公司则主要充当受托人。

（2）按照资金来源和运用内容分类

按照资金来源和运用内容分类，金融机构可分为存款性金融机构和非存款性金融机构。存款性金融机构主要通过存款形式向公众举债而获得其资金来源，再将资金贷给需要资金的各经济主体。存款性金融机构是金融市场的重要中介，也是套期保值和套利的重要主体。商业银行、储蓄机构和信用合作社等都是比较有代表性的存款性金融机构。商业银行的资金主要来源于公众存款。非存款性金融机构则不得吸收公众的储蓄存款，它以契约形式由资金的所有者交纳非存款性资金为主要资金来源。保险公司、证券公司、基金公司、信托投资公司、租赁公司等都属于非存款性金融机构。这些公司都以除吸收存款以外的其他形式获取经营所需资金，如保险公司的资金主要来源于保费收入，保费收入就是一种非存款性资金。

（3）按照融资方式分类

按照融资方式分类，金融机构可分为直接金融机构和间接金融机构。直接金融机构是在直接融资领域，为投资者和筹资者提供中介服务的金融机构。其主要业务包括证券的发行、经纪、保管、登记、清算、资信评估等。投资银行、证券公司、证券交易所等属于直接金融机构。间接金融机构是指介于债权人和债务人之间，为资金余缺双方融通资金的金融机构。它一方面以债务人的身份从资金盈余者手中筹集资金，另一方面又以债权人的身份向资金短缺者提供资金。商业银行是最典型的以间接融资为特征的金融机构。

直接金融机构和间接金融机构的区别在于，直接金融机构一般不发行以自己为债务人的融资工具，只是协助将筹资者发行的金融工具销售给投资者；而间接金融机构则发行以自己为债务人的融资工具来筹集资金，然后又以各种资产业务分配运用这些资金。

（4）按照是否承担政策性业务分类

按照是否承担政策性业务分类，金融机构可分为政策性金融机构和非政策性金融机构。政策性金融机构是由政府投资创办、按照政府意图与计划从事金融活动的机构。它一般不以营利为目的，大多为了执行国家的产业政策而设立，同时也可以获得政府在资金或税收方面的支持。非政策性金融机构则不以政策性功能为主，它一般根据经营活动的需要设立，以营利为目的，享受的政策优惠较少。

3.2　我国的金融机构体系

3.2.1　我国金融机构体系的结构

从广义上来说，凡是从事与金融有关业务或管理金融业务的机构都是金融机构体系的组成部分。从这个角度来看，货币当局（如国家外汇管理局）、金融监管机构（如中国证券监督管理委员会，简称证监会）、辅助性中介组织（如交易结算机构等）都属于金融机构的范畴。从狭义上来说，我们一般按照世界各国对金融机构最常用的划分标准将金融机构分为银行类金融机构和非银行金融机构。根据这个标准，我国的金融机构体系形成了以中国人民银行为核心，各类商业银行、政策性银行和非银行金融机构并存的基本格局（如图3-1所示）。

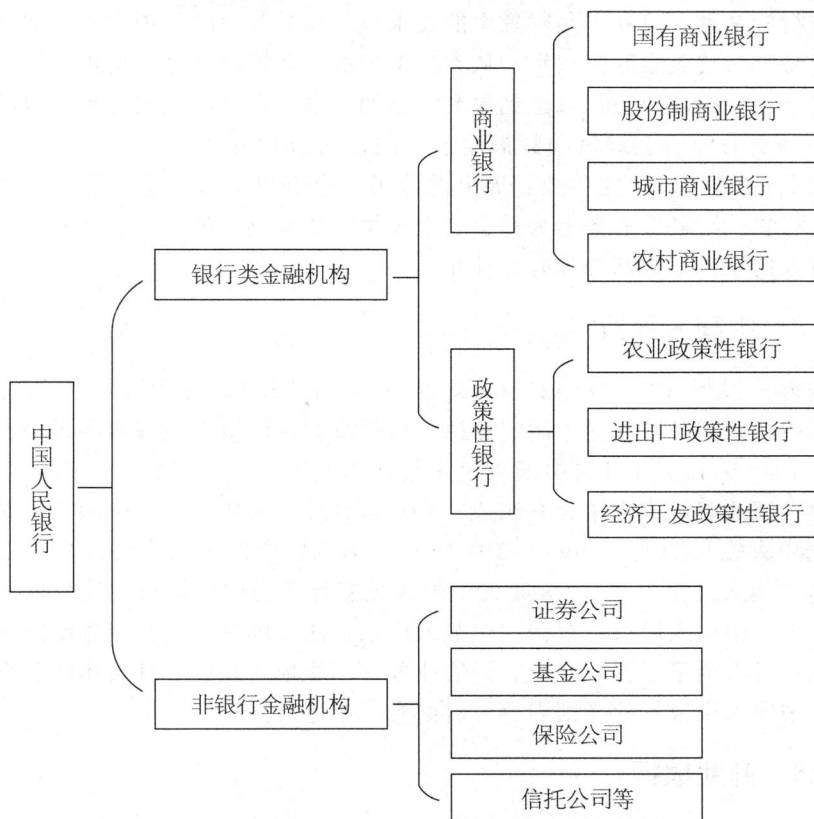

图3-1　我国金融机构体系的结构

中国人民银行是我国金融机构体系的核心，它是银行的银行、政府的银行、发行的银行，除执行国家的货币政策外，还负有管理金融机构和金融市场的职责。银行类金融机构包括商业银行和政策性银行两大类。在我国，商业银行大致可分为国有商业银行、股份制商业银行、城市商业银行和农村商业银行四大类。其中，国有商业银行是指由国家（财政部、中央汇金公司）直接管控的大型商业银行；股份制商业银行是以股份制模式组建的商业银行，它已经成为我国商业银行体系中一支富有活力的生力军；由城市信用社转变而来的城市商业银行和由农户、企业共同入股组建的农村商业银行也是我国商业银行重要的组成部分。

政策性银行是由政府投资设立的，根据政府的决策和意向，专门从事政策性金融业务的银行，它们的活动不以营利为目的。根据分工和服务领域的不同，我国的政策性银行可以分为三类：执行国家进出口贸易政策的中国进出口银行；执行国家农业政策的中国农业发展银行；以国家基础设施建设等相关投资开发为主的国家开发银行。

除了银行类金融机构以外，非银行金融机构也在国家经济发展过程中扮演着非常重要的角色。非银行金融机构是以发行股票和债券、接受信用委托、提供保险等形式筹集资金，并将所筹资金运用于长期性投资的金融机构。非银行金融机构为筹集资金发行的金融工具并不是对货币的要求权，而是其他的某种权利，如保险公司发行的保险单只代表索赔的权利。从本质上来看，非银行金融机构仍然是以信用方式聚集资金，并投放出去，以达到盈利的目的，这一点与商业银行是一致的。中国银行间市场交易商协会提供的数据显示，截止到 2024 年 3 月 31 日，我国有非银行金融机构共计 666 家。[①]这些数量庞大的非银行金融机构在基金、信托、证券、保险、融资租赁、财务等业务上为社会公众提供广泛而全面的服务，从而成为我国金融机构体系的重要组成部分和有益补充。

3.2.2　中国人民银行

中国人民银行（The People's Bank of China，PBOC）是我国的中央银行，国务院组成部门，在国务院领导下制定和执行货币政策，防范和化解金融风险，维护金融稳定。1948 年 12 月 1 日，中国人民银行在华北银行、北海银行、西北农民银行的基础上在河北省石家庄市合并组成。1983 年 9 月，国务院决定中国人民银行专门行使国家中央银行职能。1995 年 3 月 18 日，第八届全国人民代表大会第三次会议通过了《中国人民银行法》。至此，中国人民银行作为中央银行的地位以法律形式被确定下来。中国人民银行根据《中国人民银行法》的规定，在国务院的领导下依法独立执行货币政策，履行职责，开展业务，不受地方政府、社会团体和个人的干涉。有关中国人民银行的详细内容，后面有专章进行介绍。

3.2.3　商业银行

商业银行（commercial bank，CB）是银行的一种类型，是通过存款、贷款、汇兑、储蓄等业务，充当信用中介的金融机构。商业银行没有货币的发行权，主要的业务范围包括吸收公众存款、发放贷款以及办理票据贴现等。我国的商业银行是依照《中华人民共和国商业银行法》（简称《商业银行法》）和《公司法》设立的，吸收公众存款、发放贷款、办理结算等业务的企业法人。截止到 2024 年四季度末，我国银行业金融机构本外币资产总额 444.6 万亿元，同比增长 6.5%。其中，大型商业银行本外币资产总额 190.3 万亿元，同比增长 7.6%，占比 42.8%；股份制商业银行本外币资产总额 74.2 万亿元，同比增长 4.7%，占比 16.7%。[②]

（1）国有商业银行

国有商业银行是指由财政部或中央汇金公司直接管控的大型商业银行，具体包括中国工商银行、中国农业银行、中国银行、中国建设银行、交通银行和中国邮政

---

① 数据来源于中国银行间市场交易商协会官网（https：//www.nafmii.org.cn/hyfw/hyflmd/hyzmd/）。
② 数据来源：国家金融监管总局统计与风险监测司. 2024 年银行业总资产、总负债（季度）［EB/OL］.（2025-02-21）［2025-06-25］. https：//www.nfra.gov.cn/cn/view/pages/ItemDetail.html? docId=1164264&itemId=954&generaltype=0.

储蓄银行。其中，全资国有的商业银行是前四家银行，也就是我们一般所说的"四大国有银行"。中国工商银行成立于1984年1月1日，拥有中国最大的客户群，是中国最大的商业银行，还是世界五百强企业之一；中国农业银行成立于1951年7月10日，前身为"农业合作银行"；中国银行经孙中山先生批准成立于1912年2月5日；中国建设银行成立于1954年10月1日，原名为"中国人民建设银行"，1996年3月26日更名为"中国建设银行"。它们都是由中央管理的大型国有银行。交通银行始建于1908年，是中国近代以来延续历史最悠久的银行之一，也是近代中国的发钞行之一。1986年，国务院批准重新组建交通银行。1987年4月1日，重新组建后的交通银行正式对外营业，成为中国第一家全国性的国有股份制商业银行。中国邮政储蓄银行于2007年3月20日正式挂牌成立，是在改革邮政储蓄管理体制的基础上组建的国有商业银行。中国邮政储蓄银行承继原国家邮政局、中国邮政集团公司经营的邮政金融业务及因此而形成的资产和负债，并继续从事原经营范围和业务许可文件批准、核准的业务。

（2）股份制商业银行

股份制商业银行是以股份公司的组织形式所组建的商业银行。从1986年我国决定重新组建股份制商业银行以来，我国已有12家全国性股份制商业银行，它们分别是招商银行、浦发银行、中信银行、中国光大银行、华夏银行、中国民生银行、广发银行、兴业银行、平安银行、浙商银行、恒丰银行、渤海银行。股份制商业银行已经成为我国商业银行体系中一支富有活力的生力军，成为银行业乃至国民经济发展不可缺少的重要组成部分。这些商业银行在筹建之初绝大部分由中央政府、地方政府、国有企业集团或公司出资创建，以国有资本为主，而且大多没有采取股份公司的组织形式，后来陆续进行股份制改造，实现了国有银行向股份制商业银行的转变。例如，招商银行成立于1987年4月8日，是中国第一家完全由企业法人持股的股份制商业银行，总部设在深圳，由香港招商局集团有限公司创办，并以18.03%的持股比例任最大股东。自成立以来，招商银行先后进行了4次增资扩股，并于2002年3月成功地发行了15亿股普通股股票，4月9日在上海证券交易所挂牌，是国内第一家采用国际会计标准的上市公司。

（3）城市商业银行

城市商业银行是中国银行业的重要组成部分和特殊群体，其前身是20世纪80年代设立的城市信用社，当时的业务定位是为中小企业提供金融支持，为地方经济搭桥铺路。从20世纪80年代初到90年代初，全国各地的城市信用社发展到了5 000多家。然而，随着中国金融事业的发展，城市信用社在发展过程中逐渐暴露出许多风险管理方面的问题。20世纪90年代中期，中央以城市信用社为基础，组建城市商业银行。城市商业银行是在中国特殊历史条件下形成的，是中央金融主管部门整肃城市信用社、化解地方金融风险的产物。自1995年全国第一家城市商业银行——深圳城市合作商业银行（现为平安银行）——成立以来，经过30年的发展，城市商业银行已经逐渐发展成熟，其中有很多已经完成了股份制改革，并通过各种途径逐步消化历史上的不良资产，降低不良贷款率，转变经营模式，在当地占有了相当大的市场份额，更是不乏发展迅速、已经跻身于全球银行500强行列的优秀银行。城市商业银行在中国正逐步发展为一个具有相当数量和规模的银行群体。

（4）农村商业银行

农村商业银行简称农商银行，它是由辖内农民、农村工商户、企业法人和其他经济组织共同入股组成的地方性的股份制金融机构。农村商业银行的前身是农村合作银行，它的主要任务是为农民、农业和农村经济发展提供金融服务。随着我国金融机构改革的推进，我国不再组建新的农村合作银行，农村合作银行全部改制为农村商业银行，全面取消资格股，并鼓励符合条件的农村信用社改制组建为农村商业银行。我国农村商业银行改革的总体要求是在保持县（市）法人社地位总体稳定的前提下，稳步推进省联社改革，逐步构建以产权为纽带、以股权为联结、以规制来约束的省联社与基层法人社之间的新型关系，真正形成省联社与基层法人社的利益共同体。

农村商业银行历经快速发展的黄金时期后，其实力与规模得到了很大程度的增强与拓展。截至2024年4月，全国有1 278家农村商业银行。农村中小银行总资产达到55万亿元，占银行业总资产的14%。截至2023年末，农村中小银行涉农贷款余额16万亿元，小微企业贷款余额17万亿元，支农支小贷款占各项贷款比例长期保持在80%左右。农村商业银行在我国社会经济发展中扮演着越来越重要的角色。

以农村为"根据地"的农村商业银行可以说是我国银行业的一道独特风景。它们不仅是农村金融领域的一支生力军，还是打通农村金融服务"最后一公里"的承载者，同时也是"实现城乡一体化"的力量担当。

在现代商业银行的企业化运营环境下，农村商业银行亟须通过数字化转型和金融创新来提升自身的实力，进而在补齐短板的基础上全面提升自身的业务经营能力。

3.2.4　政策性银行

政策性银行是指由政府创立，以贯彻政府的经济政策为目标，在特定领域开展金融业务的、不以营利为目的的专业性金融机构。政策性银行是政策性金融与商业性金融相分离的产物，它承担严格界定的政策性业务。实现银行业务的专业化发展，大力发展政策性金融服务以适应市场经济的需要，是我国金融体制改革的一项重要内容。政策性银行不以营利为目的，专门为贯彻、配合政府的社会经济政策或意图，在特定的业务领域内，直接或间接地从事政策性融资活动，充当政府发展经济、促进社会进步、进行宏观经济管理的工具。1994年，我国设立了国家开发银行、中国进出口银行、中国农业发展银行三大政策性银行，它们均直属国务院领导。

（1）农业政策性银行

农业政策性银行是专门向农业提供中长期低息信贷，以贯彻和配合国家农业扶持和保护政策为目标的政策性银行。我国的农业政策性银行是中国农业发展银行。

中国农业发展银行1994年11月挂牌成立，是直属国务院领导的中国唯一的农业政策性银行，它以国家信用为基础，以市场为依托，筹集支农资金，支持"三农"事业发展，发挥国家战略支撑作用。中国农业发展银行的主要任务是：按照国家的法律、法规和方针、政策，以国家信用为基础，筹集农业政策性信贷资金，承担国家规定的农业政策性和经批准开办的涉农商业性金融业务，代理财政性支农资金的拨付，为农业和农村经济发展服务。中国农业发展银行在业务上接受中国人民银行和国家金融监督管理总局的指导和监督。中国农业发展银行在31个省、自治区、直辖市均设有分行。

（2）进出口政策性银行

进出口政策性银行是一国为促进本国商品的出口，贯彻国家的对外贸易政策而由政府设立的专门金融机构。我国的进出口政策性银行是中国进出口银行。

中国进出口银行是由国家出资设立、直属国务院领导、支持中国对外经济贸易投资发展与国际经济合作、具有独立法人地位的国有政策性银行。中国进出口银行依托国家信用支持，积极发挥在稳增长、调结构、支持外贸发展、实施"走出去"战略等方面的重要作用，加大对重点领域和薄弱环节的支持力度，促进经济社会持续健康发展。截至2025年7月，中国进出口银行共有32家境内分行和8家境外分行及代表处。[①]中国进出口银行的主要职责是贯彻执行国家产业政策、对外经贸政策、金融政策和外交政策，为扩大中国机电产品、成套设备和高新技术产品出口，推动有比较优势的企业开展对外承包工程和境外投资，促进对外关系发展和国际经贸合作，提供政策性金融支持。

（3）经济开发政策性银行

经济开发政策性银行是一国为促进经济持续增长与国力增强，由政府出资设立的专门为经济发展提供长期投资或贷款的政策性金融机构。国家开发银行股份有限公司是我国的经济开发政策性金融机构。

国家开发银行成立于1994年，是直属国务院领导的政策性银行，2008年12月改制为国家开发银行股份有限公司。2015年3月，国务院明确将国家开发银行定位为开发性金融机构。国家开发银行注册资本为4 212.48亿元，股东是中华人民共和国财政部、中央汇金投资有限责任公司、梧桐树投资平台有限公司和全国社会保障基金理事会，其持股比例分别为36.54%、34.68%、27.19%、1.59%。

国家开发银行主要通过开展中长期信贷与投资等金融业务，为国民经济重大中长期发展战略服务。穆迪、标准普尔等专业评级机构对国家开发银行的评级，连续多年与中国主权评级保持一致。国家开发银行是全球最大的开发性金融机构，中国最大的对外投融资合作银行、中长期信贷银行和债券银行。

3.2.5 非银行金融机构

非银行金融机构（non-bank financial intermediaries）是以发行股票和债券、接

---

① 数据来源于中国进出口银行官网（http://www.eximbank.gov.cn/aboutExim/organization/struct/#heightX-wyL）。

受信用委托、提供保险等形式筹集资金，并将所筹资金运用于长期性投资的金融机构。非银行金融机构可以帮助投资人降低投资的单位成本，通过多样化投资降低投资风险，调整期限结构以最大限度地降低流动性危机发生的可能性。我国的非银行金融机构主要有证券公司、保险公司、基金公司、信托公司、金融租赁公司、财务公司、资产管理公司等。根据中国银行间市场交易商协会的统计，截止到2024年4月，我国已有证券公司110家，保险公司32家，基金公司127家，信托公司67家，财务公司113家，资产管理公司115家。[①]

（1）证券公司

证券公司是指依照《公司法》和《中华人民共和国证券法》（简称《证券法》）的规定设立并经国务院证券监督管理机构审查批准而成立的专门经营证券业务、具有独立法人地位的有限责任公司或者股份有限公司。证券公司作为专门从事有价证券买卖的法人企业，一般可以根据其业务的不同分为证券经营公司和证券登记公司。狭义的证券公司是指证券经营公司，它是经主管机关批准并到有关市场监督管理局领取营业执照后专门经营证券业务的机构。它具有证券交易所的会员资格，可以承销发行、自营买卖或自营兼代理买卖证券。普通投资人都要通过证券公司来进行证券投资。在不同的国家，证券公司有着不同的称谓。在美国，证券公司被称作投资银行或者证券经纪商；在英国，证券公司被称作商人银行；在德国，由于一直沿用混业经营制度，证券公司被称为投资银行，它仅是全能银行的一个部门。

（2）保险公司

保险公司是指依《中华人民共和国保险法》（简称《保险法》）和《公司法》设立的、采用公司组织形式、经营保险业务的公司法人。保险公司收取保费，将保费所得资本投资于债券、股票、基金等资产，运用这些资产所得收入支付保单所确定的保险赔偿额。保险公司通过上述业务，能够在投资中获得高额回报并以较低的保费向客户提供适当的保险服务，从而盈利。保险关系中的保险人，享有收取保费、建立保险基金的权利；同时，当保险事故发生时，有义务赔偿被保险人的经济损失。

保险公司的业务分为两类：①人身保险业务，包括人寿保险、健康保险、意外伤害保险等保险业务。②财产保险业务，包括财产损失保险、责任保险、信用保险、保证保险等保险业务。我国的保险公司一般不得兼营人身保险业务和财产保险业务。

英国是保险业的发源地，早在1668年英国就有了海上保险业务。1871年，英国议会通过了一项特别法令，成立劳埃德保险社（即劳合社）。此后，英国的保险业就在劳合社的引领下快速发展并居于世界保险业前列。经中华人民共和国政务院（现在的国务院）批准，中国人民保险公司于1949年10月20日在北京西交民巷108号挂牌成立，被誉为"新中国保险业的长子"，是新中国保险事业的开拓者和奠基

---

① 数据来源于中国银行间市场交易商协会官网（https://www.nafmii.org.cn/hyfw/hyflmd/hyzmd/）.

人。时至今日，中国人民保险公司已改组成集团股份有限公司，其旗下拥有人保财险、人保资产、人保健康、人保寿险、人保投资、人保资本、人保香港、中盛国际、中人经纪、中元经纪和人保物业等十余家专业子公司。

（3）基金管理公司

基金管理公司也称基金公司，是指依据有关法律法规设立的对基金的募集、基金份额的申购和赎回、基金财产的投资、收益分配等基金运作活动进行管理的公司。我国的基金公司是经中国证券监督管理委员会批准，在中国境内设立，从事证券投资基金管理业务的企业法人。

基金公司的业务经营对象是投资基金，它是一种由众多不确定的投资者自愿将不同的出资份额汇集起来，交由专家管理投资，所得收益由投资者按出资比例分享的金融投资产品。投资基金实行利益共享、风险共担的集合投资制度。

在基金管理运作过程中，有两个重要的主体：基金管理人和基金托管人。基金管理人也就是基金管理公司，它是基金产品的募集者和管理者，其最主要的职责就是按照基金合同的约定，负责基金资产的投资运作，在有效控制风险的基础上为基金投资者争取最大的投资收益。基金一般由商业银行充当基金托管人，它是根据基金合同的规定直接控制和管理基金财产并按照基金管理人的指示进行具体资金运作的基金当事人。基金托管人是投资人权益的代表，是基金资产的名义持有人或管理机构。为了保证基金资产的安全，基金应按照资产管理和保管分开的原则进行运作，并由专门的基金托管人保管基金资产。

1998年，我国首批成立了6家基金管理公司，它们分别是：国泰基金管理有限公司，成立于1998年3月5日；南方基金管理有限公司，成立于1998年3月6日；华夏基金管理有限公司，成立于1998年4月9日；华安基金管理有限公司，成立于1998年6月4日；博时基金管理有限公司，成立于1998年7月13日；鹏华基金管理有限公司，成立于1998年12月22日。

（4）信托公司

信托公司此前被称为信托投资公司，它是一种以受托人的身份代人理财的非银行金融机构。从原则上来说，信托投资公司的主要业务包括经营资金和财产委托、代理资产保管、金融租赁、经济咨询、证券发行以及投资等。根据《国务院关于进一步清理整顿金融性公司的通知》的要求，我国信托投资公司的业务范围主要限于信托、投资和其他代理业务，少数确属需要的经中国人民银行批准可以兼营租赁、证券业务和发行一年以内的专项信托受益债券，用于进行有特定对象的贷款和投资，但不准办理银行存款业务。2007年，新的《信托公司管理办法》将原来的"信托投资公司"统一改为"信托公司"。

1979年10月成立的中国国际信托投资公司（简称中信公司）是我国第一家信托投资公司，其主要业务集中在金融、实业和其他服务业领域。它作为中国改革试点和对外开放的重要窗口，主要任务是按照国家的法律、法规和方针、政策，通过吸收和运用外资，引进先进技术和管理经验，开展对外、对内经济技术合作，从事国际、国内金融活动，办理国内外投资业务，进行国内外贸易，为中国社会主义现代化建设服务。2002年中信公司进行体制改革，更名为中国中信集团公司。2011年中国中信集团公司整体改制为国有独资公司，更名为中国中信集团有限公司（简称中信集团）。2018年12月，世界品牌实验室编制的"2018年世界品牌500强"榜单揭晓，中信集团排名第241位。2019年7月，美国《财富》杂志发布"2019年世界500强排行榜"，中信集团位列第137位。2019年12月，中信集团入选"2019中国品牌强国盛典榜样100品牌"。2023年中信集团连续第15年上榜美国《财富》杂志世界500强，位居第100位。

（5）金融租赁公司

金融租赁公司是指经国家金融监督管理总局批准设立的，以经营融资租赁业务为主的非银行金融机构。为规范金融租赁公司经营行为，防范金融风险，促进金融租赁公司稳健经营和高质量发展，2024年9月6日，《金融租赁公司管理办法》经金融监管总局2024年第12次局务会议审议通过，自2024年11月1日起施行。该办法将融资租赁定义为："金融租赁公司作为出租人，根据承租人对出卖人、租赁物的选择，向出卖人购买租赁物，提供给承租人使用，承租人支付租金的交易活动，同时具有资金融通性质和租赁物所有权由出卖人转移至出租人的特点。"同时，该办法明确规定，未经国家金融监督管理总局批准，任何组织和个人不得设立金融租赁公司，任何组织不得在其名称中使用"金融租赁"字样。

我国的融资租赁业起源于1981年4月，最早的租赁公司以中外合资企业的形式出现，其原始动机是引进外资。1981年7月，我国成立了首家中资金融租赁公司——中国租赁有限公司。该公司是由原中国国际信托投资公司与原国家物资总局共同组建的全国性综合类融资租赁企业，在原国家工商行政管理总局登记注册，是一家全国性非银行金融机构。经过几十年的快速发展，我国的金融租赁公司已遍布公交、城建、医疗、航空、IT等行业，成为行业发展的有益助力。

（6）财务公司

财务公司也称金融公司，是指经营部分银行业务的金融机构，它通过发行债券、商业票据或从银行借款获得资金，并主要从事耐用消费品贷款和抵押贷款业务。与商业银行不同，财务公司并不通过吸收小额客户的存款来获得资金，而是大额借款、小额贷款。我国的财务公司大多是为企业技术改造、新产品开发及产品销售提供金融服务，以中长期金融业务为主的非银行金融机构。

国际上，根据组织结构，财务公司一般可分为企业附属财务公司和非企业附属财务公司。企业附属财务公司由企业（主要是大型制造企业）设立，为本企业服务，但服务范围可能不完全局限于本企业。非企业附属财务公司包括银行附属财务公司、银企合资财务公司和独立财务公司。银行附属财务公司是由银行控股，因规避监管、实现金融创新和弥补银行的不足而设立的，同时为企业和个人提供金融服务。银企合资财务公司是银行和企业出于金融创新、规避监管或促进产融合作的考虑而设立的，为企业和个人提供金融服务。独立财务公司一般是没有母公司的财务公司，规模较小，比较灵活，在某一方面提供融资服务。

根据业务职能，财务公司一般可分为销售型财务公司、消费者财务公司和商业财务公司。销售型财务公司是由一些大型零售商或制造商设立的，旨在以提供消费信贷方式促进企业产品销售的非银行金融机构，很多汽车金融公司都属于这一类型。为了规范汽车金融业务的发展，我国在2003年前后出台了《汽车金融公司管理办法》和《汽车金融公司管理办法实施细则》。消费者财务公司在我国一般被称为小额贷款公司，它是专门发放小额消费者贷款的非银行金融机构。由于它的贷款规模比较小、管理成本高，所以它的贷款利率一般高于银行。商业财务公司在我国一般被称为企业集团财务公司，它是为企业集团成员单位提供金融服务的非银行金融机构。目前我国的企业集团财务公司主要分布于机械、电子、汽车、石油、化工、能源、交通运输等国民经济的支柱产业中。

案例分析 3-1

重庆力帆财务有限公司票据风险案

案情介绍：

昔日"摩托车大王"重庆力帆走到了破产境地，旗下财务公司所涉及的一系列票据风险亦相继暴露。

继宝塔石化集团（以下简称"宝塔石化"）财务有限公司拒付案件之后，重庆力帆财务有限公司（以下简称"力帆财务公司"）成为第二家大规模票据得不到兑付的集团财务公司，并在市场上造成较大的负面影响。

据悉，由于财务公司开具的票据为银行承兑汇票，所以该类票据此前在市场有较高的信誉度和较强的流通能力。然而，宝塔石化和重庆力帆两家集团企业的财务公司在票据兑付上暴露重大风险之后，一些企业和金融机构对此类票据出现了区别对待的情况。

大批票据拒付

2020年9月以来，各地法院密集公布了力帆财务公司一批票据纠纷案件。9月16日，重庆自由贸易试验区人民法院公布一则民事判决书，涉及上海士诺健康科技股份有限公司与重庆理想制造汽车有限公司、力帆财务公司的票据纠纷。上述判决书显示，2018年10月31日，重庆理想制造汽车有限公司作为出票人签发了电子银行承兑汇票，承兑人为力帆财务公司，该票据依次背书转让给重庆厚升机电有限公司和重庆阿普达空气净化设备有限公司。2018年12月24日，重庆阿普达空气净化设备有限公司为支付货款，将该汇票背书转给上海士诺健康科技股份有限公司，汇票金额为21万元，到期时间为2019年4月30日。在该银行承兑汇票到期后，力帆财务公司的票据状态一直为"结束，已结清"，但其未支付票据款项。法院在判决中认为，力帆财务公司的行为足以表明其拒绝付款的意思表示，持票人可向出票人重庆理想制造汽车有限公司和承兑人力帆财务公司行使追索权。此外，公开信息显示，宁波福尔达智能科技有限公司、十堰东方联众物贸有限公司、芬雷选煤工程技术有限公司黄陵分公司、重庆俊财机电有限公司、重庆诚捷物流有限公司、鞍钢股份有限公司等一批公司均持力帆财务公司票据且未实际兑付，上述公司亦将力帆财务公司告上法庭。

值得一提的是，作为国内排名前五的钢铁集团，鞍钢股份有限公司于2019年8月1日发布公告称，该公司在销售商品过程中，收取的部分货款为金融机构开出的银行承兑汇票，其中3.38亿元银行承兑汇票逾期未偿付，该事件一时间引发市场高度关注。其后证实，上述票据来自三家财务公司，力帆财务公司就是其中之一。力帆财务公司在纠纷案审理中称，其因为资金紧张，票据金额确实没有支付，公司正面临企业重组，需要按照重组金额支付票据金额；同时，公司账户收支均受到重庆市银保监局监管，无法自行确定清偿的顺序和方式。

财务公司票据"很受伤"

一位资深票据业内人士表示，宝塔石化和重庆力帆两家公司的票据案件对财务公司票据在整个市场上造成了很大的负面冲击。财务公司票据属于银行承兑汇票，与一般商业汇票有很大区别。银行承兑汇票是银行信用，兼具开票行和转贴现的信用，极少出现到期未偿付的情况。接连出现的财务公司票据风险让企业和银行在接受该类票据时更加谨慎，这也说明市场的信任度有所降低。

2019年7月，银保监会针对企业集团财务公司承兑汇票逾期未兑付风险事件专门发布了《关于进一步加强企业集团财务公司票据业务监管的通知》，进一步加强财务公司票据业务监管，防范票据业务风险。

案例分析：

票据业务可以说是财务公司的核心业务之一。不少财务公司在该项业务上持续进行了一些有益探索和尝试，取得了一些成效。财务公司票据在分类上属于银行承兑汇票，其流通性强，能够更好地为产业链的上下游提供金融服务，大型企业集团的信誉则是其基础。部分财务公司的风险事件让整个财务公司票据接受度下降，尤其是一些民营的财务公司受到比较大的牵连。既然财务公司的票据属于银行承兑汇票，监管部门就应该加强对其风险监管，制定出相应的解决办法，避免类似事件发生，重建财务公司票据的市场信任。

资料来源　杨井鑫. 财务公司银票再遭质疑［N］. 中国经营报，2020-09-21（B10）.

（7）资产管理公司

资产管理通常是指一种"受人之托，代人理财"的信托业务。从这个意义上看，凡是主要从事此类业务的机构或组织都可以称为资产管理公司。一般情况下，商业银行、投资银行、证券公司等金融机构都通过设立资产管理业务部或成立资产管理附属公司来进行正常的资产管理业务。对于专门意义上的资产管理公司，国际上通行的做法是，通过组建金融资产管理公司来管理和处置银行的不良资产，所以资产管理公司实际上是银行不良资产的产物。

我国的资产管理公司是经国务院决定设立的，收购国有商业银行不良贷款，管理和处置因收购国有商业银行不良贷款形成的资产的国有独资非银行金融机构。资产管理公司以最大限度保全资产、减少损失为主要经营目标，依法独立承担民事责任。1999年，为了剥离4家国有商业银行的不良资产，成功实现这4家银行的上市，我国成立了4家资产管理公司：中国华融资产管理公司、中国长城资产管理公司、中国东方资产管理公司、中国信达资产管理公司。这4家资产管理公司分别接收从中国工商银行、中国农业银行、中国银行、中国建设银行剥离出来的不良资产。中国信达资产管理公司于1999年4月成立，其他3家于1999年10月分别成立。2007年后，这4家资产管理公司开始商业化运作，不再局限于只对应收购上述几家银行的不良资产。2010年，中国国新控股有限责任公司获得国务院的正式批复成立。未来我国资产管理公司的改革与发展还将进一步深化。

阅读材料3-2

资产管理公司
助力居民未来
金融资产配置

3.3 金融机构存在的理论基础与功能

3.3.1 金融机构存在的理论基础

在日常的经济生活中，当人们需要存款和贷款时，首先会想到商业银行；当人们需要投资证券时，又马上会想到证券公司和基金公司；当人们需要一份保障时，保险公司又能为我们提供便捷的服务。金融机构为我们融通资金、提供金融服务，发挥了重要作用。为什么市场经济中的资金融通一定要通过以银行为代表的金融机构来完成？如果没有这些金融机构，借贷双方直接交易又会有哪些问题呢？这就涉及金融机构存在的理论基础问题。

（1）降低交易成本

①交易成本的含义。

交易成本是指在交易中所花费的一切成本。金融市场上的交易成本包括：在交易发生以前，资金最终供求双方相互寻找对方的搜寻成本、鉴别对方交易信息真假的鉴别成本，以及讨价还价的谈判成本等；在交易发生之后，监控合约执行的监管成本，以及发生违约而需要付出的诉讼成本等。

交易成本的存在阻碍了许多小额储蓄者和借款者之间的直接融资，阻碍了金融市场正常作用的发挥。例如，当你有10万元想要投资时，如果没有银行，你不知道去哪里寻找需要这笔资金的借款人，即使有借款人向你借这笔资金，你也会因为对他不信任而不敢借给他，或者你打算通过收取高额的利息来对自己将要承担的风险进行补偿，在这个过程中你为了达成这笔交易将付出高昂的搜寻成本、鉴别成本和谈判成本，而最终这10万元的投资给你带来的回报可能还无法弥补你的这些成本支出。

②银行类金融机构能够降低交易成本。

银行能很方便地将资金供求双方吸引过来，节约搜寻成本，发挥规模经济优势。银行所具有的专业化经营优势，又可以使它有条件、有能力比单个借款人和放款人在更大程度上节约其他各类交易费用。银行还拥有降低交易成本的专门技术，比如银行研发出的专门计算机系统能够以较低的交易成本提供多种便利的金融服务，如ATM的运用。随着交易成本的降低，银行能为客户提供更便捷、更多样化的服务。

（2）缓解信息不对称

①信息不对称的含义及表现。

信息不对称（也称不对称信息）是指交易一方对交易另一方的了解不充分，双方处于不平等地位。在金融领域，资金需求者和供给者之间普遍存在信息不对称现象。例如，客户到银行存款后，对银行经营情况的了解远比不上银行本身；而银行对客户进行贷款时，对客户的个人资信状况、还款能力、项目风险等也不可能完全了解。又如，投资者购买了某公司发行的股票后，不可能完全清楚地了解该公司的所有经营情况。

②信息不对称所产生的问题。

在金融市场上，信息不对称可能发生在当事人的交易达成之前，也可能发生在交易达成之后，由此就有可能产生代理人问题、逆向选择问题和道德风险问题。

代理人并不总是为了委托人的最大利益而行事的。例如，经理人虽然是全体股东的代理，但是可能不会始终维护股东的利益，而是在决策时尽可能使自身利益最大化。在委托代理关系中，由于信息不对称，股东和经理人之间的契约并不完整，需要依赖经理人的"道德自律"。股东和经理人追求的目标是不一致的，股东希望其持有的股权价值最大化，经理人则希望自身利益最大化，因此股东和经理人之间存在道德风险，需要通过激励和约束机制来引导和限制经理人的行为。这也是股权激励的原则。

逆向选择的本意是指人们做了并不希望做的事情，而不去做希望做的事情。金融市场上的逆向选择是指由于信息不对称，放贷者将资金贷给了最有可能违约的借款者的现象。这是因为，金融市场上那些最有可能造成不利结果或带来违约风险的融资者往往就是那些寻求资金最积极而且最有可能得到资金的借款者。面对这种情况，放贷者会采取相应的保护措施，例如提高融资的门槛和交易价格，结果那些风险较小因而收益较低的借款者退出市场，这又进一步提高了放贷者的风险，并迫使他采取更加严格的保护措施。双方博弈的结果，将不利于资金双方的直接融资活动，甚至可能导致证券市场融资活动的萎缩。

经济学领域的"逆向选择"来源于2001年诺贝尔经济学奖得主、美国加利福尼亚大学经济学教授阿克尔洛夫所提出的柠檬问题。信息不对称使得劣质的次品"柠檬"充斥市场，而优质的产品被排挤出市场，这是优胜劣汰的市场机制失灵的典型表现。在证券市场上，证券的优劣依赖于公司经营状况的好坏，优质公司的证券预期收益率高且风险小，而劣质公司的证券预期收益率低且风险大。由于信息不对称，证券的潜在购买者并不能正确识别公司的优劣，他们所应支付的证券价格只能是反映发行公司平均质量的证券的价格。这一价格低于优质公司证券的真实价值，高于劣质公司证券的真实价值，因此优质公司因投资者支付的价格低于其实际价值而不愿意出售其证券，只有那些质量低劣的公司才愿意出售其证券。其后果是要么投资者购买了劣等债券，要么投资者为了规避风险退出市场。这样一来证券市场的作用不能得到正常发挥，而银行等金融机构可以在一定程度上克服逆向选择问题。

道德风险是指经营者或市场交易的参与者得到了第三方的保障，使其因自身决策或行为引起损失时，不必完全承担责任，甚至可能得到某种补偿，这种情况将激励他们倾向于做出风险较大的决策，以赚取更大收益。金融市场上的道德风险是指，贷款人把资金贷放给借款人以后，借款人可能会从事那些贷款人所不希望的风险活动，这些风险活动很可能导致贷款不能如期归还。道德风险的存在使得证券融资的规模有限，而银行等金融机构可以在一定程度上克服道德风险问题。

③银行等金融机构有助于解决信息不对称问题。

在解决信息不对称的问题上，以银行为代表的间接金融机构相对于直接金融机构具有明显的优势。银行作为主要的间接金融机构，是企业信息的生产高手，因为银行掌握众多借款者的私人信息，收集信息的成本低，具有规模经济优势。银行从存款者那里获得资金，然后根据掌握的信息，将资金发放给那些信誉好、效益好的企业，银行从存贷利差中获得收益，这种收益正是对银行生产信息的回报。此外，由于银行贷款是非公开进行的，具有一定的保密性，因此可以避免其他人在信息上搭银行的便车，同时银行的贷款利率也不会因为竞争而大幅度降低，利差收益足以补偿因收集企业信息而耗费的成本。由此可见，银行正是凭借贷款的非公开性这一特点，在一定程度上克服了信息不对称问题，弥补了证券市场融资的不足，有效地实现了社会资金的融通。

（3）分散和转移风险

在投资者直接融资的情况下，如果某个借款人违约，则会给单个放款人带来100%的损失，它导致放出的款项无法收回，而直接投资股票和债券的风险更大。如果投资者将资金存入银行，再由银行将资金贷放出去，则会大大降低资金运用风险。首先，即使某个借款人违约，只要多数借款人没有违约，银行仍然有清偿能力，特别是我国于2015年开始实行存款保险制度，存款的收回是有保障的。其次，银行可以将大量小额资金聚集起来，形成规模效应，然后实现贷款对象的多样化和分散化，从而降低贷款风险。最后，社会各经济主体的资金往来大多数通过在银行开设的资金账户进行，据此银行可以很方便地了解借款人的信息，从而在贷款对象的鉴别、监控和强制实施贷款合约方面具有优势。因此，银行可以帮助投资者抵御风险，更好地保证资金运用的安全性。

3.3.2　金融机构的功能

金融机构要发挥降低交易成本、克服信息不对称以及分散和转移风险的作用，离不开金融机构的各项功能。金融机构通常具备以下一种或多种功能：

（1）融资功能

存款类金融机构通过它的存款业务在市场上筹集货币资金，并将这些货币资金贷放给资金的需求者，完成资金从投资者向筹资者的转移，从而实现社会资金融通。这是金融机构的基本功能，这一功能的行使形成了银行的资产和负债业务。

（2）经纪和交易功能

经纪和交易功能表现为金融机构代表客户交易金融资产，提供金融交易的结算服务；或者金融机构在自营业务中通过交易金融资产，满足客户对不同金融资产的需求。提供这类服务的金融机构一般是投资性金融机构，如西方国家的投资银行和我国的证券公司。证券的经纪业务和自营业务是证券公司的基本业务。

（3）承销功能

证券承销业务是证券的发行人委托证券经营机构向社会公开销售证券的行为。发行人向不特定对象公开发行证券，依法应当由证券公司承销。证券承销业务采取代销或者包销方式。证券承销业务是证券经营机构最基础的业务之一。证券的承销功能帮助客户创造了金融资产，并把这些金融资产出售给其他市场参与者，这个过程沟通了证券的发行人和投资人。承销业务的开展有助于证券发行人融通资金，也丰富了投资人的投资渠道，分散了风险。

（4）咨询和信托功能

咨询和信托功能是指金融机构为客户提供投资建议、保管金融资产、管理投资组合。提供这种金融服务的主要是信托公司、商业银行和证券公司等机构。例如，证券公司通过它的证券投资咨询业务，向投资者宣传正确的证券投资知识和风险管理理念，有利于降低盲目投资所带来的风险。

通过上述功能，金融机构能很好地执行国家政策，支持经济建设，为社会公众提供多样化的产品和服务。例如，国家开发银行贵州分行近年来一直向贵州棚户区改造项目授信，支持范围覆盖该省9个市（州）及80余个县（市），惠及180多万棚户区居民。又如，2018年10月，中国工商银行与百家民营骨干企业签署《"总对总"合作协议》。通过该协议，中国工商银行已经为民营企业提供了近百亿元的融资支持，并通过创设民企信用风险缓释工具，成功帮助3家民营企业完成共计15亿元的债券发行。这些例子充分说明了金融机构在社会经济建设中发挥了巨大作用。

3.4 国际金融机构

在一个国家内部，金融机构对社会经济生活的发展起到了重要作用。当今世界经济一体化、金融全球化的大环境也使得国际事务更加复杂，面对日益复杂多变的国际形势，以及经济、金融危机，各国更需要国际金融机构来从中协调和处理。由此，国际金融机构在世界舞台上扮演了重要的角色。

3.4.1 国际金融机构概述

（1）国际金融机构的概念

国际金融机构是指从事国际金融管理以及国际融资业务的超国家性质的组织机构。它通常由参加国政府或政府机构组成，是一种政府间的金融合作组织。国际金融机构在世界经济、区域经济等方面发挥了重大的作用，主要表现在：组织商讨国际经济和金融领域的一些重大事项，协调各国的行动；提供短期融资，缓解国家的国际收支困难，稳定汇率；提供长期贷款，促进成员方的经济发展等。比如，从

2009年欧洲债务危机发生起，欧盟、欧洲中央银行和国际货币基金组织就向希腊提供了大约2 890亿欧元贷款及一系列的政策援助，2018年8月希腊从最后一轮救助计划"成功退出"，欧洲对希腊债务危机的救助结束。

（2）国际金融机构的产生和发展

国际金融机构的发端可以追溯到1930年5月在瑞士巴塞尔成立的国际清算银行（Bank for International Settlement，BIS），它是由英国、法国、德国、意大利、比利时、日本等国的中央银行，与代表美国银行界利益的摩根银行、纽约花旗银行和芝加哥花旗银行组成的银团，根据《海牙国际协定》共同组建的。国际清算银行最初创办的目的就是处理第一次世界大战（简称一战）后德国的赔款支付以及相关清算业务，二战以后，它成为经合组织成员方之间的结算机构，其宗旨也逐渐转变为促进各国中央银行合作。

1944年在二战胜利局面基本已确定的情况下，44个国家的代表在美国新罕布什尔州布雷顿森林镇召开了联合国家货币金融会议，旨在建立一个新的国际货币体系。在这次会议上，参与国签订了"布雷顿森林协议"。该协议包括《联合国家货币金融会议最后决议书》《国际货币基金组织协定》《国际复兴开发银行协定》，明确提出要创立国际货币基金组织（International Monetary Fund，IMF）和世界银行（World Bank，WB）这两家机构。其中，IMF主要负责监察货币汇率和各国的贸易情况，提供技术和资金援助，确保全球金融制度运作正常；而世界银行建立初期的主要目的在于推动欧洲战后复兴，后来主要是向成员方提供长期贷款，以推动该国经济的恢复与发展，推动并促进国际贸易的发展。

20世纪50—70年代，欧洲、亚洲、非洲、拉丁美洲和中东地区的国家为了本地区经济发展的需要，也通过一些互助合作的方式，先后建立起了区域性的金融机构，比如亚洲开发银行、非洲开发银行、美洲开发银行、泛美开发银行等。

（3）国际金融机构的类型

国际金融机构按照成员方覆盖的范围，可以分为以下三种类型：一是全球性国际金融机构，比如国际货币基金组织、世界银行等，成员来自世界的大多数国家；二是区域性的国际金融机构，比如说亚洲基础设施投资银行、欧洲中央银行等，它的成员一般是一定区域内的国家；三是半区域性的国际金融机构，比如国际清算银行、亚洲开发银行、泛美开发银行等，它的成员主要是某一个区域内的国家，同时也吸收部分区域外的国家参加。

3.4.2　国际货币基金组织

国际货币基金组织是根据《国际货币基金组织协定》，于1945年12月27日成立的，总部设在美国华盛顿，它是联合国的一个专门机构。凡是参加1944年布雷顿森林会议，并在协定上签字的国家，都称为创始成员。在此以后参加国际货币基金组织的国家和地区称为其他成员。两种成员在法律上的权利和义务并无区别。

国际货币基金组织的宗旨是：通过一个常设机构来促进国际货币合作，为国际货币问题的磋商和协作提供方法；通过国际贸易的扩大和平衡发展，把促进和保持成员方的就业、生产资源的发展、实际收入的高水平作为经济政策的首要目标；稳定国际汇率，在成员方之间保持有秩序的汇率安排，避免竞争性的汇率贬值。国际货币基金组织还协助成员方建立经常性交易的多边支付制度，消除妨碍世界贸易的外汇管制；在有适当保证的条件下，基金组织向成员方临时提供普通资金，帮助成员方纠正国际收支不平衡的状况、减轻不平衡的程度等。

国际货币基金组织的最高权力机构为理事会，由各成员方派正、副理事各一名组成，一般由各国的财政部长或中央银行行长担任。国际货币基金组织每年9月举行一次会议，各理事会单独行使本国的投票权（各国投票权的大小由其所缴基金份额的多少决定）。执行董事会负责日常工作，行使理事会委托的一切权力，由24名执行董事组成，其中8名由基金份额最大的5个国家（美国、日本、德国、法国、英国）和另外3个国家（中国、俄罗斯、沙特阿拉伯）任命。其余16名执行董事由其他成员方分别组成16个选区选举产生，中国为单独选区，占有一席。执行董事每两年选举一次；总裁由执行董事会推选，负责基金组织的业务工作，任期5年，可以连任。

国际货币基金组织的资金来源于各成员方认缴的份额，各成员方的份额由该组织根据各成员方的国民收入、黄金和外汇储备、进出口贸易额以及出口的波动性等经济指标来确定。成员方缴纳份额后可以享受提款权，即按照所缴份额的比例借用外汇的权利。1969年IMF还创立了特别提款权，它是IMF分配给成员方的一种使用资金的权利，仅仅是一种账户资产，成员方分得特别提款权以后，可以把它作为本国的储备资产，所以在各国的国际储备中一般都包括特别提款权这一项。特别提款权是国际流通手段的一个补充，以缓解某些成员的国际收支逆差。加入IMF的成员方有义务提供经济资料，并在外汇政策和管理方面接受该组织的监督。除成员方缴纳的份额以外，IMF还通过向成员方借入款项和出售黄金获取收益。

中国于1945年加入国际货币基金组织，是该组织的创始成员之一。中华人民共和国成立后，我国的席位长期被台湾当局占据。1950年，周恩来总理致电IMF，严正声明中华人民共和国是代表中国的唯一合法政府，要求恢复中国在IMF的合法席位。然而，由于国际政治环境的制约，中国在IMF的代表权问题长期得不到解决。通过坚持不懈的努力，1980年4月17日，IMF的执行董事会通过了由中华人民共和国政府代表中国的决议，恢复了中华人民共和国在IMF的合法席位。9月，IMF通过决议，将中国份额从5.5亿特别提款权增加到12亿特别提款权；11月，中国份额又随同IMF的普遍增资而进一步增加到18亿特别提款权。2001年2月5日，中国份额增至63.692亿特别提款权，占总份额的2.98%，升至第8位，投票权也增加至2.95%，中国也由此获得了在IMF单独选区的地位，从而有权选举自己的执行董事。2008年IMF改革之后，中国份额增至80.901亿特别提款权，所占份额仅次于美、日、德、英、法五大股东国，投票权上升到3.65%。2010年IMF通过了改革方案，大大提高了以中国为代表的新兴市场国家在IMF的份额，我国正式成为该组织仅次于美国、日本的第三大股东，份额增至6.39%。从表3-1中我们可以看到，

IMF的这次改革大大提升了以中国为代表的新兴市场和发展中国家在该组织的话语权，这是我国国际影响力进一步提升的有力证明。

表3-1   IMF改革前后份额排名对比

排名	国家	改革前份额（%）	国家	改革后份额（%）
1	美国	17.661	美国	17.398
2	日本	6.553	日本	6.461
3	德国	6.107	中国	6.390
4	法国	4.502	德国	5.583
5	英国	4.502	法国	4.225
6	中国	3.994	英国	4.225
7	意大利	3.305	意大利	3.159
8	沙特阿拉伯	2.929	印度	2.749
9	加拿大	2.670	俄罗斯	2.705
10	俄罗斯	2.493	巴西	2.315
11	印度	2.441	加拿大	2.311
12	荷兰	2.164	沙特阿拉伯	2.095
13	比利时	1.931	西班牙	1.999
14	巴西	1.782	墨西哥	1.868
15	西班牙	1.687	荷兰	1.831
16	墨西哥	1.520	韩国	1.799
17	瑞士	1.450	澳大利亚	1.378
18	韩国	1.411	比利时	1.344
19	澳大利亚	1.357	瑞士	1.210
20	委内瑞拉	1.115	土耳其	0.977

资料来源　佚名．IMF改革前后份额排名一览　中国进前三［EB/OL］．（2014-04-14）
［2025-06-15］．http：//finance.sina.com.cn/money/forex/20140414/112318789659.shtml.

阅读材料3-4

国际货币基金组织应利用SDR应对新冠肺炎疫情

3.4.3　世界银行

世界银行是世界银行集团的简称，它是1944年与国际货币基金组织同时成立的另一个国际金融机构，也是联合国的一个专门机构。它成立于1945年12月27日，1946年6月开始营业，总行设在美国首都华盛顿。世界银行的最高权力机构是理事会，由每个会员国委派理事和副理事各一名组成；理事会每年9月同国际货币基金组织联合举行年会；执行董事会是世界银行负责组织日常业务的机构。

世界银行在成立之初，主要是资助西欧国家恢复遭战争破坏的经济，但在1948年后，欧洲各国开始主要依赖美国的"马歇尔计划"来恢复经济，世界银行于是主要转向向发展中国家提供中长期贷款与投资，促进发展中国家经济和社会发展。按照《国际复兴开发银行协定》的规定，世界银行的宗旨是：①通过对生产事业的投资，协助成员方对经济的复兴与建设，鼓励不发达国家对资源的开发。②通过担保或参加私人贷款及其他私人投资的方式，促进私人对外投资。当成员方不能在合理条件下获得私人资本时，可运用该行自有资本或筹集的资金来补充私人投资的不足。③鼓励国际投资，协助成员方提高生产能力，促进成员方国际贸易的平衡发展和国际收支状况的改善。④在提供贷款保证时，应与其他方面的国际贷款配合。

世界银行按股份公司的原则建立，其资金来源有3个方面：第一是各成员方缴纳的股金；第二是向国际金融市场的借款；第三是发行债券和收取贷款利息。成立初期，世界银行法定资本为100亿美元，全部资本为10万股，每股10万美元。凡是成员方均要认购银行的股份，认购额由申请方与世界银行协商并经世界银行董事会批准。一般来说，一国认购股份的多少根据该国的经济实力，同时参照该国在国际货币基金组织缴纳的份额大小确定。

世界银行由国际复兴开发银行、国际开发协会、国际金融公司、多边投资担保机构和国际投资争端解决中心五个成员机构组成。其中，国际复兴开发银行成立于1945年，它主要向中等收入国家政府和信誉良好的低收入国家政府提供贷款。国际开发协会成立于1960年9月，它主要对较贫困的发展中国家提供条件极其优惠的贷款，加速这些国家的经济建设。国际金融公司于1956年7月成立，1957年它同联合国签订协定，成为联合国的一个专门机构。它鼓励成员方（特别是不发达国家）私人企业的增长，以促进成员方经济的发展，从而补充世界银行的活动。多边投资担保机构于1988年成立，目的是促进发展中国家的外国直接投资，以支持经济增长、减少贫困和改善人民生活，它通过向投资者和贷款方提供政治风险担保履行其使命。国际投资争端解决中心成立于1966年，它提供针对国际投资争端的调解和仲裁机制。

中国于1945年加入世界银行，是该组织的创始国之一。1980年5月15日，中国在世界银行和所属国际开发协会及国际金融公司的合法席位得到恢复。1980年9月3日，该行理事会通过投票，同意将中国在该行的股份从原7 500股增加到12 000股。2010年世界银行会议通过改革方案，使中国在世界银行的投票权从2.77%提高到了4.42%，中国成为世界银行第三大股东，仅次于美国和日本。改革开放以来，中国与世界银行的合作逐步展开、扩大，世界银行通过提供期限较长的项目贷款，推动了中国交通运输、行业改造、能源、农业等国家重点建设领域以及金融、文卫环保等事业的发展，同时还通过本身的培训机构，为中国培训了大批了解世界银行业务、熟悉专业知识的管理人才。

3.4.4 国际清算银行

1944年，根据布雷顿森林会议的决议，国际清算银行应当关闭，但美国仍将它保留下来，作为国际货币基金组织和世界银行的附属机构。此后，该行的宗旨转变为，增进各成员方中央银行或货币当局间的合作，为国际金融业务提供额外的方便，同时充当国际清算的代理人或受托人。国际清算银行的最高权力机构是股东大会，由认缴该行股金的各成员方中央银行或货币当局代表组成，每年召开一次股东大会。董事会领导该行的日常业务。董事会下设银行部、货币经济部、秘书处和法律处。

国际清算银行以股份公司的形式建立，它的资金来源于3个方面：第一是各成员方缴纳的股金。该行建立时，法定资本为5亿金法郎（gold francs），1969年增至15亿金法郎，以后几度增资。该行股份的80%为各成员方中央银行或货币当局持有，其余20%为私人持有。第二是向各成员方中央银行或货币当局的借款，以补充该行自有资金的不足。第三是接受各成员方中央银行或货币当局的黄金存款和商业银行的存款。国际清算银行以各成员方中央银行或货币当局、国际组织为服务对象，不办理私人业务，这对联合国体系内的国际货币金融机构起着有益的补充作用。

国际清算银行的主要业务有：其一，办理国际结算业务。二战后，国际清算银行先后成为欧洲经济合作组织、欧洲支付同盟、欧洲煤钢联营、黄金总库、欧洲货币合作基金等国际机构的金融业务代理人，承担着大量的国际结算业务。其二，办理各种银行业务，如存、贷款和贴现业务，买卖黄金、外汇和债券，办理黄金存款，商讨有关国际货币金融方面的重要问题。目前，世界上很多中央银行在国际清算银行存有黄金和硬通货，并获取相应的利息。其三，定期举办中央银行行长会议。国际清算银行于每月的第一个周末在巴塞尔举行西方主要国家中央银行的行长会议，商讨有关国际金融问题，协调有关国家的金融政策，促进各国中央银行的合作。

我国于1984年与国际清算银行建立了业务联系，中国人民银行1986年与国际清算银行建立了业务方面的关系，办理外汇与黄金业务。此后，每年都派代表团以客户身份参加该行年会。国际清算银行召开股东大会时，中国人民银行受邀列席，并以观察员身份参加该行年会，这为中国广泛了解世界经济和国际金融状况、发展与各国中央银行之间的关系提供了一个新的场所。中国的外汇储备有一部分是存放于国际清算银行的，这对中国人民银行灵活、迅速、安全地调拨外汇、黄金储备非常有利。自1985年起，国际清算银行向中国提供贷款。1996年9月9日，国际清算银行通过一项协议，接纳中国、巴西、印度、韩国、墨西哥、俄罗斯、沙特阿拉伯、新加坡和中国香港等国家和地区的中央银行或货币当局为该行的新成员。香港回归中国之后，其在国际清算银行的地位保持不变，继续享有独立的股份与投票权，并于1996年11月认缴了3 000股的股本，实缴金额为3 879万美元。中国香港金融管理局与中国人民银行同时加入国际清算银行。中国人民银行加入国际清算银行，标志着我国的经济实力和金融成就得到了国际社会的认可，也有助于中国人民银行与国际清算银行及其他国家和地区的中央银行进一步增进了解，扩大合作，提高管理与监督水平。

3.4.5　中国主导推动和建议成立的国际金融机构

近年来，由中国主导推动和建议成立的国际性金融机构引发了国际广泛关注，其中就包括金砖国家新开发银行、亚洲基础设施投资银行、上合组织开发银行等。

（1）金砖国家新开发银行

2014年7月15日，中国、巴西、俄罗斯、印度和南非在巴西福塔莱萨签署协议，成立金砖国家新开发银行，建立金砖国家应急储备安排。金砖国家新开发银行（New Development Bank，NDB），又名金砖银行，是自美国金融危机以来，金砖国家为避免在下一轮金融危机中受到货币不稳定的影响，计划构筑的一个共同的金融安全网，成员方可以借助这个资金池兑换一部分外汇用来应急。金砖国家新开发银行初始资本为1 000亿美元，初始认购资本为500亿美元，由5个创始成员平均出资，总部设在中国上海，首任理事长来自俄罗斯，首任董事长来自巴西，首任行长来自印度。2015年7月21日，金砖国家新开发银行开业。

金砖国家新开发银行主要资助金砖国家以及其他发展中国家的基础设施建设，对金砖国家具有非常重要的战略意义。巴西、南非、俄罗斯、印度的基础设施缺口很大，在国家财政力所不及时，需要共同开展资金合作。金砖国家新开发银行不只面向5个金砖国家，而是面向全部发展中国家，但金砖国家可以获得优先贷款权。

（2）亚洲基础设施投资银行

2014年10月24日，包括中国、印度、新加坡等在内的21个首批意向创始成员国的财政部长和授权代表在北京签约，共同决定成立亚洲基础设施投资银行（Asian Infrastructure Investment Bank，AIIB）。2015年12月25日，亚洲基础设施投资银行正式成立。该银行简称"亚投行"，它是一个政府间性质的亚洲区域多边开发机构，重点支持基础设施建设。该银行成立的宗旨是促进亚洲区域的建设互联互通化和经济一体化的进程，并且加强中国及其他亚洲国家和地区的合作，是首个由中国倡议设立的多边金融机构，总部设在北京，法定资本为1 000亿美元。截止到2025年4月，亚投行有110个成员，包括100个正式成员和10个意向成员。

亚投行的治理结构分为理事会、董事会、管理层3层。理事会是最高决策机构，每个成员在亚投行有正副理事各一名。董事会有12名董事，其中域内9名，域外3名。管理层由1位行长和5位副行长组成。

亚投行的主要宗旨是：通过在基础设施及其他生产性领域的投资，促进亚洲经济可持续发展、创造财富并改善基础设施互联互通；与其他多边和双边开发机构紧密合作，推进区域合作和伙伴关系，应对发展挑战。

亚投行的主要职能是：①推动区域内发展领域的公共和私营资本投资，尤其是基础设施和其他生产性领域的发展；②利用其可支配资金为本区域发展事业提供融资支持，包括能最有效支持本区域整体经济和谐发展的项目和规划，并特别关注本区域欠发达成员的需求；③鼓励私营资本参与投资有利于区域经济发展，尤其是基础设施和其他生产性领域发展的项目、企业和活动，并在无法以合理条件获取私营资本融资时，对私营投资进行补充；④为强化这些职能开展的其他活动和提供的其他服务。

（3）上合组织开发银行

2010年，在上海合作组织总理会上，中国建议上合组织深化金融合作，研究成立上海合作组织开发银行，探讨共同出资、共同受益的新方式；扩大本币结算合作，促进区域经贸往来。2018年6月10日，国家主席习近平在山东青岛出席上海合作组织成员国元首理事会第十八次会议时宣布，中方将在上海合作组织银行联合体框架内设立300亿元人民币等值专项贷款。

2025年6月3日，上海合作组织第六次财长和央行行长会议在北京举行。会议各方支持采取行动深化区域财金合作，在推进成立上合组织开发银行方面取得实质性进展，同意建立上合组织财金智库网络，并探讨了完善本币结算安排和深化数字普惠金融合作等议题。

本章小结 ✅ - ●

1.金融机构从本质上来说就是沟通办理货币信用业务双方的一个中介组织。

2.直接金融机构是在直接融资领域，为投资者和筹资者提供中介服务的金融机构。

3.间接金融机构是指介于债权人和债务人之间，为资金余缺双方融通资金的金融机构。

4.存款性金融机构主要通过存款形式向公众举债而获得其资金来源，它将资金贷给需要资金的各经济主体。

5.非存款性金融机构不得吸收公众的储蓄存款，它以契约形式由资金的所有者交纳非存款性资金为主要资金来源。

6.银行类金融机构是指以存款、放款、汇兑和结算为核心业务的金融机构，主要有中央银行、商业银行和政策性银行三大类。

7.政策性金融机构是由政府投资创办、按照政府意图与计划从事金融活动的机构。它一般不以营利为目的，大多为了执行国家的产业政策而设立，同时也可以获得政府在资金或税收方面的支持。

8.非政策性金融机构则不具备政策性功能，它一般根据经营活动的需要设立，以营利为目的，享受的政策优惠较少。

9.我国的金融机构体系形成了以中国人民银行为核心，各类商业银行、政策性银行和非银行金融机构并存的基本格局。

10.交易成本是指在交易中所花费的一切成本。金融市场上的交易成本包括：在交易发生以前，资金最终供求双方相互寻找对方的搜寻成本、鉴别对方交易信息真假的鉴别成本，以及讨价还价的谈判成本等；在交易发生之后，监控合约执行的监管成本，以及发生违约而需要付出的诉讼成本等。

11.信息不对称（也称不对称信息）是指交易一方对交易另一方的了解不充分，双方处于不平等地位。

12.逆向选择的本意是指人们做了并不希望做的事情，而不去做希望做的事情。金融市场上的逆向选择是指由于信息不对称，贷款者将资金贷给了最有可能违约的借款者的现象。

13.国际金融机构是指从事国际金融管理以及国际融资业务的超国家性质的组织机构。它通常由参加国政府或政府机构组成，是一种政府间的金融合作组织。

核心概念 ✔️ --●

金融机构　直接金融机构　间接金融机构　存款性金融机构　非存款性金融机构　银行类金融机构　政策性金融机构　非政策性金融机构　交易成本　信息不对称　逆向选择　国际金融机构

课后思考与练习 ✔️ ----------------------------------●

1.直接金融机构和间接金融机构的区别是什么？
2.简述银行类金融机构和非银行金融机构的异同。
3.简述我国政策性银行的分类。
4.信息不对称会产生哪些问题？
5.简述金融市场上逆向选择的表现。
6.金融机构有哪些重要的功能？
7.国际货币基金组织的资金来源有哪些？
8.世界银行的五大成员机构是哪些？

第4章
利率

学习目标 ☑ ---○

通过本章的学习，了解利息的来源，理解利息的概念，掌握利息的计算方法和利率的种类，了解我国利率市场化进程，掌握利率对经济的影响。

重难点提示 ☑ ---○

重点：利率的计算方法，利率的种类，利率对经济的影响。
难点：理解利率的经济效应。

课程思政教学参考 ☑ ---○

教学知识点	思政结合点
利息的本质	责任意识、风险意识、公平意识
利率的计算	市场意识、竞争意识
利率市场化	法治思维、道德规范

在现代市场经济中，利率是最重要的经济杠杆之一，对微观经济活动和宏观经济运行都具有重大的作用与影响。本章主要讨论利息的来源与本质、利息的计算、利率及其种类、利率变动对经济的影响等问题。

4.1 利息概述

在现代社会，借贷取息是资金融通双方不可回避的事实，但在历史上，有关利息来源及性质的争论颇多。据传，古代利息的产生是因为人们互相借用耕牛：借走的是一头母牛，到归还的时候母牛已经生了两头牛犊，那么牛犊到底归谁？是连同母牛一同归还给母牛的主人，还是自己留下，或者两家各自分一头牛犊？对这些问题的回答，就意味着利息是多少的问题。

4.1.1　利息的来源

货币的产生可以追溯到远古文明时期伴随着人类交易活动而产生的物物交换，货币作为一般等价物增强了交易的便捷性，推动了社会经济的发展。与货币密切相关的利息的产生则滞后于货币的出现。

（1）国外利息的起源和发展

对利息最早的文献记载是在公元前4世纪古罗马的一些法律制度中。基于道德、社会、宗教等缘故，利息在漫长的历史发展中扮演着不太友善的角色。资本主义诞生后，以利息为主导的借贷市场对推动金融市场的繁荣起到了空前绝后的作用，但也引发了几次经济危机。

在希腊文中，利息是用tokos来表示的，而tokos的本义是人或动物所生的子女或幼仔。亚里士多德在其《政治学》一书中说："利息一词意味着以钱生钱，它可以被用来指钱的繁殖，因为子钱类似于母钱。"同时，他又说："这就是所有致富的方式中高利贷何以最违背自然的原因。"[①]因此，古希腊时期，亚里士多德认为金钱不可繁衍，只能用于交易，收取利息不可取。

在古罗马时期，单利被认为是合法的，而复利则有违天理，几乎所有国家都禁止高利贷，直到今天这种规定依然存在。在犹太人群体中，犹太人之间借贷不得收取利息，但犹太人借贷给非犹太人可以收取利息。罗马帝国衰亡后，宗教主导国家政权，对利息零容忍。进入中世纪以后，文艺复兴让人们对金钱和利息的传统观念产生了进一步的质疑，路德没有全盘接受放贷利息，但默认了利息的存在，加尔文更加开明地认可金钱的繁衍能力，认可利息的存在。宗教标志性建筑巴黎圣母院就是由一群放贷者捐资建立的。

17世纪以后，荷兰、英国、美国等老牌资本主义国家纷纷建立了最早的金融市场，金融业高度发达，特别是20世纪以来，战争、个人消费贷款、举债经营登上了舞台，美国经济陷入大萧条。二战之后，美国经济复苏，金融市场迅速崛起，人们忽视了合理利息的存在，华尔街为了更多的利益炮制许多金融衍生品，将债务再次打包出售，发行垃圾债券、高杠杆收购。国家层面上，主权债务违约在一些欠发达国家出现。进入21世纪后，一些发达国家也爆发了欧债危机。

（2）我国利息的起源和发展

在中国，利息同样有着悠久的历史。据《周礼》记载，西周时已有借贷关系，有息借贷为"称责"（"责"通"债"），无息借贷为"取予"，主要由官府出贷，该出贷机构叫作"泉府"。到了周朝末期，朝廷因无权而无财，故政府不但不能贷出反而要从各诸侯及民间借款，以至于末代国君周赧王竟在屡借不还后怕债主追索

---

① 亚里士多德. 亚里士多德全集：第九卷［M］. 苗力田，编译. 北京：中国人民大学出版社，1994.

而躲在宫内高台不敢出宫门，这也是成语"债台高筑"的典故。从春秋战国时期至清代，中国历朝历代从未中止过利息的存在。然而，中国历代的思想家们却对利息存在的根据或原因未置一词。

《管子》一书记载了一些利息现象及故事。《管子·治国》第四十八中讲道："秋籴以五，春粜以束，是又倍贷也。"一般理解，倍贷是指利率为100%，即利与本相同，但这里记载的时间（即借贷期间）是由今秋至明春，仅半年。"束"作为量词是指十二，半年时间，由五至十二，增加到两倍还多，这是被发现的中国最早的高利贷，也可能指某些特殊年景下才出现的利率。《管子·轻重丁》第八十三中讲的利率应是指平常年景下的利率。齐桓公派鲍叔等四人分赴齐国东、南、西、北四个地区调查利率。这四人调查回来后所报的利率是：西部地区为100%，南部及东部地区均为50%，北部地区为20%。最后，齐桓公采用了管仲教授的给贷款者戴"高帽子"的反制措施为受高利贷重压的百姓豁免了债务。

司马迁在《史记·货殖列传》中提到了汉代大都市放贷者的利率。一般贷给厉害些的商人，利息为3分，贷给老实些的商人则利息变为5分。利率最高的要算无盐氏，当时吴、楚七国起兵反抗汉室中央朝廷，首都城内的列侯、封君都要从军出征，征途所需的军费朝廷要向高利贷者（史称"子钱家"）告贷，但绝大多数子钱家认为反抗的藩国都在函谷关东，军事成败难料，故不敢向朝廷放债。独有一个叫无盐氏的子钱家放贷一千金，年利息为十倍的本金。数月后，吴楚叛乱被朝廷平定，无盐氏收回了本金及高额利息，迅速成为关中富豪并被写入历史。

进入封建社会后，各个朝代的史书对高利贷都有记载，如秦代"通都大邑子贷钱千贯"，汉代"高利贷囤积商取利息至少是十分之三，有时竟取十倍"。魏晋南北朝时，常用"交关""贷"等词代替高利贷。唐宋时期，高利贷有了新的发展，出现了抵押借贷和信用借贷两种借贷形式。抵押借贷又可分为质库业（即典当业）和一般的抵押借贷。质库业是指以金、银、绢、帛等贵重物品及衣服、铜镜等日常用品质钱使用，到期加息赎回。除了一般的以物质钱之外，以谷质钱或以物质谷的经营方式在宋代质库中也流行起来，这就是所谓的"谷典"。一般的抵押借贷，分为动产、不动产、人身抵押三种形态。在利息的记载上，唐宋最普遍的是"倍称之息"及"几倍之息"的记载，在正式法令或习惯法中，"倍称之息"是私人借贷取息的上限。

元代的高利贷也非常复杂，高利贷的名称五花八门，如"称贷取息""羊羔利儿""斡脱钱"等。从借贷利率上看，元代高利贷利率非常高。[①]元朝政府虽然也曾规定月利率不能过三分，但是并未有效贯彻。明清时期，高利贷发展空前并扩展至城乡地区。从借贷的利率来看，以二分、三分最为常见。清代有关高利贷的叫法也非常多，如有"印子钱""重利借贷""重利称贷""重利盘算"等名称。从利率变化情况来看，和明代一样，其利率具有下降趋势并表现得较为平缓。

---

① 刘秋根. 试论中国古代高利贷的起源和发展［J］. 河北学刊，1992（2）：95-100.

4.1.2 利息的定义

关于利息（interest）的定义有很多种观点。英国古典政治经济学创始人、统计学家威廉·配第（1695）指出，假如一个人在不论自己如何需要，在到期之前都不得要求偿还的条件下，出借自己的货币，则他对自己所受到的不方便可以索取补偿，这是不成问题的。[1]这种补偿，我们通常叫作利息。法国重农学派的重要代表人物之一杜尔阁（1961）认为，对贷款人来说，只要货币是他自己的，他就有权要求利息；而这种权利是与财产所有权分不开的。[2]

从两位学者对利息的描述中我们可以看出，利息可以从资金借入者和贷出者两个角度来定义。在货币金融学中，利息是借贷关系中由借入方支付给贷出方超过借贷本金的增值额，或者说，利息是借入方为了在一定期间取得资金的使用权而需负担的成本或付出的代价，同时也是贷出者为在同一期间放弃资金的使用权而收取的报酬或收益。

4.1.3 利息的本质

利息的存在，使人们对货币产生了一种有生命的感觉：似乎货币可以自行增值。对这个增值额从何而来、其本质是什么，甚至应不应放债取息等问题的争论由来已久，由此形成了许多有关利息的理论和观点。

（1）马克思的利息本质论

马克思的利息理论是在批判和继承古典政治经济学的利息理论的基础上建立起来的。马克思认为，借贷资本只有转化为现实资本进入生产才能增值。由于货币资本家在货币资本贷出期间，将资本商品的使用价值即生产利润的能力让渡给了职能资本家，后者运用借入的资本购买生产要素并进行生产，所获得的剩余价值转化为利润后，必须分割一部分给货币资本家，作为使用资本商品的报酬，这便是利息。因此，利息就其本质而言，是剩余价值的一种特殊表现形式，是利润的一部分。

马克思揭示利息本质的意义在于：①利息来源于劳动者创造的价值。②利润分割为两部分：企业主收入——资本使用权的报酬；利息——资本所有权的报酬。资本家作为一个阶级与劳动者对立，共同瓜分劳动者创造的剩余价值。③利息的形式与利息的内容之间的关系是，利息表现为借贷资本商品的价格，实际上则是借贷资本商品特殊使用价值的价格。

（2）近现代西方利息本质论

与古典政治经济学派不同，近现代西方经济学家主要从资本的范畴、人的主观意愿和心理活动等角度研究利息的来源与本质，提出了众多的学说。

① 西尼尔的节欲论。英国经济学家西尼尔在他的《政治经济学大纲》一书中提出了著名的节欲论。节欲论把利息看作货币所有者为积累资本放弃当前消费而

---

[1] 配第. 配第经济著作选集 [M]. 陈冬野，马清槐，周锦如，译. 北京：商务出版社，2009.
[2] 杜尔阁. 关于财富的形成和分配的考察 [M]. 南开大学经济系经济学说史教研组，译. 北京：商务印书馆，1997.

"节欲"的报酬。西尼尔认为，商品的价值是由生产成本决定的，而生产成本主要由生产所必需的劳动和资本两部分构成。劳动是工人放弃自己的安乐和休息所做的牺牲，用工资作为报酬；资本是资本家节制消费所做的牺牲。"资本家在获得生产资料和流动资料时，要牺牲个人的消费，更确切地说，要牺牲这种消费所给予他的享乐和满足。"因此，"利润的定义是节制的报酬"。由于资本来自储蓄，要进行储蓄就必须节制当前的消费和享乐，利息就来源于对未来享乐的等待，是对为积累资本而牺牲现在享受的消费者的一种报酬。

② 庞巴维克的时差利息论。奥地利学派的庞巴维克发展了节欲论，提出了时差利息论。庞巴维克的利息概念是广泛的，他把剩余价值的各种形态都称为利息，认为一切利息都来自商品在不同时期由于人们评价不同而产生的价值差异。他把物品分为两类：一类是现在就能满足人们消费欲望的"现在物品"；另一类是只有将来才能满足人们欲望的"未来物品"。人们对于等量的同一物品，在现在或将来两个不同时期内的主观评价是不一样的。一般人都轻视将来而重视现在，对"现在物品"的评价要高于等量的"未来物品"。因此，"现在物品"通常要比同一种类等量的"未来物品"具有更大的价值，两者之间的差额就叫价值时差。当物品所有者延缓对物品的现在消费而转借给他人消费时，就要求对方支付相当于价值时差的贴水。以货币形式表示，这种贴水就是利息。所以，利息是对价值时差的一种补偿。

③ 凯恩斯的流动偏好利息理论。在凯恩斯看来，货币是最灵活的流动资产，人们手持货币能获得周转灵活的方便，满足交易动机、预防动机、投机动机的需要。因此，人们普遍具有对货币的灵活偏好。如果要求人们放弃这种对灵活的偏好，就应该给予其一定的报酬，这种报酬以货币形态表示就是利息。他认为，利息形成于人们取得货币收入后所做的两种选择之中：一是时间偏好的选择。当人们得到货币收入后，首先决定多少用于目前消费，多少用于将来消费（即储蓄）。这种时间偏好选择的结果，形成现实的消费量和储蓄量。二是流动偏好的选择，即他到底以何种方式持有他准备用于储蓄而暂不消费的那部分货币收入。凯恩斯把资产的储蓄形式抽象归纳为两种：货币与债券。手持货币的形式是一种即期的流动方式，能够满足人们流动偏好的各种动机，得到周转灵活的便利，但不能得到较多的利息收益；若采用债券这种生息资产的形式进行储蓄，虽然能得到较多的利息收入，但失去了周转灵活性。对这两种储蓄形式的选择是人们权衡利弊之后做出的。人们放弃货币选择债券进行储蓄，就是放弃了手持货币保持流动性带来的效用而得到手持债券生息取利带来的效用。所以，利息是人们放弃了手持货币的流动性的报酬。凯恩斯最后还指出了传统理论的错误，传统理论"把利息看作等待本身之报酬，而不看作不贮钱的报酬"。因为采用贮钱的形式储蓄，赚不到利息，而采用不贮钱的形式进行储蓄，如购买债券或贷放出去，就能得到利息，所以利息不是储蓄的报酬，也不是贮钱的报酬，而是不贮钱的报酬。

4.1.4 利息的计算

利息的计算有两种基本方法：单利与复利。

（1）单利计算

单利计算是指在计算利息额时，不问借贷期限的长短，只按本金计算利息，而不将利息额加入本金进行重复计算的方法。用公式可以表示为：

$$I = P \times r \times n \tag{4-1}$$
$$S = P \times (1 + r \times n) \tag{4-2}$$

式中：I 表示利息额；P 表示本金；r 表示利息率；n 表示借贷期限；S 表示本金与利息之和，简称本利和。

【例4-1】一笔为期5年、年利率为6%的10万元贷款，请按单利计算利息总额和本利和。

解：利息总额 = 100 000×6%×5 = 30 000（元）

本利和 = 100 000×（1+6%×5）= 130 000（元）

（2）复利计算

复利计算是指计算利息额时，将上一期利息转为本金一并计息的方法。例如按年计息，第一年按本金计息；第一年末所得的利息并入本金，第二年则按第一年末的本利和计息；第二年末的利息计入本金，第三年则按第二年末的本利和计息；以此类推，直至信用契约期满。用公式可以表示为：

$$I = P \times [(1 + r)^n - 1] \tag{4-3}$$
$$S = P \times (1 + r)^n \tag{4-4}$$

式中：I 表示利息额；P 表示本金；r 表示利息率；n 表示借贷期限；S 表示本利和。

以单利计算，手续简单，计算方便，借入者的利息负担也比较轻。以复利计算，考虑了资金的时间价值因素，是对贷出者（储户）利益的保护，有利于提高资金的使用效益，并强化利率杠杆的作用。一般说来，单利计算适用于短期借贷，而长期借贷多采用复利计算。

【例4-2】一笔为期5年、年利率为6%的10万元贷款，请按复利计算利息总额和本利和。

解：本利和 = 100 000×（1+6%）^{5} = 133 822.56（元）

利息总额 = 133 822.56 - 100 000 = 33 822.56（元）

无论是用单利还是复利计算出来的利息，都是利润的一部分，都是劳动者所创造的价值。就形式来看，利息的存在，就是承认资金可以只依其所有权取得一部分社会产品的分配权利。如果承认这种存在的合理性，那就必须承认复利存在的合理性，因为按期结出的利息属于贷出者所有，假定认为这部分所有权不应取得分配社会产品的权利，那么本金的所有权也就不应取得这种权利。

（3）两个有广泛用途的算式

①零存整取，即每月（或每周、每年）按同一金额存入，到约定的期限本利和一次取出。

【例4-3】某存款者每月存入100元，连续存10年，零存整取10年期的年利率为12%，那么10年后，他共得本息多少？

解：按单利计算

利息=100×120×1%+100×119×1%+…+100×1×1%

　　　=100×1%×（120+119+…+1）

　　　=100×1%×［（120+1）×120］÷2

　　　=7 260（元）

本金=100×120=12 000（元）

本息和=12 000+7 260=19 260（元）

所以，按单利方法计算的零存整取利息的计算公式为：

$$R = P \times r \times \frac{n(n+1)}{2} \tag{4-5}$$

式中：R 为全部利息；P 为零存整取每次存入的金额；r 为利率；n 为与利率相对应的期限。

【例4-4】某存款人每年年初存入1 000元，连续存10年，零存整取的年利率为12%，那么该存款人在第10年底共得多少本息？

解：按复利计算

本息=1 000×［（1+12%）^{10}+（1+12%）^{9}+…+（1+12%）^{1}］

　　　=19 658（元）

所以，按复利方法计算的零存整取的本息和的计算公式为：

$$F = P \times \frac{(1+r)^{n+1} - (1+r)}{r} \tag{4-6}$$

式中：F 代表到期的本利和；P 代表每月（或每周、每年）存入的金额；r 代表利率；n 代表与利率相对应的期限。

②整存零取，即一次存入若干金额的货币，在之后的预定期限内，每月（或每周、每年）提取同一金额的货币，达到最后期限的一次提取时，本利和全部取清。

其每次提取金额的计算公式是：

$$A = P \times \frac{r \times (1+r)^n}{(1+r)^n - 1} \tag{4-7}$$

式中：A 代表每月（或每周、每年）提取的金额；P 代表最初存入的金额；r 代表利率；n 代表与利率相对应的期限。

【例4-5】某人希望在10年内每月提取100元作为生活费，估计月利率为0.8%，那么现在只需存入多少元？

解：$P = 100 \times \dfrac{(1+0.8\%)^{120} - 1}{0.8\% \times (1+0.8\%)^{120}} = 7\,695.52 \approx 7\,700$（元）

案例分析4-1

高校高利贷

案情介绍：

2024年1月，中国传媒大学广告学院和俺来也（上海）网络科技有限公司联合课题组发布了《2024中国大学生消费洞察白皮书》。课题研究显示：网络购物是大学生最主要的购物方式。iiMedia Research（艾媒咨询）调研数据也显示，有54.9%的大学生赞成大学生超前消费，且其中11.9%的大学生有超前消费习惯。在大学生超前消费的需求下，违法违规"校园贷"披着各种各样的"马甲"进入校园，让不少大学生陷入"校园贷"深渊，并产生很多负面影响。请你结合以下具体案例，计算贷款实际年利率，并分析"校园贷"的危害和防范措施。

2023年5月底，一位姓侯的大二学生收到一条"校园贷款"的短信，说可以为学生提供分期贷款。侯同学平时通过兼职收入来满足生活需要，最近他资金比较紧张，所以他打算回复短信申请贷款，并用兼职收入慢慢偿还贷款。侯同学联系了短信发送人李某，并于2023年6月1日与李某签订了贷款合同。合同金额是1万元，当日扣除上门费200元和中介费300元，按约定，侯同学需要在每月末偿还2 000元，共偿还6个月，从2023年6月30日开始偿还。根据合同约定，侯同学于2023年6月30日、2023年7月31日分别偿还了2 000元。到了第三期，李某要求侯同学必须于2023年8月31日偿还剩余四期的偿还额8 000元，并威胁：如果不按期偿还，则会采取暴力手段催债。侯同学家庭并不富裕，但也担心该笔贷款会影响他的学业，最后通过卖手机、卖电脑、找同学借钱等方式筹得了8 000元，于2023年8月31日偿还给李某。

案例分析：

在本案例中，侯同学实际获得的贷款并不是1万元，在扣除上门费和中介费后，侯同学获得9 500元贷款，然后侯同学分别在贷款后第一个月末、第二个月末、第三个月末偿还了2 000元、2 000元和8 000元。考虑时间价值时，设真实的月利率为r，则存在下列等式：$2\,000\div(1+r)+2\,000\div(1+r)^2+8\,000\div(1+r)^3=9\,500$。经计算，$r=9.91\%$。将该利率乘以12转为年利率，即可得出真实的年利率为118.95%。《最高人民法院关于审理民间借贷案件适用法律若干问题的规定》第二十六条规定："借贷双方约定的利率未超过年利率24%，出借人请求借款人按照约定的利率支付利息的，人民法院应予支持。借贷双方约定的利率超过年利率36%，超过部分的利息约定无效。"[①]显然，本案例中，李某给侯同学的贷款本质上属于校园高利贷。校园高利贷的高额利息和费用不但影响学生的正常生活和学习，还会给学生带来沉重的心理压力，使学生家庭承受巨大的经济负担。学生应该树立正确的金融观和消费观，理性消费，对校园贷广告增强防范意识，如果确实有贷款需要，需要学习合同和金融法律基本知识，选择正规许可机构办理，并按时还款以维护良好信用。

资料来源　根据搜狐网案例改编.

---

① 2020年8月18日新修订的《最高人民法院关于审理民间借贷案件适用法律若干问题的规定》第二十五条规定：出借人请求借款人按照合同约定利率支付利息的，人民法院应予支持，但是双方约定的利率超过合同成立时一年期贷款市场报价利率四倍的除外。前款所称"一年期贷款市场报价利率"，是指中国人民银行授权全国银行间同业拆借中心自2019年8月20日起每月发布的一年期贷款市场报价利率。

4.2 利率概述

上一节介绍了利息的定义和计算方法。本金在经过一段时间借贷后，能产生利息，利息和利率息息相关。本节主要讨论利率的定义、种类和决定。

4.2.1 利率的定义

利息率简称利率（interest rate），是一定时期内利息额同贷出资本额的比率。利率体现着借贷资本或生息资本增值的程度，是衡量利息量的尺度。西方的经济学著作也将其称为到期回报率（rate of return）。

在现实经济生活中，利率都是以某种具体形式存在的，如国债回购利率、3个月贷款利率、1年期存款利率、6个月国债利率、可转让大额定期存单利率、贴现利率、企业债券利率等。随着金融市场的发展，金融活动方式日益多样化，利率的种类也日益繁多。这么多的利率，我们可以依据不同的标准，将其划分为不同的类别。

4.2.2 利率的种类

（1）名义利率与实际利率

在借贷活动中，债权人不仅要承担债务人到期无法归还本金的信用风险，还要承担货币贬值的通货膨胀风险；债务人则需承担因货币升值而遭遇的通货紧缩风险。名义利率（nominal interest rate）与实际利率（real interest rate）的划分，正是从这个角度出发的。

名义利率是指包含了物价变动因素的利率，也就是以名义货币表示的利率，即利息的货币额与本金的货币额的比率。存贷款利率、债券利率等就是名义利率。例如，中国人民银行授权全国银行间同业拆借中心公布，2024年6月20日1年期贷款市场报价利率（LPR）为3.45%，该利率就是名义利率。

实际利率则是物价水平不变从而货币购买力不变条件下的利率。"物价水平不变"的假定在现实经济生活中几乎不存在。自20世纪30年代以来，通货膨胀是普遍现象。例如，2023年中国工商银行1年期定期存款（一万元起存）利率为1.80%，2023年CPI全年上涨0.7%。居民甲于2023年1月1日在中国工商银行存入1万元1年期定期存款。当存款到期时，名义上，居民甲收回的本利和为10 180元，但扣除物价上涨因素，该本利和相当于10 109.24元。显然，通货膨胀给储户带来损失，尤其是当物价上涨率高于名义利率时，储户收到的本利和的真实价值会低于本金。正因为如此，当物价上涨率高时，国家会提高名义利率。

通常情况下，名义利率扣除物价变动率即可视为实际利率。实际上，名义利率和实际利率有更加精确的关系。我们来看一下具体的公式：

$$r = (1 + i) \times (1 + p) - 1 \tag{4-8}$$

式中：r是名义利率；i是实际利率；p是借贷期间的物价变动率。

式（4-8）是目前国际上通用的计算实际利率的公式。在物价水平并非不变的现实下，市场中的各种利率都是名义利率，而实际利率不容易被直接观察到，通常利用式（4-8），根据已知的名义利率和物价上涨率可以计算出实际利率。在利率市场化条件下，名义利率的变动取决于对通货膨胀的预期。如果出现通货紧缩情形，物价上涨率为负，名义利率可能随着物价的下降而下调，但不太可能为负，因为利率除了包含对物价波动风险的补偿外，还包含对机会成本、信用风险等因素的补偿。当然，负利率也不是不存在的。比如，受新冠肺炎疫情的影响，2020年5月，英国宣布首次以负收益率发行债券。英国债务管理办公室发行了37.5亿英镑（46亿美元）2023年到期的债券，收益率为-0.003%。还需要注意的是，根据物价变动调整名义利率并不是同步的，往往名义利率的调整滞后于物价的变动。

【例4-6】2023年1月1日，中国工商银行1年期定期存款（1万元起存）利率为1.80%，2023年CPI同比增长0.7%。如果用2023年CPI变动率替代物价上涨率，请计算中国工商银行定期存款的实际利率是多少。

解：$i=（1+1.80\%）÷（1+0.7\%）-1=1.09\%$

（2）固定利率和浮动利率

固定利率（fixed interest rate）是指在整个借款期间固定不变的利率，其特点是利率高低不随市场的变化而变化。实行固定利率，当市场利率趋于下跌时，债权人不会因此而减少收益，债务人也不会因此而减少筹资成本，当市场利率趋于上升时，债权人不会因此而增加收益，债务人也不会因此而增加筹资成本，所以对于借贷双方准确计算成本与收益十分方便。在融资期限长或利率变动幅度较大的情况下，固定利率的弊端就会逐步显现出来。因此，固定利率多适用于短期贷款或市场利率变化不大的情况。

浮动利率（floating interest rate）是指在借贷期间可定期调整的利率。调整期限和作为调整基础的市场利率，由借贷双方在借款时商定。当市场利率上升时，实行浮动利率对债权人有利，对债务人不利；相反，当市场利率下跌时，实行浮动利率有利于债务人而不利于债权人。在中长期借贷和国际金融市场中，一般采用浮动利率，这样有利于减少借贷双方承担的利率变化的风险，但借贷成本的计算和考核相对复杂。例如，美国的房地产贷款期限多在3年以上，有的期限长达30年，为减少物价波动带来的影响，美国的房贷利率多采用浮动利率。2008年发生国际金融危机后至2020年新冠肺炎疫情发生之前这一期间，美国联邦储备系统（简称美联储）货币政策回归正常化，美国开启加息周期，浮动利率债券变得更受欢迎。其定价标准通常是在伦敦同业拆借利率（London interbank offered rate，LIBOR）的基础上加息差。

在中国，浮动利率已经成为利率体系中的重要组成部分。以存款利率为例，我国存款利率也经历了从固定利率到浮动利率的转变。2012年6月8日，中国人民银行决定各家银行可在规定浮动范围内自主制定存贷利率。2014年10月29日，中国人民银行建立人民币存款利率下浮制度。我国存款基准利率自2015年10月以来一直没有调整，事实上，我国存款利率上下限都已经放开，银行可以自主浮动定价。

自 2019 年 8 月中国人民银行宣布改革完善贷款市场报价利率（LPR）形成机制以来，银行间债券市场也发布以 LPR 为基础定价的浮动利率债券。

（3）市场利率、公定利率、官定利率

市场利率（market interest rate）是指借贷市场上借贷资金的供求关系直接决定并由借贷双方自由议定的利率，包括借贷双方直接融资时商定的利率和在金融市场上买卖各种有价证券时的利率。市场利率是借贷资金供求变化的指示器：资金供大于求，利率下降；反之上升。由于影响资金供求变动的因素十分复杂，市场利率变动频繁、灵活。

公定利率（pact interest rate）是由非政府部门的金融行业自律性组织确定的利率。通常，由银行公会确定的各会员银行必须执行的利率就是公定利率，如香港银行公会定期公布并要求会员银行执行的存贷款利率。公定利率对行业成员具有一定的约束性。

官定利率（official interest rate）是一国政府金融管理部门或者中央银行确定的利率，也被称为官方利率或法定利率。官定利率包括中央银行对商业银行等金融机构的再贴现和再贷款利率以及中央银行对商业银行等金融机构的存贷款利率进行管制所规定的利率，是国家为了实现政策目标采取的一种经济手段。

公定利率和官定利率都在不同程度上反映了非市场的强制力量对利率形成的干预，两者常常只规定利率的上限或下限，在上限之下、下限之上由市场调节利率。

在现代经济生活中，利率是对经济进行间接调控的重要杠杆，为了使利率水平的波动既体现政府的政策意图，又体现市场上资金的供求关系，各国几乎都形成了市场利率、公定利率与官定利率并存的局面。市场利率是制定官定利率、公定利率的重要依据，官定利率、公定利率对市场利率起着导向作用，它们的升降会使市场利率随着升降，但两者在量上和方向上并不完全一致，有时甚至会朝着相反方向发展。在 2015 年 10 月 24 日之前，我国金融机构的存贷款利率以官定利率为主。有的官定利率是一个固定利率，有的是在一个固定利率的基础上规定允许的浮动空间；同业拆借利率、民间借贷利率则以市场利率更为常见。

（4）年利率、月利率、日利率

这是按计算利率的期限单位划分的。年利率（annual interest rate）是以年为单位计算的利率；月利率（monthly interest rate）是以月为单位计算的利率；日利率（daily interest rate），习惯叫"拆息"，是以日为单位计算的利率。它们之间的换算关系为：

年利率=月利率×12=日利率×360

日利率=月利率÷30=年利率÷360

西方国家通常以年利率为主，我国传统习惯则以月利率为主。我国习惯把年息、月息、日息都用"厘"作单位，但"厘"内容差异极大。《新华字典》的解释是：厘，利率单位，年息的 1 厘是指 1%，月息的 1 厘是指 1‰，日息的 1 厘是指 1‱。10 厘为 1 分。例如，借款人借款 1 万元，约定年利率是 2 分，则年利率是 20%；约定月利率为 2 分 5 厘，则一个月的利息就是 1 万元的 2.5%，即 250 元，折合年利率就是30%。

（5）存款利率与贷款利率

存款利率（deposit interest rate）是客户在银行或其他金融机构存款收息的利率，即一定时间内利息的数额与存款金额的比率。存款利率是银行吸收存款的经济杠杆之一。存款利率的高低，直接影响存款者的收益和银行及其他金融机构的融资成本，对银行所能集中的资金数量有重要影响。我国的存款利率是国家根据客观经济条件、货币流通、市场供求等多方面因素有计划地确定的。表4-1罗列了2010—2015年金融机构人民币存款基准利率调整情况。2015年10月23日，中国人民银行在公布降息的同时，明确不再对商业银行和农村合作金融机构等设置存款利率上限，自此，存款利率管制基本取消。

表4-1　　　　　　2010—2015年金融机构人民币存款基准利率调整表　　　　单位：年利率%

调整时间	活期存款	定期存款					
		3M	6M	1Y	2Y	3Y	5Y
2010.10.20	0.36	1.91	2.20	2.50	3.25	3.85	4.20
2010.12.26	0.36	2.25	2.50	2.75	3.55	4.15	4.55
2011.02.09	0.40	2.60	2.80	3.00	3.90	4.50	5.00
2011.04.06	0.40	2.85	3.05	3.25	4.15	4.75	5.25
2011.07.07	0.50	3.10	3.30	3.50	4.40	5.00	5.50
2012.06.08	0.50	2.85	3.05	3.25	4.10	4.65	5.10
2012.07.06	0.40	2.60	2.80	3.00	3.75	4.25	4.75
2014.11.22*	0.35	2.35	2.55	2.75	3.35	4.00	—
2015.03.01	0.35	2.10	2.30	2.50	3.10	3.75	—
2015.05.11	0.35	1.85	2.05	2.25	2.85	3.50	—
2015.06.28	0.35	1.60	1.80	2.00	2.60	3.25	—
2015.08.26	0.35	1.35	1.55	1.75	2.35	3.00	—
2015.10.24	0.35	1.10	1.30	1.50	2.10	2.75	—

* 自2014年11月起，中国人民银行不再公布金融机构人民币5年期定期存款基准利率。

资料来源　中国人民银行货币政策司.

贷款利率（loan interest rate）是银行和其他金融机构发放贷款收息的利率。贷款利率的高低决定着产业利润在企业和银行之间的分配，影响着借贷双方的利益。贷款利率的确定因素包括：①银行成本。任何经济活动都要进行成本和收益比较。银行成本有两类：借入成本，即借入资金预付息；追加成本，即正常业务所耗费用。②平均利润率。利息是利润的再分割，利率必须小于利润率，平均利润率是利率的最高界限。③借贷资金供求状况。供大于求，贷款利率必然下降；反之，贷款利率必然上升。另外，制定贷款利率还须考虑物价变动因素、有价证券收益因素、政治因素等。表4-2罗列了2012年金融机构人民币贷款基准利率调整情况。中国人民银行公告，自2013年7月20日起，取消金融机构贷款利率0.7倍的下限，由金融机构根据商业原则确定贷款利率水平。

表4-2　　　　　　　　2012年金融机构人民币贷款基准利率调整表　　　　　单位：年利率%

项目	利率	
	2012年6月8日	2012年7月6日
一、短期贷款		
6个月以内（含6个月）	5.85	5.60
6个月至1年（含1年）	6.31	6.00
二、中长期贷款		
1至3年（含3年）	6.40	6.15
3至5年（含5年）	6.65	6.40
5年以上	6.80	6.55

资料来源　中国人民银行货币政策司.

贷款利率的高低直接影响贷款规模，存款利率的高低直接影响银行集中社会资金的规模，进而影响借贷资金的供求状况和贷款利率。存贷利差直接决定金融部门的利润。因此，保持合理的存、贷利率，对实现信贷收支平衡和调节货币流通有重要作用。

（6）长期利率与短期利率

这是按信用行为的期限长短划分的。一般说来，1年期以下的信用行为称为短期信用，相应的利率即为短期利率（short-term interest rate）；1年期以上的信用行为通常称为长期信用，相应的利率则是长期利率（long-term interest rate）。短期利率与长期利率之中又各有不同期限的利率之分。

从理论上来讲，短期利率发生变化，会导致长期利率相应变动，但是由于期限结构的不一致，短期利率受市场因素的影响较大，对市场主体的行为反应灵敏，能及时地反映市场动态；长期利率除受短期利率因素影响外，还受通货膨胀预期和未来投资收益率等因素的影响。总的说来，较长期的利率一般要高于较短期的利率。在不同种类的信用行为之间，由于有种种不同的信用条件，对利率水平的高低不能简单地进行对比。

（7）一般利率与优惠利率

这是按利率是否带有优惠性质为标准划分的。优惠利率（preferential interest rate）是指对特定贷款对象规定的略低于一般利率（general interest rate）的利率。优惠利率一般提供给信誉、经营状况和发展前景良好的借款人。

西方发达国家的商业银行对往来密切、资信高，并且处于有利竞争地位的大客户发放短期贷款时，实行低于其他商业银行利率的优惠利率。对其他客户的放款利率，则以优惠利率为基准。在国际金融市场上，优惠利率通常以伦敦同业拆借利率为衡量标准，低于该利率者称为优惠利率。在我国，优惠利率属于官定利率，授予对象与国家产业政策相联系。例如，我国对支农支小再贷款采取优惠利率政策。20世纪80年代中期，我国开始实行贴息贷款办法。所谓贴息贷款，是指接受贷款的单位支付低于一般利率水平的利息，因发放这种贷款而少收入的利息差额由批准贴息的部门、地方支付。

2023年8月，中国人民银行、国家金融监督管理总局出台《关于降低存量首套住房贷款利率有关事项的通知》，指出新发放贷款的利率水平由金融机构与借款人自主协商确定。中国人民银行在《2023年第三季度中国货币政策执行报告》中指出，全国343个城市（地级及以上）中，119个符合放宽首套房贷利率政策下限条件的城市均已放宽下限，其中，95个下调了首套房贷利率下限，这些城市执行的下限较全国下限低10～40个基点；24个取消了下限。2023年9月，新发放个人住房贷款加权平均利率4.02%，同比下降0.32个百分点。需要注意的是，由于划分标准本身可以是交叉的，故一种利率可能同时具备几种性质。例如，2024年6月，中、农、工、建、交五大国有股份制银行公布的1年期存款利率为1.45%，这一利率既是年利率，又是公定利率、固定利率、长期利率与名义利率。划分后的各类利率之间和各类利率内部都有一定的联系，并相互制约，共同构成一个有机整体，从而形成一国的利率体系。利率体系就是一国在一定时期内各类利率的总和。

4.2.3　利率的决定

如果仅是从利息的来源、利率的定义和种类来讨论利率决定问题，那么利率看起来并不复杂。然而，利率是各种经济变量相互影响的结果，其变动对经济有重大影响。因此，鉴于利率的复杂性和在经济活动中的重要性，有必要围绕利率决定进行理论阐述。利率决定理论形成于18世纪末期，先后出现了马克思利率决定理论、古典学派利率决定理论、凯恩斯利率决定理论和可贷资金理论。

（1）利率决定理论

①马克思利率决定理论。

马克思利率决定理论是最早的利率决定理论，以剩余价值在不同资本家之间分割为起点。马克思指出，利息是货币资本家从借入资本的资本家那里分割来的一部分剩余价值。剩余价值表现为利润，因此，马克思认为利息量的多少取决于利润总额，利息率取决于平均利润率。马克思指出："因为利息只是利润的一部分……所以，利润本身就成为利息的最高界线，达到这个界线，归执行职能的资本家的部分就会等于零。"[①]

马克思利率决定理论认为，利率有如下特点：第一，利率的变化范围一般总是

---

① 马克思，恩格斯．马克思恩格斯全集：第25卷［M］．中共中央马克思恩格斯列宁斯大林著作编译局，编译．北京：人民出版社，1974.

在零与平均利润率之间，但也并不排除利率超出平均利润率或事实上成为负数的可能。第二，利率的高低取决于两个因素：一是利润率；二是总利润在贷款人和借款人之间进行分配的比例。这一比例的大小主要取决于借贷双方的供求关系及竞争。一般来说，供大于求时，利率下降；供不应求时，利率上升。此外，法律、习惯等也有较大作用。第三，随着技术发展和资本有机构成的提高，平均利润率有下降的趋势，因而平均利率也有下降的趋势，但这是一个非常缓慢的过程。从某一个阶段来考察，若平均利润率比较稳定，则平均利率也相应比较稳定。

②古典学派利率决定理论。

19世纪末到20世纪30年代，古典学派利率决定理论兴起。该利率决定理论强调生产率、节约这种非货币的实际因素在利率决定中的作用。生产率用边际投资倾向表示，节约用边际储蓄倾向表示。在一个充分就业的自由竞争市场中，投资是利率的递减函数，储蓄是利率的递增函数，投资函数和储蓄函数共同决定均衡利率。图4-1说明了这种关系。

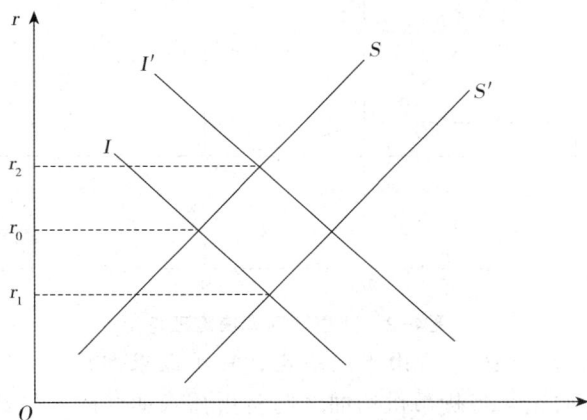

图4-1　古典学派利率决定理论

在图4-1中，I曲线为一条向下倾斜的投资曲线，表示投资和利率之间呈负相关关系；S曲线为一条向上倾斜的储蓄曲线，表示储蓄和利率之间呈正相关关系。两条曲线的交点所确定的利率r_0为均衡利率。如果有些因素引起边际储蓄倾向提高，则S曲线向右平移，形成S'曲线，后者与I曲线的交点所确定的利率r_1即为新的均衡利率。显然，在投资不变的情况下，储蓄的增加会使利率水平下降。如果有些因素引起边际投资倾向提高，I曲线向右平移，形成I'曲线，则I'曲线与S曲线的交点确定新的利率均衡点r_2。显然，若储蓄不变，投资增加，则均衡利率上升。

古典学派利率决定理论揭示了推动利率变化的长期因素，如受人口结构变化影响的储蓄倾向、受技术和产业变化影响的投资倾向等。同时，该理论也存在局限性：它忽视了储蓄和投资以外影响利率的因素，比如金融部门的货币创造和消灭；它认为利率是决定储蓄的主要因素，忽略了收入对储蓄的影响；它认为投资资金需求主要来自企业部门，实际上，消费者和政府部门也是金融市场中重要的融资者。

③凯恩斯利率决定理论。

凯恩斯和他的追随者们在利率决定问题上的观点与古典学派正好相反，认为利率不是由储蓄和投资的相互作用决定的，而是由货币供给量和货币需求量的关系决定的。货币需求是一个内生变量，取决于人们的流动性偏好，因此利率就是对人们的流动性偏好的衡量指标。所谓流动性偏好是指人们在选择其财富的持有形式时，大多数倾向于选择货币，因为货币具有完全的流动性和最小的风险性。如果人们的流动性偏好增强，则愿意持有的货币数量就会增加，当货币需求大于货币供给时，利率上升；如果人们的流动性偏好转弱，则货币需求下降，利率下降。因此，利率是由货币需求曲线和货币供给曲线共同决定的，如图4-2所示。

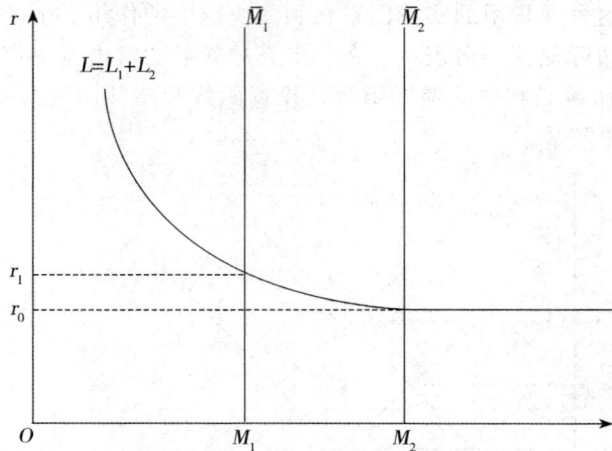

图4-2　凯恩斯利率决定理论

货币供给曲线 $\bar{M}_1$ 和 $\bar{M}_2$ 由货币当局决定，货币需求曲线 $L = L_1 + L_2$ 是一条由上而下、从左到右的曲线。当货币供给曲线与货币需求曲线的水平部分相交时，无论怎样增加货币供给，货币均会被储存起来，不会对利率产生任何影响，这就是"流动性陷阱"。在这种情况下，扩张性货币政策对投资、就业和产出都没有影响。凯恩斯利率决定理论纠正了古典利率决定理论忽视货币因素的缺陷，但它又走上了另一个极端，对储蓄与投资等实际因素全然不予以考虑，这显然也是不合适的。

④可贷资金理论。

20世纪30年代，剑桥学派的罗宾逊和瑞典学派的俄林提出了可贷资金理论。该理论试图在利率决定问题上把货币因素和实际因素结合起来考虑，完善古典学派利率决定理论和凯恩斯利率决定理论。它认为利率是由借贷资金的供给与需求的均衡点所决定的。可贷资金理论将社会经济的实体层面和金融层面有机地结合了起来，合理地解释了利率的决定过程，是当今比较有影响力的利率决定理论。

该理论比较完整地描述了社会经济中的可贷资金的来源，即整个社会的可贷资金的供给分为两个部分，即家庭、企业某期间的储蓄流量（实质部分）和银行体系决定的当期实际货币供给量的变动部分（货币因素）。可贷资金的需求也包括两个部分：一是某期间投资者的投资流量；二是家庭和企业的货币需求余额。用公式表示，有：

$$D_L = I + \Delta M^D \tag{4-9}$$

$$S_L = S + \Delta M^S \tag{4-10}$$

式中：D_L 为借贷资金的需求；S_L 为借贷资金的供给；ΔM^D 为该时期内货币需求的改变量；ΔM^S 为该时期内货币供给的改变量。

均衡条件为：

$$I + \Delta M^D = S + \Delta M^S \tag{4-11}$$

图4-3描述了可贷资金均衡利率的形成。随着利率的上升，提供可贷资金的收益提高，可贷资金的供给量增加，所以可贷资金的供给曲线斜率为正，向右上方倾斜。随着利率的上升，获得可贷资金的成本提高，可贷资金的需求量减少，所以可贷资金的需求曲线斜率为负，向右下方倾斜。可贷资金的供给曲线与需求曲线的交点就是均衡利率。随着可贷资金供求曲线的移动，均衡利率也会发生改变。

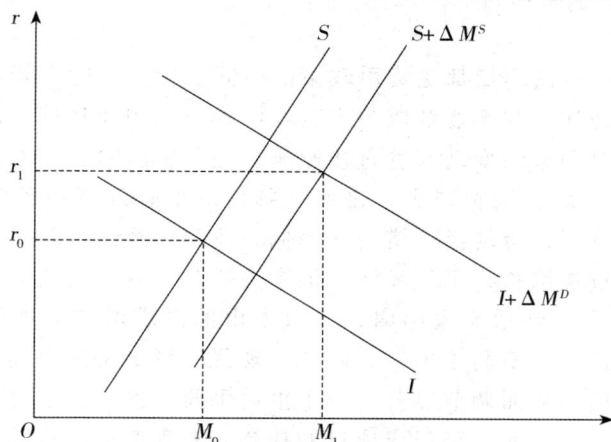

图4-3　可贷资金均衡利率的形成

（2）利率影响因素

利率作为资金的价格，其影响因素很多、很复杂，利率水平最终是由各种因素的综合影响所决定的。

①经济因素。

A.经济周期。利率随着经济周期的变动而变动。在经济繁荣时期，生产迅速发展，物价稳定，企业利润持续增加，企业对借贷资金的需求增加，由于资金周转灵活，所以利率并不高。随着生产的继续扩大，商品供给超过商品需求时，企业会出现商品销售困难，无法按期偿还债务，此时信用关系紧张，企业希望用现金支付代替赊销，现金需求增加，借贷资金供给无法满足需求，使利率不断攀升。进入萧条阶段，生产几乎停滞，此时借贷资金需求减少，利率降至低点。在复苏阶段，投资增长，借贷资金需求有所增加，但此时借贷资金供给仍比较充足，利率水平也相对较低。

B.通货膨胀。社会的平均物价水平是由社会所有商品的总需求和总供给之间的关系决定的。若商品供给跟不上商品需求则会导致物价上涨太快，即通货膨胀。此时，居民对货币的需求快速增长，导致资金的价格上涨，即利率上升。当物价上涨到一定程度时，存款人所得的实际利率低于名义利率，经济利益遭受损失，从而影响其存款积极性。因此，为了维持吸收社会存款的规模，中央银行会提高存款名义利率，或采用附加条件等方式来减少通货膨胀带来的损失。由此可见，名义利率与通货膨胀率一般呈现同向变动的趋势。

C.税收。根据宏观经济学理论，减税属于扩张性财政政策，在其他因素不变时，扩张性财政政策使总支出增加，从而货币的交易需求增加，但由于总的货币供给不变，所以货币的投资需求相应减少。由于货币投资需求与利率变动呈负相关关系，所以利率上升。此外，是否征收利息税对利率的高低也有重要影响。征收利息税是一种国际惯例。中华人民共和国成立以来，利息税曾三度被免征，最近的一次是 2008 年 10 月 8 日国家宣布次日开始取消利息税。在名义利率不变的情况下，取消利息税能提高存款实际利率。

②政策因素。

一直以来，货币供应量都是货币政策的中间目标，但随着经济的发展，货币供应量预测难度增加，利率逐渐成为宏观经济政策的中间目标。因此，国家宏观经济政策的变动对利率的变动有着直接影响。通货膨胀时，国家调高利率，导致消费的机会成本增加，消费减少，进而使物价降低；经济萧条时，国家降低利率，有利于拉动投资，带动经济增长并降低失业率；经济过热时，提高利率能遏制投资、消费的过快增长，平稳经济；汇率失衡时，利率的变动能改变汇率，比如调高利率能使大量外币流入国内，导致本币的需求增加，本币升值，外币贬值，从而有利于进口，不利于出口。此外，现代市场经济国家的中央银行都把调节利率作为调节信用从而调节经济的一个重要手段。例如，通过规定差别利率与优惠利率实现对重点产业、部门或项目的扶持，实现产业结构的调整，保证国民经济的协调发展，实现国家预期的经济目标；通过规定和调整官方利率，影响整个市场利率的变动。

③国际利率水平。

现代经济的一个重要特征就是世界经济日益一体化。在开放经济体系中，国家间的经济联系使国内市场利率受到国际市场利率的深刻影响。这种影响是通过资金在国家间的流动来实现的。当国际市场利率高于国内利率时，国内货币资本流向国外；反之，当国际市场利率低于国内利率时，国外货币资本流进国内。不论国内利率水平是高于还是低于国际市场利率，在资本自由流动的条件下，都会引起国内货币市场上资金供求状况的变动，从而引起国内利率变动。

④利率管制。

在一国经济的非常时期或经济不发达阶段，利率管制也是影响利率的一个重要因素。政府有关部门实行利率管制，直接制定利率或利率变动的界限。由于利率管制具有高度行政干预和法律约束力量，排斥各类经济因素对利率的直接影响，因此实行利率管制的范围是有限的，而且，一旦非常时期结束或经济已走出不发达的阶段，就应及时解除管制。

除以上诸因素外，银行费用、历史因素、习惯和法律传统等因素对利率水平的变化也有不同程度的影响。

（3）利率的调整

改革开放以来，中国人民银行加强了对利率手段的运用，通过调整利率水平与结构，改革利率管理体制，使利率逐渐成为一个重要杠杆。1993年5月和7月，中国人民银行针对当时经济过热、市场物价上涨幅度持续攀升的情况，两次提高了贷款利率。这两次利率调整，与1994年以来出台的其他重大经济改革措施相配合，对抑制固定资产投资规模、控制通货膨胀发挥了重要作用。1996年以来，针对中国宏观经济调控已取得显著成效、市场物价明显回落的情况，中国人民银行又适时先后7次降低了存贷款利率，在保护存款人利益的基础上，对减少企业特别是国有大中型企业的利息支出、促进国民经济的平稳发展产生了积极影响。2008年，受金融危机的冲击，中国人民银行对利率进行较大调整，引导中央银行票据发行利率适当下行，保证流动性供应，同年9月、10月、11月、12月连续下调基准利率，增加市场货币供应量，扩大投资与消费。据中国人民银行网站消息，自2025年5月7日起，中国人民银行下调再贷款利率0.25个百分点。此次下调后，3个月、6个月和1年期支农支小再贷款利率分别为1.2%、1.4%和1.5%，抵押补充贷款（PSL）利率为2.0%，专项结构性货币政策工具利率为1.5%。

利率的调整，实际上是各方面利益的调整。中国人民银行在确定利率水平时，主要综合考虑以下几个因素：

① 物价总水平。这是维护存款人利益的重要依据。利率高于同期物价上涨率，就可以保证存款人的实际利息收益为正值；相反，利率低于物价上涨率，存款人的实际利息收益就会变成负值。因此，看利率水平的高低不仅要看名义利率的水平，更要看是正利率还是负利率。

② 利息负担。长期以来，国有大中型企业发展生产所需资金大部分依赖银行贷款，利率水平的变动对企业成本和利润产生直接、重要的影响，因此确定利率水平时必须考虑企业的承受能力。

③ 相关利益。利率调整对财政收支的影响，主要是通过影响企业和银行等上缴财政税收的增加或减少而间接产生的，因此在调整利率水平时，必须综合考虑国家财政的收支状况。银行是经营货币资金的特殊企业，存贷款利差是银行收入的主要来源，确定利率水平时还要保持合适的存贷款利差，以保证银行正常经营。

④ 供求状况。利率政策要服从国家经济政策的大局，并体现不同时期国家政策的要求。与其他商品的价格一样，确定利率水平时也要考虑社会资金的供求状况，它受资金供求规律的制约。

此外，期限、风险等其他因素也是确定利率水平的重要依据。一般来讲，期限越长，利率越高；风险越大，利率越高；反之，则利率越低。随着中国经济开放程度的提高，国际金融市场利率水平的变动对中国利率水平的影响将越来越大，在研究国内利率问题时，还要参考国际上的利率水平。

4.3 利率市场化

利率市场化是指通过市场和价值规律机制，由资金供求决定的利率运行机制。它是价值规律作用的结果，是社会资金和其他资源配置的指示器。与利率管制相比较，利率市场化强调在利率决定中市场因素的主导作用，强调遵循价值规律，真实地反映资金成本与供求关系，因此被视为一种比较理想的、符合社会主义市场经济要求的利率决定机制。

4.3.1 利率市场化的定义和特征

（1）利率市场化的定义

利率市场化（interest rate marketization）是指中央银行逐步放松和消除对利率的管制，由金融机构根据资金状况和对金融市场动向的判断来调节利率水平，最终形成以中央银行基准利率为基础，以货币市场利率为中介，由市场供求决定金融机构存贷款利率的市场利率体系和利率形成机制。它包括利率决定、利率传导、利率结构和利率管理的市场化。中央银行则通过运用货币政策工具，间接影响和决定市场利率水平，以实现货币政策目标。

利率市场化不是不要任何形式的政府干预，中央银行仍然对基准利率的设定具有决定性作用。在利率市场化条件下，融资者衡量融资成本，投资者计算投资收益，以及管理层对宏观经济进行调控，都要求有一个公认的基准利率水平作为参考，所以基准利率是利率市场化机制形成的核心。当前世界上大多数国家的核心基准利率是银行间隔夜拆借利率或国库券回购利率。其中，以银行间隔夜拆借利率为基准利率的有英国的伦敦同业拆借利率（LIBOR）、美国的联邦基准利率（FFR）、日本的东京同业拆借利率（TIBOR）、欧盟的欧元银行同业拆借利率（EURIBOR）等；以回购利率为基准利率的有德国的1W和2W回购利率、法国的1W回购利率、西班牙的10D回购利率。

（2）利率市场化的基本特征

在利率市场化制度下，利率运行机制具有以下特征：

① 利率随市场资金供求状况而变化。利率市场化后，政府解除对利率的管制，使利率能充分地反映资金供求状况，并通过价格机制达到资金的最佳配置和有效利用。综观世界各国利率体制的改革趋势，均是由管制利率向市场利率转换，其特点是逐步放松乃至取消存贷款利率的最高限额，促使利率按市场资金供求状况变化，即利率的高低主要由资金供求关系确定：当市场上资金供大于求时，利率下跌；当市场上资金求大于供时，利率上涨。

② 利率由中央银行间接进行调控。间接调控一般为实行市场经济体制的国家所普遍采用，其运行的基础是具有较强内部制约机制的自由企业制度、市场价格体系和市场利率形成机制。在市场利率下，利率由资金供求关系决定，商业银行可以自主决定所有利率水平，中央银行利用基准利率通过间接调控的方式影响全社会各

种利率水平，并由此来决定社会基础货币量。

③ 金融机构既是利率的制定者也是利率的接受者。在利率完全市场化时，金融机构通过对经济形势的预判、金融市场中资金的松紧程度和自身的资金状况等因素来决定相应的利率水平，从这个角度而言，金融机构是利率的制定者。另外，利率作为资金的价格市场化后，均衡利率由完全竞争的资金市场形成，即利率的高低主要由资金供求关系决定，金融机构只能是利率的被动接受者。

4.3.2　利率市场化的国际经验

20世纪80年代以前，世界主要国家以固定利率体制为主，例如美国1933年颁布的《格拉斯-斯蒂格尔法》对银行储蓄存款和定期存款利率进行限制，1966年颁布的《临时利率控制法案》将利率上限扩展到储蓄贷款协会和互助储蓄银行等；日本1947年颁布的《利率调整法》对包括存款、短期贷款、长期优惠贷款、债券发行在内的利率进行限制。然而，随着经济的快速发展和金融的自由化，利率管制越来越不能适应金融市场的发展，也无助于银行获取利润并控制风险，大量短期资金流出商业银行。1973年，石油危机引发全球性通胀，给固定利率体制带来巨大冲击。在此背景下，世界主要国家在20世纪80年代纷纷启动了利率市场化改革。

（1）美国利率市场化

美国的利率市场化改革与取消"Q条例"[①]中的存款利率限额有关。美国通过《存款机构放松管制和货币控制法》（1980）、《加恩-圣杰曼存款机构法》（1982）详细地制定了废除和修正"Q条例"的安排和步骤。美国利率市场化的思路是在6年内逐步取消"Q条例"中的存款利率限额，步骤是先大额再小额、先长期再短期。

1980年3月31日，美国国会决定在6年内逐步取消对定期存款利率的最高限制，批准美国存款类金融机构开立可转让支付命令账户和自动转账服务账户；1982年5月，放松对3年6个月以上定期存款利率的管制；1982年12月，允许存款类金融机构设立2 500美元以上的货币市场存款账户；1983年10月，允许存款类金融机构设立超级可转让提款通知书账户；1983年10月，取消了31天以上的定期存款以及余额为2 500美元以上超短期存款的利率上限；1986年1月，取消了所有存款形式对最小余额的要求，同时取消了支付性存款的利率限制；1986年4月，取消了存折储蓄账户的利率上限，对于贷款利率，除了住宅贷款、汽车贷款等极少数例外，也一律不加限制。至此，"Q条例"完全终结，美国利率市场化得以全面实现。[②]

（2）德国利率市场化

1929年爆发的经济危机使德国经济受到重创，为防止资金外流，德国从1932年开始对存款利率、贷款利率、票据贴现率等进行管制并取得了良好的经济效果，使得德国经济较快恢复。20世纪50年代末，德国恢复了货币的自由兑换和资本账

---

① "Q条例"是指美联储按字母顺序排列的一系列金融条例中的第Q项规定，后来变成对存款利率进行管制的代名词。

② 张健华. 利率市场化的全球经验 [M]. 北京：机械工业出版社，2012.

户的自由化，为获得更高的收益，本国存款绕开利率管制流向欧洲货币市场。货币外流使德国的金融政策实施效果大打折扣，要求利率自由化的呼声越来越高。

1962年，德国修改了《信用制度法》，迈出了利率市场化的第一步。1965年3月，德国解除了对2.5年以上定期存款利率的管制；1966年7月，德意志银行对超过100万马克、期限在3个半月以上的大额存款利率取消限制；1967年2月，德国政府提出废除利率管制的议案，同年4月，全面放松了利率管制。

虽然德国在形式上全面实施了利率自由化，但德意志银行为避免自由化引起的混乱，并没有完全放开对利率的管制。在1967年4月废除利率管制的同时，德意志银行规定对存款利率实施标准利率制，规定各金融业同业组织相互协商，制定存款的标准利率（或称"指导利率"），并向同业机构建议。由于标准利率仅为参考建议利率，并没有强制力，这种约束与过去的利率管制有很大差别，并逐渐失去效力。1967年7月，定期存款的标准利率制被废止；储蓄存款的标准利率到1973年10月也被废止。至此，德国的利率市场化在形式和实质上都得以实现。

（3）日本利率市场化

日本利率市场化源于在经济增速骤减的情况下重启政府债的需要。从1974年中后期开始，日本经济增速逐步放缓，日本政府不得不依靠扩大财政赤字发行国债来刺激经济增长。一方面，国债发行规模的扩大和剧烈的经济波动使得日本政府在国债发行利率和流通方面的严格管制难以为继；另一方面，庞大的国债二级市场也促进了货币市场和回购市场的逐步形成，从而引发了利率市场化的要求。

1977年4月，日本大藏省正式批准各商业银行承购的国债可以在持有一段时间后上市销售。1978年4月，日本银行允许银行拆借利率弹性化；同年6月，又允许银行之间的票据买卖利率自由化。在成功实现银行间拆借利率、国债利率市场化后，日本银行又开始推动存贷款利率市场化。在1989年以前，日本的短期贷款一直实行与法定利率联动的定价方式，即法定利率加一定的利差。1980年利差为0.25%，之后逐步扩大，从1981年3月的0.5%、1986年5月的0.625%、1986年11月的0.75%到1988年3月的0.875%。1989年1月，三菱银行引入短期优惠贷款利率，以筹资的基础利率加上1%形成贷款利率。筹资的基础利率由流动性存款、定期存款、可转让存款和银行间拆借利率加权而得，由于当时后两种利率已经实现市场化，所以短期优惠贷款利率已部分实现市场化。1991年4月，日本银行不再对长期贷款利率实行指导性限制，而是在短期优惠贷款利率之上加上一定的利差，实行短期优惠贷款利率联动长期贷款利率机制。

在存款利率市场化方面，1979年4月，日本引入大额可转让定期存单，最初发行单位为5亿日元，到1984年1月降为3亿日元，1985年4月降为1亿日元，存入期限也由原来的3个月以上降为1个月以上、6个月以内。1988年，日本银行又将发行单位降为5 000万日元，期限变为2周以上、2年以内。1985年3月，日本银行又引入与大额可转让定期存单市场利率联动的货币市场联动型存款，其实质为一种实行市场利率的定期存款。最初引入时，起点为5 000万日元，期限6个月，后逐渐降低起点金额，期限也随之延长，到1991年4月降为50万日元，时间延至1年。

到 1993 年 6 月，日本定期存款的利率市场化基本实现。日本活期存款利率市场化始于 1992 年，到 1994 年 10 月完成。方式是引入新型储蓄存款，使活期存款的支付职能与储蓄职能分离，让具有储蓄职能的活期存款利率市场化，而对具有支付职能的活期存款不支付利息。至此，日本全部放开利率管制，完全实现利率市场化。

4.3.3　利率市场化的理论基础

随着全球经济一体化进程的加快，利率管制对经济增长的负面效应逐渐显现，这也是世界经济体进行利率市场化改革的重要原因。利率市场化理论经历了 3 个阶段：

（1）金融抑制和金融深化理论（20 世纪 70 年代初）

1973 年，麦金农研究了发展中国家金融抑制对经济发展的负面影响，指出发展中国家政府采用手段对名义利率进行控制，使得存款的实际收益很低，这种低或负的实际存款利率，压制了社会对金融机构实际债券存量的需求，导致储蓄下降；对于贷款而言，银行不能根据风险程度决定贷款利率的大小，所以银行会排斥给生产性项目或高风险项目的信贷，选择低风险项目，从而使信贷资金配置效率低下。因此，麦金农认为，在金融抑制下，利率无法正确反映资金供求状况和资金短缺效率，极可能阻碍经济增长。[①]

针对发展中国家所普遍存在的金融抑制现象，麦金农和肖（1973）进一步提出了金融深化理论。该理论的核心思想是，放松政府部门对金融体系的管制，尤其是对利率的管制，使实际利率提高，以充分反映资金供求状况。这样，投资者就不得不考虑融资成本，充分权衡投资成本和预期收益，从而使资金配置效率大为提高，而且，高利率鼓励人们储蓄，从而提供了储蓄向投资转化的顺畅渠道。正如肖（1973）所说："金融自由化和金融深化的实质是放松利率，使之反映储蓄的稀缺性和刺激储蓄。"[②]金融深化理论提出后，引起了理论界对发展中国家金融改革和发展的广泛关注，并成为 20 世纪 70 至 80 年代发展中国家进行利率市场化改革的主要理论依据。

（2）经济市场化次序理论（20 世纪 70 年代末至 90 年代初）

金融抑制和金融深化理论给发展中国家的金融改革提供了重要理论指导。麦金农认为，如果某个经济体在经济市场化改革过程中，仍然存在价格扭曲现象，则需要分阶段地、通过合理地排序来进行市场化改革。[③]该理论假定宏观经济稳定，即一国存在一个稳定的价格水平，在此基础上，经济市场化的次序和路径为：第一步，平衡中央政府的财政收支，通过税收来紧缩财政赤字，从而稳定物价水平和避免通货膨胀；第二步，开放国内资本市场，放松金融机构管制，实现国内贸易和金融的自由化，使实际利率为正；第三步，进行汇率自由化改革，取消扭曲的配额和

[①] 麦金农. 经济发展中的货币和资本 [M]. 卢骢，译. 上海：上海三联书店，上海人民出版社，1997.
[②] 肖. 经济发展中的金融深化 [M]. 邵伏军，许晓明，宋先平，译. 上海：格致出版社，2014.
[③] 麦金农. 经济市场化的次序 [M]. 周庭煜，尹翔硕，陈中亚，译. 上海：上海三联书店，上海人民出版社，1997.

其他行政控制，提高对外贸易的效率。

（3）金融约束论（20世纪90年代至今）

金融抑制论重视市场对经济的调节作用，认为政府对金融市场价格的控制扭曲了资源配置，阻碍了经济增长。然而，该理论并没有被现实中许多国家的经济发展实践所验证，尤其是金融抑制现象严重的东亚国家如中国、泰国、印度尼西亚、马来西亚等国经济都取得了飞速发展。在此背景下，20世纪90年代末期，经济学家针对发展中国家提出了实施限制存贷款利率、控制银行业进入等约束性金融政策，为银行业创造租金，维护金融机构的安全经营，推动金融业发展的进程。

按照金融约束论的观点，金融约束政策主要包括利率控制和资产替代等，其中，利率控制是核心。在市场经济条件下，利率作为货币资金的价格，其形成机制和运行状况的好坏直接反映了资金配置的效率。利率发挥资源配置效应的前提条件是由市场供求形成的市场利率，这也是目前许多国家都在积极推进利率市场化的原因之一。然而，金融约束论强调通过利率控制来促进经济的发展，从本质上而言，利率控制与市场运行规律相悖，因此在现实中不具有可操作性。金融约束政策想要达到金融深化的目的，实际上却更加限制了金融深化的进程，因此金融约束论在我国是行不通的，它并不能保证实现经济改革的目标。有步骤地实行利率市场化，构建多方位、多层次的金融体系，完善金融功能，健全金融体制才是金融深化的可行路径。

4.3.4　我国利率市场化改革

（1）我国利率市场化的背景

①计划经济体制下的管制利率。

自中华人民共和国成立以来，我国利率由国务院统一制定，由中国人民银行统一管理。在计划经济体制下，利率管理体制的形成有其特殊的历史背景，即中华人民共和国成立初期，存在严重的通货膨胀、猖獗的投机倒把和高利贷活动，政府不得不采取利率管制这种严格的金融管理措施。物价基本稳定后，中国人民银行统一规定贷款利率的上限，要求结合市场情况制定利率，同时配合所有制改造对不同所有制企业实行不同的贷款利率。这一时期的利率管制对迅速恢复金融物价的稳定局面和配合所有制改造方面起到了良好的效果。此后，随着管制利率进一步强化，利率档次少，利率水平低，利差小，管理权限高度集中。在高度集中的计划管理体制下，利率取决于国民经济计划，并没有体现市场的供求关系，官方利率水平较低。

②改革开放后的利率体制改革。

20世纪70年代末，党的十一届三中全会明确了对内改革、对外开放的政策。随着改革开放政策的推进，利率体制进行改革，为扩大资金来源和提高资金使用效益，利率水平逐渐上调。到1989年，银行存、贷款的平均利率分别由1978年的1.05%和4.72%调升到6.64%和8.88%。同时，利率种类逐步增多，档次也同时分细。进入20世纪90年代，经过1990年、1993年几次大的调整后，我国的名义利率水平日趋提高，到1996年5月以前，银行1年期企业存款利率为10.98%，流动资金

1年期贷款利率为12.06%。考虑物价上涨率，20世纪90年代的实际利率水平并不高。1996年，通货膨胀率大幅度回落，出现了利率过高的局面，国家两次下调利率，同时取消储蓄存款保值贴补率。至2002年2月份，央行连续8次下调存贷款利率，我国利率又回到了较低水平上。随着市场经济改革的进一步推进，高度集中的利率管制与变化频繁的物价水平、灵活变动的经济变量之间越来越不协调。

自1978年改革开放以来，我国经济先经历了GDP年均增速达10%左右的高速发展，后从2010年开始逐渐放缓，其背后的原因是，改革开放产生的边际红利逐渐下降，改革进入深水区。利率市场化是深层次改革必须面对的复杂问题之一。然而，由于我国除了利率管制之外，劳动力、资本流动、汇率也在管制之中，所以哪种价格先进行改革，是个非常棘手的问题。此外，我国企业有国企和民企之分，不同类型企业的经营效率有所区别，所受国家支持程度有所区别，这加大了经济市场化改革的难度。尽管面临的改革难度非常大，但我国仍然坚定不移地对利率市场化的长远目标、思路和步骤进行了严密且翔实的设计。

（2）我国利率市场化实践

① 利率市场化的长远目标。我国利率市场化的长远目标是建立以市场资金供求为基础，以中央银行基准利率为调控核心，由市场资金供求决定各种利率水平的市场利率体系。

② 我国利率市场化的总体思路。我国利率市场化的总体思路是：先放开货币市场利率和债券市场利率，再逐步推进存、贷款利率的市场化，利率市场化的先后顺序为：先外币、后本币；先贷款、后存款；先长期、大额，后短期、小额。实行渐进式的利率市场化改革，金融市场不会发生剧烈震动，使计划性的固定利率逐步向市场利率靠拢。

③ 我国利率市场化进程。在这样的思路下，我国进行了利率市场化改革实践，这个实践过程可以分成以下几个阶段：

A.起步阶段（1993—2003年）。

1993年12月25日，国务院《关于金融体制改革的决定》提出了中国利率改革的长远目标。

1996年6月1日，中国人民银行放开了银行间同业拆借利率，此举被视为利率市场化的突破口。

1997年6月银行间债券回购利率放开。1998年8月，国家开发银行在银行间债券市场首次进行了市场化发债。1999年10月，国债发行也开始采用市场招标形式，从而实现了银行间市场利率、国债和政策性金融债发行利率的市场化。

1998年，中国人民银行改革了贴现利率生成机制。贴现利率和转贴现利率在再贴现利率的基础上加点生成，在不超过同期贷款利率（含浮动）的前提下由商业银行自定。再贴现利率成为中央银行一项独立的货币政策工具，服务于货币政策需要。

1998年、1999年中国人民银行连续三次扩大金融机构贷款利率浮动幅度。2011年，时任央行行长周小川在《关于推进利率市场化改革的若干思考》一文中坦承，2003年之前，银行定价权浮动范围只限30%以内。

1999年10月，中国人民银行批准中资商业银行法人对中资保险（放心保）公司法人试办由双方协商确定利率的大额定期存款（最低起存金额3 000万元，期限在5年以上，不含5年）。2003年11月，商业银行、农村信用社可以开办邮政储蓄协议存款（最低起存金额3 000万元，期限降为3年以上，不含3年）。这是我国进行的大额定期存款利率市场化的尝试。

2000年9月，放开外币贷款利率和300万（含300万）美元以上的大额外币存款利率，300万美元以下的小额外币存款利率仍由中国人民银行统一管理，积极推进境内外币利率市场化。

2002年3月，中国人民银行统一了中、外资金融机构外币利率管理政策，实现中外资金融机构在外币利率政策上的公平待遇。2003年7月，放开了英镑、瑞士法郎和加拿大元的外币小额存款利率管理，由商业银行自主确定。2003年11月，对美元、日元、港元、欧元小额存款利率实行上限管理，商业银行可根据国际金融市场利率变化，在不超过上限的前提下自主确定。至此，我国已实现境内外币利率的市场化。

B.攻坚阶段（2004—2012年）。

2004年1月1日，中国人民银行再次扩大金融机构贷款利率浮动区间。商业银行、城市信用社贷款利率浮动区间扩大到［0.9，1.7］，农村信用社贷款利率浮动区间扩大到［0.9，2］，贷款利率浮动区间不再根据企业所有制性质、规模大小分别制定。扩大商业银行自主定价权，提高贷款利率市场化程度，企业贷款利率最高上浮幅度扩大到70%，下浮幅度保持10%不变。

2004年10月，贷款利率上浮取消封顶，下浮的幅度为基准利率的0.9倍，还没有完全放开。与此同时，允许银行的存款利率下浮，下不设底。

2006年8月，将商业性个人住房贷款的利率浮动范围扩大至基准利率的0.85倍。10月，进一步提升金融机构住房抵押贷款的自主定价权，将商业性个人住房贷款利率下限扩大到基准利率的0.7倍。

2012年6月，进一步扩大利率浮动区间。存款利率浮动区间的上限调整为基准利率的1.1倍；贷款利率浮动区间的下限调整为基准利率的0.8倍。7月，再次将贷款利率浮动区间的下限调整为基准利率的0.7倍。

C.全面放开阶段（2013年至今）。

2013年7月，进一步推进利率市场化改革。自2013年7月20日起全面放开金融机构贷款利率管制，取消金融机构贷款利率0.7倍的下限，由金融机构根据商业原则自主确定贷款利率水平，并取消票据贴现利率管制，改变贴现利率在再贴现利率基础上加点确定的方式，由金融机构自主确定。

2015年10月，中国人民银行不再设置存款利率浮动上限。

2018年5月，中国人民银行在《2018年第一季度的货币政策执行报告》中指出，我国利率由"两轨"逐渐合成"一轨"。利率"两轨"指的是存贷款基准利率和市场化无风险利率并存。"两轨合一轨"，意味着中国人民银行将不再公布存贷款

基准利率，而是让金融机构包括存贷款在内的各类业务活动都以市场化无风险利率为参考。

阅读材料 4-1

LPR 与利率
市场化

2019 年 8 月 17 日，中国人民银行发布公告，决定改革完善贷款市场报价利率（LPR）形成机制，并于同月启动。至此，我国利率市场化改革又取得了重要进展，利率"两轨合一轨"迈出了实质性的一步。

4.4 利率变动对经济的影响

随着利率市场化改革的不断推进，利率在宏观调控中的地位越来越重要。在开放经济条件下，居民、企业、金融机构、政府彼此交易，不断循环，利率则对这些经济主体的经济活动起着直接和间接的作用，并由此影响整个经济的运行。本节首先探讨利率的一般功能，在此基础上，重点分析利率变动对宏微观经济的影响。

4.4.1 利率的一般功能

（1）中介功能

所谓中介，就是事物之间的联系环节。利率的中介功能具体表现在三个方面：首先，它联系了国家、企业和个人三方面的利益，其变动将导致三方利益的调整。国家将利率变动作为调节经济活动的重要手段，利率变动对企业贷款、企业利息负担产生影响，同时，利率也是影响个人储蓄和投资的重要因素。其次，它沟通了金融市场与商品市场，特别是两个市场上不同利率之间的联动性，使金融市场与商品市场之间相互影响，紧密相关。举个例子，借款人在金融市场上融得资金，如果利率上升，则借款人的利息负担加重，其商品市场需求会下降，从而导致商品市场价格下跌。最后，它联结了宏观经济与微观经济。利率的变动把宏观经济的信息传达到微观经济活动中去。

（2）分配功能

利率具有对国民收入进行分配与再分配的功能。首先，利率从总体上确定了剩余价值的分割比例，使收入在贷款者和借款者之间进行初次分配。然后，利率对整个国民收入进行合理的再分配，调整消费和储蓄的比例，从而使盈余部门的资金流向赤字部门。

（3）调节功能

利率的调节功能主要是通过协调国家、企业和个人三方的利益来实现的。它既可以调节宏观经济活动，又可以调节微观经济活动。对宏观经济，主要是调节供给和需求的比例，调节消费和投资的比例等；对微观经济，主要是调节企业的经济活动、个人的经济活动等，使之符合经济发展的要求和国家的政策意图。

（4）动力功能

储蓄和投资是推动社会经济发展的内在动力。利率通过全面、持久地影响融资者和投资者的经济利益，激发他们从事经济活动的动力，从而推动整个社会经济走向繁荣。例如，20 世纪以来的每一次经济危机发生后，世界主要经济体都不约而同地采用低利率政策来刺激投资和扩大生产规模。2020年新冠肺炎疫情暴发后，以美国为首的发达经济体采用了零利率政策。

（5）控制功能

利率可以把那些关系到国民经济全局的重大经济活动控制在平衡、协调、发展所要求的范围之内。

利率的作用正是通过上述五种功能发挥出来的。利率之所以具备这些功能，是因为利率可以直接影响人们的经济利益。利率在宏观经济活动中通过影响储蓄收益可以调节社会资本的供给，例如提高利率可以增加居民储蓄；通过影响投资成本可以调节社会投资总量和投资结构，例如提高利率会减少社会投资总量，而设置差别利率可以调节社会投资结构，总储蓄和总投资的变动将影响社会总供求。在微观经济活动中，利率可以通过影响企业的生产成本与收益发挥促进企业改善经营管理的作用；通过改变储蓄收益对居民的储蓄倾向和储蓄方式发挥作用，影响个人的经济行为。

4.4.2 利率的经济效应

利率政策是中央银行为了达到特定的宏微观经济目标采取的调整利率的方针和措施的综合，是货币政策的重要组成部分。目前，中央银行通过调整基准利率来影响和指导其他市场利率。利率的经济效应主要是指通过调整利率影响经济体中众多的变量，如经济增长、消费、储蓄、投资等，来实现政策制定者的预期目标。利率如何作用于经济呢？具体而言，通过四个效应，分别是成本效应、资产组合调整效应、预期效应和汇率效应。

（1）成本效应

成本效应包括三种，分别是投资成本效应、产品成本效应和持币成本效应。

投资成本效应是指利率的变动引起投资成本的变动，进而引起社会总投资量的变动。利率下调直接减轻了企业的利率负担，同时使储蓄分流，使得企业的直接融资渠道拓宽，企业面临的金融环境更为宽松，发展资金更为充足，融资成本更低。因此，高利率抑制投资，低利率鼓励投资。

产品成本效应是指利率的变动引起产品成本的变动，进而影响产品价格，最终影响消费和投资。当利率上升时，应付账款的利率增加，原材料成本增加，这势必会增加产品成本，当产品价格上升时，消费会减少，投资也会相应减少。

持币成本效应是指利率的变化引起持币成本的变化，进而影响持币意愿，从而影响消费和投资。根据经济学基本原理，在其他条件不变的情况下，持有货币的机会成本越高，实际货币需求量越低。当利率上升时，持币的机会成本增加，此时货币需求会下降，居民会减少当期消费而增加储蓄；相反，利率下降会使人们增加当前消费，为将来消费所做的储备就会减少。

（2）资产组合调整效应

利率影响经济的第二个途径是资产组合调整效应，即利率变动通过使资产收益率发生变动，引起资产组合调整。资产组合是指资产持有者对其持有的各种股票、债券、银行存款、现金等进行合理搭配，其目的是使持有资产在一定风险水平下实现投资收益的最大化。利率直接影响资产持有人的资产收益率，所以利率的变化使资产持有人的投资组合发生调整。相较于银行存款，债券和股票的收益率高是因为资产持有人承担的风险高。当利率上升时，银行存款利率与债券到期收益率的差距会缩小，当债券到期收益率高出银行存款利率的部分不足以覆盖投资者的风险补偿时，资产持有人倾向于卖出债券而转向持有银行存款。同样，当利率上升时，存款变得有吸引力，若股息率不能覆盖风险补偿，投资者倾向于卖出股票，转向持有债券或银行存款。当升息走到尽头，股息率和债券到期收益率重新有了吸引力，资产持有人会逐渐减少银行存款的持有比例，增加债券和股票在资产组合中的比例。

（3）预期效应

利率影响经济的第三个途径是预期效应，即中央银行利率的变动对投资者预期产生的影响。人们的经济行为在很大程度上受主观预期的影响。预期因素也是利率变化作用于经济的渠道之一，例如正是由于人们对客观世界的未来变化感到疑虑和不安全，才偏向于利率稳定的金融产品，如定期存款、国家债券等。金融机构则不断预测利率的变动情况，随时改变投资证券的到期日来获得最大盈利。当预期利率上升时，金融机构购入短期证券，等利率上升时出售证券，再投资高利率的其他金融资产；当预期利率下降时，则买入长期证券，以待将来利率下降时仍持有较高收益。

（4）汇率效应

汇率效应就是利率变动对一国汇率产生的直接或间接的影响。首先，利率政策通过影响经常项目对汇率产生影响。当利率上升时，信用紧缩，贷款减少，投资和消费减少，物价下降，在一定程度上抑制进口、促进出口，从而减少外汇需求，增加外汇供给，促使外汇汇率下降、本币汇率上升。与利率上升相反，当利率下降时，信用扩张，货币供应量（M_2）增加，刺激投资和消费，促使物价上涨，不利于出口，有利于进口，从而加大外汇需求，促使外汇汇率上升、本币汇率下降。

这里以人民币利率下调为例来说明利率—汇率机制的传导效应：利率下降，国内需求上升，进口需求也上升，进口需求上升和通货膨胀率上升使得对人民币贬值的预期增强，企业进口增加而出口减少，资金外流增加，导致人民币汇率下降。可见，实际利率的下降引起外汇汇率上升、人民币汇率下降。实际上，人民币汇率下降的效果是扩张性的：一方面，人民币汇率下降，在国外相对价格变化的影响下，由于出口扩大，在乘数作用下国民收入得到多倍扩张；另一方面，人民币汇率下降通过收入再分配效应和资产效应导致国内需求下降，出口企业利润增加，进口商品成本上升，推动一般物价水平上升。总之，人民币利率下调造成人民币汇率下降，对总需求的影响是双重的。

其次，利率通过影响国际资本流动间接地对汇率产生影响。当一国利率上升时，就会吸引国际资本流入，从而增加对本币的需求和外汇的供给，使本币汇率上升、外汇汇率下降。同时，一国利率的提高，促进国际资本流入增加，而资本流出减少，使国际收支逆差减少，支持本币汇率升高。与利率上升相反，当利率下降时，可能导致国际资本流出，增加对外汇的需求，减少国际收支顺差，促使外汇汇率上升、本币汇率下降。

本章小结 ✔ ------------------------------------●

1.利息在漫长的历史中扮演着双重角色：一方面，高利贷给贫困群体带来沉重的负担；另一方面，利息作为商品经济发展的产物促进了社会经济的发展。

2.各经济学派对利息的来源与本质从不同立场、不同角度阐述了自己的观点：马克思认为利息本质上是剩余价值的一种特殊表现形式，是利润的一部分；节欲论认为利息是货币所有者为积累资本放弃当前消费而"节欲"的报酬；时差论把利息看成人们对商品在不同时期的不同评价而产生的价值差异；流动偏好利息论认为利息是放弃货币灵活性的报酬。

3.利息的计算有单利与复利两种方法。单利只按本金计算利息，复利将利息额加入本金进行重复计算。

4.利率是衡量利息量的尺度。在现实生活中，利率种类繁多，且根据不同的标准可以划分为不同的类别。根据是否包含物价变动因素，分为名义利率和实际利率；根据借款期间利率是否调整，分为固定利率和浮动利率；根据利率的决定方式，分为市场利率、公定利率和官定利率；根据利率的期限，分为年利率、月利率、日利率；根据银行业务，分为存款利率和贷款利率；根据信用行为的期限长短，分为长期利率与短期利率；根据利率是否带有优惠性质，分为一般利率与优惠利率。

5.利率的决定是各种经济变量相互影响的结果。理论上，马克思认为利率取决于平均利润率；古典学派利率决定理论认为投资和储蓄共同决定均衡利率；凯恩斯利率决定理论认为利率是由货币供给量和货币需求量共同决定的；可贷资金理论认为利率是由借贷资金的供给与需求共同决定的。在现实经济中，经济周期、通货膨胀、税收、政策、国际利率水平、利率管制等也是影响利率水平的重要因素。

6.在全球经济一体化背景下，世界主要经济体为减少利率管制对经济发展的负面影响，纷纷开始进行利率市场化改革，我国也进行了利率市场化改革实践。目前，我国利率市场化改革取得了实质性进展。

7.利率通过中介功能、分配功能、调节功能、动力功能和控制功能发挥作用，并通过成本效应、资产组合效应、预期效应和汇率效应来实现政策制定者的预期目标。

核心概念 ✔ ------------------------------------●

利息　利率　名义利率　实际利率　固定利率　浮动利率　市场利率　公定利率
官定利率　年利率　月利率　日利率　存款利率　贷款利率　短期利率　长期利率
利率市场化

课后思考与练习 ☑

1.从理论上说，利率水平是如何决定的？
2.我国利率市场化改革的必要性是什么？
3.如何用可贷资金理论分析利率变动与经济周期的关系。
4.如果近年来经济不景气，这会对利率有何影响？
5.股票交易佣金率下调，对利率有何影响？
6.我国实行贷款市场报价利率（LPR）对利率市场化改革有何意义？

第5章
原生金融工具市场

学习目标 ☑ - ●

通过本章的学习，了解金融活动的分类和金融的概念，理解金融市场的分类，掌握银行短期信贷、银行同业拆借和短期国债的相关知识，理解票据贴现、再贴现、转贴现的含义和区别，掌握回购的基本概念和实务操作，理解中长期借贷市场的基本特征，掌握股票及债券的概念、分类、市场运作、价格及内在价值等相关知识。

重难点提示 ☑ - ●

重点：理解各类货币市场工具的基本概念和运作方式、股票和债券的各种价格、一级市场和二级市场的不同。

难点：如何理解金融的概念，如何计算各类货币市场投资工具的收益率，如何计算股票的除权价格，如何理解债券价格和内部收益率的关系。

课程思政教学参考 ☑ - ●

教学知识点	思政结合点
货币市场和资本市场的区别	金融风险意识 风险防范手段
Shibor 的行情解读	金融风险意识 职业道德教育
证券市场板块	道路自信
科创板市场	民族自豪感 金融科技前沿 新兴产业的重视与扶持 多学科思维

张小明是大学二年级金融专业学生。一天晚上，他随父母到叔父家吃晚餐，席间大家聊起了投资的事。小明的婶婶和妈妈认为投资房地产市场回报率高，在两位女士看来，房地产就是只会增值不会贬值的摇钱树，身边的很多朋友也是买了房产实现了增值，目前市场价格有所回调，正是买入的好时机。小明的叔父对收藏很感兴趣，认为当前是投资收藏品的好时机，但事实上他在收藏的过程中已经买到过一些赝品，遭受了一定的损失，一家人也强烈反对他搞收藏。小明的父亲对贵金属比较感兴趣，坚定地认为，在当前地缘摩擦不断发生、世界政治经济格局不太稳定的背景之下，黄金、白银等贵金属有很大的升值空间。最后，他们想起小明是学金融的，应该对投资有所了解，于是征求小明的意见。小明的观点是，应该利用金融市场分散投资。如果你是小明，你应该如何表达你的意见呢？

5.1 金融活动及金融市场

5.1.1 对金融的定义及理解

对金融最通俗的解释就是"资金的融通"，但是现代金融业纷繁复杂，早已远远超出这个范畴了。本章所讲的金融市场基本上都是基于原生金融工具的市场，金融衍生工具市场将在下一章学习。

（1）国外对于金融的定义及理解

金融是货币与投资相关的管理、创造及研究方面的活动的专业术语。[1]它专门研究私人、企业及政府如何获取所需资金（从企业方面来说叫资本）、为什么需要这些资金以及如何使用这些资金或如何投资。[2]

在人们提到"金融"这个概念时，往往同时与"金融系统"（financial system）相联系，或将二者等同使用，所以有时"金融"其实也是指整个金融系统。金融系统是通过投资其他金融工具使货币在不同领域之间发生流动的市场，而这种"流动"又是通过不同的金融服务部门实现的。从这个方面来说，金融重点关注的是投资管理——对于个人来说叫资金管理，对于机构而言叫资产管理，那么，金融应该包括证券交易、股票经纪、投资银行业务、金融工程和风险管理。

从广义来说，"金融"是一个宽泛的概念，实际上金融是分几个学科来研究的，国外一般将金融分为个人金融（individual finance 或 personal finance）、公司金融（corporate finance）和公共金融（public finance）三大领域，不同的金融领域对从业者有不同的专业资格要求。

从理论上来说，国外将金融研究领域分为金融经济学（Financial Economics）、数理金融学（也称金融数学，Financial Mathematics）、实验金融学（Experimental

---

① 翻译自金融术语数据库 Investopedia.
② 翻译自金融词典 Farlex Financial Dictionary © 2012 Farlex，Inc.

Finance）和行为金融学（Behavioral Finance）等领域。我们所学的大部分金融理论，如投资组合理论、期权定价理论、莫迪利安尼-米勒定理（MM定理）、费雪分离定理、投资价值理论等，都属于金融经济学的范畴。数量金融学其实是应用数学的一个分支，它是用数学模型来研究金融经济学的学科。实验金融学是通过实验来验证金融中的各个变量对金融结果的影响程度的学科。行为金融学是研究金融市场投资者或管理者的心理是如何对金融交易者的决策及市场产生正面或负面影响的学科，它是金融学和心理学的交叉学科。

（2）国内对于金融的定义及理解

国内学术界也认为，对金融这样内涵如此之广的概念下一个全面的定义可能比较困难，所以关于这方面的定义多种多样。国内关于金融的定义是从不同的角度界定的，虽然这些定义概括了金融的一些特征或范畴，但是忽视了一些金融交易或金融市场。

具体来说，国内关于金融的定义可以分为资金融通论、信用交易论等观点。一般认为狭义的金融专指信用货币的融通；广义的金融泛指一切与信用货币的发行、保管、兑换、结算、融通有关的经济活动，甚至包括金银的买卖。该类定义概括了绝大部分金融活动，但是国内外金融活动变化发展非常快，当今的金融活动已经延伸到了量化交易等金融工程活动和风险管理等技术与实务相结合的金融新形态，对于这些，信用交易论并不能有效概括。

考虑到上述各类金融的定义并不全面，有些不能概括金融衍生产品的交易或金融工程与金融风险管理等新兴金融活动，而这几类新兴金融活动同传统的金融活动一样，本质上都是利用时间或空间上的价值或价格差异来获取超额收益或实际价值的保值。所以，我们引入美籍华人经济学家陈志武先生在其《金融的逻辑》一书中提出的金融定义：金融是指一切跨时间和空间的价值交换。

按照这个定义，我们把金融活动归纳为以下几类：

① 央行的货币发行与流通以及央行的所有货币政策活动；

② 资金的融通行为，包括商业银行及类商业银行等金融机构的业务，投资银行（证券公司）的股票、债券和基金类证券业务，信托投资业务等；

③ 黄金交易；

④ 外汇交易；

⑤ 大宗商品交易；

⑥ 金融衍生产品交易；

⑦ 套利交易、对冲交易和程序化交易等金融工程活动；

⑧ 金融风险管理。

5.1.2　金融市场

（1）市场

市场是与交易紧密联系在一起的，虽然并不能说有交易就一定有市场，但是市场是交易的必然产物，它能使交易更加便利。所以，简单地说，市场就是交易的场所，包括有形的市场和无形的市场。

我们日常生活中所说的市场一般是有形市场，如菜市场、农产品市场、电子市场，有形市场的特点是有固定的交易场所。从这个意义上来说，当前流行的网络购物市场其实是有形市场，因为网购的交易平台其实是虚拟的固定交易场所。无形的市场最大的特征就是没有固定交易场所，如收藏市场、金融咨询市场等。

（2）金融市场及分类

金融市场就是从事金融资产交易的地方。金融市场有些是有形的，如证券期货等场内金融交易市场，有些是无形的，如个人理财市场和场外基金市场等。

对于金融市场，我们要重点掌握它的分类。

①按有无固定交易场所，金融市场可分为有形交易场所和无形交易场所。证券市场就是在有形交易场所即证券交易所里交易的；西方国家的黄金交易不受管制，没有固定的交易场所，所以属于无形市场。有些无形的市场可能是双边市场，也可能是多边市场，如外汇市场和债券市场在很多情况下就是这类双边或多边市场。

②按是否集中、公开交易，金融市场可分为场内市场和场外市场。场内市场在集中、公开的场所交易，一般是在交易所里交易。证券市场和期货市场都是典型的场内市场。目前我国有三大证券交易所和六大期货交易所。三大证券交易所是上海证券交易所、深圳证券交易所和北京证券交易所（请参阅阅读材料5-1）；六大期货交易所是上海期货交易所（SHFE）、郑州商品交易所（ZCE）、大连商品交易所（DCE）、中国金融期货交易所（CFFEX）、上海国际能源交易中心（SIEE）①和广州期货交易所（GFEX）。场外市场又叫OTC市场，即over-the-counter market，是分散、不公开交易的市场。银行柜台市场就是典型的场外市场。

③按融资的期限，金融市场可分为货币市场和资本市场。期限小于一年的叫货币市场，大于一年的叫资本市场。票据、银行短期信贷、同业拆借、贴现债券的期限一般都小于一年，所以属于货币市场；股票市场、债券市场属于资本市场。

④按交易标的即交易对象，金融市场可以分为大宗商品市场、货币市场、资本市场、黄金市场、外汇市场、衍生品市场等。由于货币市场、资本市场和衍生品市场在后面的章节中会讲解，下面简要介绍一下大宗商品市场。

大宗商品市场是一国经济发展所必需的交易量巨大的商品市场，由于这些商品关系到国民经济发展，所以各国都比较重视。注意，一般的商品交易市场不属于金融市场，但是由于大宗商品市场大多与商品期货市场对应，或者这些市场的商品可以对接到商品期货的交割仓库中，其仓单或提货单可以转化为期货商品的标准仓单，可以转让，具有一定的流动性，所以大宗商品的交易往往具有金融交易的性质。目前我国的大宗商品市场分为以下几类：

第一，粮、棉、油等农产品市场，如稻谷、稻米（包括粳稻或籼稻）、玉米、

---

① 由于上海国际能源交易中心（上期能源）是上海期货交易所的子公司，所以有的分类把二者当作一家期货交易所，按这种分类标准，我国共有五家期货交易所。

棉花、大豆、豆油、豆粕、菜籽、菜籽油和菜粕等。除了期货交易所的交割仓库之外，目前我国各省都建立了不同的地方农产品交易市场。例如，湖北省比较有名的有天门的棉花交易市场、仙桃的两湖绿谷交易市场、蕲春的中药材交易市场、恩施的硒资源国际交易中心等。

阅读材料5-2

《国务院办公厅关于清理整顿各类交易场所的实施意见》重要内容摘录

第二，黑色金属和有色金属市场，包括各类矿石、钢材、铜、铝、锌、镍、铅、锡等。除了期货交易所的交割仓库之外，目前国内也有众多金属交易市场或金属交易中心，如湖北黄石的华中矿产品交易中心。

第三，贵金属市场，主要交易黄金、白银、铂、钯等贵金属。目前国内正规的贵金属交易所是上海黄金交易所，该交易所是国家认可的面向全国投资者的贵金属交易所，交易规则比较透明、管理比较规范。2011年之前，最有名的贵金属交易市场是天津贵金属交易所，其推出的24小时黄金、白银连续交易业务红极一时，后因不规范等各类问题被叫停。

第四，重要的化工品和化工原料市场，包括聚乙烯、聚丙烯、苯乙烯、精对苯二甲酸（PTA）等。

阅读材料5-3

第五，石油及相关衍生品市场，主要是原油、燃料油等，我国还有液化石油气。由于该类商品市场价格受国际石油市场影响较大，所以风险较大。2020年4月，受新冠肺炎疫情影响，美国西得克萨斯轻质中间基原油（WTI）价格一度报出负数，发生了著名的原油宝穿仓事件。

原油宝穿仓事件

最后需要注意的是，有市场就有市场交易规则。各国的金融市场虽然各不相同，但是基本的规则可能相似。例如，证券期货市场的交易规则就是"公开、公平、公正"。在国际上，联合国可持续发展目标的子目标之一就是建立全球金融市场的规则和监管原则。

（3）金融市场的重要术语及金融行情的查阅

①金融市场的重要术语。

在金融市场上，一些交易术语不同于日常用语，初学金融的时候一定要认真理解。

多头（long position）：金融市场中买入资产的一方。

空头（short position）：金融市场中卖出资产的一方。

看多：对金融资产的未来价格看涨。

看空：对金融资产的未来价格看跌。

头寸：也称部位（position），是指持有金融资产的数量和方向。这里方向指的就是空头或多头。例如，某人买入1手螺纹钢期货，那么他的头寸就是1手多头螺纹钢。另一人卖出10手螺纹钢期权，那么他的头寸就是10手空头螺纹钢。

此外，做多就是表示买进资产，做空（也叫沽空）就表示卖出资产，而卖空就表示在非持有某资产的状态下卖出该资产。

②金融行情的查阅。

金融市场不仅与金融投资密切相关，其实每一个人的生活和工作都是在金融环境中进行的，所以查阅金融市场的行情是学习金融知识必须掌握的一项技能。下面介绍几种查阅金融信息最常用的方法。

第一，证券行情软件。当前国外查询证券信息所用的软件一般是路透（Rout-ers）终端或澎博（Prob），这类软件都是要付费的，对于我国一般投资者或金融学习者来说费用太高，不太现实。我国国内的行情软件大部分都有免费版本：查询股票、债券和基金信息可以用同花顺、通达信、大智慧等软件，各大证券公司一般也提供免费的行情软件；查询期货和期权行情一般用各大期货公司的官方软件（均有免费版本），如同花顺免费版，也可以用文华财经的赢顺云 H6 和 H7，后者功能更强大。国内用得较多的收费行情软件且带数据库功能的是同花顺 iFinD 和万得资讯金融终端（Wind），这类软件虽然收费较高，但是查询各种国内外宏微观数据和个股、基金、债券、期货、期权等数据都十分方便，一般为高校和金融机构所用。

这类证券和期货软件还会实时滚动播报最新国内外经济金融信息，读者在查看行情时也可适当关注。

第二，"一行一局一会"官网。"一行"指中国人民银行；"一局"指国家金融监管总局；"一会"指中国证监会。这些国家级的监管机构发布的重大信息值得长期关注，进入官网或官方微信号查阅信息都很方便。

第三，Shibor 官网和国家外汇管理局官网。

第四，东方财富网或和讯网。这两个网站是国内最大的金融信息网。此外，关注基金交易的话，还可关注天天基金网。

第五，经济或金融投资名人的喜马拉雅频道、B 站视频等。

5.2 货币市场

前面讲过，在资金融通的市场上，一年以内的短期借贷市场叫作货币市场（money market）。货币市场根据交易方式和业务的不同，可以分为银行短期借贷市场、同业拆借市场、票据贴现市场、短期债券市场和回购市场等。

5.2.1 银行短期借贷市场

银行短期借贷市场就是商业银行对居民或企业提供的期限在一年及一年以内贷款的市场。申请银行短期借贷的一般是中小企业或微型企业，银行短期借贷市场的健康发展，对于解决这些企业融资难和融资贵的问题具有重要意义。

由于商业银行的贷款资金主要来自储户，储户才是资金的供给方，当然企业是资金的需求方，商业银行只是这个融资过程中的一个中介机构，储户的资金通过商业银行这种中介机构间接地提供给了企业，所以这类融资统称为间接融资。对于商业银行而言，这种中间角色可能并不轻松，它们一方面要负责向储户支付利息，另一方面还要控制贷款风险——如果贷款本息不能如期收回，就会形成呆账和坏账。呆账和坏账超过一定的比例，银行的流动性就会受到影响，消息一旦传开，储户就可能发生挤兑行为，银行就会产生流动性危机，使信用风险转变成或叠加流动性风险。历史上因为贷款本息不能收回而倒闭的银行不在少数。最典型的例子是2007年美国爆发次贷危机之后银行的倒闭潮。当时，很多次级贷款的申请者不能还贷，导致贷款银行产生巨额坏账和亏损。据统计，在2007—2011年美国次贷危机期间，倒闭的银行共有402家，其中，资产规模在10亿美元以下的小银行有329家，占倒闭银行的81.84%，如加利福尼亚州第一传统银行，倒闭时总资产为2.54亿美元。[①]

改革开放以来，我国商业银行和农村信用社也进行了市场化改革，国家早已不再对银行债务兜底。1998年6月海南发展银行宣布倒闭，成为中国第一家倒闭的商业银行。2012年，河北肃宁尚村农信社被批准破产，成为全国首家被批准破产的农村信用社。2015年5月，我国开始实行存款保险制度，商业银行如果倒闭，存款人的存款能得到全部或部分补偿，将损失降低到尽可能小的程度，这无疑加速了商业银行市场化的进程。

总而言之，商业银行在向个人或企业提供贷款时，是十分谨慎的。为了控制贷款风险，商业银行一般只向信用级别较高的企业提供信用贷款，而信用级别低的中小微企业很难获得信用贷款。这就是我国中小微企业贷款难的现状。当然，商业银行除了信用贷款之外，还有抵押贷款和保证贷款等其他形式的贷款。

（1）短期信用贷款

信用贷款是指贷款申请人不必提供抵押品、质押品或担保，仅凭自己的信用就可以申请的贷款。一般大企业或上市企业才能获得银行的信用贷款，因为大企业的信用良好，一般不会违约，不会欠债不还或拖欠还款。关于信用贷款，我们需要重点关注以下几点：

①提供信用贷款的机构。

提供借用贷款的机构不仅是商业银行，也可能是贷款公司、小额贷款公司、私募基金、信托投资公司或互联网金融平台等。需要注意的是，信托投资公司和互联网金融平台提供的资金不是自有资金，而是来自投资于信托计划或平台的投资者，所以实际上最终的风险承受者是投资者。这也告诉我们，在投资信托计划或互联网金融项目之前，一定要对项目本身的风险有清醒的认识。

②短期信用贷款的实际利率。

短期信用贷款的名义利率往往是按月或日报价的，贷款方给出的年化利率其实不是标准的到期收益率，具有一定的迷惑性。例如，如果某小额贷款公司提供的一年期信用贷款的月利是1分（俗称月息1分），即月利率为1%，年化利率会被算成1%×12=12%；如果日利率为5‱，年利率会被算成5‱×365=18.25%。实际上，如果按到期收益率来计算，实际利率比这个要高。到期收益率是债券的概念，它是从金融经济学的角度衡量的贷款或债券的实际年化利率（effective annual interest rate，EAIR），其基本概念将在本书后面与债券有关的内容中展开，这里只介绍如何将常见的短期名义贷款利率转化成EAIR。

假设名义贷款月利率为I_M，日利率为I_D，一年按365天算，那么实际年利率的

① 王晓丽．哪些银行最容易倒闭？世界9大银行倒闭案大揭秘［EB/OL］．(2017-07-27)［2025-06-13］．https：//m.jiemian.com/article/1503105.html.

计算公式如下：

$$EAIR = (1 + I_M)^{12} - 1 \qquad\qquad (5-1)$$

$$EAIR = (1 + I_D)^{365} - 1 \qquad\qquad (5-2)$$

按照这两个公式，上面的例子中，月利率为1%时，$EAIR$应为12.68%，比12%高一些；而日利率为5‰时，$EAIR$高达20.02%，比18.25%高很多。

③支持"三农"的信用贷款。

我国是农业大国，农民收入水平相对较低，农业产出的附加值一般较低，农村经济一般比较落后，这就是"三农"问题。为了解决"三农"问题，我国在农业金融方面提供了较多优惠政策。中国农业发展银行一直提供涉农贷款，但其投向一般为农村基础设施建设、水利建设、农村土地流转和规模化经营、农民集中住房建设、农村人居环境建设、涉农棚户区改造等项目，一般为中长期贷款。我国提供支持"三农"短期贷款的商业银行是中国农业银行。目前该行在惠农贷款方面提供惠农 e 贷、金穗惠农卡、农村城镇化小额贷款、农户小额贷款、农村个人生产经营贷款、季节性收购贷款等。以惠农 e 贷为例，其贷款条件比较宽松，只要求信用记录良好、有稳定收入来源即可，其贷款对象主要为与中国农业银行有金融资产或信贷关系的涉农客户。

阅读材料5-4

中国农业银行惠农 e 贷的适用对象

除了中国农业银行有较多涉农贷款之外，一些互联网金融平台和大的涉农企业也建立了惠农互联网贷款平台，其中比较有名且比较成功的有京东金融的"京农贷"。当前，"京农贷"之下有"先锋京农贷"和"仁寿京农贷"两款产品，分别针对农资和农产品信贷。申请贷款的农户应该是与"京农贷"合作商户之间有购销关系的农民或农村合作社，申请者不需要提供抵押品，所以它是一种信用贷款。申请者在通过信贷审批之后，获得的并不是资金，而是种子、种畜、化肥等生产资料，待获得产出之后，农户再直接还款到"京农贷"。"京农贷"解决的是农户缺少资金投资生产的困境，这是一种"授之以渔"的短期信用贷款，是一种金融创新。

（2）短期抵押贷款

对于广大的中小企业和个人来说，由于他们信用水平较低，容易发生违约风险，所以他们向银行申请贷款时，银行一般要求他们提供抵押物（如房产）或质押物（如黄金、贵重收藏品、高档汽车等），这种抵押物或质押物在银行业界叫"押品"。

注意，抵押和质押是有区别的。简单地说，借款人将自己的抵押物"抵押"给贷款机构之后，如果不发生违约行为，还可以使用抵押品。例如住房抵押贷款，购房人将自己的房子抵押给贷款行之后，一般都还住在这个被抵押的房子里，使用权仍旧在债务人（借款人）手中。在质押贷款的情况下，押品被出质之后，保存在债权人手中，使用权当然属于债权人。使用贵金属、收藏品等贵重物品申请贷款，一般是质押贷款。为了分类的方便，本小节把质押贷款也放在抵押贷款中，不再单独列一小节。

对于银行而言，抵押贷款和质押贷款的风险显然比信用贷款的风险要小得多，因为一旦债务人违约，银行可以通过拍卖抵押物或质押物收回部分资金。对于广大中小微企业而言，如果它们有可供变现的优质资产抵押或质押，申请贷款的难度就会小很多。

关于抵押贷款，需要注意的是农村"三权"抵押贷款。所谓农村"三权"，是指农村土地承包经营权、农村居民房屋权和林权（或水面使用权）。当前农村"三权"抵押贷款存在一定的困难。首先，国家法律规定土地是不能私下交易的。其次，农民土地承包经营权是保障农民基本权益的重要权利，交易难度较大。最后，从银行的角度来看，农村"三权"抵押物难以变现，银行也很难将贷款违约者抵押的"三权"进行转让，所以流动性差也是"三权"抵押在现实中难以推广的重要原因。尽管如此，在我国很多农村地区，地方政府正在和商业银行合作，努力实现"三权"抵押方面的突破和创新。

（3）短期保证贷款

借款人申请银行贷款时，如果没有抵押物或质押物，银行会要求信用较高的第三方提供贷款担保或出具保证函，银行认可的第三方一般是效益较好的大型国企或上市公司。对于金额较小的个人贷款，实务中，国内的商业银行一般也认可公务员、教师等具有稳定收入来源的人群提供的担保。这就是保证贷款。显然，保证贷款也是银行规避风险的一种手段。

对于广大中小微企业而言，一般难以找到信用好的大公司为其担保，在急需贷款的情况下，它们可能会寻求担保公司为其担保。这里存在两个问题：其一，担保公司一般也只为业绩较好的企业担保，对于尚未实现盈利的企业基本不会提供担保；其二，担保公司的担保费用比较高，一般至少为贷款总金额的2%，这无疑又加重了企业的融资负担。

总之，短期贷款是广大中小微企业最主要的融资方式，也是它们最急需的资金来源。除了本节中讲解的几种短期贷款融资方式之外，在实务中用得较多的还有保理、应收账款抵押、银行承兑汇票转让等融资方式。即使有这么多的短期融资方式，实际上还是远远无法满足我国广大中小微企业对于资金的需求，市场迫切希望出现更多的金融创新。

5.2.2　同业拆借市场

一家金融机构向另一家金融机构借款叫作同业拆借，也叫同业拆放。同业拆借的期限一般都小于一年，所以属于货币市场。同业拆借市场是一个巨大的市场，每个交易日都有许多金融机构在拆借市场上拆出或拆入资金，每个交易日的市场利率都会有所不同。

（1）同业拆借利率

国际上最有名的同业拆借利率是英国伦敦同业拆借利率（LIBOR），该利率对于世界金融市场的利率都具有一定的影响。除此之外，比较有影响的还有美国联邦基金利率、新加坡同业拆借利率和中国香港同业拆借利率。下面简要介绍LIBOR。

在英国伦敦同业拆借市场上，在工作日，每一家银行都会估算本行和其他行的借款利率是多少，伦敦同业拆借利率其实是各大银行估算利率的平均值，它以LIBOR的形式报出。当然，其更官方的说法是ICE[①] LIBOR。不过，英国金融行为监管局（FCA）曾发布公告称，2021年12月31日之后，所有英镑、欧元、瑞士法郎、日元的LIBOR报价以及1周和2个月期美元LIBOR报价全部停止，2023年6月30日之后，其余期限美元LIBOR报价也全部终止。这意味着作为全球数百万亿美元金融衍生品基准利率的LIBOR逐步退出历史舞台。随着LIBOR退场，全球主要金融资产的基准利率进入多元化时代，比如：美元采用有担保隔夜融资利率（SOFR）；英镑引入英镑隔夜银行间平均利率（SONIA）；日元使用东京隔夜平均利率（TONAR）；瑞士法郎与欧元分别采取瑞士隔夜平均利率（SARON）与欧元短期利率（STR）。其结果是对冲基金不同币种资产组合需引入不同的利率基准，对前者进行新的资产估值定价与计算盈亏。[②]

我国的同业拆借利率一般参考上海银行间同业拆借利率（Shibor）。我国各大银行和其他金融机构在拆借时，一般会以Shibor利率为基础，上下浮动一定的"基点"（记作"BP"）。1个基点简单地可以理解为1‰的数值。例如，中国工商银行向中国农业银行拆出1 000万元，期限为7天，报价为Shibor+20BP，那么这个同业拆借利率就是在7日Shibor的基础上再加上0.0020。

Shibor可以在上海银行间拆借利率官网上查询（如图5-1所示），也可以在同花顺iFinD或者Wind金融终端上查询。

	期限	Shibor(%)		涨跌(BP)
⇨	O/N	1.3660	▼	0.30
⇨	1W	1.5050	▼	0.30
⇨	2W	1.6550	▲	8.40
⇨	1M	1.6200	▼	0.10
⇨	3M	1.6300	▼	0.40
⇨	6M	1.6470	▼	0.60
⇨	9M	1.6660	▼	0.40
⇨	1Y	1.6760	▼	0.30

最新Shibor　上海银行间同业拆放利率简介

2025-06-18 11:00

图5-1　Shibor报价

资料来源　Shibor官网（http://www.shibor.org/）.

---

① ICE是指Intercontinental Exchange，即洲际交易所集团，总部在美国佐治亚州亚特兰大市。该公司2001年在伦敦收购了国际石油交易所，2007年与纽约期货交易所合并，2010年与气候交易所合并。
② 陈植.LIBOR离场进行时：全球利率基准进入多元时代 SOFR替代LIBOR征途艰辛［N］.21世纪经济报道，2022-01-05（3）.

在实际投资或融资时，当事人有必要查看一下Shibor最近一段时间的走势，以此来简单预测今后一段时间的趋势。

图5-2对比了2019年之后人民币Shibor一月期利率和美元Libor一月期利率。由图5-2可以看出，国内同业拆借利率在2019—2021年高于美元拆借利率，尤其是2020年后，受新冠肺炎疫情的影响，美元拆借利率已经降到几乎为零，而国内拆借利率几乎一直在2%之上；但是，2022年7月之后，美元一月期同业拆借利率高于人民币同业拆借利率，这是因为这段时间，美元进入了加息周期。从图5-2还可以看出，进入2024年之后，人民币一月期拆借利率缓慢下行。事实上，自2024年5月之后，一月期人民币拆借利率已经低于2%。

● LIBOR：美元：一月　　● 中国：Shibor：一月

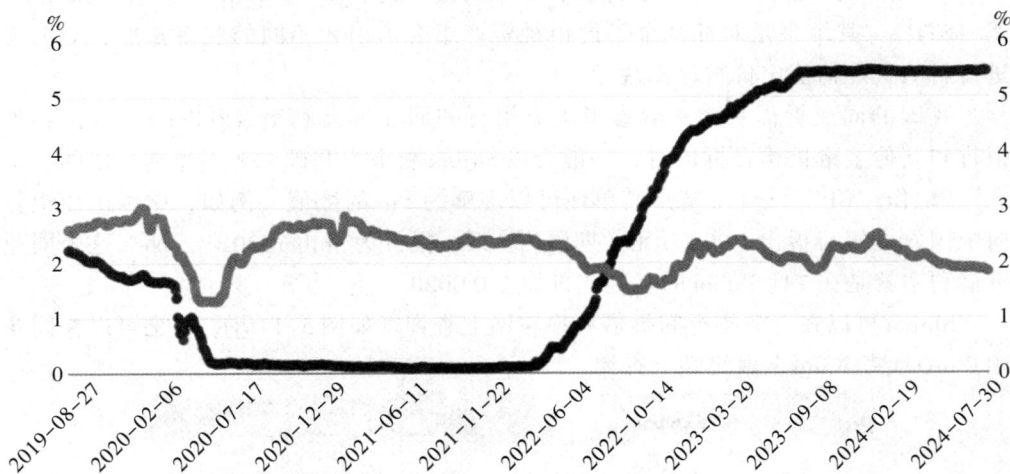

图5-2　Shibor和LIBOR一月期利率走势

数据来源：同花顺FinD.

需要注意的是，我国同业拆借利率其实不止Shibor一种，还有DIBO和IBO[①]。实际上，Shibor不是成交利率，而是报价利率，真正根据市场上金融机构之间成交价算出来的利率是DIBO和IBO。

（2）同业拆借的期限

同业拆借的期限一般有1日（一般叫隔夜，英文为overnight，记作O/N）、1周（1W）、14日（2W）、1月（1M）、3月（3M）、6月（6M）等。不过，1个月以内的短期拆借的交易量最大。

5.2.3　票据贴现市场

票据贴现市场常见的票据是汇票（draft或bill of exchange）、支票（cheque）和本票（promissory note）。汇票简单地说就是命令他人无条件支付一定款项给票据持有人的一种无条件支付命令。汇票的支付时间有两种：一种是见票即付，这种汇票

---

① DIBO（deposit interbank offered rate）是指存款类同业机构拆借利率；IBO（interbank offered rates）是全部银行间市场拆借利率。

叫作即期汇票（draft at sight 或 bill on demand）；另一种是付款人在出票人开出汇票一段时间（如半年）之后，支付票面金额给持票人，这种汇票叫作远期汇票（us-ance draft 或 term draft）。

如果汇票是由银行承兑的，就叫作银行承兑汇票；如果汇票是由商业企业承兑的，就叫作商业承兑汇票。显然，由于银行的信用级别远远高于企业，所以银行承兑汇票的信用水平很高，市场的接受度也很高。商业企业的信用水平较低，尤其是中小企业，其商业承兑汇票的信用水平也较低，市场一般不接受这样的商业承兑汇票，但是，大型国有企业或上市企业，如果业绩良好、财务健康，它们承兑的汇票也具有一定的市场接受度。

金融市场上的票据主要是银行承兑汇票和商业承兑汇票，一般是远期汇票；国际贸易中的信用证，如果是可转让信用证，也可以在金融市场上流转。

票据的期限一般都小于一年。远期汇票和远期信用证①等票据和单证在到期之前，并不能直接从付款人那里得到支付，为了提前兑现，这类票据的持有人可以将票据背书转让给第三方，由第三方提前支付给持票人，当然第三方会扣取一定的手续费。如果持票人找一家商业银行提前兑现票据，这个交易就叫作票据贴现，简称贴现。

商业银行在拿到票据之后，还可以找其他银行贴现这张票据，这就叫转贴现；该商业银行也可以找央行"再次"贴现，这就是再贴现。

各种票据在企业、商业银行、证券公司、保险公司、基金公司、央行等金融机构之间流动，就形成了票据贴现市场。

我国贴现市场交易量巨大，从表5-1中可以看出，2022年1月至2024年6月，我国每月银行承兑汇票的期末总值基本介于2万亿元和3万亿元之间，商业承兑汇票的市场余额在17万亿元和19万亿元之间，远高于银行承兑汇票期末值。可见，票据市场的规模是很大的。

表5-1　　　　2022年1月至2024年6月我国票据市场部分数据　　　　单位：万亿元

月份　　指标名称	商业汇票承兑余额	社会融资规模存量：未贴现银行承兑汇票：期末值
2024-06	17.80	2.25
2024-05	18.10	2.45
2024-04	17.90	2.59
2024-03	17.60	3.03
2024-02	17.50	2.68
2024-01	18.10	3.05

---

① 在国际贸易中，信用证与汇票一般是一起使用的，如果与信用证配套的汇票是即期汇票，这种信用证就叫即期信用证；如果与信用证配套的汇票是远期汇票，这种信用证就叫远期信用证。

指标名称 月份	商业汇票承兑余额	社会融资规模存量：未贴现银行承兑汇票：期末值
2023-12	18.60	2.49
2023-11	18.50	2.67
2023-10	18.30	2.65
2023-09	18.30	2.91
2023-08	18.20	2.67
2023-07	17.80	2.55
2023-06	17.70	2.75
2023-05	18.00	2.82
2023-04	18.30	3.00
2023-03	18.30	3.13
2023-02	18.60	2.95
2023-01	18.80	2.96
2022-12	19.10	2.66
2022-11	18.80	2.72
2022-10	18.70	2.70
2022-09	18.70	2.92
2022-08	18.80	2.90
2022-07	18.30	2.55
2022-06	18.30	2.83
2022-05	18.20	2.72
2022-04	17.70	2.83
2022-03	17.40	3.08
2022-02	17.10	3.06
2022-01	17.30	3.48

数据来源：同花顺iFinD.

5.2.4 短期债券市场

无论是企业还是金融机构或政府，都可能需要短期借债融资，而短期债券就是进行短期借债融资的良好工具。按发行人的不同，短期债券市场可以分成企业短期债券市场、政府短期债券市场和金融机构短期债券市场。

（1）政府短期债券

在我国，由于省级以下的地方政府不能直接发行债券，而省级政府发行公债一般不会发行短期债券，那么发行短期公债的就只有财政部了，也就是说，我国的短期政府债券只有短期国债，没有地方政府短期公债。历史上，短期国债是通过实券的形式发行的，这种证券即国库券（Treasury Bill）。当今世界各国的国债基本上都是无纸化发行，不再发行实物国库券，尽管如此，很多人还是按传统把短期国债称作"国库券"，显然这种说法并不严谨。

①国债的信用。

一提起国债，一般人都知道国债是"无风险"的金融债券，但是无论是在历史上还是在今天，不同国家的国债，可能信用水平大不相同。对一般投资者而言，信用水平高的国债才是安全的资产；对国家主体而言，信用水平越高，其融资能力越强。例如，欧债危机期间，希腊、葡萄牙、意大利、爱尔兰和西班牙五国的国债都被大幅抛售，因为这些国家国债违约的可能性很高。一般来说，短期国债的信用风险比长期国债小。

②短期国债市场的参与者。

在一级市场上，短期国债的参与者有财政部、中央银行、各大承销商以及其他大型金融机构。财政部是代表国家的发行人，各大承销商一般是商业银行，在我国主要是四大国有银行，它们将所要认购的短期国债的数量、价格等提交中央银行，然后财政部按价格优先的原则确定承销商。在某些特殊情况下，个人投资者可以直接通过交易所系统直接申购国债，参与国债的一级市场交易，不过这种国债一般是特别国债，而特别国债可能不是短期国债。

由于短期国债一般以贴现方式发行，所以短期国债也称作贴现债券（discount bond），简称贴债。

在二级市场上，短期国债的各大承销商将其在一级市场上申购的短期国债再卖给广大投资者。在我国，一般投资者在银行所购买的短期凭证式国债或储蓄式国债，其实都是二级市场的交易。除了在银行柜台可以购买短期国债之外，投资者还可以在交易所市场上购买短期国债，只不过交易所市场的短期国债交易量太小，可能难以买进。

除了按一级市场和二级市场划分，短期国债市场还可以按交易场所分为银行间市场和交易所市场。银行间市场的参与者当然只有各类银行、证券公司、基金公司等金融机构，而金融机构和个人都可以参与交易所市场。在一般的行情软件中，我们只能看到交易所市场的债券交易。如果要查看银行间市场的债券交易，可以使用同花顺iFinD或Wind金融终端等付费软件。

阅读材料5-5

英法两国历史上国债信用的不同与拿破仑的失败

从图5-3可以看出，我国交易所市场的短期国债几乎没有交易量；从图5-4也可以看出，银行间国债市场交易量较大，但是短期国债很少交易，截图中出现的都是附息国债，而附息国债一般是中长期国债。

	代码	名称	.	利率	利息	涨幅	现价	总量	昨收	开盘	最高	最低	买价	卖价	总金额	买量	卖量
1	020627	24贴债06		1.56	0.754	-	-	0	99.229	-	-	-	-	-	-	0		
2	020632	24贴债11		1.43	0.582			0	99.294							0	0	0
3	020642	24贴债21		1.44	0.395			0	99.520						99.530	0	0	200
4	020647	24贴债26		1.47	0.320			0	99.272								0	0
5	020648	24贴债27		1.41	0.307			0	99.651								0	0
6	020649	24贴债28		1.38	0.275			0	99.657								0	0
7	020650	24贴债29		1.40	0.252			0	99.652								0	0
8	020652	24贴债31		1.21	0.186			0	99.791								0	0
9	020653	24贴债32		1.40	0.194			0	99.307								0	0
10	020654	24贴债33		1.32	0.184			0	99.671								0	0
11	020655	24贴债34		1.36	0.182			0	99.663								0	0
12	020656	24贴债35		1.40	0.145			0	99.653								0	0
13	020657	24贴债36		1.03	0.079			0	99.921								0	0
14	020658	24贴债37		1.16	0.088			0	99.801								0	0
15	020659	24贴债38		1.36	0.063			0	99.325								0	0
16	020660	24贴债39		1.30	0.060			0	99.677								0	0
17	020661	24贴债40		1.33	0.036			0	99.669								0	0
18	020662	24贴债41		1.34	0.011			0	99.339								0	0
19	020663	24贴债42		1.24	0.010			0	99.692								0	0

图5-3　2024年7月31日交易所短期国债市场报价及成交量

						银行间报价						
首页	同业存单	金融债	地方债	企业债	短融	中票	资产支持					
	代码	名称	剩余期限(年)	报买方	涨跌BP	最优买	最优卖	涨跌BP	报卖方	买净价	卖净价	报价笔数	报价时间
1	070006	07国债06	12.7945	中金公司	+11.50	+2.2550	+2.0850	-5.50	中金公司	122.2825	124.4224	1	08:54
2	150005	15附息国债05	0.6904	招商银行	+10.88	+1.1688	+0.9388	-12.12	招商银行	101.6885	101.8485	2	08:58
3	150023	15附息国债23	1.2077	中金公司	+13.31	+1.5697	+1.2697	-16.69	中金公司	101.6873	102.0494	1	08:58
4	160004	16附息国债04	1.4945	中金公司	+13.90	+1.6490	+1.3490	-16.10	中金公司	101.7594	102.2054	1	08:58
5	160008	16附息国债08	21.7342	中金公司	+5.23	+2.4225	+2.2725	-9.77	中金公司	118.4561	121.2989	3	09:22
6	160010	16附息国债10	1.7616	招商证券	+7.70	+1.5770	+1.3912	-10.88	招商银行	102.2873	102.6143	13	11:01
7	160013	16附息国债13	41.8110	银河证券	+5.95	+2.5191	+2.2391	-22.05	银河证券	130.4158	139.5246	1	09:12
8	160017	16附息国债17	2.0109	平安银行	+4.10	+1.6440	+1.5250	-7.40	平安银行	102.1643	102.3940	27	10:59
9	160019	16附息国债19	22.0601	平安银行	-0.48	+2.3800	+2.3500	-3.48	平安银行	115.2035	115.7643	32	11:01
10	160023	16附息国债23	2.2596	银河证券	+9.26	+1.8000	+1.5200	-18.74	银河证券	101.9790	102.6053	2	09:22
11	170004	17附息国债04	2.5273	招商银行	+4.70	+1.5406	+1.3303	-16.33	银河证券	104.5819	105.1162	5	09:55
12	170005	17附息国债05	22.5574	中金公司	+2.01	+2.4200	+2.2700	-12.99	中金公司	123.3562	126.3603	2	09:22
13	170010	17附息国债10	2.7589	中信证券	+7.50	+1.5400	+1.3601	-10.49	中信证券	105.3250	105.8261	6	09:23
14	170015	17附息国债15	22.9808	中金公司	+2.26	+2.4225	+2.2725	-12.74	中金公司	128.5490	131.6797	5	09:22
15	170018	17附息国债18	3.0082	中金公司	+7.00	+1.6000	+1.4201	-10.00	中金公司	105.8166	106.3623	4	09:23
16	170022	17附息国债22	23.2295	中金公司	+5.00	+2.4200	+2.2700	-10.00	中金公司	132.8970	136.1254	4	09:22
17	170025	17附息国债25	3.2568	中金公司	+13.19	+1.6500	+1.3500	-16.81	中金公司	106.8429	107.8329	1	08:58
18	170027	17附息国债27	0.3907	中金公司	+42.12	+1.1297	+0.8295	+12.10	中金公司	101.0597	101.1798	1	08:58
19	180004	18附息国债04	3.5055	中信证券	+2.96	+1.6200	+1.4401	-15.03	中信证券	107.5581	108.1969	5	09:23
20	180005	18附息国债05	0.6027	长城证券	+4.81	+1.0950	+0.9275	-11.94	平安银行	101.5847	101.6877	16	09:42
21	180006	18附息国债06	23.6329	中信证券	+7.00	+2.4600	+2.2801	-10.99	中信证券	131.3974	135.2891	7	09:53

图5-4　2024年7月31日银行间国债市场报价及成交量

③短期国债的期限。

短期国债的期限一般有3个月、6个月、9个月和12个月等。在实际交易中，按天数计算期限。这里需要特别注意，交易计息原则是"算头不算尾"，即"起息日"当天计算利息，"到期日"当天不计算利息。例如，如果起息日是2024年8月10日，到期日是2024年11月9日，期限是91天，不是92天。另外，还有一点需要特别注意，在我国，短期国债的贴现率是按一年360天计算的，而收益率（利率）是按一年365天计算的，闰年也只算365天，也就是闰年的2月29日不计息，这一点与付息国债是一致的。

④短期国债的面值。

无论是短期国债还是中长期国债，其面值一般是100元。在交易所市场，1手短期国债是10张，面值是1 000元。在银行柜台购买短期国债，最低购买数量一般也是10张，面值一般也是1 000元。需要注意的是，在银行柜台购买的无记名式贴现国债，其面值有500元和1 000元的，各大银行对最低购买数量的要求可能有所不同。

（2）企业短期债券

企业发行的期限在一年以内的债券都可以算作企业短期债券。在我国，企业短期债券一般被称作短期融资券。

短期融资券，国外叫"商业票据"（commercial paper，CP），指企业在银行间债券市场发行（即由国内各金融机构购买，不向社会发行）和交易并约定在1年期限内还本付息的有价证券。期限在270天以内的短期融资券还可以叫作超短期融资券（SCP）。

短期融资券是在银行间市场发行和流通的，属于无担保的本票，存在一定的信用风险，无论是在国外还是在国内，一般只有资金实力雄厚、资信状况良好的大企业才有资格发行短期融资券，而且发行人必须获得公认的信用评级机构的一定等级的信用评级，并通过央行的审批。国外的商业票据一般以折现方式发行，而国内的短期融资券一般按面值发行。短期融资券的利率一般比企业债券（中长期）低。

短期融资券在银行间市场交易时，价格也会发生波动，最终由其市场需求决定。短期融资券的风险一般较小，由于期限较短，很少有企业会恶意违约。在历史上的非常时期，也存在因一个企业或机构短期融资券违约引起连锁反应的情况。1970年，美国Penn Central公司宣布破产，其7 710万美元的商业票据违约，最终导致30亿美元流失，美联储不得不干预市场，允许商业银行在贴现窗口借款。该事件使Penn Central商业票据的发行商高盛公司承受了巨大压力。2008年雷曼兄弟破产导致美国两家货币基金跌破面值，也使得美联储干预货币市场。

5.2.5　回购市场

假设这样一个案例：到了农历年底，A银行流动资金十分紧张，为了避免因各企业大量提款发生挤兑风险，A银行把自己持有的总面值为1亿元的国债作为抵押物拿到证券市场上，向广大投资者融资1亿元，期限为14日，承诺按年化利率7%向愿意融资的投资者付息。广大投资者认为这个利率很不错，纷纷向A银行提供融资。14天之后，年关已过，市场资金不再紧张，A银行渡过了难关，向融资者们支付268 493.15元（100 000 000×7%×14÷365）的利息，并且购回被质押的国债。这就是一个简化的国债回购（repo）交易。

（1）国债回购的分类

正式的国债回购交易分为交易所市场回购和银行间市场回购。按交易方式，它又可以分为质押式回购和买断式回购。

①质押式回购。

在质押式回购中，融资方（也是出质方）将自己持有的债券（一般是国债，因其信用级别较高，不易贬值）质押给出资方（融券方），债券的所有权仍旧属于融资方，除非融资方违约，出资方不能处理被质押的债券。在我国交易所市场，融资方出质的国债其实并没有转交到出资方，而是由交易所将其冻结，待融资方向出资方还本付息之后才解冻。可见，在这种质押式回购中，融资方和出资方实际上都不能处理被质押的国债。从广大投资者的角度来看，因为投资者是被回购的一方，所以投资者进行的国债回购交易通常在业界被叫作"国债逆回购"。

质押式回购是一种非常严格的交易制度，优点是保证了回购交易的安全性。出质国债的融资方是金融机构，违约不赎回国债的可能性微乎其微，所以投资国债逆回购基本上是无风险的。不过，其缺点也比较明显——缺乏灵活性。假如出资方在回购到期之前也需要流动资金且没有其他的流动资金来源，那么他就会面临流动性危机。为了解决质押式回购中质押品缺乏流动性的问题，买断式回购应运而生。

②买断式回购。

在买断式回购中，融资方将自己所持有的国债临时卖给融券方（出资方），回购到期之后，再从融券方那里将同等数量的国债赎回。也就是说，在买断式回购中，融券方"买断"了这些国债，那么他当然就有权利处理这些国债。简单地说，在回购到期之前，融券方有权将这些买断的国债转让出去，只要在回购到期时，能够保证有足够等值的国债用于逆回购就行了。

总之，质押式回购的对象在回购期内所有权没有发生变化，而买断式回购的对象在回购期内所有权发生了转移。由于二者略有不同，所以同样期限的质押式回购和买断式回购也有所不同，见表5-2和表5-3。显然，在回购期内，如果市场利率有较大变化，融券方还可以通过做多或做空融入的债券进行套利，在此不多展开，请有兴趣的读者自己思考如何进行套利。

表5-2　　　　　　2024年7月30日银行间质押式回购交易信息一览表　　　　利率单位：%

代码	名称	今日	最新	涨跌BP	最高	最低	成交额	加权平均	时间
DR001	1日回购	1.5713	1.5713	−2.87	1.8300	1.5000		1.6427	17：00
DR007	7日回购	1.7750	1.7750	−14.50	1.9800	1.7000		1.8336	17：00
DR014	14日回购	1.8000	1.8000	−2.00	1.9500	1.7500		1.8507	17：00
DR021	21日回购	1.8500	1.8500	−3.00	1.8700	1.8500		1.8631	17：00
DR1M	1月回购	1.9000	1.9000		1.9000	1.9000		1.9000	17：00
DR2M	2月回购		1.9500				2.00亿元	1.9500	07/15
DR3M	3月回购		1.9400	+1.00			3.00亿元	1.9467	07/16
DR4M	4月回购		1.9000				3.00亿元	1.9000	07/29
DR6M	6月回购		2.0000	−2.00			1.50亿元	2.0000	07/29
DR9M	9月回购		2.0800				5 000万元	2.0800	06/13
DR1Y	1年回购		2.1000				5.00亿元	2.1000	07/23

资料来源　同花顺iFinD.

表5-3　　　　　2024年7月30日银行间买断式回购交易信息一览表　　　　利率单位：%

代码	名称	今日	最新	涨跌BP	最高	最低	成交额	加权平均	时间
OR001	OR001	1.6263	1.6263	+12.27	1.9566	1.1919	167.8亿元	1.7730	17：01
OR007	OR007	1.9445	1.9445	−5.05	1.9716	1.5005	97.89亿元	1.8996	17：01
OR014	OR014	1.9007	1.9007	—	1.9406	1.3798	26.44亿元	1.8931	17：01
OR021	OR021	—	1.3501	−0.01	—	—	9 876万元	1.3501	07/25
OR1M	OR1M	—	2.1494	+0.02−	—	—	1 635万元	2.1503	07/29
OR2M	OR2M	—	2.2000	—	—	—	2.28亿元	2.2000	07/23
OR3M	OR3M	—	2.0500	—	—	—	4 938万元	2.0500	06/07

资料来源　同花顺iFinD.

（2）国债回购的意义

国债回购市场是一个巨大的市场，在我国每个交易日都有数千亿元的成交额，其重要性不容小觑。

对于金融机构而言，国债回购是它们缓解流动性的重要手段，也是同业拆借市场的重要补充。对于证券交易者而言，也可以将证券账户上闲置的资金进行接近无风险的理财。对于融资方和融券方而言，国债回购交易是一种双赢的金融交易。

（3）国债回购的期限与逆回购实务

国债回购的期限比较多，有1天（隔夜回购，O/N）、2天、3天、7天、14天、28天、91天、182天几个品种。

一般投资者在进行国债回购交易时，是进行逆回购交易，需要注意以下实务知识：

①逆回购交易的代码。

我国上海证券交易所的国债回购的代码以"GC"开头，GC001表示隔夜回购；深圳证券交易所的国债回购代码以"R-"开头，如R-003表示3日回购。

②逆回购的操作。

需要注意的是，在进行国债逆回购交易时，投资者应该进行卖出操作，而不是买入操作。沪市国债回购的1手为10万元，门槛较高；深市国债回购的1手为1 000元，一般投资者都可以参与。到期后，利息自动到账。

③逆回购的交易时机。

国债回购的利率直接受资金供需的影响，一般来说，在月末、季末、年末和春节前，回购利率都会大幅上涨，是投资国债逆回购的好时机。从图5-5可以看出，R-001的利率上升有明显的季节周期性，在2013年6月7日达到了那几年的最高点50点（即年化利率50%），之后在2015年春节前一周、2016年第三季度末都有较大幅度的上升。此后利率上升的幅度有所下降，但是仍然可以看出在2017年末，2018年第一、二、四季度末，都有大幅上升。这些时点都是进行短期无风险投资的好时机。

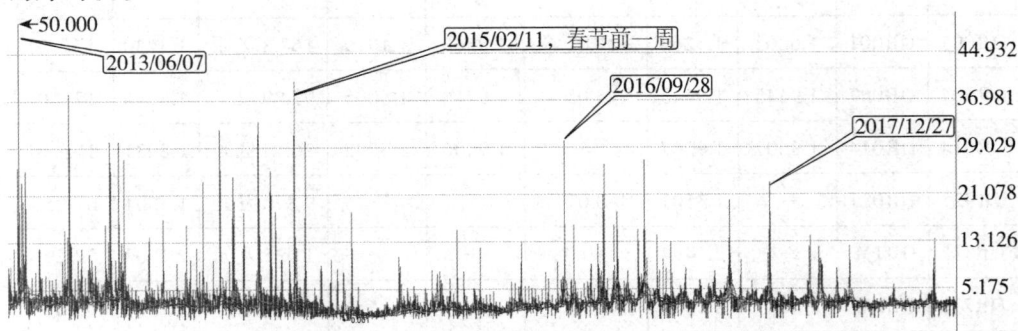

图5-5　R-001回购中的短期交易机会

按当前的交易规则，周四做一日逆回购，可以享受3日利息，因为周四是成交日，而起息日是周五，然后周六和周日顺延，到下周一资金回笼，所以名义上占用了3天，应该获得3天的利息。虽然逆回购的资金在周五至周日不能提出，但实际上，周五提出的资金也可以在当天回到证券账户，投资者可以继续买入各种证券。

国债逆回购的交易时间当前是到下午3：30结束。有时候，下午3：00之后利率可能会升高，是买入良机。要抓住这种机会，投资者需要具备一定的投资经验和判断能力。表5-4列举了2024年7月30日深圳证券交易所的国债回购报价信息。

表5-4　　　　　　2024年7月30日深交所国债回购报价信息一览表　　　　　单位：%

证券代码	证券名称	加权平均利率	最高利率	最低利率
131800.SZ	R-003	2.34	2.40	2.30
131801.SZ	R-007	2.65	2.70	2.60
131802.SZ	R-014	2.91	2.95	2.90
131803.SZ	R-028	3.16	3.20	3.15
131805.SZ	R-091	3.39	3.42	3.37
131806.SZ	R-182	3.62	3.65	3.60

资料来源　同花顺iFinD.

5.3　中长期借贷市场

接下来要介绍的市场——中长期借贷市场、权益市场和债券市场——都属于资本市场。

中长期借贷市场主要是指商业银行向企业提供一年期以上贷款的市场。例如，中国人民银行授权全国银行间同业拆借中心公布，2025年7月21日贷款市场报价利率（LPR）为：1年期LPR为3.0%，5年期以上LPR为3.5%。1年至5年期贷款利率的参考基准，可由商业银行在二者之间自主选择。

由于中长期贷款的风险较高，商业银行一般只愿意向大型国有企业、城投公司或上市企业提供中长期贷款，广大中小企业难以获取银行中长期贷款，面临融资难、融资贵的问题。

中小企业融资难、融资贵的另一个原因，可能与以往我国的企业上市融资门槛较高有关。以前我国企业上市实行审核制，证监会对企业上市有严格的要求，其中最重要的就是对近3年连续盈利的要求，这对于很多中小企业和初创企业来说是难以企及的。例如，京东和百度当初因为没有盈利，在国内A股市场不能上市，最终在美国上市实现了融资。美国对申请上市的企业没有盈利要求，也不实行审核制，而是注册制。简单地说，在国外上市，企业根本不需要有盈利，只要投资者看好这个企业的发展前景，有人投资，就可以上市。不过，这种情况可能随着注册制改革的逐步完善与实施而有所改变。2019年7月22日，科创板首批公司上市，直到现在运行良好。2020年8月24日，创业板改成注册制，涨跌停板限制也从原来的10%上升到20%。随着注册制改革持续发挥效能，创业板创新成长特色更鲜明，有效引导更多资本流入创新创业领域。据Wind资讯数据统计，截至2025年2月18日，注册制下A股共新增1 406家上市公司，合计募资1.58万亿元，其中，新增民营上市公司1 160家，占比超八成，融资1.07万亿元，占比近七成。[①]这说明我国证券市场注册制改革还是卓有成效的，将来有更多的中小企业有望通过注册制直接在科创板和创业板上市，这对于解决中小企业融资难问题显然具有重要的意义。

5.4　权益市场

权益市场就是俗称的股票市场。由于股票是企业权益的凭证，所以股票市场的正式名称叫权益市场（equity market）。

5.4.1　股权与股票

有限责任公司"诞生"之后，它就成为市场经济中主要的企业组织形式。有限责任公司的出资人成为公司的股东，享有公司的股权，可以按股权的比例享有公司剩余收益的分配权。股权是可以转让的，待企业成长之后，股东可以以更高的价格转让股权，实现股权收益。然而，股权转让毕竟不太方便，一般企业股权的流动性较差，难以变现，在预测到企业经营风险时，股东也很难在风险来临之前转让股权。为了增强股权的流动性，股票这种证券应运而生。

股票是股份有限公司发行的、用以证明投资者的股东身份和权益并据以获取股

---

① 吴晓璐.注册制下1 100多家民企登陆A股［N］.证券日报，2025-02-19（A2）.

息和红利的凭证。显然，不是什么企业都能发行股票，发行股票的一般是股份有限公司，如果是一般的有限责任公司，则需要进行股份制改革之后才能发行股票。股票是一种有价证券，股票市场是现代证券市场的重要组成部分。

股票在历史上是一种实券（如图5-6所示），股票正面要有发行人名称、总股份数、每一股的价格（面值）、批准发行股票的机构、发行企业高管的签章等信息，背面一般印有股票发行、流转、分红、参与企业管理等方面的信息。在信息技术快速发展的今天，股票早已不再发行实券，而是采取电子形式，投资者只需要在股票行情软件中进入个股K线图或分时图，然后按F10即可以查询相关股票信息，十分方便。

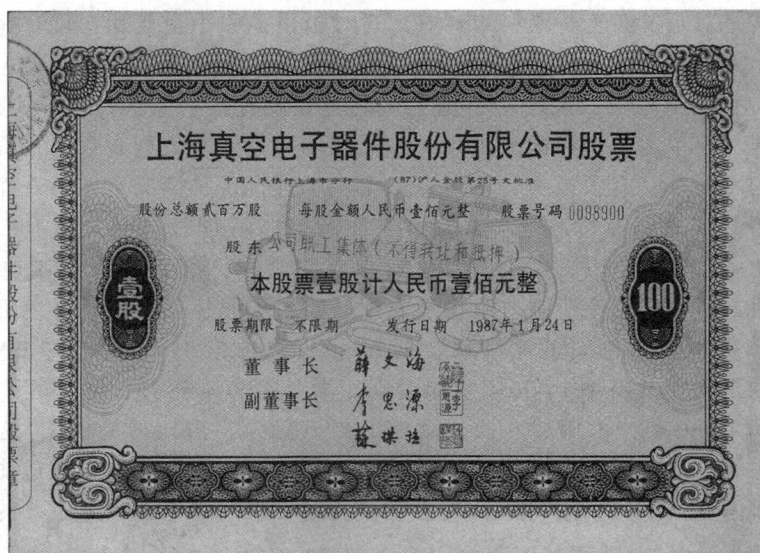

图5-6　上海真空电子器件公司1987年股票实券

5.4.2　股票的分类

股票的分类比较复杂，一般按以下几种方式划分：

（1）按是否上市划分

按是否上市划分，股票可以分为上市公司股票和非上市公司股票。

企业上市发行股票，股东人数不受限制。我国《证券法》规定，一般只有上市公司才能公开发行股票。

非上市公司发行股票有如下方式：

其一，面向特定对象发行，即"私募"。注意，私募的股东人数不能超过200人。

其二，在新三板市场挂牌，股东人数可以超过200人，但需经证监会核准。

其三，退市的企业的股票也可以在新三板市场继续转让。

（2）按代表权益的不同划分

按代表权益的不同划分，股票可以分为普通股和优先股。

投资者买卖的股票一般是普通股。普通股是一种标准股票,其持有者享有相同的权利和义务,它分取的股息和红利随着股份公司经营利润的高低而变化。

与普通股相对的是优先股。优先股是一种特殊股票,它也有一定的面值,投资者一般按面值申购。它在其股东权利、义务中附加了某些特别条件,如股息率是固定的、在公司盈利和剩余财产的分配中具有优先权(如图5-7所示)。

图5-7 湖北省枝城建筑总公司五公司1993年优先股实券

简单地说,企业当年如果有利润,那么先分配优先股的股息,分配完优先股的股息之后,如果还有剩余,才能在普通股股东之间分配。

普通股的股东能够参与企业管理,是真正的"股东";而优先股股东一般不能参与企业管理,从这个意义来说,优先股更像一种特殊的债券。当然,优先股可能会设置一些特殊的规定,如参与性与累积性。

参与型优先股的股东不能参与企业的管理,但是这类优先股往往是累积型优先股,即某一年的股息如果没有足额发放,企业应该在下一年补足上一年所欠的股息,如果下一年企业仍没有能力补足,那么所欠股息应该在下下年补足,以此类推,即往年所欠股息可以在后面的年份"累积"。

(3)按投资主体性质的不同划分

按投资主体性质的不同划分,股票可以分为国家股、法人股、公众股和外资股。

国家股是指有权代表国家投资的部门或机构以国有资产向股份公司投资形成的股份。

法人股是指企业法人或具有法人资格的事业单位和社会团体以其依法可支配的资产投入股份公司形成的股份。

公众股也可以称为个人股,是指社会个人或股份公司内部职工以个人合法财产投入公司形成的股份。公众股有两种基本形式:公司职工股和社会公众股。

外资股是指股份公司向外国和我国香港、澳门、台湾地区投资者发行的股票。按上市地点的不同,外资股又可分为:境内上市外资股(B股)和境外上市外资股(H股、N股、S股、L股等)。H代表香港,N代表纽约,S代表新加坡,L代表伦敦。

（4）按流通限制的不同划分

按流通限制的不同划分，股票可以分为已上市流通股和非上市流通股。

已上市流通股就是已经在市场上流通的股票。非上市流通股主要包括国有法人股、内部职工股和优先股或其他非流通股。

关于非流通股我们需要了解大非、小非、限售及解禁的概念。所谓大非，就是大非流通股，是指持非流通股比例大于5%的部分，通常是国有股和法人股；小非是指持非流通股比例小于5%的部分，通常是内部职工股。限售是指一部分股票被限制卖出或者限制出让的意思，主要针对流通股而言。解禁是指限售股过了限售承诺期，可以在二级市场自由买卖。

目前，我国新股上市之时，只有约1/4的股票可以流通，而且其高层管理人员所持有的股份（即首发原股东限售股）上市当年不能减持，首发机构配售股[①]也不能在上市当年流通。上市之后，限售股会逐年逐批解禁，上市3年之后，所有的限售股才能全流通。

5.4.3　股票的一级市场和二级市场

股票和债券等原生金融证券，都具有一级市场和二级市场。下面以证券的一级市场和二级市场来说明股票和债券的一级市场和二级市场。

证券发行人直接或通过中介机构间接向投资者出售证券以筹集资金的市场叫证券发行市场，又称为一级市场或初级市场。也就是说，在一级市场上销售证券的收入属于发行证券的公司。

证券的二级市场是指在证券发行后各种证券在不同的投资者之间买卖流通所形成的市场，又称流通市场或次级市场。一般投资者在证券交易所交易股票都属于在二级市场交易。在二级市场上销售证券的收入属于出售证券的投资者，而不属于发行该证券的公司。

对于期货和期权这类衍生工具而言，一般不存在发行与流通的问题，所以一般没有一级市场和二级市场的说法。

无论是一级市场还是二级市场，交易证券都是有风险的。相对而言，股票的二级市场风险更大。我们平常所说的炒股，其实是在二级市场交易股票。

5.4.4　我国股票和股权市场的几大板块

我国股票市场按定位不同可以分为主板、中小板、创业板和科创板；按行业不同可以分为56个行业板块[②]。由于我国市场游资和中小投资者（俗称"散户"）较多，这些投资者喜欢追逐某些投资概念，形成了具有中国特色的概念板块。当前概念板块有200多种，每年还在不断增加，当然也有一些概念板块会消失。在这些分

---

　　① 在企业首次公开发行（IPO）时，会向某些特定的对象发行数量占较大比例的股票，这些股票往往是向机构配售的，这就是首发配售股。

　　② 不同的看盘软件可能会采用数量不同的行业板块，但一般大同小异。本书采用的是通达信的分类。即使是证监会的分类，在不同时期也会略有不同。

类中，最重要的分类是四大市场，即主板、中小板、创业板和科创板。

（1）主板市场

主板市场又称一板市场，指传统意义上的证券市场，是一个国家或地区证券发行、上市及交易的主要场所。我国的主板市场此前实行核准制，2023年2月17日开启了股票发行全面注册制的改革。主板市场对发行人的营业期限、股本大小、盈利水平、最低市值等方面的要求标准比较高，上市企业多为大型成熟企业，具有较大的资本规模以及稳定的盈利能力。主板市场主要为行业龙头、大型和骨干企业提供上市服务，是资本市场中最重要的组成部分，被称为"宏观经济晴雨表"。我国主板市场的公司在上海证券交易所和深圳证券交易所上市。上海证券交易所市场代码以"60"开头，全部为主板市场，深圳证券交易所主板市场的代码以"00"开头。

（2）中小板市场

2004年，深圳证券交易所在主板市场内设立了中小板市场（市场代码以"002"开头），流通金额在1亿元人民币以下，专门为主业突出、具有成长性和科技含量的中小企业提供融资平台。中小板企业的市值不大，却有很强的成长潜力，一旦某个中小板企业能够成为行业龙头，那它的股价将会大幅增长。2021年4月6日，深圳证券交易所的主板与中小板正式合并，深市形成以主板、创业板为主体的市场格局。

（3）创业板市场

创业板又称二板市场，即第二股票交易市场（股票代码以"3"开头），专门为暂时无法在主板市场上市的创业型企业、中小企业和高科技产业（如新能源、新材料、电子信息、生物医药等）企业等需要进行融资和发展的企业提供融资途径和成长空间。创业板市场原本实行核准制，在2020年8月24日修改为注册制，实行20%涨跌停板制度，新股上市前5日不设涨跌停板。

（4）科创板市场

科创板于2019年6月13日在上海正式开板（股票代码以"688"开头）。科创板上市企业的重要特点是：其一，符合国家战略、突破关键核心技术、市场认可度高的科技创新企业；其二，属于新一代信息技术、高端装备、新材料、新能源等高新技术产业和战略性新兴产业的科技创新企业；其三，特别适合互联网、大数据、云计算、人工智能和制造业深度融合的科技创新企业。科创板的涨跌停板制度与创业板相同。

除了上述四大股票市场外，我国还有其他层次的股权转让市场。其中，比较有名的是全国中小企业股份转让系统，俗称"新三板"。在新三板挂牌的企业，股权可以在全国范围内转让，股东人数可以超过一般股份有限公司200人的限制。除了新三板之外，在省一级还有几十家区域性股权交易中心或股权交易市场，俗称"四板"或"新四板"市场。规模较大、在全国有一定影响力的四板市场有深圳前海股权交易中心、上海股权托管交易中心、武汉股权托管交易中心等。在四板挂牌的企业，股权可以在四板市场所在的区域（一般是省域）转让，但是股东人数不能超过一般股份有限公司200人的限制。

5.4.5　股票的价格

股票的价格其实有很多种。我们一般所说的股价指的其实是股票的市场价格。

（1）票面价格

股票的票面价格就是股票票面上标明的价格。在实券时代，不同股票的每股票面价格可能不同。例如，上海真空电子器件公司1987年发行的股票每股票面价格是100元，而图5-8中，上海飞乐音响公司1989年发行的股票每股票面价格是50元。现在沪深两市早已经实行无纸化发行，并规定无论什么上市公司的股票，其面值都是1元。

图5-8　上海飞乐音响公司1989年股票实券

（2）发行价格

股票的发行价格就是一级市场的申购价格。

《公司法》规定，股票发行价格可以等于票面金额，也可以超过票面金额，但不得低于票面金额。

（3）市场价格

股票的市场价格就是股票在市面上交易的价格，也就是通常所说的股价。

（4）账面价值

股票的账面价值又称股票净值，也称每股净资产，是指股东持有的每单位股票在公司财务报表上所表现出来的净值。价值投资者应该注意股票的账面价值，在熊市中，当股票价格低于账面价值（俗称"破净"）时，说明股价被低估，可能存在价值投资的机会。

（5）内在价值

股票的内在价值也就是股票的理论价值。股票的理论定价模型较多，其中最简单的模型是恒定现金流模型。假设股票能永久交易，企业未来每年每股的（预期）

收益为 D 不变，市场无风险利率为 r 不变，那么理论股价是 $P = D/r$。

例如，假设格力电器（000651）年平均每股收益为 6 元，无风险利率为 3.5%，那么其理论价格约为 172 元（6÷0.035）。如果格力电器的股价只有不到 42 元，那么根据假设可以推测出格力电器的股价被严重低估了，正是买入的好时机。

（6）除权价格和含权价格

我们以环旭电子（601231）某天的日K线图为例，说明什么是除权价格和含权价格。例如，2015 年 6 月 19 日环旭电子的收盘价是 41.35 元，下一交易日即 2015 年 6 月 23 日的开盘价只有 20.56 元，跌幅高达 50.28%（如图 5-9 所示），这种断崖式的下跌幅度远远超过跌停 10% 的限幅，这是为什么呢？

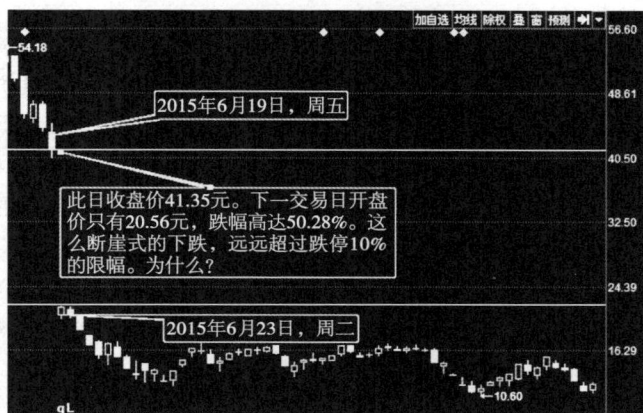

图5-9　环旭电子2015年6月至10月的日K线图——除权

仔细观察图 5-9，我们会发现在 2015 年 6 月 23 日这一交易日下面有一个字母"q"，它代表这一天股票发生了除权除息。把鼠标放在这个"q"上面，就会出现如图 5-10 所示的提示信息。

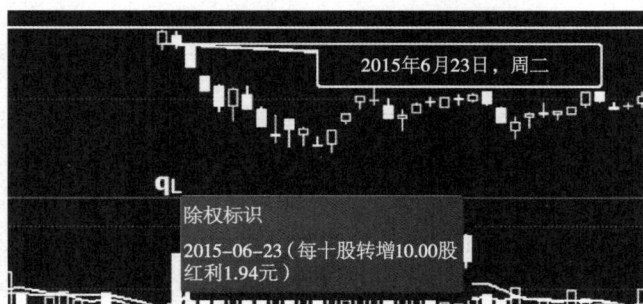

图5-10　环旭电子2015年6月23日除权标识提示

除权除息价的计算公式为：

$$除权除息价 = \left(\begin{array}{c}前一日股票的\\收盘价格\end{array} - \begin{array}{c}每股\\现金红利\end{array} + \begin{array}{c}配股\\价格\end{array} \times \begin{array}{c}配股\\比例\end{array}\right) / \left(1 + \begin{array}{c}流通股份\\变动比例\end{array}\right) \tag{5-3}$$

其中：流通股份变动比例=送股比例+配股比例

本例中的数据如下：

前一日股票的收盘价格=41.35（元）

每股现金红利=1.94/10=0.194（元）

配股价格=0

配股比例=0

流通股份变动比例=1+0=1

除权除息价=（41.35-0.194）/（1+1）=20.578（元）

实际上，下一交易日的开盘价是20.56元，相对于20.578元来看并没有跌停。

可见，投资者在进行股票价格趋势分析时，应该对股票K线图进行复权。复权的方式有两种——向前复权和向后复权。常用的是向后复权。上述除权除息价实际上是按向后复权的方法计算的。

5.4.6 股票价格指数简介

一般来说，个别股票价格受整个市场的影响，但是没有哪个投资者能同时观测市场上所有的股票价格的变动。为了反映市场整体，也就是"大盘"的价格水平和变动趋势，各大证券市场纷纷编制股票价格指数。一般来说，当这些指数上涨时，就代表大盘上涨；当指数下跌时，就代表大盘下跌。全球比较有名的股票指数有：

美国：道·琼斯工业指数、SP500指数（标准普尔500指数）、NASDAQ指数（纳斯达克指数）。

英国：FTSE100指数（译作金融时报100指数，简称富时100指数）。

日本：日经255指数。

中国香港：恒生指数。

中国内地主要的股票指数有上证指数、深成指数、创业板指数、沪深300指数、上证50指数。

注意，随着金融全球化的发展，我国A股市场价格往往会受到国际上其他股市价格的影响，尤其是美国股市对我国股市的影响越来越大。2018年，中美贸易战开始之后，美股价格下跌，隔夜我国A股价格一般也下跌。

案例分析5-1

关税乱政下的美国金融市场动荡

案情介绍：

美国新一届政府视关税为治愈国内经济顽疾的"良方"，胡乱开出"对等关税"这剂"药"，令美国金融市场持续动荡，美股颓势进一步强化。

2025年4月2日，特朗普签署行政令，宣布对所有贸易伙伴征收所谓"对等关税"。美股3日和4日连续暴跌，美股市值短短两天蒸发创纪录的6.6万亿美元，标普500指数两日累计跌幅达10.53%，罗素2000指数和纳斯达克综合指数分别在3日和4日跌入技术上的熊市。随着美国关税政策引发更多利空，美股7日早盘继续暴跌，标普500指数一度跌入熊市区间。

美股连续暴跌，投资者利益受损，代表华尔街利益的多名重量级人物频频发声，表达对经济前景的担忧，批评政府关税政策，要求纠正错误。

在一片反对与质疑声中，特朗普政府9日宣布调整"对等关税"政策，美股

当天上涨。然而，仅一天后，美股再度大跌。10日纽约股市三大股指将前一日的涨幅尽数回吐，其中标普500指数盘中一度下跌达6.26%。

案例分析：

虽然外界对特朗普政府关税政策有一定预期，但其上台后的政策节奏和强度超出市场预期，这主要体现在政策不确定性上，美国贸易政策不确定性指数创1985年有统计以来最高值，远超其他类型政策，带动市场对美国经济和政策的不确定性大幅提升。美国调整"对等关税"政策不仅没有降低不确定性，反而引发投资者普遍担忧，美国与贸易伙伴的谈判有很大不确定性，政策走向仍不明朗，美股难逃大幅震荡。

同时，股市显著波动还容易带动大宗商品期货、原油期货、黄金期货等的价格波动，而投资者对美国经济前景的担忧和资金流出压力刺激美元指数大跌和国债收益率上涨，由此产生一系列经济连锁反应。

资料来源：刘亚南. 关税乱政下的美国金融市场动荡 [N]. 新华每日电讯，2025-04-12（3）.

5.5 债券市场

前面我们讲过，短期债券市场属于货币市场，现在我们学习长期债券市场。长期债券市场属于资本市场。一般我们所说的债券市场指的是中长期债券市场。

5.5.1 债券的概念

在日常生活中，如果某人向他人借债，为了表明债权债务关系，可以向债权人开具一张欠条。在正规的金融市场，如果企业或国家向不特定对象公开借债，就需发行债券。债券简单地说就是一种特殊的正规的金融"欠条"。

债券是社会各类经济主体为筹集资金而向债券投资者出具的、承诺按一定的利率定期支付利息并到期偿还本金的债权债务凭证。债券曾经是印实物券的，但是当今已经很少有企业或国家发行实物券了。当前，对于正在交易中的公募债券，投资者可以在证券行情软件中查询相关信息，例如可以查到中国国航债券的期限为10年，票面利率为5.1%，一年付一次息，见表5-5。

表5-5 **中国国航债券信息**

债券代码	122218	债券简称	12国航01
发行人	中国国际航空股份有限公司		
债券全称	中国国际航空股份有限公司2012年公司债券（第一期）		
债券类型	公司债	交易市场	上海证券交易所
发行总额（亿元）	50	期限（年）:	10
起息日期	2013/1/18	到期日期:	2023/1/18

债券余额（万元）	500 000	到期天数（天）	871
最新信用评级	AAA	评级机构	中诚信国际信用评级有限责任公司
发行价格（元）	100.00	面值（元）	100
息票品种	附息	利率类型	固定利率
计息方式	SI	发行日期	2013/1/18
付息频率（月/次）	12	摘牌日期	2023/1/18
利息税率（%）	20	上市日期	2013/3/4
付息日期	每年的1月18日，遇节假日则顺延		
票面利率说明	5.10%		

资料来源 同花顺.

一般"债券"指的是中长期债券。中长期债券都是每年定期付息，最后一期才偿还本金。本节所指的"债券"不包括企业短期融资券、短期国债、贴现债券等债券，也不包括利随本清式债券，专指付息中长期债券。

5.5.2 债券的基本要素

债券在发行时，必须标明其与发行企业相关的一些信息，这便是债券的要素，也是投资者投资债券时应该关注的重点。

（1）票面价值

一张债券的面值一般为100元，少数为1 000元或10 000元。

（2）偿还期限

偿还期限即债券的期限。中期债券偿还期限为2~10年，长期债券偿还期限大于等于10年。

（3）票面利率

票面利率即债券票面规定的利率。注意，票面利率并不一定等于收益率。在我国，债券的票面利率大体上有如下规律：国债利率较低，企业债利率一般高于国债利率，小公募债券利率一般高于大公募债券利率。从另一个角度来看，发行人的信用水平越高，债券越安全，票面利率越低。

（4）债券发行者名称

债券发行者名称也就是债券发行人。

（5）计息方式

我国债券一般是单利计息。

（6）付息频率

我国长期国债一般是每年付两次息，这是与国际接轨的。中期国债有的是一年付两次息，有的是一年付一次息。我国企业债的付息频率是每年一次，而欧美市场企业债一般一年付两次或四次息。

5.5.3 债券的分类

债券的种类较多，了解债券的分类对于投资者做出正确、恰当的投资决策具有重要意义。常见的分类方式有按发行主体分类和按发行方式分类，我们在前述2.3.3中对此已有介绍，这里不再赘述。

实务中还有一种"利随本清"的债券。这类债券一般也按面值发行，但是它中途是不付息的，到期一次性偿还本息。在一般的行情软件中，这类债券被归于贴债中，如表5-6中的国开1804债券。从表5-6中可以看出，这张债券的发行价格是100元，并没有折现发行，息票品种是"到期一次还本付息"，期限是1年。这就是典型的利随本清的债券。某些私募债券，期限大于1年，也可能是利随本清的付息方式。

表5-6   **国开1804债券基本信息**

债券代码	108603	债券简称	国开1804
发行人	国家开发银行		
债券全称	国家开发银行2018年跨市场第四期金融债券		
债券类型	政策性金融债	交易市场	深圳证券交易所
发行总额（亿元）	30.000000	期限（年）	1.0000
起息日期	2018-08-29	到期日期	2019-08-29
债券余额（万元）	—	到期天数（天）	208
最新信用评级	—	评级机构	—
发行价格（元）	100.0000	面值（元）	100.00
息票品种	到期一次还本付息	利率类型	固定利率
计息方式	SI	发行日期	2018-08-24
付息频率（月/次）	—	摘牌日期	2019-08-29
利息税率（%）	20.0000	上市日期	2018-08-30
付息日期	到期一次还本付息，遇节假日则顺延		
票面利率说明	3%		

（3）按募集方式分类

按募集方式分类，债券可以分为公募债券、私募债券和小公募债券。三者的区别如表5-7所示。简单地说，公募债券是面向一切投资者的、没有投资门槛的债券，小公募债券仅面向合格投资者，而私募债券就是私下募集的债券，面向合格投资者，而且投资者不能超过200人。三者在发行条件、发行准入管理和交易方式方面也有所不同。

表5-7   **公募债券、小公募债券和私募债券的区别**

项目	公募债券	小公募债券	私募债券
发行对象不同	公众投资者和合格投资者	合格投资者，没有人数限制	合格投资者且不超过200人
发行条件不同	条件严格，如最近3个会计年度实现的年均可分配利润少于债券1年利息的1.5倍，债券信用评级达到AAA级	条件较严格，如最近3个会计年度实现的年均可分配利润不少于债券1年的利息	不设硬性限制条件
发行准入管理不同	证监会审批	基本上由证券交易所审核	由证券业协会统一实施事后备案和负面清单管理
交易方式不同	竞价交易和协议交易方式（在上海证券交易所交易的公司债券，还可以采取报价和询价的交易方式）	一般采取协议交易方式（在上海证券交易所交易的公司债券，还可以采取报价和询价的交易方式）	仅可采取协议交易方式

5.5.4 内部收益率与到期收益率

内部收益率和到期收益率可以说是债券和债券投资最重要的概念。某一期限为N年的付息国债，面值为F元，票面利率为r，假设某一不变的折现率为disc，一年付一次息，那么这张债券的价格为：

$$P_B = \frac{F \times r}{(1 + \text{disc})^1} + \frac{F \times r}{(1 + \text{disc})^2} + \cdots + \frac{F \times r}{(1 + \text{disc})^N} + \frac{F}{(1 + \text{disc})^N} \tag{5-4}$$

事实上，市场上债券的价格P_B是已知的，债券面值F和票面利率r也是已知的，而（5-4）式中的不变的折现率是人为计算出来的，这个不变的折现率就是内部收益率（IRR）。

如果一年付两次息，上面的公式就要变换成：

$$P_B = \frac{F \times r/2}{(1 + \text{disc}/2)^1} + \frac{F \times r/2}{(1 + \text{disc}/2)^2} + \cdots + \frac{F \times r/2}{(1 + \text{disc}/2)^{2N}} + \frac{F}{(1 + \text{disc}/2)^{2N}} \tag{5-5}$$

在金融软件的计算中，内部收益率一般是根据现金流的发生期计算出来的，具体来说，如果现金流每年发生一次（即一年付一次息），那么计算出的内部收益率就是年化的；如果现金流是每半年发生一次（如每半年付一次息），那么计算出来的内部收益率一般是半年内部收益率。

在金融计算中，求解内部收益率可以用Excel的单变量，也可以用MATLAB的相关函数。

年化的内部收益率又叫到期收益率（YTM）。一年付N次息的IRR转换为YTM的公式是：

$$YTM = \left(1 + IRR\right)^{N} - 1 \qquad (5-6)$$

从上面的公式可以看出，折现率disc和债券价格P_B是反向变动的关系，进而我们得出下面的重要结论：

当债券的到期收益率上升时，债券价格下降；

当债券的到期收益率下降时，债券价格上涨。

如果短期持有债券，收益主要来自买卖债券的差价，即"炒债券"，基本操作方法是：

预期市场收益率上升时，做空债券；

预期市场收益率下降时，做多债券。

本章小结 ☑

1.金融市场就是金融交易的市场，分为有形的市场和无形的市场。证券交易一般都是在证券交易所里进行的，属于有形的市场。无固定交易场所的市场是无形的市场，比较正规的无形市场多半是在金融机构的柜台交易，形成OTC市场。此外，互联网理财平台也可以看作在线的OTC市场。

2.短期借贷市场包括短期信用贷款、短期抵押贷款和短期保证贷款等形式。如何扩大中小企业信用贷款规模是我国金融创新迫切需要解决的一大问题。

3.同业拆借的期限一般有隔夜、1周、2周、1月、3月、6月等；国债回购的期限与同业拆借的期限相似，但是有2日和3日期。

4.票据贴现的工具有商业汇票、银行汇票和央行票据等。

5.我国短期国债一般是贴现国债，20世纪80至90年代也曾发行纸质国库券；我国企业短期债券是短期融资券，只能在银行间市场流通。

6.国债回购的利率一般较低，在月末、季末和年末都可能上升，是交易的好时机。

7.所有的货币市场的共同特点是期限较短、利率较低，风险也较低。没有多少投资经验的初级投资者或者不愿意承担市场风险的风险极端厌恶者可能通过持有货币市场基金间接参与货币市场的交易。

核心概念 ☑

金融　场内交易　场外交易　同业拆借　短期融资券　票据贴现　再贴现　回购　股票　一级市场　二级市场　债券　贴现债券　付息债券

课后思考与练习 ☑

1. 什么是金融？金融的本质是什么？

2. 什么是市场？什么是金融市场？金融市场的特点有哪些？

3. 请到你家附近的一家银行做实地调研：（1）该行一年期和三年期存款利率为多少？（2）该行的基本贷款利率为多少？（3）该行办理信用贷款需要什么条件？利率是多少？（4）该行办理抵押贷款一般接受什么抵押品？利率为多少？

4. 请到你所在城市的一家小额贷款公司咨询以下业务：（1）办理信用贷款需要什么条件？利率是多少？（2）办理过桥贷款需要什么条件？利率为多少？（3）为什么小额贷款公司的利率较高？

5. 请到你所在城市的一家担保公司咨询以下业务：（1）企业贷款担保需要什么样的资格和手续？（2）担保费率为多少？（3）担保期限为多长？

6. 什么是同业拆借？我国同业拆借的参考利率是什么？同业拆借对于银行而言有什么重要意义？

7. 什么是短期债券？我国短期国债的发行方式是什么？我国短期国债有哪些类型？分别在哪里申购？期望利率大约为多少？

8. 什么是汇票、本票和支票？什么是银行承兑汇票？银行承兑汇票和企业支票哪个信用级别高？什么是票据贴现、再贴现和转贴现？

9. 什么是回购交易？普通投资者如何参与国债逆回购交易？如何把握国债逆回购交易的时机？

10. 我国中长期借贷市场有什么特点？

11. 调研：请到一家商业银行咨询一年期以上贷款业务，包括：贷款企业需要满足哪些具体的条件，需要什么样的押品，最小贷款金额为多少，如何进行信用评级，不同等级的贷款利率为多少，等等。

12. 什么是股票？股票市场对于企业融资有何意义？

13. 我国股票市场有几大板块？各大板块各有什么特点？

14. 什么是股票的内在价值？当股票的市场价格严重偏离其内在价值时，如何避免投资风险？

15. 什么是债券？债券的基本要素有哪些？

16. 债券按发行方式可以分为哪些类别？按发行主体可以分为哪些类别？按募集方式可以分为哪些类别？

17. 债券投资的工具有哪些？怎样理解债券价格与收益率的反向变动关系？

第6章
金融衍生工具市场

通过本章的学习，了解衍生金融工具的基本概念和分类，理解远期类金融衍生工具的基本概念和远期合约的构成要素与基本功能，理解远期外汇交易和远期利率协议的基本交易方法，了解相关实务知识，掌握期货合约和期货交易的基本概念、期货合约的构成要素、期货市场的交易制度，会运用期货合约为现货进行套期保值，了解世界主要期货市场，掌握期权合约和期权交易的基本概念，理解并区分欧式期权、美式期权、看涨期权、看跌期权等基本概念，了解期权合约的构成要素以及交易者的权利和义务，会运用B-S公式给欧式期权定价，了解世界主要期货及期权市场。

重难点提示 ☑ --●

重点：金融衍生工具按交易方式的分类——远期合约、期货合约、期权合约和互换合约；远期、期货、期权类合约市场的基本特点和构成要素及交易规则；套期保值的基本原理以及运用金融衍生工具进行套期保值的方法。

难点：远期、期货、期权类合约市场的基本特点和构成要素及交易规则；套期保值的基本原理以及运用金融衍生工具进行套期保值的方法；期货和期权合约机构收益和损失的计算。

课程思政教学参考 ☑ --●

教学知识点	思政结合点
远期合约的特点	金融风险意识 风险防范手段

教学知识点	思政结合点
期货的套期保值功能	多样化的投资选择 金融风险规避 财富人生规划
我国期货交易所的快速发展	道路自信 民族自豪感 金融科技前沿

　　小明一家一致认为，今后的投资重点应该是金融市场的投资，但是投资什么市场呢？父母看到最近黄金、白银涨得比较快（参见图6-1），想投资黄金、白银期货，但他们对期货投资一无所知。作为家中的"金融顾问"，小明认为黄金、白银期货价格波动太大，而且存在杠杆效应，风险太大，不大适合他父母这样初学金融投资的"小白"。他建议父母如果要积累期货投资的知识，可以从波动较小的品种，如小麦、玉米或水稻之类的农产品期货做起。亲爱的读者，你们同意他的建议吗？

	名称	代码	现价	涨幅(结)	涨跌	买价	卖价	买量	卖量	现手	成交量	持仓
1	沪银2408	ag2408	7251	+0.57%	+41	7249	7251	5	10	2↓	14062	66200
2	沪银2409	ag2409	7266	+0.76%	+55	7265	7266	4	1	2↓	6868	21219
3	沪银2410	ag2410	7278	+0.71%	+51	7277	7278	33	6	4↓	47604	21.28万
4	沪银2411	ag2411	7290	+0.69%	+50	7288	7291	1	2	1↑	1833	15948
5	沪银2412	ag2412	7299	+0.76%	+55	7298	7299	16	24	3↑	14.32万	41.24万
6	沪银2501	ag2501	7315	+0.61%	+44	7313	7315	4	2	1↑	2746	14112
7	沪银2502	ag2502	7323	+0.77%	+56	7322	7324	1	5	2↑	5611	44550
8	沪银2503	ag2503	7340	+0.69%	+50	7338	7341	9	4	4↑	1273	11950
9	沪银2504	ag2504	7347	+0.56%	+41	7346	7350	2	1	1↓	1133	21881
0	沪银2505	ag2505	7368	+0.68%	+50	7365	7369	2	5	1↑	663	11449
1	沪银2506	ag2506	7375	+0.55%	+40	7371	7376	3	2	1↑	470	6344
2	沪银2507	ag2507	7382	+0.61%	+45	7380	7384	1	1	1↑	65	422
3	沪银连续	ag7777	7251	+0.57%	+41	7249	7251	5	10	2↑	14062	66200
4	沪银指数	ag8888	7294	+0.71%	+52	–	–	64	85	27↓	22.55万	83.93万
5	沪银主连	ag9999	7299	+0.76%	+55	7298	7299	16	24	3↑	14.32万	41.24万

图6-1　2024年7月30日沪银合约夜盘某时点信息

　　金融市场上风险无处不在，其中最大的风险一般是市场风险，即市场价格剧烈波动给持有某种金融头寸的投资者或机构可能带来的损失。长期以来，人们都在探求规避或转移市场风险的工具，这就是金融衍生工具。金融衍生工具最初出现在市场上时，往往并不被当地法律认可，随着其不断发展和完善，逐渐得到法律认可。在当今国内外金融市场上，金融衍生工具已经成为不可或缺的一部分。

　　金融衍生工具市场主要包括远期类衍生品市场、期货市场、期权市场和互换类衍生品市场。由于一般投资者只可能接触到远期类衍生品、期货与期权这三个市场，所以本章重点介绍这三个市场。

6.1 金融衍生工具概述

6.1.1 金融衍生工具的产生

一般的有价证券，如商业汇票、银行承兑汇票、银行本票、股票、债券等金融工具，一般都有发行人和面值等信息，是获取资金（无条件的支付[①]）、股权收益（股票和红利）和债权收益（本金和利息）的凭证，这类证券本身是有内在价值的，可以将之归类为原生金融工具。

原生金融工具（underlying financial instruments）是指在实际信用活动中出具的能证明债券债务关系或所有权关系的合法凭证，主要有商业票据、债券等债权债务凭证和股票、基金等所有权凭证。原生金融工具是金融市场上最广泛使用的工具，也是衍生金融工具赖以生存的基础。我们前面讲的资本市场和货币市场都是原生金融工具市场。

原生金融工具可能给持有者带来收益，但是也存在一定的风险：股票价格每个交易日都会有所波动，风险之大自不必多言；企业债券可能会违约，投资者可能会收不回利息甚至本金，而债券价格也是波动的，投资者也可能在债券的买卖中遭受亏损。一般认为票据相对安全，但是商业汇票可能违约，支票可能发生跳票的情况，即使是风险非常小的银行承兑汇票或信用证也有可能被拒付。一般说来，金融资产的多头担心未来资产价格下跌，而金融资产的空头担心未来资产价格上涨。有没有一种工具能使这些多头或空头不用担心未来潜在的损失或减少这类潜在的损失呢？

对于这个问题，其实早就有解决办法——合约。也就是说，人们最先想到的是用合约的方式，把未来交易的价格锁定为合约价格，这样就不用担心未来市场价格的波动了。这就是远期合约。现代出土的陶片上的文字记载表明，早在古希腊时代，就已经产生了远期商品交易，不过那时人们对这种远期商品交易是持敌视态度的。到了古罗马时期，这种远期交易就已经大量出现了。公元前3世纪，古罗马的法律已经允许远期商品交易。

远期商品交易的本质是通过合约锁定未来交易的价格。在远期交易的基础上，期货合约和期权合约得到发展，到了近代，互换合约也发展起来。于是金融衍生工具的四大类别都出现了。期货合约其实是标准化的远期合约，而期权合约其实是在期货合约的基础上加入了一种选择权，互换合约其实可以看作两个平行的远期合约。可见，一切金融衍生工具都是在远期合约的基础上发展起来的；无论哪一类衍生工具或衍生品，本质上都是一个合约。由此，给出金融衍生工具的定义：

金融衍生工具（financial derivatives），又称衍生金融工具，是在原生金融工具基础上派生出来的各种金融合约及其组合形式的总称，简称衍生工具或衍生品

[①] 汇票、支票和本票本质上都是无条件的支付命令。

（derivatives），主要包括远期、期货、期权和互换合约及其组合。金融衍生工具通常以双边合约的形式出现，其价值取决或衍生于原生金融工具。合约规定了持有人的权利或义务，并据此进行交易。

例如，我国的 50ETF 期权就是基于 50ETF 基金的期权，50ETF 基金是原生金融工具，而这个期权是衍生金融工具。

6.1.2 金融衍生工具的分类

金融衍生工具有很多种，分类方法也有多种。国内一般按交易方式将其分为远期类、期货类、期权类和互换类四大类金融衍生工具。远期类衍生工具以远期商品合约为主，近年来我国远期外汇交易和远期利率协议发展比较迅速。我国期货类衍生市场以商品期货为主，还有少数几个品种的利率期货。在我国衍生品市场上，期货类衍生品的交易量最大，所以期货类衍生品市场是我国最重要的金融衍生品市场。我国期权类衍生品市场发起步比较晚，目前仅有上证 50ETF 期权、上交所沪深 300ETF 期权、深交所沪深 300ETF 期权和沪深 300 股指期权，以及三大商品期货交易所推出的基于少数商品期货的期权，如棉花期货期权和白糖期货期权。我国互换交易起步也比较晚，当前仅有利率互换和货币互换等少数几个品种，而且仅限于银行间或者银行与大企业之间的交易。个人投资者不能参与此类市场的交易。

国外市场一般按衍生基础将金融衍生工具分为商品类衍生品、权益类衍生品、利率类衍生品、货币类衍生品和信用类衍生品。国外的商品类金融衍生品包括远期、期货、期权和互换四大类；权益类金融衍生品主要是股指期货和股指期权；利率类衍生品较多，包括远期利率协议、利率期货、利率期权和利率互换等；货币类衍生品主要包括外汇期货、外汇期权和货币互换；信用类衍生品产生较晚，但发展很快，在 2007 年美国次贷危机爆发之前，比较有名的信用类衍生品是 CDO 和 CDS[①]。

6.2 远期合约和远期类衍生品市场

在农业生产中，往往存在一种"谷贱伤农"的现象，指的是在农产品大丰收的年份，农产品价格大幅下跌，农民卖出农产品不但赚不了钱，还可能赔本。假设有一个豆农，每年平均产出大豆 10 吨，生产成本约为 4 元/千克，正常利润为 1 元/千克。有一个谷物收购商，在大豆播种时，愿意以 5 元/千克的价格签订一份合约，交易数量为 10 吨。合约规定，未来大豆上市时，无论市场价格如何变动，豆农和收购商的交易都必须按合约价格 5 元/千克进行。这样，豆农就不用担心未来"豆贱伤农"了。这种交易就是远期交易。

---

① CDO 即 collateralized debt obligation，译作"担保债务凭证"，是以抵押债务信用为基础，基于各种资产证券化技术，对债券、贷款等资产进行结构重组，重新分割投资回报和风险，以满足不同投资者需要的创新性衍生证券产品。CDS 即 credit default swap，译作"信用违约互换"，是在一定期限内，买卖双方就指定的信用事件进行风险转换的一种合约。一般认为，CDO 和 CDS 是美国 2007 年次贷危机的元凶。

6.2.1 远期类金融衍生工具概述

（1）远期合约的基本概念

虽然远期类金融衍生工具在古代就已经出现了，但是那时候这类合约要么不被社会承认，要么交易量很小，根本不可能形成有气候的市场。1848年，芝加哥期货交易所（CBOT）成立，标志着近代远期市场的开端，当时该交易所主要交易美国的谷物。时至今日，远期类金融衍生工具市场已经发展成为各市场经济国家必不可少的一个重要市场。远期市场的载体就是远期合约。

远期合约指合约双方承诺以当前约定的条件在未来进行交易的合约，一般要指明买卖的商品或金融衍生工具的种类、价格及交割结算的日期。上例中豆农与收购商的购销合同就是我国现实经济中最常见的一类远期合约。

大多数远期合约不在交易所里交易，而是在场外由合约的多头和空头自由签署。不过，我国各地都建有不同的大宗商品交易市场或交易中心，这些集中的交易场所也推出场内远期合约交易，这些交易也可以被看作场内远期交易。这类场内远期交易的最大特点是合约可以转让，具有一定的流动性。无论是场外交易的远期合约还是场内交易的远期合约，在合约到期时必须交割，多头必须按合约价格和数量买进标的资产，空头必须按合约价格和数量卖出标的资产。

（2）远期合约的构成要素

不同类型的远期合约，内容当然是千差万别的，但是它们都必须具备远期合约的共同要素。这些要素一般包括如下内容：

① 标的资产，也就是双方约定在合约到期时将要交割的资产。这种资产可能是某种大宗商品，如大豆、棉花或玉米，也可能是黄金、白银等贵金属，还可能是国债和股票等证券或外国货币，具体资产由合约双方共同约定。

② 多头和空头。合约中的买方处于多头地位，合约中的卖方处于空头地位。

③ 到期日，即合约到期的具体日期，在到期日双方要进行实物交割。多头必须按合约价格和数量买进标的资产，空头必须按合约价格和数量卖出标的资产。

④ 交割价格，即合约中规定的买卖标的物的价格，也称协定价格或敲定价格（strike price）或执行价格（exercise price）。

⑤ 交割条款，主要是关于交割地点、交割期限、标的资产的质量等级等方面的限定。这些条款规定得越详细，就越能减少交割中的纠纷。

除了这些构成要素之外，远期合约可能还包含商品运输、包装、支付、合约转让等方面的规定，不同标的资产的远期合约之间差别可能很大。

（3）远期合约的损益分析

设远期合约的执行价格为K，远期合约的标的资产到期时的市场价格为S_T，远期合约多头在合约到期时的损益（payoff）为P，那么，远期合约多头的损益为：

$$P = S_T - K \tag{6-1}$$

远期合约多头的损益如图6-2所示。从图中可以看出，合约到期时的资产价格S_T越高，多头的收益越高。多头的盈亏平衡点（不考虑手续费）就是执行价格K，如果到期时市场价格低于执行价格，那么多头将产生亏损。

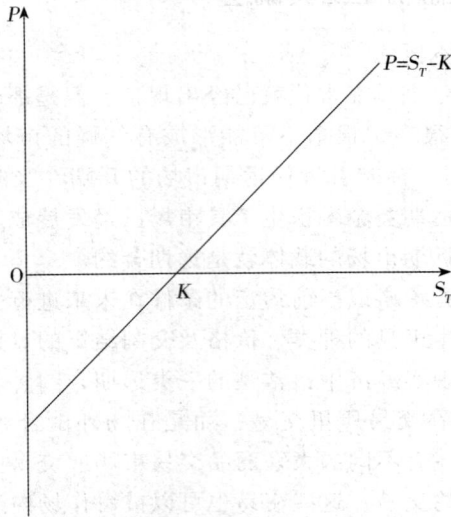

图6-2　远期合约多头的损益图

远期合约空头的损益为：

$$P = K - S_T \qquad (6\text{-}2)$$

远期合约空头的损益如图 6-3 所示。从图中可以看出，合约到期时的资产价格 S_T 越低，空头的收益越高。远期合约空头的盈亏平衡点（不考虑手续费）也是执行价格 K，如果到期时市场价格高于执行价格，那么空头将产生亏损。

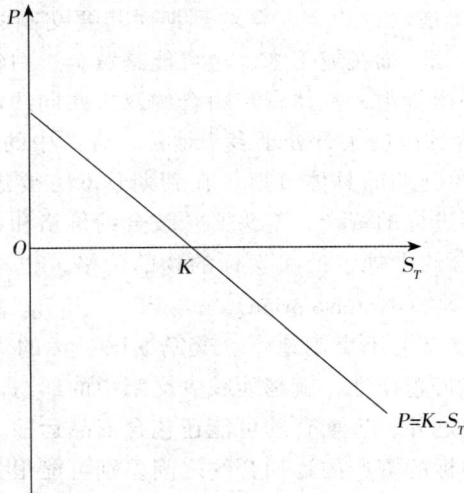

图6-3　远期合约空头的损益图

（4）远期合约的功能和优缺点

①远期合约的功能。

不同的远期合约，功能虽然有所差别，但总体上来看，都有如下功能：

其一，套期保值功能。

套期保值（hedging）是指生产经营者在现货市场上买进或卖出一定数量的现货商品的同时，在远期市场上卖出或买进与现货市场品种相同、数量相当、交易方向相反的远期合约，以期在未来某一时间再通过远期合约的交割来抵消现货价格波动给其带来的实际价格风险。

例如，某农场预计在某年10月产出粳稻1 000吨，当年8月市场上粳稻的价格为3 000元/吨，该价格正好能够保证该农场的正常利润，但是该农场担心10月粳稻大量上市时，市场价格下跌而产生亏损，于是该农场和一家粮油集团签署一份远期合约，合约价格定为3 000元/吨。那么，到了10月，无论市场价格如何变动，该农场都可以按合约价格3 000元/吨卖出粳稻，从而实现这批粳稻的"保值"，当然也就保证了农场的正常利润。

其二，投机功能。

投机（speculation）在金融市场上是一种交易手段或交易方式，投机交易者通过低买高卖或高卖低买金融资产而获利，其持有金融资产并非看中其内在价值，只是把金融资产当作一种谋利的工具。与股票和债券一般只能通过做多投机不同，远期合约既可以通过做多获利，也可以通过做空获利。上文通过图6-1和图6-2已经分析过，如果合约到期时标的资产价格高于合约价格，多头就能获利，价格越高，获利越多；相反，对于空头而言，合约到期时，标的资产价格低于合约价格才能获利，而且价格越低，获利越丰。在操作上，如果投机者预期未来资产价格上涨，就可以通过做多远期合约投机；如果预期未来资产价格下跌，就可以通过做空远期合约投机。

其三，价格发现功能。

远期合约交易中，不仅有套期保值交易者，还有很多投机者，这些交易者对于标的资产未来的价格都会进行理性分析，对于资产价格的变动也比较敏感，他们更能发现标的资产的内在价值。远期市场越发达，远期合约的流动性越好，就越能体现市场定价的超前性，这就是远期合约和远期市场的价格发现（price discovery）功能。

②远期合约的优缺点。

远期合约是适应规避现货交易风险的需要而产生的。相对于封建社会自给自足的状态而言，现货交易是人类的一大进步。通过交易，双方均可获得好处。现货交易的最大缺点在于无法规避价格风险。一个农场主的命运完全掌握在他的农作物收割时现货市场的价格手中。如果在播种时就能确定农作物收割时的价格，农场主就可安心致力于农作物的生产了。远期合约正是适应这种需要而产生的。

远期合约的优点主要表现在以下两方面：

其一，不受场所限制。远期合约是非标准化合约，因此它不在交易所交易，而是由金融机构之间或金融机构与客户之间通过谈判签署。已有的远期合约也可以在场外市场交易。

其二，内容灵活，适应性强。在签署远期合约之前，双方可以就交割地点、交割时间、交割价格、合约规模、标的物的品质等细节进行谈判，以便尽量满足双方的需要。因此，远期合约跟后面将要介绍的期货合约相比，灵活性较大，能适应各种实际生产需求。这是远期合约的主要优点。

远期合约虽然有上述优点，但是它毕竟是一种比较原始、简单的金融衍生品，在当今金融市场越来越复杂、市场监管越来越严格的大趋势下，远期合约本身的缺点使它注定不大可能成为主流的金融衍生工具。总体来看，其缺点主要有以下几点：

第一，市场效率较低。远期合约没有固定的、集中的交易场所，不利于信息交流和传递，不利于形成统一的市场价格，市场效率较低。

第二，流动性较差。远期合约千差万别，给流通造成较大不便，因此远期合约的流动性较差。

第三，违约风险较高。远期合约的履约没有保证，当价格变动对一方有利时，另一方有可能无力或无诚意履行合约，因此远期合约的违约风险较高。

6.2.2 远期商品市场和远期商品交易

（1）我国的远期商品市场

我国的远期商品交易市场在2012年之前曾经一度十分活跃，当时全国各地有大大小小200多个地方交易所或交易中心在进行集中化的现货即期和远期交易，其特点是合约标准化、集中交易，有的引入了做市商，有的甚至实行24小时连续交易，其中最著名的是天津贵金融交易所。然而，有些交易所行商品远期交易之名，实质上进行的是不规范的期货交易，给投资者造成了巨大损失。在这样的背景之下，《国务院办公厅关于清理整顿各类交易场所的实施意见》（参见本书阅读材料5-2）明文禁止地方交易所或交易中心采取做市商、集中竞价、将权益按照标准化单位持续挂牌交易，在这之后，这类不规范的现货远期交易逐渐退出了市场，各地方交易所或交易中心的商品远期交易逐渐回归到传统的产品销售合同上来。以武汉农畜产品交易所为例，该交易所当前已无持续挂牌交易的品种，订单农业已经成为其重点之一，该所的远期业务主要是农企订单的中介业务，显然这种远期市场的成交量和市场规模都比较小。

当前我国比较大的现货远期交易市场很少，比较有名的，符合国家法律法规的典型市场是上海黄金交易所。《上海黄金交易所银行间黄金询价业务交易规则》（2019年修订版）第十一条的内容如下："根据交易期限的不同，黄金询价交易包括即期、远期、掉期等品种。"上海黄金交易所是官方认可的贵金属交易市场。其他地方贵金属交易市场的资格存疑，投资者要格外小心。

（2）黄金远期交易

黄金的远期交易是买卖双方根据双方商定的价格，在稍后的一段时间里买卖一定数量的黄金的责任和义务。与黄金的现货交易不同，远期交易的义务（交易的结果）和义务的履行（交割和付款）在时间上是清楚地分开的。

黄金的远期价格是以所交易的对象的即期价格及相应的货币在欧洲市场的利率和到期日为基础计算的。还需要注意，投资者进行黄金远期交易要缴纳保证金。黄金远期交易是不可撤销的，但它可以在任何时候按原来商定的日期通过再买卖相应数量的黄金而结清。在到期日时，投资者可得知因价格变动而引起的损失或收益。

【例6-1】某人在4月8日买入100盎司6个月的远期黄金，即期金价为337.85美元/盎司，年化远期费率为6%，期限为180天。1个月后，黄金价格上涨到367.85美元/盎司，而5月期的年化存款利率为5.5%，该投机者卖出这100盎司远期黄金合约。问：此人可以以多高的价格卖出？通过这一买一卖的操作，此人可以套利多少美元？

解：（1）在买入6个月远期黄金时：

远期费=即期价格×远期费率×期限（以年为单位）

　　　　=337.85×6%×180/360=10.14（美元）

每盎司6个月远期价格=即期价格+远期费

　　　　　　　　　=337.85+10.14=347.99（美元）

100盎司6个月远期价格=347.99×100=34 799（美元）

（2）卖出6个月远期黄金时，期限不变，还是应该算6个月（合约的期限是不变的），不过远期费率可以用银行存款利率代替。于是，进行以下计算：

远期费=即期价格×远期费率×期限（以年为单位）

　　　　=337.85×5.5%×180/360=9.29（美元）

远期价格=即期价格+远期费

　　　　　=367.85+9.29=377.14（美元）

这就是卖出单价。

100盎司的卖出价=377.14×100=37 714（美元）

（3）该投机者的套利收入=卖出价-6个月远期价格

　　　　　　　　=37 714-34 799=2 915（美元）

如果没有学习黄金远期交易的知识，一般人算出的套利收入可能为3 000美元，所以需要特别注意。

6.2.3　远期外汇交易和远期外汇市场

在国际贸易中，并不能一手交钱一手交货，货款的交付和货物的交收之间往往有一段时差，这就导致出口商担心收到货款时，国际货币（如美元）汇率下降，兑换本币时按本币计价的收益减少；相反，进口商担心贸易合同签订后国际货币汇率上涨，付款赎单时①就必须支付更多的本币，导致进口成本上升。为了规避汇率对进出口利润的不利影响，进出口企业可以和一家具有外汇结算资格的银行（如中国银行）签订一份远期结售汇的合约，将未来收汇或付汇的汇率固定下来。这种远期结售汇交易就是远期外汇交易的一种，其载体就是远期外汇合约，当然它只是一种简单的远期外汇合约。

（1）远期外汇合约的概念与分类

远期外汇合约（forward exchange contract）是指双方约定在将来某一时间按约定的远期汇率买卖一定金额的某种外汇的合约。交易双方在签订合同时，就确定好

---

① 在国际贸易中，如果采用信用证（L/C）或付款交单（D/P）方式支付，那么进口商品到达本国港口之后，进口商一般只有在支付货款之后才能取得提单等单证，并据单证提货。这个过程叫"付款赎单"。

将来进行交割的远期汇率，到时不论汇价如何变化，都按此汇率交割。

在交割时，名义本金并未交割，而只交割合同中规定的远期汇率与当时的即期汇率之间的差额。

按照远期期限开始的时点划分，远期外汇合约又分为直接远期外汇合约（outright forward foreign exchange contracts）和远期外汇综合协议（synthetic agreement for forward exchange）。前者的远期期限是直接从现在开始算的，而后者的远期期限是从未来的某个时点开始算的，实际上是远期的远期外汇合约。例如，1×4远期外汇综合协议是指从起算日之后的1个月（结算日）开始计算的为期3个月的远期外汇综合协议。

按照交割日期划分，远期外汇合约可以分为固定交割日期的远期外汇合约和择期交割的远期外汇合约。择期交割的远期外汇合约交易比较灵活，合约的一方可以在可交割时段内选择一个有利的日期作为具体的交割日。

在我国实务中，远期外汇交易常见的形式是远期结售汇。在这类远期外汇交易中，往往是由一家银行（典型的是中国银行）直接报出远期外汇的买入价格和卖出价格，企业须将银行的卖出价作为买入价，将银行的买入价作为卖出价，有实力的企业可以和银行议价。2025年6月19日，中国银行英镑的远期结售汇牌价见表6-1。请读者自行探究远期汇率报价和即期报价之间的规律。

表6-1　　　　　　　　2025年6月19日中国银行远期结售汇牌价

货币名称	货币代码	交易期限	买入价	卖出价	中间价
英镑	GBP	1周	959.361300	976.779000	968.070150
英镑	GBP	1个月	957.838300	975.487600	966.662950
英镑	GBP	2个月	955.678000	973.321900	964.499950
英镑	GBP	3个月	953.981500	971.515300	962.748400
英镑	GBP	4个月	951.966300	969.682200	960.824250
英镑	GBP	5个月	949.806800	967.716900	958.761850
英镑	GBP	6个月	948.013700	965.782300	956.898000
英镑	GBP	7个月	945.725600	963.748300	954.736950
英镑	GBP	8个月	943.435800	961.613700	952.524750
英镑	GBP	9个月	941.501700	959.615900	950.558800
英镑	GBP	10个月	939.150900	957.318100	948.234500
英镑	GBP	11个月	936.712800	954.907700	945.810250

注：数据来源于中国银行官网（https：//www.boc.cn/sourcedb/ffx/index_2.html）.

（2）远期外汇交易的报价

远期外汇交易的报价也就是远期汇率（forward exchange rate），是指两种货币在未来某一日期交割的买卖价格。

①远期汇率的标价方法。

远期汇率的标价方法分为直接标价法和远期差价法。

直接标价法就是直接标出远期汇率的实际价格，中国银行与企业之间的远期结售汇就是用的这种方法。

在国际外汇市场上，远期汇率一般采用远期差价（forward margin）法，即报出远期汇率与即期汇率的差价，也称远期汇水。远期汇水有三种情况：

其一，升水（at premium），指远期汇率高于即期汇率时的差额；

其二，贴水（at discount），指远期汇率低于即期汇率时的差额；

其三，平价（at par），指远期汇率与即期汇率相等。

需要注意的是，就两种货币而言，一种货币的升水必然是另一种货币的贴水。

②远期汇率的计算方法。

在不同的汇率标价方式下，远期汇率的计算方法不同。一般应按如下方式进行计算：

A.直接标价法：

远期汇率=即期汇率+升水

或

远期汇率=即期汇率−贴水

B.间接标价法：

远期汇率=即期汇率−升水

或

远期汇率=即期汇率+贴水

C.买卖价全标出时：

如果标价中将买卖价格全部列出，并且远期汇水也有两个数值，那么前面这些情况也可以不去考虑，只要掌握下述规则即可求出正确的远期外汇买卖价格：加减的规则是"前小后大往上加，前大后小往下减"。"前小后大"和"前大后小"是指差价的排队方式。

其一，前大后小往下减：远期汇水前大后小表示单位货币的远期汇率贴水，计算远期汇率时应用即期汇率减去远期汇水。

【例6-2】英镑对美元（GBP/USD）市场即期汇率为1.7060~1.7030，3个月远期汇水为94/89，则3个月的远期汇率为：

$$1.7060~1.7030$$
$$-0.0094~0.0089$$

3个月远期汇率：GBP/USD1.6966~1.6941

其二，前小后大往上加：远期汇水前小后大表示单位货币的远期汇率升水，计算远期汇率时应用即期汇率加上远期汇水。

【例6-3】市场即期汇率为GDP1=USD1.6040~1.6050，3个月远期汇水为64/80，则3个月的远期汇率为：

$$USD1.6040\sim1.6050$$

$$\underline{+0.0064\sim0.0080}$$

$$3个月英镑远期汇率：GDP1=USD1.6104\sim1.6130$$

它的意思是：买入价为 1.6104，卖出价为 1.6130。

其三，其他类似的方法。

远期汇水有时也用"P"或斜线（/）或"around"字样表示。

如果用"P"表示：P左边的减，右边的加，如：

$$即期汇率：USD/JPY180.12/25$$

$$\underline{1个月直接远期汇率：6P6}$$

$$1个月直接远期汇率：USD/JPY180.06/31$$

如果用"around"表示：斜线左边的相减，右边的相加，如：

$$即期汇率：GBP/NOK11.29/33$$

$$\underline{1个月直接远期汇率：3/7around}$$

$$1个月直接远期汇率：GBP/NOK11.26/40$$

如果直接用斜杠（/）或斜杠（/）加"P"表示：斜线左边的相减，右边的相加，遇到P表示平价。例如，20/00或（20/P）表示买入价加20点，卖出价平价；00/15（P/15）表示买入价平价，卖出价加15点。

我国外汇掉期交易的报价采用上述远期汇水报价。外汇掉期属于另一种金融衍生品——互换。外汇掉期也称外汇互换或货币互换，是指交易双方约定先按照约定的汇率交换或兑换两种货币，然后在合约到期之后再按照同样的汇率反向交换两种货币的一种合约。它的本质也是一种远期货币互换。

【例6-4】人民币外汇掉期行情解读。图6-4和图6-5是2024年7月30日人民币外汇即期报价和掉期报价。从图中可以看出美元/人民币的即期买入价是7.2518，即期卖出价是7.2528，美元/人民币的掉期汇率分别是：1周期买入价和卖出价分别贴水63.97点和62.03点（前小后大往上加），6月期买入价和卖出价分别贴水1 545点，1年期买入价和卖出价分别贴水2 890点。

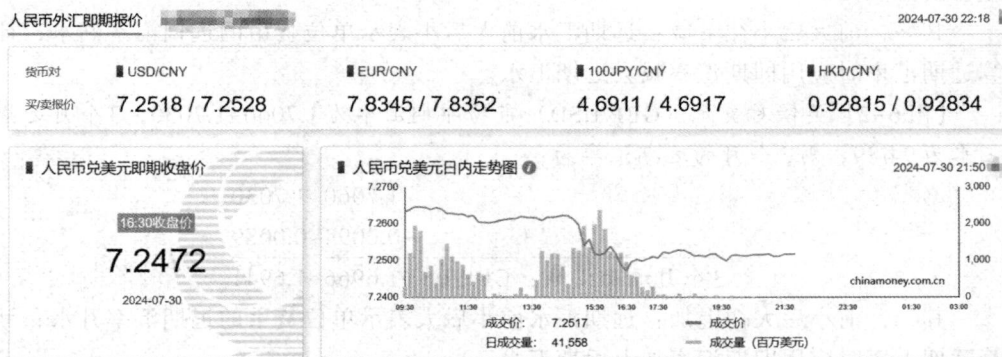

图6-4　我国人民币外汇即期报价

资料来源　中国外汇交易中心官网.

USD/CNY	1周	6月	1年
	-63.97/-62.03	-1545.00/-1545.00	-2890.00/-2890.00

人民币兑美元即期收盘价

■ 人民币兑美元日内走势图 ℹ️ 2024-07-30 21:50

16:30收盘价

7.2472

2024-07-30

成交价：7.2517
日成交量：41,558
成交价 —— 成交量（百万美元）

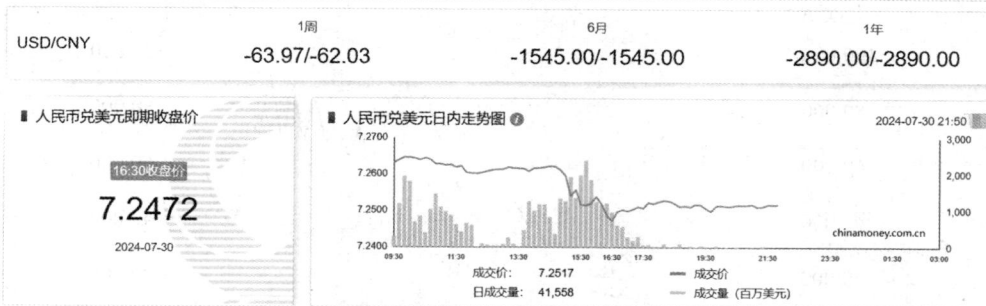

图6-5 我国人民币外汇掉期报价

资料来源 中国外汇交易中心官网.

（3）我国远期外汇交易的市场

我国远期外汇交易市场是无形市场，一般并没有固定的交易场所，其交易的载体就是远期外汇合约。中国银行是最常见的远期外汇市场的做市商。中国银行的交易对象一般为外贸企业。从中国银行的官网上可以查询最近交易日期的主要外汇远期牌价。

6.2.4 远期利率协议和远期利率市场

（1）远期利率协议的基本概念

20世纪80年代，西方国家利率剧烈波动，金融机构的利率敏感性资产和利率敏感性负债的损益也随着大幅波动，金融机构的资产负债表也变得难以平衡，金融市场上急需一种简单的对冲利率风险的工具，远期对远期贷款应运而生，进而发展出今天的远期利率协议。

远期利率协议（forward rate agreement，FRA）是交易双方约定在未来某个时点交换某个期限内一定本金基础上的协定利率与参照利率利息差额的合约。

从使用者角度来看，远期利率协议是双方希望对未来利率走势进行保值或投机所签订的一种协议。保值者要对未来的利率风险进行防范，投机者虽然面临利率风险，但指望从未来的利率变化中获利。实际上，远期利率协议的买方相当于名义借款人，而卖方相当于名义贷款人，双方签订远期利率协议，相当于同意从未来某一商定日期开始，按协定利率借贷一笔数额、期限、币种确定的名义本金。只是双方在清算日时，并不实际交换本金，而是根据协议利率和参照利率之间的差额及名义本金额，由交易一方支付给另一方结算金。

（2）全球远期利率协议市场简介

远期利率协议作为一种简单、灵活的金融衍生工具，一推出就受到了市场的欢迎。美国、英国、日本早在20世纪就发展了各自本币的远期利率协议市场，我国在2007年也建立了远期利率协议市场，参考利率为Shibor。1997年，全球远期利率协议交易额已达57 560亿美元，到2014年达到最高峰925 750亿美元，这之后有所下降，2019年末，全球交易额下降到674 310亿美元，到了2023年12月，进一步下降到560 230亿美元，如图6-6所示。注意，所有的远期利率协议都在场外市场交易。

—全球场外金融衍生品：名义金额：远期利率协议：累计值

图6-6　全球远期利率协议各年累计名义成交额

资料来源：同花顺iFinD.

（3）远期利率协议的结算

为了规范远期利率协议，英国银行家协会（British Banker's Association）于1985年颁布了远期利率协议的标准化文件（简称FRABBA），作为市场实务的指导原则。目前世界上大多数远期利率协议都是根据FRABBA签订的。该标准化文件使每一笔FRA交易仅需一个电传确认即可成交，大大提高了交易速度和质量。

【例6-5】A公司和B银行于某年8月12日（星期三）达成一份1×4金额为1 000万美元的FRA，协议利率为4.25%，则：

合同金额：1 000万美元

交易日：8月12日

即期日（起算日）：8月14日（星期五）

结算日：9月14日（星期一）

到期日：12月14日（星期一）

合同利率：4.25%

【例6-6】假定今天是2020年10月13日星期二，双方同意成交一份1×4名义金额为100万美元、合同利率为4.75%的远期利率协议。在结算日之前的两个交易日为确定日，这一天确定参照利率，假设这个参照利率为5.50%。请用图标出对应的日期。

该合约的起算日、结算日、合同期及到期日如图6-7所示。

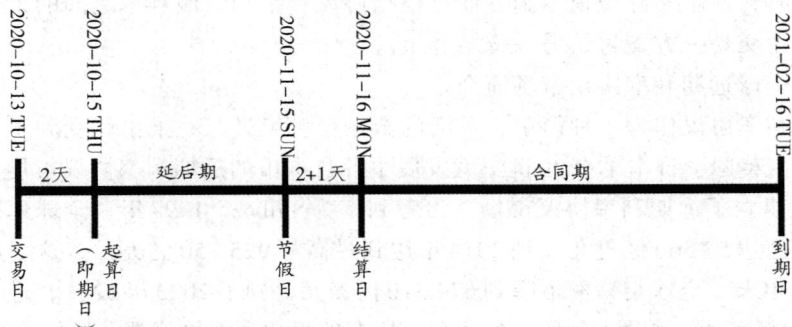

图6-7　1×4远期利率协议的起算日、结算日、合同期和到期日

①远期利率协议的报价。

FRA 的价格是指从利息起算日开始的一定期限的协议利率。FRA 的报价方式和货币市场拆出拆入利率表达方式类似，但 FRA 报价多了合约指定的协议利率期限。具体的 FRA 行情可通过路透终端机的"FRAT"画面得到。FRA 市场定价是每天随着市场变化而变化的，实际交易的价格要由每个报价银行来决定。下面以表6-2为例说明远期利率协议的报价。

表6-2中，第三行"6×9，8.03%～8.09%"的市场术语做如下解释：

表6-2   FRA市场报价

	美元	FRA
7月13日	3×6	8.08%～8.14%
	2×8	8.16%～8.22%
	6×9	8.03%～8.09%
	6×12	8.17%～8.23%

"6×9"（6个月对9个月，英语为 six against nine）是表示期限，即从交易日（7月13日）起6个月末（即次年1月13日）为起息日，而交易日后的9个月末为到期日，协议利率的期限为3个月。

"8.03%～8.09%"为报价方报出的 FRA 买卖价。前者是报价银行的买价，若与询价方成交，则意味着报价银行（买方）在结算日按8.03%的利率支付利息给询价方（卖方），并从询价方处按参照利率收取利息。后者是报价银行的卖价，若与询价方成交，则意味着报价银行（卖方）在结算日从询价方（买方）处按8.09%的利率收取利息，并按参照利率支付利息给询价方。

②远期利率协议结算金的计算。

计算的原理：一般来说，实际借款利息是在贷款到期时支付的，而结算金是在结算日支付的，因此结算金并不等于因利率上升而给买方造成的额外利息支出，而等于额外利息支出在结算日的贴现值，具体计算公式如下：

$$\text{结算金}(SR) = \frac{(r_r - r_k) \times A \times \dfrac{D}{B}}{1 + r_r \times \dfrac{D}{B}} \tag{6-3}$$

其中：r_r 表示参照利率；r_k 表示合同利率；A 表示合同金额；D 表示合同期天数；B 表示天数计算惯例（如美元为360天，英镑为365天）。

上式中，分子表示由合同利率与参照利率之间的差异所造成的额外利息支出，而分母是对分子进行贴现，以反映结算金的支付是在合同期开始之日而非结束之时。

需要注意的是，当 $r_r > r_k$ 时，结算金为正，卖方向买方支付利差；当 $r_r < r_k$ 时，结算金为负，买方向卖方支付利差。

【例6-7】 计算例6-6中的结算金为多少。

解：本题中，$r_r=0.055$，$r_k=0.0475$，$A=1\,000\,000$，$D=92$，$B=360$，代入公式：

$$SR=\frac{(r_r-r_k)\times A\times \dfrac{D}{B}}{1+r_r\times \dfrac{D}{B}}=\frac{(0.055-0.0475)\times 1\,000\,000\times \dfrac{92}{360}}{1+0.055\times \dfrac{92}{360}}$$

$=1\,890.10$（美元）

【例6-8】 假设某银行计划在3个月后筹集3个月短期资金1\,000万美元，为避免因市场利率上升增加筹资成本而遭受损失，该行作为买方参与远期利率协议。设协议利率为8%，协议本金为1\,000万美元，协议天数为91天，参照利率为3个月LIBOR。到了结算日，LIBOR为8.10%，求：

（1）FRA交易双方交换原利息差额（结算金）；

（2）该结算金由谁支付给谁。

解：（1）本题中，$r_r=0.081$，$r_k=0.08$，$A=10\,000\,000$，$D=91$，$B=360$，代入公式：

$$SR=\frac{(r_r-r_k)\times A\times \dfrac{D}{B}}{1+r_r\times \dfrac{D}{B}}=\frac{(0.081-0.08)\times 10\,000\,000\times \dfrac{91}{360}}{1+0.081\times \dfrac{91}{360}}$$

$=2\,477.06$（美元）

（2）该结算金应由借出款项的单位（如另一家银行）支付给该银行。

（4）远期利协议市场的功能

远期利率协议作为一种远期合约，具有一般远期合约共有的功能，如套期保值、规避风险和套利功能，也具有与银行业紧密联系的一般功能。除了上述几类远期市场外，还有远期股票市场，其基本原理与商品远期市场相同，该市场在我国交易量较小。

6.3 期货合约和期货市场

在6.1中已经指出，远期合约存在效率低、流动性低、违约风险高等方面的缺点，为了克服这些缺点，在远期商品市场的基础上，发展出了现代期货市场。

6.3.1 期货与期货交易

期货市场的载体是期货合约，俗称期货。期货合约可以简单地理解为一种在场内交易的、标准化的、具有严格保证金制度的特殊的远期合约。

期货交易（future transaction）是指交易双方在集中性的市场以公开竞价的方式所进行的期货合约的交易。

期货交易与现货交易有很大的不同，例如，只能在期货交易所交易（场内交易），公开竞价，实行保证金制度，先成交，后交割等，见表6-3。

项目	交易对象	交易目的	交易场所	交易主体
期货	标准化合约	避险、套利	期货交易所	生产者、经营者、投机者
现货	商品本身	商品的使用价值或价值	任何合法的场所	生产者、经营者和消费者
备注	结束交易：期货：对冲或交割 现货：货款两清		期货有严格的法律规定，而现货交易一般没有法律规定	期货买卖双方无直接联系，现货交易双方一般直接见面
项目	交易方式	价格形成机制	商品范围	保障制度
期货	公开、竞价、一对一谈判非法	竞价形成价格，波动大	范围有限	期货交易所提供履约担保
现货	私下成交，满足特定需求	现货即期价格即市场价格，现货远期价格由交易双方私定，波动小	合法则无限	仅凭商业信用
备注	期货标准，故易转手和流动；现货难转手	期货价格权威，具指导意义，现货价格无指导意义		国际贸易中有时有银行信用保障（信用证支付）

6.3.2 期货合约及构成要素

本小节以商品期货合约为默认期货类型来说明期货合约的重要概念。

期货合约是在交易所达成的、标准化的、受法律约束并规定在将来某一特定地点和时间交收某一特定商品的合约。

可以这样理解：期货合约是未来交收货物的承诺。期货合约就是一份以法律维系的在未来买入或卖出某种东西的协议。期货合约是一种承诺：最初卖出合约的人承诺在未来某一个被称为交割月的月份里将一定数量的标准化商品交付到一个预先指定的地点；交易的另一方承诺为交割的产品支付预先商定的价格。

不同的期货合约虽然各异，但是具有期货合约共同的要素，这些要素一般包括：

（1）期货品种

期货品种是指具有期货商品性能，并经过批准允许进入商品交易所进行期货买卖的品种，也叫作"上市品种"。根据品种的不同，期货一般可分为商品期货和金融期货两类。

（2）交易单位

交易单位（trading unit）也叫合约规模（contract size），是指交易所对每一份期货合约所规定的交易数量。在进行期货交易时，人们只需买进或卖出这一标准数量的某一整数倍，即买进或卖出多少份这样的期货合约，以简化期货交易的计算，但是这也在一定程度上限制了人们根据自己的实际需要确定交易数量的余地。

（3）质量标准

质量标准是指某一商品具有代表性的标准品级。对于商品期货来讲，由于商品的规格、质量等存在差异，所以交易所一般要对期货加以规定。对于金融期货来讲，由于不存在品质的差异，所以交易所除对一些特殊的金融期货合约做必要规定外，一般不做其他具体规定。

（4）最小变动价位

最小变动价位（minimum price change）也叫最小价格波动。一个变动（tick），是指某一商品报价单位在每一次报价时所允许的最小价格变动量。有了最小变动价位的规定，竞价双方就都有了标准，在相同的价值上就可以成交。

（5）每日价格波动限制

每日价格波动限制（daily price limit）是指为了防止过度投机而带来的暴涨暴跌，交易所对大多数的期货合约所规定的每天价格相对于上一日收盘价可以波动的最大限度。如果价格变化超过这一幅度，交易就自动停止。这种限制一般也称为"每日停板额限制"。简单地说，就是涨跌停板制度。

注意，由于期货交易风险很大，期货合约的涨跌停板一般比股票10%的涨跌停板要小得多。

【例6-9】如果铜合约的收盘价是17 210元/吨，结算价为17 240元/吨，该合约的每日最大波动幅度为3%，最小变动价位为10元/吨，那么该期货合约下一个交易日涨停板和跌停板价格各是多少元/吨？

解：当天涨跌停板价格的计算，是以上一日的结算价为准的。结算价是前一交易日的移动平均价格，和收盘价格是不一样的。所以，下一交易日的涨停板价格为17 240×（1+3%）=17 757.2（元/吨），因为最小变动价位是10元/吨，所以四舍五入到17 760元/吨，同理可得跌停价为17 240×（1-3%）=16 722.8（元/吨），取16 730元/吨。

设置每日价格波动限制的主要目的是限制风险，保障期货交易者在期货价格出现猛涨或狂跌时免受重大损失，但这一设置阻碍了价格迅速移向新的均衡水平。从经济效率上讲，它阻止了市场及时恢复均衡，限制了价格发现功能的实现。

（6）合约月份

合约月份（contract months）是指期货合约到期交收实物的月份。我国商品期货的合约月份各不相同，交易量较大、市场较活跃的期货品种，每个月都有合约，如铜、豆二（黄豆二号）、PVC（聚氯乙烯）等期货。我国股指期货的合约月份只有4个，分别是当月、下月、下季和隔季。我国利率期货（国债期货）的合约月份主要采用国际惯用的3月、6月、9月和12月。在各品种期货合约月份中，成交量最大的那个月份的合约叫主力合约。在表6-4中，PTA2408中的PTA是期货品种，2 408指的是合约到期月份为2024年8月。在PTA合约中，由于成交量（总手）最大的合约是PTA2409，所以该合约就是PTA合约的主力合约。可以看到，白糖的主力合约也是2 409合约。

表6-4 2024年7月30日大连商品交易郑商所部分期货合约交易信息 报价单位：元/吨

名称	代码	买量	卖量	现价	总手	涨跌	涨幅	持仓	结算价
PTA2408	TA408	16	1	5 688	96	−18	−0.32%	5 136	—
PTA2409	TA409	591	45	5 704	168 489	−14	−0.24%	829 860	—
PTA2410	TA410	85	28	5 708	5 554	−16	−0.28%	51 250	—
PTA2411	TA411	81	51	5 704	99	−14	−0.24%	2 581	—
PTA2412	TA412	1	11	5 704	68	−6	−0.11%	2 256	—
PTA2501	TA501	132	108	5 702	48 930	−10	−0.18%	486 187	—
PTA2502	TA502	1	1	—	—	—	—	4 436	
PTA2503	TA503	2	1	5 690	1	−14	−0.25%	4 222	
PTA2504	TA504	2	1	—	—	—	—	273	
PTA2505	TA505	87	3	5 696	234	−6	−0.11%	20 463	—
PTA2506	TA506	1	1	—	—	—	—	11	
PTA2507	TA507	2	2	—	—	—	—	11	
PTA连续	TA7777	16	1	5 688	96	−18	−0.32%	5 136	—
PTA指数	TA8888	976	336	5 702	223 453	−14	−0.24%	1 406 694	—
PTA主连	TA9999	591	45	5 704	168 489	−14	−0.24%	829 860	—
白糖2409	SR409	90	24	6 191	88 589	15	0.24%	283 867	—
白糖2411	SR411	161	93	5 929	8 970	7	0.12%	97 035	—
白糖2501	SR501	10	36	5 859	17 254	6	0.10%	179 384	—
白糖2503	SR503	3	5	5 826	113	3	0.05%	4 819	—
白糖2505	SR505	2	2	5 798	681	6	0.10%	15 590	—
白糖2507	SR507	1	3	5 788	6	7	0.12%	273	—

在进行期货交易时，一般应该尽量选用主力合约进行交易，这样才能保证合约快速成交。交易量太小的合约，可能存在挂单之后长时间不能成交的情况。

（7）交易时间

交易时间（trading hours）是指交易所规定的各种合约在每一交易日可以进行交易的具体时间。不同的交易所可以规定不同的交易时间，在同一个交易所，不同的合约也可以有不同的交易时间。

（8）最后交易日

最后交易日（last trading day）是指由交易所规定的各种合约停止交易的最后截止时间。在期货交易中，绝大多数成交的合约都是通过对冲交易结清的。如果持仓者到最后交易日仍不做对冲交易，那就必须通过交接实物或结算现金来结清。

（9）交割条款

交割（delivery）条款是指由交易所规定的各种期货合约因到期未平仓而进行实际交割的各项条款，包括交割日、交割方式及交割地点等。商品期货和国债期货一般采用实物交割，股指期货和外汇期货一般采用现金交割。

6.3.3 期货市场

（1）期货市场的交易制度

世界各国的期货市场交易制度大体相同，一般包括以下几种交易制度：

①间接清算制度。

期货合约均在交易所进行交易，交易双方不直接接触，而是各自跟交易所的清算部或专设的结算公司结算。对期货交易的买方而言，卖方是期货交易所的结算公司；对期货交易的卖方而言，买方是期货交易所的结算公司，因此交易双方无须担心对方违约。所有买方和卖方都集中在交易所交易，由此就克服了远期交易所存在的信息不对称和违约风险高的缺陷。

②保证金制度。

期货交易实行保证金交易制度，投资者参与期货交易时，只需缴纳合约价值一定比例（一般小于13%）的保证金。例如，如果一吨阴极铜期货的价格为5万元，1手为5吨，那么1手的价值为25万元，如果保证金比例为10%，那么只需要2.5万元即可参与该期货交易。期货合约单位一般较大，即使是1手合约，价值也较高，显然，保证金制度降低了期货交易的进入门槛，但是放大了交易的风险，因为保证金交易实际上是杠杆交易。期货交易的杠杆倍数可按如下公式进行计算：

杠杆倍数 =1/保证金率   （6-4）

可见，10%的保证金率，杠杆倍数就是10。需要注意的是，不仅不同的期货品种的保证金率不同，就是同一期货品种，在不同的交易时段，保证金率也会有所不同。一般来说，市场投机气氛越浓，交易所就越有可能提高保证金率；越临近交割日，保证金率越高。此外，套期保值账户的保证金率小于投机账户的保证金率。

③价格报告制度。

价格报告制度要求期货交易的价格公开透明。交易时要"公开叫价"，私下勾结交易都是违法的。

④每日结算制度。

初始保证金存入保证金账户后，随着期货价格的变化，期货合约的价格也在变化，这样，与市场价格相比，投资者未结清的期货合约就出现了账面盈亏，因而在每个交易日结束后，结算公司将根据当日的结算价格（一般为收盘价），对投资者未结清的合约进行重新估价，确定当日的盈亏水平，同时调整投资者的保证金账户的余额，这就是所谓的每日结算制度，或称为盯市（marking to market）制度。在这里，交易所规定了交易者在其保证金账户中所必须保有的最低余额的保证金水平，也就是维持保证金（maintenance margin）。

【例6-10】某投资者在1月1日（周一）购买了某种资产A的期货合约3份，每份合约的交易单位为100单位，当时的价格为每单位500元，若初始保证金比率为5%，则投资者需在保证金账户中至少存入___①___，该投资者实际存入10 000元。假设一个月之后，A资产的价格降为495元，则投资者损失___②___，保证金账户（不是保证金）至少应存入___③___，他的保证金账户余额为___④___。同样，假如当天价格升至505元，则保证金账户中余额为___⑤___，投资者可将超出初始保证金的部分___⑥___提走。

解：①=100×3×500×5%=7 500（元）

②=（500-495）×3×100=1 500（元）

③=100×3×495×5%=7 425（元）

④=10 000-1 500=8 500（元）

⑤=（505-500）×3×100+10 000=11 500（元）

⑥=11 500-10 000=1 500（元）

这个例题中还涉及另一个概念——追加保证金。追加保证金（variation margin）是指交易者在持仓期间因价格变动而发生了亏损，使其保证金账户的余额减少到规定的维持保证金以下时所必须补交的保证金。若客户不及时存入追加保证金，则经纪人将予以强行平仓。

【例6-11】某客户账户原有保证金1 300 000元，8月9日，开仓买进9月沪深300指数期货合约（IF）15手，均价3 200点（每点300元），手续费为单边每手30元，当日结算价为3 195点，保证金比例为8%。8月10日，该客户没有交易，但9月沪深300指数期货合约的当日结算价降为3 120点。

求：（1）8月9日该客户的权益是多少元？资金余额是多少？

（2）8月10日该客户的权益是多少元？资金余额是多少？追加保证金应交多少？

（3）如果该客户在8月10日没有追加保证金，期货经纪公司会在下一个交易日前将其强行平仓几手？

解：（1）先求8月9日该客户的权益。

8月9日开仓持仓盈亏=（3 195-3 200）×15×300=-22 500（元）

手续费=30×15=450（元）

当日权益=保证金+开仓持仓盈亏-手续费

           =1 300 000-22 500-450=1 277 050（元）

保证金占用=3 195×15×300×8%=1 150 200（元）

资金余额（即可交易资金）=当日权益-保证金占用

                      =1 277 050-1 150 200=126 850（元）

（2）8月10日，该客户没有交易，但9月沪深300指数期货合约的当日结算价降为3 120点，当日账户情况为：

历史持仓盈亏=（3 120-3 195）×15×300=-337 500（元）

而8月10日没有交易，没有手续费，故：

8月10日当日权益=目前保证金+历史持仓盈亏

$$=1\ 277\ 050-337\ 500=939\ 550（元）$$

保证金占用=3 120×15×300×8%=1 123 200（元）

资金余额（可开仓交易资金）=当日权益-保证金占用

$$=939\ 550-1\ 123\ 200=-183\ 650（元）$$

应追加保证金183 650元。

（3）如果该客户在8月9日下一交易日开市之前没有将保证金183 650元补足，那么期货经纪公司可以对其持仓实施部分强制平仓。由于他的权益只有939 550元，设可以持仓X手，则

$$X = \frac{939\ 550}{3\ 120 \times 300 \times 8\%} = 12.55（手）$$

用去尾法，即只能持12手。

经纪公司至少可以将其持仓强行平掉3手（15-12）。

强行平仓制度是一种有效的金融交易制度。在远期交易中，交易到期时是一次性支付，如果交易的一方持仓方向与市场价格变动的方向相反，时间一长可能会产生巨大的损失，根本无力支付或不愿意支付而造成违约。在期货交易中，由于实行每日结算和强行平仓相结合的制度，持仓方向与市场价格变动的方向相反的一方，损失是逐日扣除的，当保证金不足时，他要么补足保证金，要么被强行减少持仓量，想要"赖账"几乎是不可能的。这样就从制度上杜绝了违约的可能。这对于期货这种风险很大的交易而言是必需的。

⑤交易限额制度。

期货交易采用会员制，为了防止大的会员操纵市场，对各个会员的交易实行限额。

⑥对冲制度。

对冲制度也称平仓制度，是期货市场最重要的制度之一，指是的在合约到期之前，多头（空头）如果不想进入交割环节，可以卖出（买入）一份品种相同且到期月份相同的期货合约，这样通过一买一卖（一卖一买）实现自我冲销合约，从而退出期货交易，不需要进入交割环节，这种操作就叫对冲合约或"平仓"。显然，期货平仓分为多头平仓和空头平仓两个基本类别。今天，期货市场上有97%以上的合约是通过平仓对冲而退出期货交易的。也就是说，绝大多数期货交易并不需要进入交割环节。

⑦交割制度。

虽然大多数期货交易者并不将其头寸保持到期，但如果一个头寸在其到期前没有被对冲，就需要对合同进行交割以平仓。

交割分为实物交割或现金结算两种形式。实物交割是指交易者按已到交割期的持仓合约的内容进行实物商品的交或收的履约行为。

期货交易还有其他一些制度，如登记结算制度、大户报告制度、信息披露制度等。这些制度都是场内交易所必需的，并非期货交易所独有，所以在此就不多展开了。

（2）期货市场的上市品种和期货市场的参与者

期货市场上交易的期货品种叫上市品种，大体上可以分为商品期货品种和金融期货品种两大类，而商品期货又可以进一步分类。需要注意的是，并非任何商品都适合作为上市品种。

①期货上市品种的分类。

其一，农产品类，如玉米、大豆、小麦、活猪、食糖。

其二，金属矿产类，如金、银、铜、铝、铅、锌等。

其三，化工产品类，如原油、天然橡胶、PVC、PTA等。

其四，金融期货，主要分为利率期货（以国债期货为主）、外汇期货、股指期货。

②期货上市品种必须具备的条件。

虽然期货源自远期商品交易，但是绝大部分商品其实并不适合期货交易，只有具备下述条件的商品才适合上市交易：

其一，质量、规格、等级容易划分。那些品种过于复杂、技术性能差异很大、不易标准化的商品不适合作为期货商品，因为期货合约是标准化的。

其二，交易量大且价格容易波动。只有这些商品才有必要进入期货市场，因为实际经营这些商品的交易者需要借助期货市场来套期保值，规避价格风险；同时，也只有这些商品才能吸引大量投机者来参与期货交易，从而增加期货市场的流动性。注意，波动不是指贬值，如电子产品是必然贬值的产品，所以不适合作为期货品种。

其三，便于贮藏和运输。例如，香蕉、葡萄不便贮藏，在解决贮藏问题之前，不大适合用作期货商品，黄豆和绿豆便于贮藏和运输，适合用作期货商品。

其四，拥有众多买者和卖者。只有通过该商品把众多的买者和卖者集中于一个公开竞争的期货市场，才能开展公开的竞争，把众多的影响供给和需求的因素汇聚成一个权威性的期货价格；相反，那些易受买方垄断或卖方垄断的商品，都不宜进入期货市场。

③期货市场的参与者。

期货市场的参与者可以分为两大类：投机者（speculator）和套期保值者（hedger）。套期保值者必须是具有现货交易背景的厂商，他们在开户时，才有资格开立套期保值账户；除此之外，一般交易者开户时，没有资格开立套期保值账户，只能开立投机账户。

除了参与期货交易的投资者之外，期货市场的参与者还包括期货公司、场内经纪人、IB（introducing broker）业务商、期货结算中心等。

当前，我国的期货合约清算中心一般是期货交易所的一部分，但是在欧美国家的期货市场，期货合约清算中心大部分发展成了独立于期货交易所的第三方机构。

例如，国际商品清算所（ICCH）负责大部分英国期货交易所的清算业务，市场间清算公司（The Intermarket Clearing Corp.）则负责纽约期货交易所（NYFE）与费城交易所（PBOT）的清算业务。

（3）世界主要期货交易市场

期货市场是证券市场的一个重要组成部分，各国都十分重视期货市场的发展。当前世界上比较大的、具有国际影响力的期货市场主要在欧美国家、日本和中国。

①美国期货市场。

美国期货市场的典型代表是芝加哥商品交易集团（CME Group）——由原芝加哥期货交易所（CBOT）、芝加哥商业交易所（CME）和纽约商品交易所（NYMEX）合并而成，为全球最大的期货交易所。该交易所在世界农产品、金属和国际原油方面具有一定的定价权。此外，纽约金属交易所（COMEX）也在全球金属市场具有一定的定价权。CME的外汇期权和利率期权也是非常有名的，有兴趣的读者请参阅阅读材料6-1。

②英国期货市场。

1571年，英国创建了世界上第一家集中的商品市场——伦敦皇家交易所，在此基础上，发展出了伦敦国际金融期货及期权交易所（LIFFE）。除此之外，英国还有伦敦洲际交易所（ICE）和伦敦金属交易所（LME）两大交易所。

伦敦洲际交易所是一家全球领军的金融和商品期货的交易所和结算中心集团，拥有23个交易所和交易市场，包括美国、加拿大和欧洲境内的ICE，美国和欧洲境内的LIFFE，纽约证券交易所和泛欧证券交易所，股权期货期权交易所，OTC能源、信贷和股权交易市场。

伦敦金属交易所在世界有色金融方面具有较高的定价权。

③欧洲大陆期货市场。

在欧洲大陆的期货市场中，比较有名的有法国期货交易所（MATIF）、德国期货交易所（DTB）和欧洲期货交易所（Eurex），此外，泛欧证券交易所（Euronext）也从事期货交易。

④日本期货市场。

日本也是期货市场的起源国之一，我们今天使用的K线图技术就起源于日本的大米期货交易。今天，日本市场上比较大的期货交易所有东京国际金融期货交易所（ITFFE）、东京工业品交易所（TOCOM）、东京谷物交易所（TGE）、大阪纤维交易所（OTE）等。

⑤中国期货市场。

我国期货市场于1992年重启，发展十分迅猛。从交易量来看，我国商品期货成交量连续多年居世界第一。目前我国有四大期货交易所：

其一，上海期货交易所：以贵金属和有色金属、黑色金属为主，比较有名的品种为沪金、沪银、沪铜、沪原油等。

其二，大连商品交易所：以北方农产品和化工原料为主，比较有名的品种有

"三豆"，即大豆、豆油和豆粕，以及一些化工品或化工原料，如PVC、液化石油气（LPG）、聚丙烯（PP）等。

其三，郑州商品交易所：以农产品为主。比较有名的品种有棉花、白糖、鸡蛋、水稻、大米、小麦、苹果等农产品，也有PTA这样的化工业原料。

其四，中国金融期货交易所。该所只交易金融期货，即商品期货以外的其他期货。比较有名的有沪深300股指期货和10年期国债期货。

6.3.4 期货交易的功能和期货市场的作用

（1）期货交易的功能

虽然期货类衍生品的很多功能远期合约也可以承担，但是期货市场远比远期市场完善和强大，所以期货交易的功能是不可忽视的。具体来说，期货交易的功能可以表现在以下几个方面：

①套期保值。

期货套期保值是指在现货市场某一笔交易的基础上，在期货市场上做一笔价值相当、期限相同但方向相反的交易，以使现货市场的价格波动风险在期货市场上转移给第三者。

期货套期保值的原理在于：（某一特定商品的）期货价格和现货价格走势具有趋同性，也就是说，虽然期货价格不等同于现货价格，但是在市场上，二者的变动方向大体是相同的，而且在期货合约到期时，二者的价格一般会趋于一致，否则就会产生套利。在一个活跃的市场上，长期套利机会是不可能存在的，所以期货价格最终趋同于现货价格。正因为如此，在现货市场上做多，期货市场上做空，二者的价格波动风险就可以相互对冲，从而实现套期保值。相较于远期市场，期货市场的套期保值更方便、更完善。

投资者只要在期货市场建立一种与其现货市场相反的头寸，则在市场价格发生变动时，他在一个市场遭受损失，必然在另一个市场获利，以获利弥补损失，达到保值的目的。一般来说，保值最简单的形式有两种：多头（买进）套期保值和空头（卖出）套期保值。

多头套期保值是指投资者在现货市场处于空头的情况下在期货市场做一笔相应的多头交易，以避免现货价格变动的风险。空头套期保值是投资者在期货市场出售期货，持有空头头寸，即通过卖空来保护他在现货市场中的多头头寸，以规避价格下跌的风险。

【例6-12】美国某公司5月1日借入10万英镑，偿还期限为11月1日，公司在外汇现货市场按即期汇率1英镑=2美元把10万英镑兑成美元使用，它希望6个月之后也按此汇率把美元兑成英镑，偿还贷款，固定成本。公司为防止偿还时英镑升值的汇率风险，可以买进英镑期货合约，6个月后卖掉合约，以达到保值目的。数字计算如表6-5所示。

表6-5 期货多头套期保值

	现货市场	期货市场
5月1日	借入100 000英镑，并按汇率1英镑=2美元卖出英镑	按汇率1英镑=1.95美元买入4份12月交割的英镑期货合约，每份合约面额为25 000英镑
11月1日	按汇率1英镑=2.05美元买回100 000英镑	按汇率1英镑=2美元卖出4份12月交割的英镑期货合约
盈亏	亏损5 000美元	盈利5 000美元

注：基差风险和手续费均忽略不计。

【例6-13】某贸易商打算经销小麦现货，先买进，后卖出，担心在买卖过程中价格会降低而带来亏损，于是，他在期货市场上做空头（卖出）套期保值，见表6-6。

表6-6 期货空头套期保值

	现货市场	期货市场
6月10日	买进小麦100吨，价格为1 050元/吨	卖出10手12月到期的小麦期货合约，价格为1 080元/吨
11月8日	卖出小麦100吨，价格为1 000元/吨	买进10手12月到期的小麦期货合约，价格为1 030元/吨
盈亏	亏损：50×100＝5 000（元）	盈利：50×100＝5 000（元）

总之，如果交易者或厂商担心未来资产价格会下跌，就应该做空头套期保值；如果担心未来资产价格会上涨，就应该做多头套期保值。具体策略见表6-7。

表6-7 套期保值策略小结

今天的条件	风 险	合适的套期保值策略
持有资产	资产价格有可能下跌	空头套期保值
计划购买资产	资产价格有可能上涨	多头套期保值
已卖空资产	资产价格有可能上涨	多头套期保值
发行了浮动利率债券	利率有可能上涨	空头套期保值
计划发行债券	利率有可能上涨	空头套期保值

在简单套期保值的基础上，又发展出了交叉套期保值。交叉套期保值（cross-hedging）是指将期货合约用于不可交割商品的套期保值。常见形式有：第一，在金的头寸上用银的期货进行套期保值；第二，使用股票指数期货对单个股票头寸进行套期保值；第三，使用国债期货对公司债进行套期保值；第四，使用甲地小麦期货对储存于乙地的小麦进行套期保值；第五，外汇的套期保值等。

②投机功能。

投机策略与套期保值策略相比，具有以下特点：

第一，以获利为目的，利用杠杆效应。

第二，不需实物交割，只做买空卖空。

第三，承担价格风险，结果有盈有亏。

第四，利用对冲技术，加快交易频率。

第五，交易量较大，交易较频繁。

注意，期货投机交易是期货市场所必需的，如果只有套期保值交易，市场可能不活跃，成交难以达成，套期保值交易也就可能失去生存的土壤。在某种程度上可以说，期货市场是欢迎投机的；但是，如果过度投机，期货价格完全脱离现货价格，有可能使风险难以控制，期货市场就会变成纯粹的赌场。所以，期货市场也必须严厉打击过度投机行为，主要是各种市场操纵行为。

【例6-14】11月2日，CBOT主要市场指数期货的市场价格为472，某投机者预期该指数期货的市场价格将下跌，于是以472的价格卖出20张12月份到期的主要市场指数期货合约。这样，在合约到期前，假设该投机者将面临三种不同的情况：市场价格下跌至456、市场价格不变和市场价格上涨至488。每个合约的单位为该股指期货市场价格乘以250。求在市场价格变为456、不变及变为488这三种情况下，该投机者理论上可以获利多少？

解：在本题的情况下，投机者的盈亏＝（卖出价－市场价）×单位×张数，所以：

（1）若市场价格下跌至456，他的盈亏为：

（472-456）×250×20=80 000（美元）

即盈利80 000美元。可见，由于合约乘数为250，实际上把收益放大了250倍。

（2）若市场价格不变，该投机者将既无盈利也无损失。

（3）若市场价格上涨至488，他的盈亏为：

（472-488）×250×20=-80 000（美元）

即亏损80 000美元。可见，由于合约乘数为250，实际上把损失放大了250倍。

通过对例6-14的分析，我们还可以看出，合约乘数（或合约规模）是个放大因子，该系数越大，放大收益和损失的效果就越大，风险也就越大；此外，保证金比率越低，杠杆系数越大，风险也越大。这些就是期货交易的风险远远高于现货交易的原因。

（2）期货市场的作用

当今期货市场已经发展成为继股票市场和债券市场之后另一个极其重要的证券市场，期货市场的作用是其他金融市场难以代替的，主要表现为以下几个方面：

①提高市场交易效率。

期货市场上有大量的专业交易者、厂商和投机交易者，其交易的活跃程度远远超过现货市场和远期市场，所以期货交易是最有效率的交易。

②提供价格信息，争夺定价权。

由于期货市场交易者对价格极其敏感，大部分交易者也具有商品或金融资产定价的专业知识，从而能够充分反映市场的价格，为现货市场的生产经营提供价格指导信息。在一定程度上，期货价格会反向影响现货价格的走势。对于一个国家而言，发展规模较大的商品期货市场有利于争夺商品的全球定价权。近年来我国已经成为世界头号原油消耗国，但是我国并不具有原油的定价权，而发展原油期货有利于在原油定价方面掌握一定的话语权。

此外，期货市场的价格信息反馈对现货市场的生产和国家的宏观调控也有一定的参考价值。以白糖为例，白糖产业的原料主要是甘蔗，而甘蔗不仅产出糖，还可用于生产燃料乙醇，这又和成品油产业存在一定的关联性。目前我国用甘蔗生产燃料乙醇的企业可以享受一定的优惠政策（否则生产的乙醇可能缺乏价格竞争力），白糖期货价格是最灵敏的价格信息，对于企业及时调整生产以及国家调整优惠政策都具有重要的参考意义。

③有利于微观调整和宏观调控。

生产厂商通过期货套期保值交易，能够避免市场价格风险，保证正常利润，提高微观上的计划性。对于整个行业而言，市场风险得到有效的规避，有利于行业的宏观调控。

④是风险管理的手段，降低经营费用。

期货套期保值已经成为企业风险管理的重要手段。这不仅能够降低企业的意外损失产生的风险，防止企业破产倒闭，还有利于维持企业生产，稳定企业局面，在长期有利于降低企业经营费用，提高企业利润，建立良好的企业信誉和形象。

案例分析 6-1

期货市场为玉米产业链保驾护航

案例介绍：

一粒粒玉米经过一道道工序，以各种方式进入人们的生活。目前，我国已构建起从"粮头"到"食尾"的玉米深加工产业链。据统计，我国 2023 年全社会玉米总消耗价值为 7 384 亿元，玉米加工产业产值为 13 936 亿元，包括饲料、淀粉、酒精以及多种副产品。要端稳中国人的饭碗，如此庞大的产业链离不开风险管理工具的有效运用。2004 年，随着新一轮粮食改革的推进，玉米市场化进程加快。大连商品交易所（简称大商所）在当年恢复上市了玉米期货。由此，期货市场服务玉米相关产业的故事随之展开。

玉米产业链一端连接着成千上万的农户。为了让资金实力和风险承受能力相对较弱的农民也能实实在在分享到期货市场发展成果，大商所推动国内首单"保险+期货"在玉米品种上落地，翻开了我国期货业与保险业合作精准服务"三农"的新篇章。据统计，2015 年以来，大商所共支持开展 195 个玉米"保险+期货"项目，覆盖黑龙江、吉林、辽宁、内蒙古、河南、河北等 18 个省（自治区），涉及现货量 1 125 万吨，帮助 11.4 万农户规避风险，实现理赔 5.98 亿元。此外，还有多家期货公司自发开展了一批商业化项目，这些项目帮助广大农民将钱袋子握得更稳、变得更鼓。

黑龙江桦川县百禾浆果种植专业合作社种植户王大江便是"保险+期货"项

目的受益者。王大江至今还记得，2019年桦川县受台风、连续阴雨天气影响，出现了较为严重的内涝，导致全县玉米大幅减产甚至绝产，而且那一年行情也不好，从入夏后玉米价格就一路走低。正是因为当年参加了"保险+期货"项目，他家成功扛过了那一年的损失，最终还挣了2万多元。

玉米产业链的另一端是下游的大、中、小型产业企业。玉米期货自上市以来，市场功能稳定发挥，实现了量质双升，年日均成交量和持仓量分别从上市初期的8.57万手（单边，下同）和11.12万手，增长到2024年上半年的58.34万手和138.8万手，分别增长5.81倍、11.48倍。2023年玉米期现相关性达到0.99，套保效率0.94，为企业发现价格、管理风险提供了有效工具。

山东寿光巨能金玉米开发有限公司一直运用玉米淀粉期货优化销售计划，降低价格波动带来的风险。该公司订单分为现货订单和远期订单，在远期订单大幅减少的情况下，就会对期现货价格进行对比，在期货价格合适时，通过卖出期货提前锁定淀粉销售利润。2024年4月中下旬，玉米期货5月合约价格高于现货订单约80元/吨，高于远期订单100元/吨左右，玉米市场需求非常低迷，供应量非常充足，价格有进一步下滑趋势，玉米淀粉市场也面临同样的情况。在充分核算玉米成本以及玉米淀粉存储成本后，该公司决定卖出2 000~3 000手玉米淀粉进行套期保值，后期根据玉米消耗和玉米淀粉订单的实际情况，最终预留1 500手进行交割，这就锁定了订单收益，缓解了玉米淀粉价格继续下行的压力，为公司创造了效益。

案例分析：

通过上述案例可以看到，期货市场在玉米产业链中发挥了多方面的关键作用：

其一，风险管理工具的有效运用。通过玉米期货、玉米淀粉期货等工具，帮助产业链上下游企业规避价格波动风险，稳定经营利润。例如，饲料企业利用玉米期货锁定采购成本，深加工企业通过玉米淀粉期货管理产品端价格风险。

其二，"保险+期货"模式助力农户。"保险+期货"项目可帮助农民应对自然灾害和市场波动带来的损失，保障收入。黑龙江桦川县农户因台风和价格下跌获得高额赔付，有效缓解了种植风险。

其三，完善产业链避险工具链条。玉米淀粉期货填补了深加工企业利润管理工具的空白，企业可通过跨品种价差和基差交易优化利润。

其四，服务国家粮食安全和农业强国建设。期货市场通过支持玉米产业链稳健发展，助力保障粮食安全，推动农业现代化和产业升级。所以，期货市场通过多样化工具和创新模式，为玉米产业链从种植到深加工的全环节提供了全面的风险管理和价格发现支持，促进了产业链的稳定和高质量发展。

资料来源：张梦. 期货市场为玉米产业链保驾护航［N］. 期货日报，2024-12-24.

6.4 期权合约与期权市场

远期和期货合约能够用于套期保值，规避市场风险，但是买卖双方必须履约，这也意味着如果多头（空头）看到市场价格不断下跌（上涨），损失不断扩大，但不能转让合约或平仓，那么他就只有坐视损失不断扩大。有没有一种衍生品，能够让持有者既可以选择履约又可以选择放弃履约呢？答案是肯定的，这种工具就是期权。

6.4.1 期权的基本概念

在介绍远期合约的概念时，我们假设了一个豆农和一个收购商之间的交易。在这个假想的案例中，存在一个问题：如果当年大豆上市时，价格大涨，远高于5元/千克，那么这笔远期交易对豆农来说并不划算。其实这种合约过于死板，我们可以将这份远期合约修改一下：

赵三向王二收取1 000元权利金，王二具有如下权利：在大豆上市季节，王二可以5元/千克的价格向赵三卖出10吨大豆，也可以放弃这个权利，自己在市场上进行大豆交易。

这份合约就不再是远期合约，而变成了一份期权合约。

（1）期权

期权（option）又称选择权，是指投资者可以在一定时期内，以事先确定好的价格（strike price，又称协定价格、敲定价、约定价），向期权的卖方买入或卖出一定数量的某种资产。

期权的交易对象是某项权利，期权的购得者根据未来价格的变动可以行使权利，也可以放弃权利，但当期权买方选择行使权利时，卖出期权的一方必须履约。

（2）期权费

期权费（premium）即期权的价格，是期权的卖方向买方收取的费用。今天，专业的交易者通常会用期权定价给期权估值。不过，需要注意的是，期权的实际成交价格还是由买卖双方的力量决定的，通过期权定价模型算出来的价格只是给人们交易期权提供一定的参考。

（3）看涨期权和看跌期权

看涨期权（call option）又称认购权或买权，是指期权的买方有权在合约有效期间按照协定价格与数量向期权卖方购入某种标的物的权利。由于买方的这种权利通常是在市场的实际价格高于敲定价格的情况下行使的，因此被称为看涨期权。

看跌期权（put option）又称认沽期权或卖权，是看涨期权的对称，是指期权的卖方有权在合约有效期间按照协定价格与数量向期权的买方卖出某种标的物的权利。

看涨期权和看跌期权的区别见表6-8。

表6-8 **看涨期权和看跌期权的区别**

看涨期权	当事人	买方	卖方
	权利/义务	以协议价格和数量向卖方买进	以协议价格和数量向买方卖出
看跌期权	当事人	买方	卖方
	权利/义务	以协议价格和数量向买方卖出	以协议价格和数量向卖方买进

【例6-15】某交易商对当年9月到期的英镑期货行情看涨，于是买进一份9月到期的英镑期货看涨期权，协定价格为1美元=0.7720英镑，期权费为1 000美元，有效期为1个月，1手合约为12 500英镑。1个月后，9月到期的英镑期货合约的价格果真上涨，市场价格为1美元=0.7120英镑，期权持有人执行期权，以1美元=0.7720英镑的协定价格买进这份英镑期货期权合约，付出16 191.71美元（12 500÷0.7720），换成12 500英镑，同时将合约按市场价格卖出平仓，收回17 556.18美元（12 500÷0.7120），除去期权费后，净获利364.47美元（17 556.18-16 191.71-1 000）。（本例不考虑手续费）

【例6-16】8月初，某交易商认为英镑的汇率将下降，且下降的损失足以超过期权费，另一交易商则认为英镑的汇率将上升，且上升的程度足以使期权持有人放弃执行期权，于是双方达成一份面值为12 500英镑（1手）、10月到期的期货期权协议，其协定价格为1美元=0.7758英镑，期权费为500美元，有效期为3个月。3个月后，期货市场价格全面下跌，10月到期的英镑期货合约的价格为1美元=0.7925英镑。期权持有人执行期权，以1美元=0.7758英镑的协定价格卖出一份3月到期的英镑期货合约，收进16 112.40美元，同时以市场价格平仓，按1美元=0.7925英镑的价格买进平仓，需要付出15 772.87美元，那么他行权的收益为16 112.4-15 772.87=339.53（美元）。如果他不行权，损失期权费500元；如果他行权，扣除期权费之后，损失为500-339.53=160.47（美元），所以他应该行权。

（4）欧式期权和美式期权

欧式期权是指只有在合约到期日才被允许执行的期权。目前我国沪深证券交易所及中国金融期货交易所推出的期权都是欧式期权。

美式期权是指可以在成交后有效期内任何一天被执行的期权。我国三大商品期货交易所的期权基本上[①]都是美式期权。

欧式期权、美式期权的划分与地域无关。欧洲市场上也有美式期权，美国市场上也可能存在欧式期权。

还有一种期权的行权时间介于欧式期权和美式期权之间，叫作百慕大期权（Bermuda option），这是一种可以在到期日前所规定的一系列时间行权的期权。百慕大期权可以被视为美式期权与欧式期权的混合体，如同百慕大群岛混合了美国文化和英国文化一样。

---

① 注意，上海期货交易所的黄金期权是欧式期权，该所其他商品期权都是美式期权。

（5）场内期权和场外期权

按交易场所不同，期权可以分为交易所交易期权和柜台交易（OTC）期权。交易所交易期权也叫场内交易期权，一般在交易所的交易大厅内公开竞价，所交易的是标准化的期权合约，经过清算所清算。柜台交易期权也叫场外期权，不在交易所大厅内交易，不经过清算所清算，所交易的不是标准化期权合约。

（6）两平期权、实值期权和虚值期权

按成交时有无内在价值，期权可以分为两平期权、实值期权和虚值期权。

两平（at-the-money）期权是指在合约签订时，期权的执行价格等于标的资产的市场价格。实值（in-the-money）期权是指在合约签订时，看涨期权的执行价格小于标的资产的市场价格，看跌期权的执行价格大于标的资产的市场价格。虚值（out-of-the-money）期权与实值期权相反，是指在合约签订时，看涨期权的执行价格大于标的资产的市场价格，看跌期权的执行价格小于标的资产的市场价格。

（7）履约保证金（performance margin，简称 margin）

期权的保证金与期货的保证金是一样的概念。只不过，期权的买方不需要缴纳保证金，期权的卖方才需要缴纳保证金。

（8）履行和指派

在场内期权交易中，期权买方行权就叫履行（exercised）。买方履行时，往往是通知其经纪人，经纪人再通知期权清算机构（欧美是期权清算公司），由清算机构配对一个卖方，指定他与买方成交，这个过程就叫指派（assigned）。

（9）未平仓权益（open interest）

期权和期权都有未平仓权益的概念，指的是未平仓合约的数量。

（10）合约的尺寸（size of contract）

该概念也是期权与期货所共有的，指的是一份合约所包含的标的物的数额。例如，我国郑州商品交易所上市的白糖期货期权，1手合约的标的资产是10吨白糖期货合约（简称10吨），这与该所的白糖期货数额是一致的。可见，合约尺寸是一份合约包含最终标的资产的规模，所以也译成合约规模。

（11）期权等类与期权系列

期权等类（option class）是指同一种标的物的各种不同期权，它包括不同的到期月份和不同的执行价格的很多期权。例如，郑州商品交易所的白糖期货期权，在某年10月有SR011、SR101、SR103、SR105[①]四个不同的到期月份，每个到期月份又有多个执行价格的看涨期权和看跌期权，所有的这些白糖期权就构成一个白糖期权等类。

期权系列（option series）是指有独特交易月份和约定价格的个别期权。

（12）期权履约（performance）

期权有比较灵活的履约方式，可以分为三种情况：

其一，对冲，也就是在最后交易日之间，将手中的合约平仓。这与期权平仓的概念是一样的，卖方或买方均可平仓。

---

① SR107和SR109两个月份的期权合约名义上存在，但是实际上没有报价，更没有成交。

其二，执行合约，即期权的买方行权，要求按执行价格进行交易。显然，只有期权的买方才有此项权利。如果是期货期权，则执行期权意味着期权转期货交易。

其三，自动失效。期权的买方既不平仓，也不行权，而是放弃行权，合约就自动失效了。期权买方放弃行权，一定是标的资产的市场价格大于看跌期权的行权价格或小于看涨期权的行权价格，因为这时执行期权还不如直接以市场价格交易，行权是没有意义的（参考例6-16）。

6.4.2　欧式期权定价公式

期权的定价是一个比较复杂的问题。20世纪70年代以前，期权的理论价格没有令人信服的模型。20世纪70年代初，美国数学家费雪·布莱克（Fischer Black）和经济学家迈伦·斯科尔斯（Myron Scholes）及罗伯特·默顿（Robert Merton）发展出B-S-M期权定价模型，解决了欧式期权定价的问题。这之后又发展出了二叉树期货定价模型，美式期权定价的问题也得到解决。

由于二叉树期权定价需要用到专业的计算工具，作为期权入门知识，本节只介绍B-S模型。

（1）欧式现货期权定价公式

本小节所指的欧式期权是指现货期权，不是期货期权。

①欧式看涨期权定价公式。

欧式看涨期权的定价公式如下：

$$c = SN(d_1) - Ke^{-rT}N(d_2)$$

$$d_1 = \frac{\ln \dfrac{S}{K} + (r + \dfrac{\sigma^2}{2})T}{\sigma \sqrt{T}}$$

$$d_2 = \frac{\ln \dfrac{S}{K} + (r - \dfrac{\sigma^2}{2})T}{\sigma \sqrt{T}} = d_1 - \sigma \sqrt{T} \tag{6-5}$$

式中：S为标的资产期初价格；K为协定价格；r为无风险利率，一般参考10年期国债收益率；σ为平均收益率的标准差（波动率）；T为期权的时间长度，单位为年；N（*）为累积正态分布函数。注意，这里的标准差一般基于标的资产的日收益率序列算出，而不是直接按其价格序列算出的。此外，这里的波动率应该是年化波动率，它与日化波动率（标准差）的关系是：年化波动率=日化波动率×一年交易天数的算术平方根。

②欧式看跌期权定价公式。

注意，欧式看涨和看跌期权在理论上有如下关系：

$$p + S = c + Ke^{-rT} \tag{6-6}$$

式中：p是欧式看跌期权的价格。

（6-6）式就是欧式期权平价公式。在此基础上，把欧式看涨期权的定价公式代入（6-6）式，即可得到欧式看跌期权的定价公式：

$$p = S[N(d_1) - 1] + Ke^{-rT}[1 - N(d_2)]$$
$$= Ke^{-rT}N(-d_2) - SN(-d_1) \tag{6-7}$$

（2）欧式期货期权定价公式

①欧式看涨期货期权定价公式。

$$c = [FN(d_1) - KN(d_2)]e^{-rT}$$

$$d_1 = \frac{\ln\frac{F}{K} + (r + \frac{\sigma^2}{2})T}{\sigma\sqrt{T}}$$

$$d_2 = \frac{\ln\frac{F}{K} + (r - \frac{\sigma^2}{2})T}{\sigma\sqrt{T}} = d_1 - \sigma\sqrt{T} \tag{6-8}$$

②欧式看跌期货期权定价公式。

期货期权的看涨看跌平价关系为：

$$p = c + e^{-rT}(K - F) = c + Ke^{-rT} - Fe^{-rT} \tag{6-9}$$

把看涨价 c 代入，可求出看跌期货期权定价模型为：

$$p = [FN(d_1) - KN(d_2)]e^{-rT} + Ke^{-rT} - Fe^{-rT}$$

$$= Ke^{-rT}[1 - N(d_2)] - Fe^{-rT}[1 - N(d_1)]$$

$$= Ke^{-rT}N(-d_2) - Fe^{-rT}N(-d_1) \tag{6-10}$$

6.4.3　世界主要期权市场及期权品类简介

（1）世界主要期权市场

世界主要的证券交易所一般都会推出指数期权合约，而期货交易所一般也会推出期权合约。主要的证券市场和期货市场其实也往往是主要的场内期权市场。下面简单介绍一下交易量最大的几个场内期权市场。

①美国场内期权市场。

美国市场的场内期权主要在芝加哥商品交易集团和芝加哥期权交易所（CBOE）交易。此外，美国三大证券交易所（纽约证券交易所、纳斯达克证券交易所和美国证券交易所）都推出了指数期权。

②欧洲期权市场。

欧洲各大期货交易所一般都交易期权，其中欧洲期货交易所和泛欧证券交易所是比较大的交易所，大部分商品期权、外汇期权和利率期权都在这里交易。需要注意的是，2007年，泛欧证券交易所与美国纽约证券交易所集团合并；2013年，伦敦洲际交易所完成了对纽约泛欧证券交易所的收购。

③中国期权市场。

我国各大证券或期货交易所均推出了期权合约。上海证券交易所于2015年推出了50ETF期权，合约标的是上证50ETF。2019年，我国上市了沪深300ETF期权，在上海证券交易所和深圳证券交易所交易，合约标的为华泰柏瑞沪深300交易型开放式指数证券投资基金（代码为510300）。2019年，中国金融期货交易所也开始进行沪深300股指期权的仿真交易，这是我国第一个真正意义上的股指期权。上海期货交易所、大连商品交易所和郑州商品交易所的期权基本上都是美式期权。

我国三大商品期货交易所的期权数量相对较多，见表6-9。

表6-9　　　　　中国三大商品期货交易所推出的期货期权

交易所	期权种类	行权类型
上海期货交易所	沪锌、沪铝、黄金、沪铜、橡胶	除黄金期权为欧式期权外，其余商品期权都为美式期权
郑州商品交易所	动力煤、甲醇、棉花、菜粕、白糖、PTA	美式期权
大连商品交易所	玉米、铁矿石、聚乙烯、豆粕、LPG、聚丙烯、PVC	美式期权

除了上述几大经济体的期权市场之外，韩国和日本的期权市场也很发达。这里就不多展开了。

上述交易所期权市场都属于场内期权市场，其实世界各国的场外期权市场也存在较大的交易量。场外期权属于非标准化金融期权合约，交易双方在非交易所场所通过协商确定合约条款，包括标的资产、行权价格、到期日及行权方式等。与场内期权不同，场外期权由金融机构根据投资者需求定制，具备个性化服务能力，适用于对冲特定风险或实现策略性收益。截至2024年6月底，全球场外衍生品名义本金总额升至729.8万亿美元，比2023年年中增长了2.4%，比2023年年底增长了9.4%。

（2）我国主要期权品种

我国证券交易所与期货交易所的场内期权具有一些共同特点，具体解读如下：

①合约标的：上证50ETF期权和沪深300ETF期权的标的资产都是ETF基金；四大期货交易所的期权都是期货期权，所以标的物都是各品种对应的期货合约。

②行权方式：沪深两大证券交易所和中国金融期货交易所的期权都是欧式期权，而四大期货交易所的期权多为美式期权（目前黄金期货除外）。

③合约规格：上证50ETF期权和沪深300ETF期权合约都是10 000份ETF，沪深300股指期权的乘数为100，其他商品期货期权都是一手期货合约。

④合约月份：期货期权的月份和期货的月份相同，上证50ETF期权和沪深300ETF期权的月份一般是当月、下月、下季、隔季。

⑤涨跌停板：沪深300股指期权为上一交易日沪深300指数收盘价的±10%。期货期权的涨跌停板一般较小，小于10%，与期货的涨跌停板相同。两个ETF期权的涨跌停板规定十分复杂，公式如下：

认购期权最大涨幅=max $\{$合约标的前收盘价×0.5%，min $[$（2×合约标的前收盘价−行权价格），合约标的前收盘价$]$×10%$\}$

认购期权最大跌幅=合约标的前收盘价×10%

认沽期权最大涨幅=max $\{$行权价格×0.5%，min $[$（2×行权价格−合约标的前收盘价），合约标的前收盘价$]$×10%$\}$

认沽期权最大跌幅=合约标的前收盘价×10%

⑥交易时间：同标的资产的交易时间。

其他要素，如最后交易日、最小变动价位等，不同的合约有所不同，这里就不多介绍了。投资者可以在期货行情软件中查阅具体的合约规格。

金融衍生品还有一类市场——互换类市场，该市场一般只有大型金融机构之间或大金融机构和大企业之间交易，属于OTC市场，一般投资者很少能涉及此类市场，本书就不介绍了。

本章小结 ✔ --------------------------●

1.金融衍生工具按交易方式可以分为远期、期货、期权和互换四大类。金融衍生工具都是合约。

2.远期合约指合约双方同意在未来日期按照固定价格和约定条件交换金融资产的合约。远期市场包括远期商品市场、远期外汇市场和远期利率市场等市场。

3.期货交易是在远期交易的基础上，通过引入标准化合约、保证金制度和对冲制度发展起来的一种严格的场内交易。期货市场具有套期保值、市场价格发现、争夺国际定价权和投机等重要职能，已经成为今天金融市场的重要组成部分。

4.期权交易是关于未来资产选择权的交易，它的最大特点是期权的多头具有行权和不行权的选择权。期权交易相对于期货交易更灵活，往往是一种更加有效的套期保值方法。美国的期权市场是世界最发达的期权市场。

核心概念 ✔ --------------------------●

金融衍生工具　远期合约　期货交易　看涨期权　看跌期权　欧式期权　美式期权

课后思考与练习 ✔ --------------------------●

1.什么是原生金融工具？什么是金融衍生工具？二者的关系是怎样的？

2.金融衍生工具的基本作用有哪些？

3.什么是远期合约？远期合约的构成要素有哪些？远期合约有什么作用？

4.举例说明远期合约如何为现货商品套期保值。

5.什么是远期外汇交易？远期外汇交易的作用有哪些？

6.什么是远期利率协议？哪些机构或企业需要参与远期利率协议的交易？远期利率协议是怎样冲减银行间账户的？

7.远期市场是怎样发展成期货市场的？什么是期货合约？期货合约的构成要素有哪些？

8.期货交易有哪些规则？这些规则有什么作用？

9.世界上有哪些大型的期货交易所？它们在哪些品种上具有全球定价权？我国为什么要发展期货市场？

10.什么是期权？什么是欧式期权和美式期权？期权合约有哪些构成要素？

11.举例说明期权合约如何实现套期保值。

第7章
商业银行经营管理

学习目标 ☑ ----------------------------------•

通过本章学习，了解商业银行的产生过程，掌握商业银行的性质和功能，了解我国商业银行的业务、类型和组织形式，理解我国商业银行经营的"三性原则"，认识当前我国商业银行所面临的经营环境和信息化的发展趋势。

重难点提示 ☑ ----------------------------------•

重点：对商业银行的性质深入理解，知道商业银行与一般企业的差异；同时能结合经济生活中的现象理解商业银行的功能。

难点：掌握"三性原则"的内在含义和原则之间的协调。

课程思政教学参考 ☑ ----------------------------------•

教学知识点	思政结合点
商业银行和其他金融机构的区别	防范非法集资，远离金融诈骗 防范金融风险
商业银行实行总分行制的模式	强大的金融机构和金融实力 使命感 职业理想
商业银行信息化发展的状况和趋势	金融科技 美好的生活 财富人生的助力 民族自豪感 道路自信

7.1　商业银行的产生及性质

7.1.1　商业银行的起源与发展

商业银行是经济生活中与人们联系最紧密的一种金融机构。现代银行业的最初形式是资本主义商业银行。商业银行是商品经济发展到一定阶段的产物，它随着商品经济的发展而不断完善。

（1）银行的产生

西方银行业的原始状态可以追溯到公元前的古巴比伦。考古学家在阿拉伯大沙漠发现的石碑证明，在公元前2000年以前，巴比伦的寺院已对外放款，而且放款采用由债务人开具类似本票的文书交由寺院收执的方式，且此项文书可以转让。据《大英百科全书》记载，早在公元前6世纪，在巴比伦就已经有一家"里吉比"银行。公元前4世纪，希腊的寺院、公共团体、私人商号也从事各种金融活动，但这种活动只限于货币兑换业务，还没有办理放款业务。罗马在公元前200年也有类似希腊银行业的机构出现，但较希腊银行业又有所进步，它不仅经营货币兑换业务，还经营贷放、信托等业务，同时对银行的管理与监督也有明确的法律规定。罗马银行所经营的业务虽不属于信用贷放，但已具有近代银行业务的雏形。

一般公认早期银行起源于文艺复兴时期的意大利，"银行"一词英文为"bank"，它是由意大利文"banca"演变而来的。在意大利文中，banca是"长凳"的意思。最初的银行家均为祖居在意大利北部伦巴第的犹太人，他们为躲避战乱迁移到英伦三岛，以兑换、保管贵重物品、汇兑等为业。在市场上人各一凳，据以经营货币兑换业务。倘若有人遇到资金周转不灵的状况，无力支付债务，就会招致债主们群起捣碎其长凳，兑换商的信用也宣告丧失。英文"破产"为"bankruptcy"，即源于此。早期银行业的产生与国际贸易的发展有着密切的联系。中世纪的欧洲地中海沿岸各国，尤其是意大利的威尼斯、热那亚等城市是著名的国际贸易中心，商贾云集，市场繁荣。由于当时社会封建割据，货币制度混乱，各国商人所携带的铸币形状、成色、重量各不相同，为了适应贸易发展的需要，必须进行货币兑换。于是，单纯从事货币兑换业并从中收取手续费的专业货币商便开始出现和发展了。

随着异地交易和国际贸易的不断发展，来自各地的商人们为了避免长途携带货币而产生的麻烦和风险，开始把自己的货币交存在专业货币商处，委托其办理汇兑与支付。这时候的专业货币商已反映出银行萌芽的最初职能——货币的兑换与款项的划拨。随着接受存款的数量不断增加，货币商发现多个存款人不会同时支取存款，于是他们开始把汇兑业务中暂时闲置的资金贷放给社会上的资金需求者。最初，货币商贷放的款项仅限于自有资金，随着代理支付制度的出现，借款者即把所借款项存入贷出者之处，并通知贷放人代理支付。随着贷放的资金从自有资金向所有存款资金的扩大，货币的贷放业务应运而生。由此，货币商也就逐渐演变成了集存贷款、汇兑支付、结算业务于一身的早期银行。意大利的威尼斯银行应运而生。

从实质上看，这些贷款并不仅限于现实的货币，而是有一部分变成了账面信用。这体现了商业银行的信用创造功能，标志着现代银行的本质特征已经出现。

（2）现代商业银行的建立

现代商业银行的最初形式是资本主义商业银行，它是资本主义生产方式的产物。随着生产力的发展，生产技术的进步，社会劳动分工的扩大，资本主义生产关系开始萌芽。一些手工场主同城市富商、银行家一起形成新的阶级——资产阶级。封建主义银行贷款具有高利贷的性质，年利率平均为20%～30%，严重阻碍社会闲置资本向产业资本转化。另外，早期银行的贷款对象主要是政府等一批特权阶层，而非工商业，新兴的资产阶级工商业无法得到足够的信用支持，而资本主义生产方式产生与发展的一个重要前提是要有大量的为组织资本主义生产所必需的货币资本。因此，新兴的资产阶级迫切需要建立和发展资本主义银行，这种状况在当时的英国体现得最为充分。

17世纪，随着银行这一新型的金融机构从意大利传播到欧洲其他国家，英国逐步实现了从金匠业向近代银行业的转变。这个过程中，随着资本主义制度的建立和英国工商业的快速发展，金匠业在原有融资服务、经营债券、办理贴现等业务的基础上又以自己的信誉作为担保，开出了代替金属条块的信用票据，并得到了人们的广泛接受。1694年，英国政府为了同高利贷做斗争，维护新生的资产阶级发展工业和商业的需要，成立了第一家现代意义上的股份制银行——英格兰银行，并规定英格兰银行向工商企业发放低利率（年利率为5%～6%）贷款，支持工商业发展。英格兰银行的出现，宣告了高利贷性质的银行业在社会信用领域垄断地位的结束，标志着资本主义现代银行制度开始形成以及商业银行的产生。

资本主义商业银行的产生基本上通过两条途径：

一条途径是旧的高利贷性质的银行逐渐适应新的经济条件，演变为资本主义银行。在西欧，由金匠业演化而来的旧式银行，主要是通过这一途径缓慢地转化为资本主义银行。以威尼斯银行为代表的早期银行建立时，由于资本主义的生产关系尚未确立，这些银行的贷款大多属于高利贷性质。随着资本主义生产关系的确立，高利贷已经越来越不能顺应资本主义经济发展的需要，于是这些银行纷纷降低贷款利率，为工商企业提供流动资金贷款，同时不断丰富自己的业务，慢慢地这些银行就转变为了现代商业银行。

另一条途径是新兴的资产阶级按照资本主义原则组织的股份制银行，这一途径是主要的。这一建立资本主义银行的历史过程，在最早建立资本主义制度的英国表现得尤其明显。1694年，英格兰银行一成立就宣布以较低的利率向工商企业提供贷款。由于英格兰银行具有政府背景，资金实力雄厚，所以很快就在信用领域占据了垄断地位，成为现代商业银行的典范。此后，英格兰银行的组建模式迅速被推广到欧洲的其他国家，商业银行制度逐渐在世界范围内得到普及。

7.1.2 商业银行的性质

商业银行是以追求利润最大化为目标，以多种金融负债筹集资金，以多种金融资产为经营对象，能利用负债进行信用创造，并向客户提供多功能、综合性服务的金融企业。从概念上我们可以看到，商业银行最基本的业务就是筹集资金的存款业务和经营金融资产的贷款业务，其中存款业务形成商业银行的负债，贷款业务形成商业银行的资产。

商业银行的特点决定了它具有如下性质：

（1）商业银行具有一般企业的特征

商业银行本质上是以营利为目的的企业，它也有一般企业的特征：必须具备业务经营所需的自有资本，并达到管理部门所规定的最低资本要求；必须照章纳税；实行自主经营、自担风险、自负盈亏、自我约束；以获取利润为经营目的和发展动力等。商业银行是否办理某项业务或是否接受某个客户也是以能否盈利作为出发点的，所以获取最大化利润是商业银行产生和经营的基本前提，也是商业银行发展的内在动力。

（2）商业银行是特殊的金融企业

商业银行的经营对象不是普通商品，而是货币资金。商业银行业务活动的范围是货币信用领域。商业银行不是直接从事商品生产和流通的企业，而是为从事商品生产和流通的企业提供金融服务的企业。

（3）商业银行是特许经营的企业法人

我国的商业银行由国家特许成立，由国家金融监管总局发放银行经营许可证。特许审批过程主要是：首先由申请人提出申请，然后由监管机构予以审查。形式审查要弄清各种申请文件、资料是否齐全，是否符合法律规定；实质审查要弄清申请人是否符合各项经营商业银行业务的条件。审查通过后，由申请人将填写的正式申请表和法律要求的其他文件、资料，报国家金融监管总局特许批准并颁发经营许可证。值得一提的是，特许批准的权力完全属于国家，符合成立商业银行的各项条件也并不意味着一定能取得经营许可证。同时，商业银行具有企业性质，拥有法人地位。因此，商业银行的法律性质是特许成立的企业法人。

虽然商业银行本质上是企业法人，但是它和一般的企业在性质上有很大的差异：从经营对象来说，商业银行经营的是货币资本，一般企业经营的是有形商品或无形服务；从信用形式来看，商业银行代表的是银行信用，而一般企业代表的是商业信用，银行信用的等级高于商业信用；从对社会经济的影响来看，商业银行不能轻易破产，如果商业银行破产倒闭，其所引发的多米诺骨牌效应会对其他金融机构以及企业和个人造成巨大的影响。因此，虽然它也适用于普通企业的破产机制，但是由于其破产的高成本和恶劣的社会影响，我国商业银行的破产事件很少发生。

7.2　商业银行的业务与职能

7.2.1　商业银行的业务

根据《商业银行法》的规定，商业银行可以经营下列业务：吸收公众存款；发放短期、中期和长期贷款；办理国内外结算；办理票据承兑与贴现；发行金融债券；代理发行、代理兑付、承销政府债券；买卖政府债券、金融债券；从事同业拆借；买卖、代理买卖外汇；从事银行卡业务；提供信用证服务及担保；代理收付款项及代理保险业务；提供保管箱服务；经国务院银行业监督管理机构批准的其他业务。这是《商业银行法》对商业银行所能从事业务的具体性规定，实际上商业银行的业务种类非常多，这些业务总体上可以分为五大类，即资产业务、负债业务、中间业务、国际业务和联行往来业务等。其中，资产业务和负债业务是商业银行的传统业务和基础业务，是它主要的收益来源；在当今银行业竞争越来越激烈的情况下，中间业务成为商业银行新的利润增长点；前三类业务都是商业银行的对内业务。国际业务和联行往来业务是商业银行的对外业务。

（1）负债业务

负债业务是形成商业银行的资金来源业务，是商业银行经营的先决条件，也是商业银行从事资产业务的前提。银行负债是商业银行吸收资金的主要来源。商业银行作为信用中介首先通过负债业务广泛地筹集资金，然后才能通过资产业务有效地运用资金，因此负债业务是商业银行开展资产业务的基础和前提。银行负债的规模制约其资产规模的大小；银行负债的结构包括期限结构、利率结构、币种结构等，决定着资产的运用方向和结构特征。同时，负债业务也是银行开展中间业务的基础，因为信用中介把资金的借贷双方有机地联系在一起，为银行开拓和发展中间业务创造了有利条件。负债业务也是商业银行保持流动性的手段，因为只有通过负债业务，才能聚集大量可用资金，以确保合理贷款的资金需求和存款提取、转移的资金需求。同时，负债业务还决定了商业银行的盈利水平基础，银行只有汇聚更多的资金才能将其贷放给个人和企业，从而获取收益。负债业务也是社会经济发展的强大推动力。商业银行通过负债业务，把社会各方面的闲置资金集中起来，形成一股巨大的资金力量，能在社会资金存量不变的情况下，扩大社会生产资金的总量。

①自有资本。

商业银行广义的负债业务主要包括自有资本和吸收外来资本两大部分。商业银行的自有资本是其开展各项业务活动的初始资金，是办理业务的本钱，主体部分由成立时发行股票所筹集的股份资本、公积金以及未分配的利润等构成。自有资本一般只占其全部负债的很小一部分。银行自有资本的多少体现银行的实力和信誉，也是银行吸收外来资金的基础，因此自有资本的多少还体现银行资本实力对债权人的保障程度。吸收外来资本的主体是银行的存款业务，同时也包括商业银行的短期和长期借款。

②存款业务。

商业银行的传统存款业务一般根据存款期限的不同可以分为活期存款和定期存款。

第一，活期存款主要是指可由存款户随时存取和转让的存款。它没有确切的期限规定，银行也无权要求客户取款时事先书面通知。持有活期存款账户的存款者可以用各种方式提取存款，如开出支票、本票、汇票，电话转账，使用自动柜员机或其他各种方式等。由于各种经济交易包括信用卡、商业零售等都是通过活期存款账户进行的，所以在国外又把活期存款称为交易账户。作为商业银行主要资金来源的活期存款有以下特点：一是具有很强的派生能力。在非现金结算的情况下，银行将吸收的原始存款中的可用资金用于发放贷款，客户在取得贷款后，若不立即提现，而是转入活期存款账户，这样银行一方面增加了贷款，另一方面增加了活期存款，创造出派生存款。二是流动性大，存取频繁，手续复杂，风险较大。由于活期存款存取频繁，银行还要提供多种服务，因此活期存款成本也较高，银行较少支付或不支付利息。三是活期存款相对稳定部分可以用于发放贷款。尽管活期存款流动性大，但在银行的诸多储户中，总有一些余额可用于对外放款。四是活期存款是密切银行与客户关系的桥梁。商业银行通过频繁的活期存款存取业务与客户建立比较密切的业务联系，从而争取更多的客户，扩大业务规模。

第二，定期存款是指客户与银行预先约定存款期限的存款。存款期限通常为3个月、6个月和1年不等，期限最长的可达5年或10年。定期存款的利率根据期限的长短不同而存在差异，但都高于活期存款。定期存款的存单可以作为抵押品取得银行贷款。定期存款具有以下特点：一是定期存款带有投资性。由于定期存款利率高，并且风险小，因而是一种风险最小的投资方式。对于银行来说，定期存款期限较长，按规定一般不能提前支取，因而是银行稳定的资金来源。二是定期存款所要求的法定存款准备金率低于活期存款，因为定期存款有期限的约束，有较高的稳定性。三是手续简单，费用较低，风险小。由于定期存款的存取是一次性办理的，在存款期间不必有其他服务，除了利息以外没有其他的支出，因而费用低。同时，定期存款较高的稳定性使其风险较小。

除上述各种传统的存款业务以外，为了吸收更多存款，打破有关法规限制，西方国家商业银行在存款工具上有许多创新，如可转让支付命令账户、自动转账账户、货币市场存款账户、大额定期存单等。

案例分析7-1

存款送礼是合规的吗

案情介绍：

银行通过送礼吸引储户在业内已不是新鲜事。为了吸收存款，很多银行网点推出了"存款送礼"活动。某股份制银行曾推出活动，即新增存款5万元及以上并绑定期限3个月以上产品，银行都有礼品相赠，新开卡的客户以及资产提升的客户都可以参加活动，其中"绑定期限3个月以上产品"的要求为定期存款或者大额存单。赠送的礼品也是多种多样，包括抽纸、口罩、坚果、洗衣液、花生油、吹风机、拉杆箱等。也有的商业银行对升级金卡的客户赠送礼品，礼品都摆在橱窗里，客户可随意挑选，先到先得。升级金卡的要求是日均存款在5万元以上。

这种情况在一些国有大行的网点也会出现，除了存款送礼，还有存款送积分的活动。根据新增存款的多少，分别赠送洗衣皂、洗衣液、调和油或花生油。

同时，每新增1万元存款赠送的积分可折合为25元兑换礼品。礼品的种类更加丰富，小到毛巾、湿巾，大到家用电器等。其中，新增存款必须是半年以上的定期存款或大额存款，如果提前支取需要退回赠送的礼品。

银行存款送礼品活动吸引了不少客户询问和参与，尤其是中老年客户。一些银行表示客户"不参加活动"时，改变策略顺势向客户推销理财产品，并表示"留住客户是最主要的目的"。也有银行是被动推出存款送礼活动的，本来没有送礼的打算，无奈周边的网点纷纷推出类似活动，为避免储户流失，只能跟进。

案例分析：

存款送礼虽然能在一定程度上吸收存款，也使存款人得到了一定的实惠，但是这种揽储行为很容易造成存款性金融机构之间的恶性竞争和不正当竞争，最终对银行正常的经营和稳健性造成负面影响，因此这种行为是违规的。2014年9月，银监会、中国人民银行等部门联合发布《关于加强商业银行存款偏离度管理有关事项的通知》；2015年10月，中国人民银行宣布，自2015年10月24日起，对商业银行、农村合作金融机构、村镇银行、财务公司等金融机构不再设置存款利率浮动上限。但是，当时监管部门并没有表态放开对于"返还现金或有价证券、赠送实物等不正当手段吸收存款"等行为的限制。这使得在现实情况中，"存款送礼"等变相提高存款收益的行为成为银行揽储的潜规则。一些银行甚至将存款考核平均到了全年，所以不只是年底，年中、季末，甚至月末都成了考核时间点。

2018年银保监会又发布了《关于完善商业银行存款偏离度管理有关事项的通知》。该通知规定，商业银行应完善绩效考核评价体系，加强对分支机构的绩效考评管理，合理分解考评任务，从根源上约束存款"冲时点"行为。商业银行不得设立时点性存款规模考评指标，不得设定单纯以存款市场份额或排名为要求的考评指标，分支机构不得层层加码提高考评标准及相关指标要求。该通知还强调，商业银行不得采取"高息揽储吸储"、"非法返利吸存（通过返还现金或有价证券、赠送实物等不正当手段吸收存款）"或"通过第三方中介吸存（通过个人或机构等第三方资金中介吸收存款）"等手段违规吸收和虚假增加存款。所以，要想杜绝银行"返利吸存"的现象还要依靠完善的法律法规以及监管部门严格的监管措施。

资料来源　根据相关新闻报道改编。

③各类借款。

商业银行的各类借款往往通过银行的同业拆借业务或向央行借款等渠道获得，它是商业银行所欠的一种债务，也形成了银行的负债业务。根据时间的长短，借款可以分为短期借款和中长期借款。短期借款是指期限在一年以内的借款，包括同业借款、向中央银行借款和其他渠道的短期借款。它是商业银行非存款资金来源的重要渠道，主要用于满足银行资金周转或头寸调剂的需要。它能帮助商业银行提高资金的管理效率，扩大商业银行的经营规模，拓展银行参与市场竞争的深度和广度。商业银行的长期借款是指偿还期限在一年以上的借款。它一般通过发行金融债券的形式获得，也是20世纪70年代以来商业银行业务综合化、多样化发展和金融业务证券化的产物。

（2）资产业务

商业银行的资产业务是其资金运用业务，主要分为贷款业务和证券投资业务两大类。资产业务也是商业银行收入的主要来源。商业银行吸收的存款除了留存部分准备金以外，全部可以用来贷款和投资。

①贷款业务。

贷款是商业银行最大的资产业务，是商业银行作为贷款人，按照一定的贷款原则和政策，以还本付息为条件，将一定数量的货币资金提供给借款人使用的一种借贷行为。这一借贷行为一般由贷款的对象、条件、用途、期限、利率和方式等要素构成。任何一笔贷款业务都必须遵循以下基本程序，即贷款的申请、贷款的调查、对借款人的信用评估、贷款的审批、借款合同的签订和担保、贷款发放、贷款检查、贷款收回。每家商业银行在对外贷款时都会按照国家产业政策的方向和要求制定本银行的贷款政策。贷款政策是商业银行指导和规范贷款业务，管理和控制贷款风险的各项方针、措施和程序的总和。

商业银行的贷款业务从传统的业务类型来看有很多分类标准。贷款业务按照贷款期限划分，可分为活期贷款、定期贷款和透支贷款三类；按照贷款的保障条件分类，可分为信用贷款、担保贷款和票据贴现；按照贷款用途划分，非常复杂，若按行业划分，有工业贷款、商业贷款、农业贷款、科技贷款和消费贷款，按具体用途划分，又有流动资金贷款和固定资金贷款；按照贷款的偿还方式划分，可分为一次性偿还和分期偿还；按照贷款质量划分，有正常贷款、关注贷款、次级贷款、可疑贷款和损失贷款等。

近年来，随着互联网平台的快速兴起，通过网络平台进行信贷活动俨然成为一种时尚，互联网平台的信贷活动在给企业或个人带来融资便利的同时也产生了很多问题和风险。近年来，商业银行互联网贷款业务快速发展，各类商业银行均以不同方式不同程度地开展互联网贷款业务。与传统线下贷款模式相比，互联网贷款具有依托大数据和模型进行风险评估、全流程线上自动运作、无人工或极少人工干预、极速审批放贷等特点，在提高贷款效率、创新风险评估手段、拓宽金融客户覆盖面等方面发挥了积极作用。与此同时，互联网贷款业务也暴露出风险管理不审慎、金融消费者保护不充分、资金用途监测不到位等问题和风险隐患。2018年11月，银保监会下发《商业银行互联网贷款管理办法（征求意见稿）》，对商业银行互联网贷款业务的定义和范畴、参与资质、发放余额、授信和风控、数据与模型、联合贷款及其额度、催收合作等多方面做详细规定。2020年2月，《商业银行互联网贷款管理暂行办法》正式实施，它为银行参与互联网贷款业务提供了明确的法律依据。

②证券投资业务。

商业银行的证券投资业务是商业银行将资金用于购买有价证券的活动，主要是

阅读材料7-1

《商业银行互联网贷款管理暂行办法》解读

通过证券市场买卖股票、债券进行投资。商业银行的证券投资业务可以帮助商业银行合理地分散风险、获取稳定的收益。银行贷款利率较高，但贷款风险较大，当没有合适的贷款机会时，将资金投入到信用等级高的证券产品，可以获取稳定的收益。证券投资业务还可以帮助商业银行保持合理的流动性。商业银行在经营过程中需要保持资金充足的流动性，现金虽然流动性强，但是它以商业银行损失利息收益为代价；如果投资可销性很强的短期证券，既可以随时变现，也能带来一定的利息收益。

证券投资业务还可以帮助商业银行合理避税。商业银行出于安全性的考虑，所投资的证券中有很多是风险比较小的稳定型产品，如国债和地方政府债券，这些产品往往享有免税的优惠政策，所以商业银行也可以通过投资达到合理避税的目的。此外，证券投资业务还是商业银行逆经济周期调节的手段，很多时候贷款和证券这两类资产业务是很好的互补对象。一般来说，当经济形势好的时候，企业和个人的信贷需求比较旺盛，银行贷款的发放额度和收益比较高；当经济下行时，贷款需求会大幅减少，这时通过证券投资可以减少贷款的风险，还能寻找新的利润增长点。商业银行投资业务的主要对象是各种证券，包括国库券、中长期国债、政府机构债券、市政债券或地方政府债券、公司债券以及各种资产抵押类证券。

（3）中间业务

从财务上来讲，资产业务和负债业务所发生的经济事项都需要列入银行的资产负债表中，所以这两类业务也被称为"表内业务"；中间业务又被称为"表外业务"，是商业银行所从事的，按企业会计准则不列入资产负债表内、不影响其资产负债总额，但能影响银行当期损益、改变银行资产报酬率的经营活动。中间业务有狭义和广义之分。狭义的中间业务指那些没有列入资产负债表，但同资产业务和负债业务关系密切，并在一定条件下会转为资产业务和负债业务的经营活动。广义的中间业务除了狭义的中间业务外，还包括结算、代理、咨询等无风险的经营活动，所以是商业银行从事的所有不在资产负债表内反映的业务。

《商业银行中间业务暂行规定》将中间业务分为九大类：①支付结算类中间业务，包括国内外结算业务；②银行卡业务，包括信用卡和借记卡业务；③代理类中间业务，包括代理证券业务、代理保险业务、代理金融机构委托业务、代收代付业务等；④担保类中间业务，包括银行承兑汇票、备用信用证、各类银行保函等；⑤承诺类中间业务，主要包括贷款承诺业务；⑥交易类中间业务，如远期外汇合约、金融期货、互换和期权等；⑦基金托管业务，如封闭式或开放式投资基金托管业务；⑧咨询顾问类业务，如信息咨询、财务顾问等；⑨其他类中间业务，如保管箱业务等。

中间业务的收入一般来源于提供业务所收取的服务费、手续费等。由于这部分业务单笔收益不高但规模大，而且收入不计入资产负债表，商业银行有更大的操作灵活度，所以中间业务逐渐受到商业银行的重视，尤其是利率市场化改革后，各商业银行之间的竞争不断加剧，中间业务逐渐成为很多银行新的业务增长点。

（4）国际业务

国际业务主要包括国际结算、国际信贷与投资和外汇交易等业务。

①国际结算业务。

国家间进行贸易和非贸易往来而发生的债权债务，要用货币收付，在一定的形式和条件下结清，这样就产生了国际结算业务。

国际结算方式是从简单的现金结算方式，发展到比较完善的银行信用证方式，货币的收付形成资金流动，而资金的流动又须通过各种结算工具的传送来实现。国际结算业务主要是通过汇付、托收、信用证、担保等形式来清偿国家间进行贸易和非贸易往来所发生的债权债务。汇付是付款人把应付款项交给自己的往来银行，请求银行代替自己通过邮寄的方法，把款项支付给收款人的一种结算方式。托收是债权人为向国外债务人收取款项而向其开具汇票，委托银行代收的一种结算方式。

信用证结算方式是指进出口双方签订买卖合同后，进口商主动请示进口地银行向出口商开立信用证，对自己的付款责任做出保证。当出口商按照信用证的条款履行了自己的责任后，进口商将货款通过银行交付给出口商。在国际结算过程中，银行还经常以自身的信誉为进出口商提供担保，以促进结算过程的顺利进行。为进出口结算提供的担保主要有两种形式，即银行保证书和备用信用证。

②国际信贷与投资业务。

国际信贷与投资是商业银行国际业务中的资产业务，国际信贷与投资业务的对象绝大部分是国外借款者。信贷与投资业务往往通过进出口融资、国际放款等方式为国际贸易提供资金支持。这些国际业务开展的深度和广度，也是一家银行国际化程度的重要体现。

③外汇交易业务。

商业银行的国际业务中，外汇交易业务也是很重要的一部分。它包括外汇头寸、即期外汇买卖、远期外汇买卖、期权交易、套汇与套利以及投机等。外汇管理体制改革后，目前我国的商业银行是外汇交易的中心，也是外汇市场上的主力军。随着我国外汇储备和居民持有外汇的增加，商业银行开展的外汇业务在其业务总量中也占有越来越大的份额。国家外汇管理局统计数据显示，2024年12月，银行结汇2 263.51亿美元，售汇2 370.39亿美元。2024年1—12月，银行累计结汇23 233.39亿美元，累计售汇24 335.88亿美元。[①]

（5）联行往来业务

商业银行的联行往来业务是指商业银行的各行处之间因办理各种结算业务和内部资金调拨等而发生的资金账户往来业务。它是银行会计核算的重要内容。根据联行往来业务量大，且其中很大部分属于一省或一县范围内的银行账务往来的特点，为便于结算管理，加速资金周转和就近监督资金划转使用，我国银行将联行往来分为全国联行往来、分行辖内往来和支行辖内往来三级，并分别由总行、分行和支行实行管理。

[①] 数据来源于国家外汇管理局官网（https://www.safe.gov.cn/safe/2023/0215/22329.html）。

①全国联行往来。

全国联行往来适用于总行与所属各级分支之间以及不同省、自治区、直辖市各机构之间的资金账务往来。全国联行往来业务由总行负责监督管理。

②分行辖内往来。

分行辖内往来适用于省、自治区、直辖市分行与所辖各分支机构之间以及同一省、自治区、直辖市辖内各银行机构之间的资金账务往来。分行辖内联行往来业务由分行负责监督管理。

③支行辖内往来。

支行辖内往来适用于县（市）支行与所属各机构之间以及同一县（市）支行内各机构之间的资金账务往来。其所涉及的账务由县（市）支行管理监督。

联行往来业务既执行会计基本制度，又执行联行往来制度；它与国内、国际支付结算及内部资金调拨结合进行；这项业务有一套完善的安全控制措施和工具；有独特的联行往来处理基本原理，联行往来的实质是一种代理收付业务。联行往来业务方便了同一银行系统内所属各行处之间结算业务以及资金调拨等的办理，它是实现资金划拨的工具。目前，中国人民银行和国有商业银行各自建立了独立的联行系统，其他商业银行有的开通了电子汇兑。未建立联行系统的金融机构的资金划拨，通过中国人民银行或建立联行系统的商业银行办理。

7.2.2　商业银行的职能

商业银行正是通过开展上述不同类型的业务，为社会公众提供多样化的金融服务，成为整个国民经济的中枢。商业银行在社会经济活动中主要发挥了信用中介、支付中介、信用创造、金融服务等方面的职能。

（1）信用中介

信用中介是商业银行最基本、最能反映其经营活动特征的职能。这一职能实际就是银行通过负债业务把社会上的各种闲散货币集中起来，再通过资产业务把它投向经济各部门。商业银行在发挥这一信用中介职能时，充当了买卖"资本商品使用权"的角色。一方面，商业银行通过支付利息吸收存款，借入资金；另一方面，商业银行通过贷放货币资本或购买有价证券等投资活动获取利息及投资收益。商业银行作为货币资本的贷出者与借入者的中介人或代理人，来实现资本的融通，并从吸收资金的成本与发放贷款的利息收入、投资收益的差额中获取收益形成银行利润。只不过商业银行买卖的不是资本商品本身的所有权，而是资本商品的使用权，并未改变货币资本所有权的原有状况，在这个过程中，商业银行发挥的是实现资本盈余和短缺之间融通的中介职能，因此被称为信用中介。

具体而言，信用中介作为商业银行最基本的职能发挥以下作用：

①使闲散的货币转化为能增值的资本。商业银行通过办理活期存款、定期存款等业务，把闲散在居民手中的货币资金集中起来，汇聚成一股巨大的资本投入生产和流通部门，成为生产资本、商品资本或货币资本，从而扩大了社会资本的规模，促进了生产和流通的发展。

② 使闲置的资本得到充分利用。商业银行通过各种存款形式，还能把从生产过程中游离出来的暂时闲置的货币资金转化为生产资本、商品资本等职能资本，在社会资本总量不变的情况下，优化资源配置，提高资本的使用效率，增强社会资本总的增值能力。

③ 满足整个社会对长期资本的需求。商业银行有多样化的存款和贷款业务，可以使众多短期资金来源在期限上互相衔接，变成数额巨大的长期稳定余额，供企业和个人使用，从而满足了社会对长期借贷资本的需求。

（2）支付中介

商业银行除了作为信用中介融通货币资本以外，还执行货币支付中介的职能。支付中介职能是指商业银行利用活期存款账户，为客户办理各种货币结算、货币收付、货币兑换和转账存款等货币经营业务，成为工商企业、团体和个人的货币保管者、出纳者和支付代理人。这一职能使得商业银行成为社会经济活动的出纳中心和支付中心，并成为整个社会信用链条的枢纽。支付中介职能是商业银行的传统职能，它先于信用中介职能出现，但是信用中介职能形成后，支付中介职能就要以信用中介职能的存在为前提条件。我们在日常生活中刷银行卡，用微信、支付宝进行支付，或是使用转账支票等都是商业银行支付中介职能的体现。

商业银行的支付中介职能具有以下两个作用：

① 使商业银行持续拥有比较稳定、廉价的资金来源。客户要想利用商业银行的支付中介功能，获取转账结算等服务便利，就必须首先在银行开立活期存款账户并存入一定的资金，这相当于扩大了商业银行的存款规模，增加了银行可以自由支配的资金量，使得银行能集中大量的低息甚至无息存款，降低了银行的资金成本。

② 可以节约社会流通费用，增加生产资本的投入。商业银行广泛地提供非现金转账结算和支票收付服务，既可以加速资金周转，又可以大大减少现金的使用量和流通量，进而使现金保管费、铸造印刷费、运转费等社会流通费用大大减少，将更多的资金投入生产，扩大再生产，以提供更多更好的产品。

（3）信用创造

商业银行在信用中介职能和支付中介职能的基础上，产生了信用创造职能。信用创造职能是指商业银行利用其可以吸收各类活期存款的有利条件，通过发放贷款从事投资业务，从而衍生出更多存款，扩大社会的货币供应量。

信用创造职能实际上是利用了商业银行的传统存款业务和贷款业务，在支票流通和转账结算的基础上派生出更多的存款。这种存款不提现或不完全提现，只是一种账面上的流通工具和支付手段。假定法定存款准备金率为20%，A银行吸收存款100万元（原始存款），并将其中的80万元贷给客户甲，B银行取得客户甲的存款80万元，并将其中的64万元贷给客户乙，C银行取得客户乙的存款64万元，并将其中的51.2万元贷给客户丙，照此循环下去则吸收的100万元存款可以派生出500万元的货币资金，这就是商业银行的信用创造职能。信用创造职能增加了商业银行的资金来源，在整个银行体系形成了数倍于原始存款的派生存款。

长期以来，商业银行是各种金融机构中唯一能吸收活期存款、开设支票存款账户的机构，在此基础上产生了转账和支票流通业务。商业银行通过自己的信贷活动创造和收缩活期存款，如果没有足够的贷款需求，存款贷不出去，就谈不上信用创造，因为有贷款才能派生存款；相反，如果客户归还贷款，就会相应地收缩派生存款。

（4）金融服务

随着经济的发展，工商企业的业务经营环境日益复杂，银行间的业务竞争也日益激烈。商业银行利用其在国民经济活动中的特殊地位，以及在提供信用中介和支付中介业务过程中所获得的大量信息等优势，运用计算机等先进工具，为客户提供多种金融服务。这些服务主要包括服务咨询、代理融通、信托、租赁、计算机服务、现金管理、经纪人业务、国际结算、普惠金融等。同时，工商企业生产和流通专业化的发展，又要求把许多原来的属于企业自身的货币业务转交给银行代为办理，如发放工资、代理支付其他费用等；个人消费也由原来的单纯钱物交易发展为转账结算。现代化的社会生活从多方面给商业银行提出了金融服务的要求。在激烈的业务竞争下，各商业银行也不断开拓服务领域，通过发展金融服务业务，进一步扩大资产负债业务规模，并把资产负债业务与金融服务结合起来，开拓新的业务领域。在现代经济生活中，金融服务已成为商业银行的重要职能。

通过这些金融服务，商业银行一方面扩大了其社会接触面和市场份额，另一方面为银行取得可观的服务收入，同时加快了信息传播，提高了信息技术的利用价值，促进了信息技术的发展。商业银行是各行各业中最先大规模使用计算机和信息技术的部门之一，也正是由于银行业和信息技术产业的紧密结合，才推动了信息技术的迅速发展，为人类进入信息经济时代创造了有利条件。信息技术的快速发展也使得商业银行的金融服务职能及其形式有了更多的变化，推动了"电子银行""网上银行"各项业务的发展，这些业务的广泛开展又为更好地给社会公众提供金融服务创造了条件。

阅读材料7-2

"1314"服务体系 养老金融的建行方案

阅读材料7-3

商业银行正是通过上述职能实现了对经济的调节。商业银行通过其信用中介活动调剂社会各部门的资金供给与需求，同时在央行货币政策和其他宏观政策的指引下，实现经济结构、消费比例投资、产业结构等方面的调整。此外，商业银行通过其在国际市场上的融资活动还可以调节本国的国际收支状况。商业银行的广泛职能使得它对整个社会经济活动的影响十分显著，在整个金融体系乃至国民经济中位居特殊而重要的地位。随着市场经济的发展和全球经济的一体化发展，商业银行的职能也向着多元化的方向发展。

重庆农商行下沉金融服务，打通农村金融服务"最后一公里"

7.3　商业银行的类型与组织结构

7.3.1　商业银行的类型

我国既有在全国各地营业的商业银行，如国有银行和股份制商业银行；也有在特定区域或省份开展业务的商业银行，如城市商业银行或农村商业银行等。我国的商业银行只能经营银行业务，而很多国家的商业银行既可以经营银行业务，也可以经营证券和保险业务。这些差异的产生实际上和每个国家商业银行的体系类型有很大关系。

商业银行体系是指一国商业银行可以分为哪些不同层次或不同类型，这些不同层次或不同类型的商业银行组成该国商业银行整体的结构。商业银行的类型在各个国家不尽相同，一般来说有以下几种划分标准：

（1）按资本所有权划分

按资本所有权不同，商业银行可划分为私人商业银行、合股商业银行以及国有商业银行三种。私人商业银行一般是指由若干出资人共同出资组建的商业银行，其规模较小，资金实力有限，很难满足现代经济活动多样化的需要，而且无法形成规模效应，在竞争中处于不利地位，所以这种类型的银行在现代商业银行中占比很小。合股商业银行是指以股份公司形式组织商业银行，又称股份制银行，这种商业银行是现代商业银行的主要形式。国有商业银行是由国家或地方政府出资组建的商业银行。由于政府资金实力雄厚，所以这类商业银行规模较大，业务门类一般比较齐全。根据我国法律的规定，私人不得开设商业银行。过去我国的银行都是国家所有的。随着市场经济的发展，我国商业银行的资本所有权形式已呈现多样化，目前主要有以下三种类型：

① 国有控股商业银行。这类商业银行的最大股东是国家和国有机构，这类银行主要包括中国工商银行、中国银行、中国建设银行、中国农业银行、邮政储蓄银行和交通银行。例如，截至2023年6月，中国工商银行的前四大股东持股情况为：中央汇金投资有限公司持有股份占比为34.79%；财政部持有股份占比为31.14%；香港中央结算代理有限公司持有股份占比为24.17%；全国社会保障基金理事会3.46%[①]。目前上述国有商业银行仍然在我国银行业有很大的影响力。

② 企业集团所有的商业银行。这类商业银行是由企业集团投资建立的，企业集团是这些银行的最大股东。例如，招商银行1987年成立于中国改革开放的最前沿——深圳蛇口，它是中国境内第一家完全由企业法人持股的股份制商业银行，也是国家从体制外推动银行业改革的第一家试点银行。截至2025年3月底，招商银行的前三大持股股东分别是香港中央结算（代理人）有限公司持股18.06%、招商局轮船有限公司持股13.04%、中国远洋运输有限公司持股6.24%。截至2024年年末，招商银行在中国境内设有143家分行（包含自贸区分行等）和1 794家支行，覆盖130多个城市，境外拥有6家分行和2家代表处，集团员工总数近12万人。[②]此外，招商银行还在境内全资拥有招银租赁、招银理财，控股招商基金，持有招商信诺和招联消费金融各50%股权，在香港全资控股招商永隆银行和招银国际，是一家拥有商业银行、金融租赁、基金管理、人寿保险、境外投行等金融牌照的银行集团。这些企业集团所有的商业银行很多都成为行业的翘楚，其中招商银行、华夏银行、光大银行、平安银行等都已经成为上市银行。

---

① 数据来源于同花顺财经（http：//basic.10jqka.com.cn/mobile/600036/holdern.html）。
② 数据来源于东方财富网（https：//data.eastmoney.com/gdfx/stock/600036.html）。

③ 股份公司制银行。在我国股份公司制银行又可分为两种：一种是未公开上市的银行，如上海银行、浙江商业银行、恒丰银行、渤海银行等；另一种是公开上市的银行，如浦发银行、中国民生银行、兴业银行、南京银行、北京银行、宁波银行等。我国股份公司制银行的股权结构比较复杂，大致由以下几个方面组成：国家股、企业股、社会公众股、外国投资者股份。我国股份公司制商业银行的股份大部分为地方政府与企业所持有，部分为个人和其他机构所持有。例如，截至2024年3月底，南京银行前四位的持股股东分别是法国巴黎银行持股15.24%、南京紫金投资集团有限责任公司持股12.87%、江苏交通控股有限公司和南京高科股份有限公司均持股9.99%。①

（2）按业务覆盖地域划分

按业务覆盖地域来划分，商业银行可分为区域性商业银行、全国性商业银行和国际性商业银行。区域性商业银行是以所在区域为基本市场的商业银行；全国性商业银行的业务覆盖全国各地，并在各地设立众多的分支机构；国际性商业银行通常是在国际金融中心设立的大银行，如花旗银行、汇丰银行、德意志银行、巴克莱银行等，它们的业务覆盖全球，并且海外业务占比相当高。例如，德意志银行海外业务占比达40%。我国的商业银行如果按照业务覆盖地域来划分，中国工商银行、中国农业银行、中国银行、中国建设银行和交通银行这五大国有银行以及全国性股份制商业银行既属于全国性商业银行，也属于国际性商业银行，它们也有很多海外分支机构，开展国际业务；城市商业银行、农村商业银行和村镇银行一般属于区域性商业银行。

（3）按照能否从事证券业务和其他业务划分

1933年美国颁布《格拉斯–斯蒂格尔法》以后，主要发达国家对商业银行能否从事证券业务有不同规定，据此也可以将商业银行分为德国式全能银行、英国式全能银行和美国式职能银行。德国式全能银行是指那些既能全面经营银行业务又能经营证券业务和保险业务的商业银行，这些商业银行还能投资工商企业的股票。这种类型的商业银行主要分布在欧洲大陆的德国、瑞士、奥地利、荷兰等国家。英国式全能银行是指那些可以通过设立独立法人公司来从事证券承销等业务，但不能持有工商企业股票，也很少从事保险业务的商业银行。这种商业银行主要分布在英国、加拿大、澳大利亚等国家。美国式职能银行是指那些只能经营银行业务，不能经营证券承销业务的商业银行。这种商业银行原来主要分布在美国、日本和其他大多数国家，我国也是实行这种制度。1999年11月，美国开始实行《金融服务现代化法案》，该法案放松了对美国银行业务经营范围的限制，允许银行经营证券业务和保险业务。

全能银行和职能银行的分类往往和一国的金融业经营模式紧密联系在一起。一般来说，全能银行对应于金融的混业经营模式，而职能银行对应于分业经营模式。全能银行的经营模式有利于实现规模经济和分散风险，同时金融机构通过提供多样

---

① 数据来源于招商银行官网（https://www.cmbchina.com/cmbinfo/aboutcmb/）。

化的服务能更好地满足客户的需求，提高营业利润，但是业务类型的多样化也容易引发道德风险，加大管理难度，对金融机构的稳健经营产生威胁。职能银行有利于提供专业化的业务及培养专业化的管理人才，也有利于银行业内部的协调管理和银行业的安全稳健经营，但是这种模式不利于金融业资源共享和充分竞争。我国金融业经营模式经历了从混业经营、分混交叉到分业经营的演变过程，虽然目前分业经营模式也受到了挑战，但是从法律和制度层面上来看，商业银行业务和投资银行业务还是分开的，只是在具体的业务实践中，商业银行对证券和保险类的业务有所涉及。目前我国商业银行正在向综合经营的模式转变。

7.3.2　商业银行的组织形式

（1）单一银行制

单一银行制也称单元制、单元银行制，即商业银行只有一个独立的银行机构，不设立分支机构。实行单一银行制的商业银行在经营管理上较灵活，但其经营范围受到地域的限制，难以在大范围内调配资金，风险抵抗能力相对较弱。

单一银行制在美国曾经比较典型。美国是各州独立性较强的联邦制国家，在历史上东西部经济发展极不平衡。为了适应经济均衡发展的需要，特别是适应中小厂商发展的需要，反对金融权力的集中，反对银行吞并，各州都通过银行法来禁止或者限制银行开设分支行。进入20世纪以后，美国对设立分支行的限制有所放松，约1/3的州准许银行在本州范围内开设分支机构，还有1/3的州准许在商业银行总行所在地的城市设分支机构，其余1/3的州根本不准许设立分支机构，或者要经过许多审批手续，限制仍严格。1994年9月美国国会通过《瑞格-尼尔跨州银行与分支机构有效性法案》，允许商业银行跨州设立分支机构，宣告单一银行制在美国被废除。

单一银行制与19世纪和20世纪初期的社会环境相适应。那时，各社会团体分布辽阔，各自的社会经济活动又很相似，形成了较小的地域特色。随着交通和通信的发展、商业的繁荣，各社会团体间的相互依赖性加强，打破了原先的分散状态。另外，人们也越来越习惯于流动，而且更加注重银行提供的金融服务是否对自己方便有利。于是，单一银行制被迫让位于分支制，后者更能满足多样化要求和相互依赖的城镇之间的金融联系要求。在一部分州里，过去的传统及各州利益和顾客的特殊需求使单一银行制保存了下来。

单一银行制有利于限制银行间的吞并和金融垄断，缓和竞争的激烈程度，减缓银行业的集中和垄断趋势；同时，商业银行以服务地方或州的经济为主，能更好地协调当地关系，集中全力为地方经济服务，又由于不设立分支机构，管理层次少，业务的自主性较强、灵活性较大，中央银行的调控传导快，有利于实现中央银行的货币政策。但是，由于单一银行制限制了竞争，商业银行的创新动力不足，不利于银行的发展和经营效率的提高，也降低了客户在银行办理业务时的服务体验。由于没有分支机构，单一制商业银行的业务风险无法分散，银行的经营风险集中，而且机构较少，不利于信息技术在银行间的推广。在信息经济时代，这种制度难以适应现代经济发展的需要，所以实行这种商业银行制度的国家很少。

（2）总分行制

总分行制又称为"分支行制"，其特点是法律允许银行除总部外，在同一地区或不同地区甚至国外设立分支机构，从而形成以总行为中心的庞大的银行网络。这类银行的总部一般设在经济发达、通信便捷的大城市，从而有利于对下属分支机构进行管理和指挥。目前世界上绝大多数国家都实行这一制度，如西欧国家、俄罗斯、日本等。我国幅员辽阔，如果每个银行都不设立分支机构，那业务就无法正常开展下去，因此我国商业银行也实行总分行制。

和单一银行制的模式相比，实行总分行制的银行的显著特点是银行分支机构众多、分布广，总规模巨大，有利于形成一个庞大的银行网络，从而发挥如下优势：

① 吸收更多的资金，实现规模经营，在地理上分散风险。由于银行分支机构较多，业务分散，因而易于吸收存款，充分有效地利用货币资本；同时，由于放款分散，可以降低放款的平均风险，提高总体回报率，又可以在较大范围内调剂资金，增强资金流动性。此外，放款的分散性也大大提高了银行的安全性，即使个别分支机构经营失败也不会影响到整个银行的生存。

② 减少对非盈利性资产的占用，有利于银行扩大资本总额和经营规模。在现金准备方面，由于分支机构间调动灵活，就整个银行体系而言，可相对降低法定存款准备金数额，减少对非盈利性资产的占用。同时，设置分支机构可以大大地提高资金流动性，银行的资本总额也会相应地扩大，有利于扩大经营规模。

③ 总分行之间依靠现代化的通信手段和工具进行管理，提高了管理效率和银行的竞争能力，也可以为客户提供更多种便利的金融服务。总分行制有利于现代信息技术的普及、应用和推广，无纸化的管理节约了办公成本，也提高了业务效率，提升了服务质量，从而更有利于银行增强竞争能力。此外，在实行总分行制的国家，一般银行总行的数目较少，但规模较大，国家在进行金融调控时，只要得到这些银行的积极配合就可以取得很好的效果，从而降低国家宏观调控的难度。

总分行制也存在以下缺点：易于形成一国之内几家超大规模的银行操控、左右市场的局面，导致金融垄断，降低经济效率，最终损害客户和国家的利益。我国曾经出现过"国有银行独大"的局面，但后来随着越来越多股份制商业银行的成立和外资银行的进入，这种垄断局面逐渐被打破，自由竞争的格局表现得越来越明显。银行规模过大，层次较多，大大增加了管理的难度；分支机构人员的调动、轮换等会使银行失去与其客户的联系，而银行职员固守一地又会形成本位主义，削弱总行对分行的控制管理；分支行由于受到总行的管控，在职能上面更多表现为执行总行的政策决议，同时由于没有独立的人事权和财政权，在决定业务方针等重大问题时，需逐级请示，经营不够灵活、及时，这种状况也使得分支行丧失了关注地方经济的动力和积极性。

（3）银行控股公司制

银行控股公司又称为"集团制银行"或"持股公司制银行"，是指由少数大企业或大财团设立控股公司，再通过控制和收购两家以上银行的股票所组成的公司。银行控股公司的组织结构在美国最为流行，它是规避政府对设立分支机构进行管理的结果。1999年美国颁布《金融服务现代化法案》，在法律上确定了银行控股制度的地位。目前，银行控股公司已成为银行制度中非常重要的一种组织形式。到20世纪90年代，美国的银行控股公司控制着8 700家银行，掌握着美国银行业总资产的90%。

银行控股公司有两种形式，即非银行性控股公司和银行性控股公司。非银行性控股公司是由企业集团控制某一银行的主要股份的形式。该种形式的控股公司在持有一家银行股票的同时，还可以持有多家非银行企业的股票。银行性控股公司是指大银行直接控制一个控股公司，并持有若干小银行的股份。花旗集团就属于银行控股公司，它控制着300多家银行。一般把仅拥有或控制一家商业银行的控股公司称为单一银行控股公司，把拥有或控制两家以上银行的控股公司称为多元银行控股公司。银行控股公司在美国拥有66%的银行和近90%的存款。从立法角度看，控股公司拥有银行，但实际上控股公司往往是由银行设立并受银行操纵的组织。这种组织形式能有效地扩大资本总量，增强银行实力，提高银行抵御风险的能力和竞争能力；它可以同时控制大量的非银行企业，这就为它所控制银行提供了稳定的资金来源和客户关系。但是，银行控股公司的控制和收购行为很容易造成银行业的集中和垄断，不利于自由竞争的展开。

（4）连锁银行制和代理银行制

除了上面这些银行的组织形式外，连锁银行制和代理银行制在一些国家也存在。其中，连锁银行制也称为"联合制"，是指由某一个人或某一集团购买若干银行的多数股票，从而达到控制这些银行的程度。这些银行的法律地位仍然是独立的，但实际上其业务和经营政策因控股而被某一个人或某一集团所控制，其业务和经营管理由这个人或这个集团决策控制。连锁银行的成员多是形式上保持独立的小银行，它们围绕在一家主要银行的周围，以主要银行为核心，形成集团内部的各种联合。这种银行组织形式主要集中在美国西部。代理银行制又称为"往来银行制"，是指银行相互间签订代理协议，委托对方银行代办指定业务的制度。在国际上，这种代理关系非常普遍，美国国内的代理银行制度也非常发达。这种代理制度解决了不准设立分支机构的矛盾。即使在实行总分行制的国家，银行之间也存在代理关系。

7.4　商业银行经营的原则、环境与发展趋势

7.4.1　商业银行的经营原则

商业银行在实际的经营活动中应该遵循很多共性的原则：安全性、流动性和效益性原则；依法独立自主经营的原则，即商业银行作为独立的市场主体，有权依法处理其一切经营管理事务，自主参与民事活动，并以其全部法人财产独立承担民事

责任；平等自愿、诚实信用原则，即商业银行与客户之间是平等主体之间的民事法律关系，商业银行与客户之间的业务往来应以平等自愿为基础，公平交易，不得强迫，不得附加不合理的条件，双方均应善意、全面地履行各自的义务；依法营业、不损害社会公共原则；公平竞争原则；依法接受中央银行与银保监会的监督和管理原则等。

银行办理不同类型的业务所要遵循的原则也有差异，例如存款业务要求商业银行必须遵循保护存款人利益的原则；贷款业务要求商业银行严格贷款人资信担保，依法按期收回贷款本金和利息等。

虽然商业银行需要遵循的业务原则有很多，但是其中最基本的是安全性、流动性和效益性原则。《商业银行法》第四条指出："商业银行以安全性、流动性、效益性为经营原则，实行自主经营，自担风险，自负盈亏，自我约束。商业银行依法开展业务，不受任何单位和个人的干涉。商业银行以其全部法人财产独立承担民事责任。"

商业银行从本质上来说是以营利为目的的金融企业，所以商业银行的业务都是围绕利润这个主题展开的，但是商业银行不能从事风险太高的业务，因为银行破产对社会经济造成的影响太大，所以它在追求利润的同时又要兼顾业务的安全性。此外，商业银行以货币资金作为经营对象，显然货币只有在流动中才能发挥它的各项职能，才能给银行带来利润，所以商业银行还要考虑资金的流动性。

为了更好地规范商业银行的业务行为，我国以法律的形式规定了商业银行经营的总原则，即安全性、流动性、效益性原则，简称"三性原则"。

（1）安全性原则

安全性原则要求商业银行在经营活动中必须保持足够的清偿能力，以应对有可能发生的重大风险和损失，能随时应付客户提存，使客户对银行保持信心。和一般企业不同，商业银行是负债经营，它的安全性在很大程度上要取决于其资产安排的规模和资产的结构，决定于其资产的风险程度及资金储备量，所以商业银行要实现安全经营就必须做到以下几点：

其一，合理安排资产规模和结构，重视资产质量。商业银行通常都在一定的风险偏好度下，按照存贷款比例、资本净值与资产的比率等指标要求来控制其资产规模。同时，商业银行也重视贷款的质量，如果问题贷款占贷款总额比率过高，反映该银行资产质量不高，会危及银行正常经营，影响其安全性。此外，商业银行还要注重通过保持一定比例的现金资产和持有一定比例的优质有价证券来改善银行资产结构，提高银行抗风险的能力。

其二，提高自有资本在全部负债中的比重。商业银行的资金来源主要是吸收存款和借入款项，这种负债经营本身就包含很大的风险。商业银行一方面要随时应付客户的取款需要，另一方面要随时偿还借入的债务，因此商业银行主要是依靠保持良好的清偿能力来抵御和防范风险。保持清偿能力的基础首先是商业银行的自有资本。自有资本在全部负债中的比例是人们判断一个银行实力大小的主要依据，也是银行提高信誉及赢得客户信任的基础。一家信誉良好的商业银行即使暂时资金周转困难，也会因为人们信任它而降低挤兑危机发生的可能性，所以每家商业银行都要在可能的情况下，根据实际情况不断补充自有资本总额，这是安全稳健经营的基础保障。

其三，必须遵纪守法，合规经营。商业银行必须自觉遵守各项法律法规，不搞违规经营。违规经营很容易带来高风险，影响商业银行的安全性，也有损银行的社会形象。商业银行合规经营，既可以在社会公众中树立良好的社会形象，也可以获得国家法律的保护和中央银行的支持，即使发生风险，也能及时得到中央银行的援助，避免遭受更大的风险打击。

（2）流动性原则

由于商业银行经营对象的特殊性，流动性原则对于商业银行具有重要的指导意义。流动性是指商业银行能够随时满足客户的提现要求和必要的贷款需求的支付能力，它包括资产的流动性和负债的流动性双重含义。其中，资产的流动性主要是指资产在不发生损失的情况下迅速变现的能力；负债的流动性本质上是一个清偿问题，是指银行能够随时满足客户提取存款等要求的能力。商业银行的流动性管理实际上就是要求商业银行合理调度资金，来满足这两方面的需要，以防止因为清偿能力不足而造成挤兑危机的发生。

一般来说，衡量资产流动性的指标有两个：一是资产变现的成本。某项资产变现的成本越低，则该项资产的流动性越强。二是资产变现的速度。某项资产变现的速度越快即越容易变现，则该项资产的流动性越强。

商业银行的资产中流动性最强的主要是库存现金、在中央银行的超额准备金存款、在其他银行的活期存款，这三项资产均可随时用于清偿支付。流动性次之的资产有：对其他银行或金融机构的临时贷款、银行购买的国库券及其他短期债券等。流动性较差的资产有中长期贷款、长期债券等。从银行保持流动性的要求来看，由于库存现金、在中央银行的超额准备金存款和在其他银行的活期存款可以随时用于清偿支付，所以每家商业银行都必须保持一定比例的这类资产。另外，由于国库券和其他短期债券的期限短、容易变现，尤其是国库券，因为有政府信用作为担保，收益率也比较高，在商业银行需要现金时，可随时在公开市场上卖出国库券取得现金，所以大多数商业银行也都把这类资产当作第二准备金，作为保持银行支付能力的一种常用的方法。

商业银行为了更好地实现流动性管理目标，通常需要制定一些数量化指标，以此来衡量和反映本银行的流动性状况。这些指标可以分为三大类：一是资产类流动性指标，如现金资产比；二是负债类流动性指标，如股权与总资产的比率；三是资产负债综合类流动性指标，如贷款与存款的比率等。商业银行可根据以上指标的要求，编制流动性计划。这种流动性计划可以分为年度、季度、月度和隔日四种。流动性计划的主要内容是合理安排资产与负债的对应结构，使资产的期限结构和负债的期限结构相适应，避免或减少借短贷长的现象。商业银行还可以根据流动性计划执行情况和资产来源与运用的变化，进行头寸调剂，积极开展主动性负债业务，以弥补头寸不足，保持足够的流动性。

（3）效益性原则

效益性原则也称盈利性原则。追求利润是商业银行改进服务、拓展业务、改善经营管理的内在动力，只有保证良好的效益性，商业银行才能应对激烈的竞争，实现自身的可持续发展，存款人和贷款人的利益才能得到保证。因此，效益性原则在所有原则中居于核心地位，实现利润的最大化也是商业银行经营活动的最终目标。

效益性原则使商业银行在追求利润最大化的过程中努力充实资本、增强实力、巩固信用、提高竞争能力。这是股东利益的所在，是银行开拓进取、积极发展业务、提高服务质量的内在动力。商业银行的盈利来自银行业务收入和银行业务支出之差。商业银行的业务收入包括贷款利息、投资收入、劳务收入（如各种手续费、佣金等）。商业银行的业务支出包括吸收存款支付的利息、借入资金支付的利息、贷款与投资的损失（如贷款的坏账损失等）、各项办公费用及设备维修费等。商业银行要增加盈利就应当想办法增加收入、减小支出，具体来说：

其一，尽量通过合理的资产组合扩大盈利性资产的比重。现金资产是商业银行资产中流动性最强但盈利性最差的资产，它不能为商业银行带来利润收入；而长期贷款和长期投资是商业银行资产中盈利性最好但是流动性最差的资产，它是银行利润的主要来源。为了保持银行的流动性，保证银行有足够的清偿能力和经营的安全，商业银行必须保有一定的现金资产，但是其规模不能太大，否则就会影响到银行的盈利水平。所以，商业银行在经营过程中应当尽可能在保证安全性的前提下将这种非盈利性现金资产的保有量压缩到最低水平，提高盈利性资产的比重，以获取更多的利润来源。

其二，尽量获取更多低成本的存款资金。对商业银行而言，存贷利差是主要的利润来源，而贷款的发放及其规模的大小依赖存款的获取，因此商业银行要想获取更多的利润，就应当最大限度地扩大存款的来源。但是，存款的获得是有成本的，如存款的利息、管理费等，因此商业银行应当尽可能通过合法的手段以低成本吸收存款，以此保证银行盈利的最大化。

其三，降低贷款的坏账率，增加投资收益。贷款和投资是商业银行增加业务收入的主要形式。商业银行的贷款业务尤其是中长期贷款是典型的高风险、高收益型的业务，贷款损失不仅会冲销银行的利润，还会危及银行的安全，所以，不良贷款率往往成为衡量一家银行经营状况好坏的重要标准。商业银行应当根据贷款的五级分类法对贷款进行分类管理，尽可能保证问题贷款的及时收回，只有降低不良贷款率才能真正增加贷款业务的利润。商业银行出于安全性的考虑，一般以投资于稳健性较强的债券类产品为主，这类产品大多低风险、低收益，所以从增加投资收益的角度来看，可以在风险可控的前提下，适当增加高收益性产品的投资，以此增加业务利润。此外，商业银行还应该加强内部经济核算，提高银行员工的工作效率，节约管理费用开支，并严格操作规程，完善监督机制，减少事故和降低差错率，防止内部人员因违法犯罪活动给银行造成损失。

（4）"三性原则"的协调

虽然《商业银行法》要求商业银行的业务经营要同时满足安全性、流动性和效益性这三个原则，但是从现实情况来看，三个原则之间并不一定总能保持一致。具体来说，安全性和效益性的原则具有一致性，如果商业银行的资金流动性比较强，那么它经营的安全性一般会比较高。商业银行合理调度资金有利于保证银行业务的正常运转，从而能保障它的安全性。但是，安全性和流动性原则往往与效益性原则相冲突。一般来说，效益性资产往往流动性差、安全性低，而非盈利性资产往往流动性强、安全性高。

因此，从某种意义上来说，商业银行经营满足"三性原则"的过程实际上也是银行和社会公众之间利益博弈的过程。商业银行要解决好这三个原则之间的冲突，就要在对资金来源、资产规模及各种资产的风险收益、流动性进行全面预测和权衡的基础上，重视对安全性的考量，通过合理配置不同期限结构、不同风险等级资产的比例来合理规避风险；同时，应该合理调度资金以保持资金良好的流动性，进而保证经营的安全性，通过加快资金的周转率来提高资金的利用效率，从而获取更多的利润。所以，保持良好的流动性是解决安全性和效益性矛盾的最好方法。从长期来看，要做到以下三点：第一，积极组织资金来源，慎重安排资产结构，保持适当比例的现金资产；第二，加强对长期贷款和投资的预测研究，保证收益，减少风险损失；第三，树立良好的信誉，建立牢固的信用基础，取得客户和社会的高度信任，使银行拥有较大的回旋余地。这三点要求的宗旨是围绕流动性加强经营管理，增强资金实力，提高服务质量，只有这样才能很好地实现安全性和效益性目标的统一。

在经济扩张时，由于中央银行放松银根，资金来源充足，资金需求旺盛，商业银行此时应在风险可控的前提下侧重效益性目标，积极扩大盈利；而在经济过度膨胀时，由于中央银行已经开始收缩银根，社会资金来源减少，资金需求也开始衰减，此时商业银行应侧重安全性目标，谨慎安排资产规模与结构，减少损失。此外，商业银行还应该重视风险管理，做好风险的预测、监督和处理工作，从事前、事中和事后三个方面来全面进行风险防范。

7.4.2 商业银行的经营环境和发展趋势

（1）商业银行的经营环境

进入 21 世纪以后，商业银行的经营环境发生了很多变化。一方面，宏观经济波动加剧，各类危机频发，2007—2009 年爆发金融危机和债务危机。在危机中，大量的商业银行和企业倒闭，金融衍生工具创新所带来的监管漏洞和难题再一次展现在世人面前，商业银行经营的外部环境不断恶化。实体经济不景气、投资下降导致贷款需求减少，大量人员失业、收入降低导致存款减少，这些都威胁着商业银行的稳健经营，商业银行利润大幅减少，业务创新受到抑制，原有的业务受到冲击。另一方面，商业银行面临的外在竞争不断加剧。我国存在农村商业银行、城市商业银行、外资银行、国有商业银行、政策性银行、全国性股份制商业银行等多种类型的金融机构，由于实行总分行制，这些商业银行在国内有大量的经营网点，这些银行及其分支机构彼此之间竞争激烈。同时，金融市场的发展所带来的融资便利和互联网金融迅猛发展所带来的新型投融资方式正对传统的银行业造成巨大冲击。

从金融市场来说，我国的深市、沪市、创业板市场、中小企业板市场等多层次的证券市场体系可以为各种不同类型的企业提供资金规模更大、融资成本更低、资金使用更便利的融资渠道，这使得很多企业在需要融资时由原来首选商业银行贷款变成现在的金融市场上市，这无疑挤压了商业银行原有的贷款业务的规模。互联网金融作为利用互联网技术和信息通信技术实现资金融通、支付、投资和信息中介服务的新型金融业务模式，它的崛起对商业银行传统的业务理念、模式等都提出了新的挑战。同时，监管机构强化了对商业银行的监管。2017年被称为中国"最严监管年"。据不完全统计，银行业监督管理部门2017年共开出2 838张罚单，覆盖国有大行、股份制银行和城商行等各类银行机构。从违约业务类型来看，罚单主要涉及领域包括信贷、票据、同业、信息披露违规、违反审慎经营、挪用资金等几大类问题，累计罚金远超2016年。近年来，"严监管""强监管"这样的字眼一直贯穿于我国金融监管工作的始终。日益严格的外在监管也给商业银行施加了改进内部控制制度、加强风险管理和强化合规经营意识的外在压力。

（2）商业银行的信息化趋势

面对经营环境的新变化，商业银行的发展也呈现出明显的信息化、电子化、数字化趋势，目前这种趋势由一线城市商业银行不断地向二三线城市商业银行蔓延。商业银行经营的信息化拓宽了银行服务渠道，促进了商业银行内控机制的健全化，推动商业银行组织结构的扁平化，有利于实现以客户为中心的业务流程再造；同时，信息化还成为商业银行金融工具创新的主要源泉，所以经营信息化是商业银行业的一场革命，也使得商业银行在经营形式上发生了全新的变化。

商业银行信息化是我国商业银行经营管理从以物质与能量为经营结构中心向以信息与知识为经营结构中心转化的过程。在这个过程中，我国商业银行各部门和各领域通过采用现代信息技术装备实现信息的获取、处理、储存、利用等，极大地提高了经营效率。商业银行信息化的建设包括：信息化战略的设计，信息化管理体系的确立，信息化制度、信息化评价体系的建立，信息系统标准规范的制定，信息网络的构建，信息系统的开发、运行和维护，信息资源的开发和利用等。

从20世纪70年代开始，我国银行业的发展经历了从手工统计到自动化处理、从单机处理到应用系统联机应用、从分散式系统架构到集中式系统架构、从面向流程设计到面向服务设计这样一个迭代更新的过程。各家商业银行从最初的手工操作，到单机处理，到区域互联，再到大集中和网络金融，历经打基础、上规模、电子化、信息化等发展阶段。我国商业银行信息化的发展历程大致经过了以下几个阶段：从20世纪70年代末到80年代中期，处于柜台业务信息化的起步阶段，此前网点和网点之间的系统相互独立，业务单独处理，信息独立存储，便形成了一个个信息孤岛。80年代中期，开始在柜面使用计算机系统实现前台业务自动化处理，这

标志着我国银行业真正进入了金融电子化、信息化发展起步阶段。从20世纪80年代中期到2000年初期，各家银行加快了后端业务系统化的进程，1995年后银行间网络化信息系统逐渐建立，实现了银行各分支机构之间、各家银行之间的联网，支付清算、公司业务等实现电子化，称之为"全国互联互通"。从2000年到2012年，我国商业银行信息化进入了一个快速发展阶段，这段时期是中国互联网创新不断、活力无限的时期，同时银行信息化建设也精彩纷呈、硕果累累。众多银行在这个阶段完成了数据大集中，全国金融数据通信网络基本框架已经搭建，各商业银行相继建成综合业务处理网络、管理信息系统网络、电子资金清算系统、电子资金汇兑系统等，一个多功能的、开放的商业银行信息化体系初步形成。2012年至今，以云计算、智能移动终端、大数据中心等为代表的信息技术正在加速深入应用。面对机遇与挑战，银行业正在保持创新意识，转变发展理念，打造信息化银行是未来必将探索、实施的课题。

阅读材料7-5

中国银行的数字化转型战略

本章小结 ✓ --------------------------------●

1.现代商业银行的最初形式是资本主义商业银行，它是资本主义生产方式的产物。1694年，英国成立了第一家现代意义上的股份制银行——英格兰银行，由此标志着资本主义现代银行制度开始形成以及商业银行的产生。

2.资本主义商业银行的产生基本上通过两种途径：一是旧的高利贷性质的银行逐渐适应新的经济条件，演变为资本主义银行；二是新兴的资产阶级按照资本主义原则组织的股份制银行，这一途径是主要的。

3.商业银行是以追求利润最大化为目标，以多种金融负债筹集资金，以多种金融资产为经营对象，能利用负债进行信用创造，并向客户提供多功能、综合性服务的金融企业。

4.商业银行具有一般企业的特征，是特殊的金融企业，是特许经营的企业法人。

5.商业银行的业务种类非常多，总体上可以分为五大类，即资产业务、负债业务、中间业务、国际业务和联行往来业务等。

6.负债业务是形成商业银行的资金来源业务，是银行经营的先决条件，也是商业银行资产业务的前提。

7.商业银行的资产业务是其资金运用业务，主要分为贷款业务和证券投资业务两大类。资产业务也是商业银行收入的主要来源。商业银行吸收的存款除了留存部分准备金以外，全部可以用来贷款和投资。

8.贷款是商业银行最大的资产业务，它是商业银行作为贷款人，按照一定的贷款原则和政策，以还本付息为条件，将一定数量的货币资金提供给借款人使用的一种借贷行为。

9.从财务上来讲，资产业务和负债业务所发生的经济事项都需要列入银行的资产负债表中，所以这两类的业务也被称为"表内业务"；中间业务又被称为"表外

货币金融学

业务"，是商业银行所从事的按企业会计准则不列入资产负债表内，不影响其资产负债总额，但能影响银行当期损益，改变银行资产报酬率的经营活动。

10.国际业务主要包括国际结算、国际信贷与投资和外汇交易等业务。

11.商业银行在社会经济活动中主要发挥了信用中介、支付中介、信用创造、金融服务等方面的职能。

12.按照资本所有权不同，商业银行可划分为私人商业银行、合股商业银行以及国有商业银行三种。

13.单一银行制也称单元制、单元银行制，即商业银行只有一个独立的银行机构，不设立分支机构。

14.总分行制又称为"分支行制"，其特点是法律允许银行除总部外，在同一地区或不同地区甚至国外设立分支机构，从而形成以总行为中心的庞大的银行网络。这类银行的总部一般设在经济发达、通信便捷的大城市，从而有利于对下属分支机构进行管理和指挥。目前世界上绝大多数国家都实行这一制度。

15.商业银行以安全性、流动性、效益性为经营原则，实行自主经营，自担风险，自负盈亏，自我约束。商业银行依法开展业务，不受任何单位和个人的干涉。商业银行以其全部法人财产独立承担民事责任。

16.安全性原则要求商业银行在经营活动中必须保持足够的清偿能力，以应对有可能发生的重大风险和损失，能随时应付客户提存，使客户对银行保持信心。

17.流动性是指商业银行能够随时满足客户提现的要求和必要的贷款需求的支付能力，它包括资产的流动性和负债的流动性双重含义。

18.效益性原则也称为盈利性原则。追求利润是商业银行改进服务、拓展业务、改善经营管理的内在动力，只有保证良好的盈利性，商业银行才能应对激烈的竞争，实现自身的可持续发展，存款人和贷款人的利益才能得到保证。因此，盈利性原则在所有原则中居于核心地位，实现利润的最大化也是商业银行经营活动的最终目标。

核心概念 ✔

商业银行　资产业务　负债业务　中间业务　国际业务　联行往来业务　信用中介　支付中介　金融服务　信用创造　商业银行体系　单一银行制　总分行制银行控股公司制　连锁银行制　代理银行制

课后思考与练习 ✔

1.商业银行的性质是什么？
2.商业银行与普通企业的差异是什么？
3.商业银行的负债业务包括哪些？
4.商业银行的证券投资业务有什么作用？

5.商业银行在经济活动中发挥哪些职能？

6.商业银行按照资本所有权的不同可以分为哪些类型？

7.总分行制的优缺点是什么？

8.商业银行经营的"三性原则"是什么？

9.商业银行的"三性原则"如何协调？

第8章
中央银行

学习目标 ☑ --------------------------------○

通过本章的学习，了解中央银行产生的必要性和途径，掌握中央银行的制度类型、组织结构和职能，了解中国人民银行的发展历史，理解中国人民银行的性质、地位和业务职能。

重难点提示 ☑ --------------------------------○

重点：对中央银行和中国人民银行的业务职能进行深入理解。

难点：掌握中央银行在性质上和商业银行的差异以及中国人民银行的地位。

课程思政教学参考 ☑ --------------------------------○

教学知识点	思政结合点
伪造、变造、损毁人民币的法律责任	破坏人民币的违法行为 自觉抵制假币
人民币发行的程序和充足的发行准备金	民族自豪感 负责任、有担当的世界大国 霸权主义不得人心
"最后贷款人"的作用	金融风险意识 禁止违规经营 提升职业道德素养
"最后清算人"的作用	金融科技日新月异、生活质量不断提高 接班人的使命感与责任感

8.1　中央银行的基本内涵

世界上大多数国家都有自己的中央银行，比如我国的中国人民银行、美国的美联储、英国的英格兰银行、日本的日本银行等都是这些国家的中央银行。中央银行虽然也是银行，但是不同于一般的商业银行。

8.1.1　中央银行的产生

（1）中央银行产生的必要性

中央银行是一国金融体系中居于核心地位，负责制定和执行国家货币政策，提供公共金融服务，维护国家金融稳定，依法实施金融监管的特殊的金融机构。现代银行出现后的很长一段时间，并没有中央银行，中央银行是银行业发展到一定阶段的产物，它的建立是适应以下几个方面需求的结果：

其一，统一发行银行券的需要。在银行业发展的初期，众多的银行均从事银行券的发行业务，为数众多的小银行信用实力薄弱，它们所发行的银行券往往不能兑现，尤其在危机时期，这很容易使货币流通陷于混乱。此外，许多分散的小银行的信用活动受到地区的限制，因此它们所发行的银行券只能在有限的区域内流通。随着资本主义经济的发展，市场要求有更加稳定的通货，也要求银行券成为能在全国市场广泛流通的一般信用流通工具。在各银行竞争性地发行银行券的过程中，出现了一些信誉卓著的大银行，它们所发行的银行券在流通中排挤了小银行的银行券。在这样的现实下，国家以法令的形式限制或者取消一般银行对银行券的发行权，并把发行权集中于中央银行。

其二，统一清算的需要。随着银行业务的不断扩大，债权债务关系错综复杂，银行间的资金交易、结算业务的规模不断扩大，票据交换及清算若不能得到及时、合理处置，会阻碍经济顺畅运行，于是客观上需要建立一个全国统一的、有权威的、公正的清算机构为之提供服务。中央银行的建立正好能满足这一需要，现代商业银行都在中央银行开立账户，中央银行通过商业银行各自的银行账户就能为它们提供便利的清算服务。

其三，预防恶性竞争的需要。早期各种中小银行林立，它们为了自身生存和实现利润往往容易陷入恶性竞争。特别是在经济周期波动过程中，不同银行由于规模、资金实力的差异在竞争中的处境不尽相同，有些商业银行往往陷于资金调度不灵的窘境，有时甚至会破产，给经济造成极大的震动和破坏。为了建立公平、有效和稳定的银行经营秩序，尽可能减少和避免银行的破产和倒闭，政府需要对金融业进行监督管理，所以有必要建立一个监管机构对商业银行的日常经营活动进行监管。

其四，最后贷款人角色的需要。在经济发展的过程中，随着工商企业对银行贷款的需求不断增长，银行贷款规模也随之扩大，当银行贷款不能按期收回或受经济周期波动影响而陷入资金周转困境时，银行往往陷入流动性不足的局面，严重时甚至会发生存款人挤兑现象，很多银行因无法应对流动性危机而破产倒闭，这既不利于经济发展，也不利于社会稳定。因此，客观上需要一家权威性机构，适当集中各商业银行的存款准备金作为后盾，在必要时为商业银行提供货币资金，发挥最后贷款人的角色，也即提供流动性支持，这一机构就是中央银行。

正是基于上述原因，中央银行逐步建立起来。

（2）中央银行产生的途径

就世界范围来说，中央银行的形成与建立经历了一个漫长的过程。中央银行最早发源于17世纪后半期，以瑞典国家银行和英格兰银行的建立为标志；而中央银行制度的形成则在19世纪初期，主要是以英格兰银行独占发行权为标志。从17世纪到19世纪，中央银行多是基于政府的需要而设立并兼营商业银行业务，它一般是私人股份银行或私人与政府合股银行，不具备完全调控金融市场的能力。真正意义上的中央银行制度最终建立于20世纪初，主要是以美国联邦储备系统的成立为标志。这一时期，中央银行大部分是依靠政府的力量成立的，中央银行管理金融的职能得到加强。二战以后，中央银行专门行使中央银行职能，它干预和调节经济的功能得到加强，同时各国中央银行之间的合作也不断展开。

总体来说，中央银行的形成有两条途径：

一是由资本实力雄厚、社会信誉卓著、与政府有特殊关系的大商业银行逐步地缓慢发展演变而成（1913年以前）。在演变过程中，政府根据客观需要，不断赋予这家大商业银行某些特权，从而使这家大银行逐步具备了中央银行的某些性质并最终发展成为中央银行。典型代表是瑞典银行和英格兰银行。瑞典银行是瑞典的中央银行，它成立于1656年，1661年开始发行钞票，是欧洲最早发行钞票的银行，1668年经改组成为瑞典国家银行，是世界上出现的第一家中央银行。它的主要职责是发行通货、制定货币与信贷政策、调节货币流通，还兼营商业银行业务。它直属国会，对国会及其所属的财政执行委员会及监察人负责，董事会与行长任免事项由国会批准。英格兰银行是最早全面发挥中央银行功能的银行，它一般被称为现代中央银行的"鼻祖"。英格兰银行作为世界上最早的私人股份银行，成立之初就已经具有了与其他银行所不同的特权，比如接受政府存款并向政府提供贷款，以及在发行银行券上有优势等。1844年，英国通过的银行法案《英格兰银行特许条例》（通常简称《比尔条例》）结束了英国有279家银行发行银行券的局面，这也标志着英格兰银行垄断了货币发行权。同时，因为其他商业银行需要银行券时只能从英格兰银行提取，所以必须在英格兰银行存款，这使得英格兰银行又成为集中其他商业银行存款准备金的银行。1854年，英格兰银行成为英国银行业的票据交换中心。1872年，英格兰银行开始对其他银行担负起在困难时期提供资金支持的"最后贷款人"责任。1875年，英国发生了银行危机，英格兰银行在危机中采取行动帮助有困难的银行，并在一定程度上发挥了全国金融管理机构的作用。1946年，英国政府颁布《英格兰银行法》，将英格兰银行的全部股本收归国有，英格兰银行从此成为国有的中央银行。

二是政府出面通过法律规定直接组建中央银行，如美联储以及二战后许多发展中国家建立的中央银行。美联储成立于1933年，是美国的中央银行，它的成立标志着中央银行制度在世界范围内的基本确立。18—19世纪，美国曾先后成立过美国第一银行和美国第二银行，这两家银行都具有一定程度的中央银行的性质，但是由于自身经营目标不明确，先后被迫停业。1908年5月，美国国会成立了国家货币委员会，用于专门调查研究各国的银行制度。1912年，美国国会决定建立兼顾各州利益又能满足银行业集中管理需要的联邦储备制度。1913年，美国国会通过了《联邦储备法》。根据法律规定，联邦储备系统的主要任务是提供一种有弹性的货币，为商业票据办理再贴现，并对银行实施更有效的监管。联邦储备系统初步具有了发行的银行、银行的银行和政府的银行的职能，使得现代中央银行制度终于在美国得以建立。

8.1.2　中央银行制度

（1）中央银行的所有制形式

中央银行根据不同的分类标准有不同类型。根据所有制形式来分，中央银行可分为全部资本归国家所有、国家资本与民间资本共建、全部股份由私人持有、无资本金和资本为多国共有五种形式。

① 全部资本归国家所有的中央银行。全部资本归国家所有是目前世界上大多数国家的中央银行所采用的所有制形式，这既包括直接由国家拨款设立的中央银行，也包括国有化后的中央银行，比如英格兰银行就是二战后收归国有的中央银行。这类中央银行还包括法国、德国、加拿大、澳大利亚、荷兰、挪威、印度等50多个国家的中央银行，我国的中国人民银行也属于这种类型。

② 国家资本与民间资本共建的中央银行。这类银行的资本由国家资本和民间资本共同持有，民间资本包括企业法人和自然人的股份，但是国家所持有的资本大多在50%以上，并且法律上一般都对非国家股份持有者的权益做了限定，比如只允许有分取红利的权利，而无经营决策权。属于这一类中央银行的有日本、比利时、奥地利、墨西哥、土耳其等国的中央银行。以日本银行为例，其成立于1882年10月，资本金为1亿日元，其中政府出资55%，民间出资45%，这一比例至今没有改变。日本银行的私人股东每年领取最高为5%的股息。

③ 全部股份由私人持有的中央银行。这类银行，国家不持有任何股份，全部资本为个人所有，经政府授权行使中央银行职能。只有美国、意大利和瑞士等少数国家的中央银行是这种情况。美国联邦储备系统由12家地区联邦储备银行、约4 000家成员商业银行、联邦储备系统理事会、联邦公开市场委员会和联邦咨询委员会组成。各家联邦储备银行都属于私营股份机构，其股东便是该储备区内作为联邦储备系统成员的私人商业银行，这些私人股东同样没有参与美联储经营管理的权利，每年只领取不超过6%的股息，即成员银行被排除在美联储的决策过程之外，没有任何实际的权力。

④ 无资本金的中央银行。这种类型的中央银行，在建立之初没有资本金，而由国家授权行使中央银行的职能，中央银行运用的资金主要是各金融机构的存款和

流通中的货币。韩国的中央银行是韩国银行，它是目前唯一没有资本金的中央银行。1950年韩国银行成立时注册资本为15亿韩元，全部由政府出资，但1962年《韩国银行法》的修改使韩国银行成为"无资本的特殊法人"。该银行每年的净利润按规定留存准备金之后，全部汇入政府的"总收入账户"，会计年度中如发生亏损，首先用提存的准备金来弥补，不足部分由政府的支出账户拨付。

⑤ 资本为多国共有的中央银行。这种类型的中央银行是指其资本不为某一国所独有，而是由主权独立的两个以上的国家所共有。这种中央银行主要是指跨国中央银行。比如，西非货币联盟所设的中央银行、中非国家银行以及欧洲中央银行等都属于这种类型。欧洲中央银行简称欧洲央行，总部位于德国法兰克福，它是由欧元区成员国共同出资设立的，负责欧盟欧元区的金融及货币政策。它是根据1992年《马斯特里赫特条约》的规定于1998年7月1日正式成立的，是为了适应欧元发行流通的需要而设立的金融机构，也是欧洲经济一体化的产物。

（2）中央银行的组织结构

除了根据所有制的形式来分类外，中央银行还可以根据组织结构划分为单一制中央银行、复合制中央银行、跨国中央银行和准中央银行。

① 单一制中央银行。单一的中央银行制度是指国家设立专门的中央银行，全面、纯粹地行使中央银行职能，这也是当前大多数国家采取的最主要、最典型的中央银行制度形式。单一的中央银行制度包括一元式中央银行制度和二元式中央银行制度两种。一元式中央银行制度也叫总分行制，它是指一个国家建立统一的中央银行来行使中央银行的权力和履行中央银行的全部职能，它实行总分行制机构设置，通常在首都设立总行，根据宏观经济的发展和宏观调控的需要在地方设立一定数量的分支机构。我国的中国人民银行就采取这种结构。二元式中央银行则是在一国内建立中央和地方两级中央银行机构。中央级机构是最高权力或管理机构，地方级机构受中央级机构的监督管理，但是它们在各自的辖区内有较大的独立性。这是一种联邦式的、具有相对独立性的两级中央银行制度。一般来说，实行联邦制的国家大多采取这种结构，比较典型的就是美国。

② 复合制中央银行。复合中央银行制度是指在一国之内不设立专门的中央银行，而是由一家大银行来同时扮演商业银行和中央银行两种角色，也就是"一身二任"。苏联和东欧国家曾经实行过这种制度。我国在1983年以前也实行过这种中央银行制度。

③ 跨国中央银行。跨国中央银行制度是指两个以上的主权国家设立共同的中央银行，它一般适用于组建了货币联盟的国家之间，比如欧元区成员国内部发行共同的货币，执行共同的金融政策，并建立共同的中央银行即欧洲中央银行。

④ 准中央银行。准中央银行制度是指某些国家或地区没有建立通常意义上的中央银行，而只设有类似中央银行的机构，或由政府授权某个或某几个商业银行行使部分中央银行职能的制度形式。例如，我国香港实行的就是准中央银行制，香港金融管理局是金融监管机构，行使中央银行职能，但是不拥有发钞权，发钞权掌握在汇丰银行、渣打银行和中国银行及中银集团手中。

总体来说，一个国家采取何种中央银行制度和这个国家的经济社会状况、政治立场、历史渊源、文化传统等都有密切联系，不同的制度之间无所谓好坏，关键要选择切合本国实际需要的中央银行制度。

8.2 中央银行的性质和职能

8.2.1 中央银行的性质

（1）中央银行是业务经营上特殊的金融机构

① 从业务的目的来说。商业银行的经营目的是最大限度地赚取利润，而中央银行开展各项业务是为了履行发行职能、管理职能或宏观调控职能，它不以营利为目的。

② 从业务对象来看。商业银行以社会公众也就是企业和个人作为自己的业务对象，而中央银行不与普通的企业和个人进行业务往来，只面向商业银行、其他金融机构及政府等办理业务。

③ 从业务的内容来看。商业银行的传统业务是存贷款业务，此外还包括中间业务和国际业务，而中央银行的业务包括发行货币、执行国家货币政策、支付清算以及维护国家金融稳定等，所以中央银行的业务更侧重于从国家宏观经济层面展开。

（2）中央银行是居于金融领导地位的特殊国家机关

① 从地位来看。商业银行是一国金融机构的重要组成部分，而中央银行是一国金融体系的核心，是一国信用制度的枢纽和金融管理当局，它承担着国家金融监管的重要职能，是国家货币政策的体现者，是国家干预经济生活的重要工具，也是政府在金融领域的代理人。

② 从本质来说。商业银行的本质是以营利为目的的金融企业，而中央银行不是金融企业，它是特殊的国家机关，是国家控制下的一个职能机构，它通过经济和法律手段行使管理职能，间接进行宏观经济调控，同时开展业务时相对于政府有一定的独立性。

8.2.2 中央银行的职能

中央银行的这些性质特点决定了它在国家经济中必然履行如下职能：

（1）发行的银行

中央银行是发行的银行，垄断了货币发行权，是一国或某一货币联盟唯一授权的货币发行机构。比如，我国只有中国人民银行才能发行人民币，美元只能由美联储发行，而欧元是由欧元区各国的中央银行和欧洲中央银行联合发行的。集中和垄断一国的货币发行权，是中央银行之所以成为中央银行的最本质特征，这一职能也是中央银行其他职能的基础。由中央银行垄断货币发行权，是统一货币发行、稳定货币价值的基本保证。

中央银行所发行的货币通常是指银行券或现钞，而不包括存款形态的货币。货币的发行有双重含义：一是指货币从中央银行的发行库通过各家商业银行的业务库流向社会；二是指货币从中央银行流出的数量大于从流通中回笼的数量。目前世界上几乎所有国家的现钞都是由中央银行发行的，而辅币的铸造、发行，在有些国家是由中央银行负责的，在另外一些国家则由财政部负责，发行收入收归财政。

中央银行集中与垄断货币发行权是货币正常有序流通和币值稳定的保证。在实行金本位制的条件下，货币的发行权主要是指银行券的发行权，要保证银行券的信誉和货币金融的稳定，银行券必须能够随时兑换为金币，存款货币能够顺利地转化为银行券。为此，中央银行须以黄金储备作为支撑银行券发行与流通的信用基础，黄金储备数量成为银行券发行数量的制约因素。银行券的发行量与黄金储备量之间的规定比例成为银行券发行保证制度的主要内容。

进入20世纪之后，金本位制解体，各国的货币流通均转化为不兑现的纸币流通，不兑现的纸币成为纯粹意义上的国家信用货币。在信用货币流通情况下，中央银行凭借国家授权以国家信用为基础而成为垄断货币发行的机构，中央银行按照经济发展的客观需要和货币流通及其管理的要求发行货币。统一货币发行是中央银行根据一定时期的经济发展情况调节货币供应量、保持币值稳定的需要。币值稳定是社会经济健康运行的基本条件，若存在多家货币发行银行，中央银行在调节货币供求总量时可能出现因难以协调各发行银行而无法适时调节银根的状况。同时，统一货币发行还是中央银行实施货币政策的基础。统一货币发行使中央银行通过对发行货币量的控制来调节流通中的基础货币量，并以此调控商业银行创造信用的能力。因此，独占货币发行权是中央银行实施金融宏观调控的必要条件。

阅读材料8-1

关于数字
人民币的知识

（2）银行的银行

中央银行是"银行的银行"，这是指中央银行充当商业银行和其他金融机构的最后贷款人。当商业银行资金短缺或发生流动性危机时，中央银行会提供资金支持。对于"银行的银行"可以从以下几个方面理解：一是中央银行的业务对象是以商业银行为代表的各类金融机构或特定的政府部门；二是中央银行与其业务对象进行业务往来时所从事的主要是银行类的业务，即存款、放款、汇兑等；三是中央银行既为商业银行等金融机构提供支持和服务，也是商业银行等机构的监管者。银行的银行这一职能体现了中央银行是特殊金融机构的性质，是中央银行作为金融体系核心的基本条件。中央银行通过这一职能对商业银行和其他金融机构的活动施加影响，以达到调控宏观经济的目的。中央银行作为银行的银行需履行的职责如下：

①集中商业银行的存款准备金。

为保障存款人的资金安全，各国中央银行会以法律的形式规定商业银行和其他存款机构必须按存款的一定比例向中央银行缴存存款准备金，以保证商业银行和其他金融机构具备最低限度的支付能力。存款准备金使中央银行能控制商业银行的信用创造能力，从而控制货币供应量。存款准备金作为中央银行的主要资金来源之一，强化了中央银行的资金实力，为商业银行之间进行非现金清算创造条件。

②充当银行业的最后贷款人。

最后贷款人又称最终贷款人（lender of last resort），即在出现危机或者流动资金短缺的情况时，负责应对资金需求的机构（通常是中央银行）在公开市场上向银行体系购买资产，或通过贴现窗口向有偿债能力但暂时周转不灵的银行提供贷款。该机构通常会向有关银行收取高于市场水平的利息，并会要求银行提供良好的抵押品。现代经济中，中央银行充当最后贷款人则是指在商业银行无法进行即期支付而面临倒闭时，中央银行及时向商业银行提供贷款支持，以增强商业银行的流动性。中央银行主要通过两种途径为商业银行充当最后贷款人：

其一，票据再贴现，即商业银行或其他金融机构将贴现所获得的未到期票据向中央银行所做的票据转让。再贴现是中央银行向商业银行提供资金的一种方式，是中央银行的货币政策工具之一，它不仅影响商业银行的筹资成本，限制商业银行的信用扩张，控制货币供应总量，而且可以按国家产业政策的要求，有选择地对不同种类的票据进行融资，促进产业结构调整。

其二，票据再抵押，即商业银行需要补充资金时，以工商企业向其借款时提交的抵押品（票据和有价证券等）作为再抵押贷款的抵押品向中央银行借款。

商业银行向中央银行借款，采用再抵押与再贴现方式，在贷款期限和数量方面都更加灵活，手续也比较简便。

③建立全国性的清算中心。

中央银行为各商业银行及其他金融机构相互之间应收应付的票据进行清算，履行了"最后清算人"的职能。商业银行按规定在中央银行开立存款账户缴存存款准备金，各金融机构之间可利用在中央银行的存款账户进行款项划拨、办理结算业务，中央银行按结算轧差直接增减各银行的存款准备金，从而清算彼此之间的债权债务关系。此时，中央银行就充当了全国性的清算中心的角色。

此外，中央银行还可以根据外汇供求状况进行外汇买卖，调节商业银行外汇头寸，为商业银行提供外汇资金融通便利，并由此监控国际收支状况。中央银行集中组织资金清算，加快了资金流转速度，节约了货币流通成本，提高了清算效率，解决了非集中清算所带来的资金在途占用过多等问题，也有利于中央银行掌握各商业银行的头寸状况，便于中央银行履行金融监管职能。

（3）政府的银行

中央银行是政府的银行，也称为"国家的银行"，这是指中央银行代表国家从事金融活动，为政府提供金融服务，作为政府管理国家金融的专门机构，贯彻执行国家的货币政策，实施金融监管。中央银行作为政府的银行具体体现在：

①经理国库。

国家财政收支一般不另设机构经办具体业务，而是交由中央银行代理，主要包括按国家预算要求代收国库库款、拨付财政支出、向财政部门反映预算收支执行情况等。为规范中央国库现金管理，加强财政政策与货币政策的协调配合，2006年财政部和中国人民银行联合发布了《中央国库现金管理暂行办法》，并根据该办法制定了《中央国库现金管理商业银行定期存款业务操作规程》。2024年第1期和第2

期的中央国库现金管理商业银行定期存款分别为700亿元和500亿元。

②代理发行政府债券，办理债券到期还本付息。

当一国政府为调剂政府收支或弥补政府开支不足而发行政府债券时，通常由中央银行来代理政府债券的发行，并代办债券到期时的还本付息等事宜。2024年5月，我国首次发行400亿元的超长期（30年期）特别国债，用于扩大需求、优化供给、缓解中短期偿债压力。

③为政府提供信用。

在政府财政收支出现失衡、收不抵支时，中央银行具有为政府融通资金以满足政府临时资金需要的义务。信贷支持的方式主要有两种：一是直接向政府提供放款或透支；二是购买政府债券。第一种方式通常用以解决财政收支的暂时不平衡问题，因而是短期融资。第二种方式一般是直接在一级市场上购买政府债券，中央银行所支付的资金就成为财政收入，等同于直接向政府融资；或者间接在二级市场上进行公开市场业务操作，则资金间接流向财政。同时，央行也为国家持有和经营管理国际储备。国际储备包括外汇、黄金、在国际货币基金组织中的储备头寸、国际货币基金组织分配的尚未动用的特别提款权等。国际储备的主体是外汇储备，截止到2024年12月末，我国外汇储备余额约为34 555.58亿美元。[①]

此外，中央银行还代表政府参加国际金融活动，进行金融事务的协调与磋商，积极促进国际金融领域的合作与发展。例如，参与国际金融重大决策，代表本国政府与外国中央银行进行两国金融、贸易事项的谈判、协调与磋商，代表政府签订国际金融协定，管理与本国有关的国际资本流动，办理政府间的金融事务往来及清算，办理外汇收支清算和拨付等国际金融事务。

（4）服务的银行

中央银行是服务的银行。它既为政府服务，也为商业银行和非银行金融机构服务，还为社会公众提供服务。

具体来说，中央银行为政府服务的主要内容是：经理国家财政金库，执行国家预算出纳业务，代理政府发行和销售政府债券，并办理还本付息事宜；作为政府的金融代理人，代办有关金融业务，如经营国家外汇储备、黄金储备等；根据政府需要，通过贷款或者购买政府债券的方式为政府筹措资金；代表政府参加有关国际金融活动和为政府充当金融政策顾问。

中央银行为商业银行和非银行金融机构服务的主要内容包括：为商业银行、非银行金融机构保管存款准备金；办理转账结算和提供清算服务；当商业银行、非银行金融机构需要资金或者面临资金周转困难时，为其提供贷款或者信用，以及其他形式的融资服务。

虽然中央银行不面向社会公众直接办理业务，但是它也为社会公众提供服务，具体包括：依法发行国家法定货币并维护货币的信誉和货币币值稳定；通过货币政策、信用政策影响商业银行、非银行金融机构的行为和活动，使之配合适应国民经

[①] 数据来源于国家外汇管理局官网（https://www.safe.gov.cn/safe/2022/0207/23934.html）。

济的需要；搜集、整理和反映有关经济资料以及自身的资产、负债状况，并定期公布，为各有关方面制定政策、计划、措施提供参考；维护银行客户的存款安全等。

（5）监管和调控的银行

中央银行对商业银行和其他金融机构进行监管，并对金融市场的设置、业务活动和运行机制进行监督管理。中央银行的监管职能主要表现在：制定有关的金融政策、法规，作为金融活动的准则和中央银行进行监管的依据；依法对各类金融机构的设置进行统筹规划，审查批准商业银行和其他金融机构的设立、业务范围和其他重要事项；对商业银行和其他金融机构的业务活动进行监督；管理信贷、资金、外汇、黄金、证券等金融市场，包括利率、汇率；监督检查商业银行和其他金融机构的清偿能力、资产负债结构、准备金情况；督促、指导商业银行和其他金融机构依法开展业务活动、稳健经营等。

中央银行具有调控职能。中央银行以国家货币政策制定者和执行者的身份，采取金融手段，对全国的货币、信用活动进行有目的、有目标的调节和控制，进而影响国家宏观经济，促进整个国民经济健康发展，实现其预期的货币政策目标。

8.3 中国人民银行概述

8.3.1 中国人民银行的发展历史

（1）中华人民共和国成立以前的中央银行

我国的中央银行起源于清政府时期的户部银行。户部银行是清末官商合办的银行，1905年8月在北京开业，它是我国模仿西方国家中央银行而建立的最早的中央银行。1908年，户部银行改为大清银行。清政府赋予它经理国库及发行铸币等特权，但是它并不是真正意义上的中央银行。当时的户部银行和后来的大清银行都经营大量的商业银行业务，如拆息放款、票据贴现、金银买卖等，同时大清银行还没有独占货币的发行权，当时中国通商银行、交通银行等都可以发行银行券。所以，大清银行只能说是一家具有某些中央银行性质的国家银行。

1911年辛亥革命爆发，大清王朝覆灭，大清银行改组为中国银行。交通银行始建于1908年，成立之初曾自我标榜为"纯商业银行性质"，但事实上它后来成了北洋政府的中央银行。1913年，交通银行取得了与中国银行同等地位的货币发行权。1914年，交通银行改定章程，已经具备了中央银行的职能。后来中国银行和交通银行共同作为北洋政府的中央银行。

第一次世界大战后，各国政府为了保障战时财政需要，大量向中央银行借款，并且纷纷强迫中央银行停止或限制银行券兑换，从而造成战后经济混乱的局面，通货膨胀非常严重。与此同时，由于前一阶段各国中央银行在创立和发展上总结出了具体经验，这时候推动中央银行的建设已经有了良好的基础，所以总体来看，这个时期是中央银行发展最快的阶段，中央银行的职能进一步扩大。

1924年8月，孙中山领导的广东革命政府在广州创立中央银行。1926年7月，国民政府移迁武汉，同年12月在汉口设中央银行，原广州的中央银行改组为广东省银行。1928年，汉口中央银行停业。1928年11月1日，南京国民政府成立中央银行，总行设在当时的经济金融中心——上海，在全国各地设有分支机构，法定中央银行为国家银行，行使中央银行职责。1949年初，该银行随国民政府迁往广州，同年12月随国民政府撤往台湾。

在国民政府建立中央银行的同时，中国共产党也在革命根据地建立了自己的中央银行。1927年大革命失败后，中国共产党在建立革命根据地以后，就成立了人民的银行，发行货币。1932年2月1日，苏维埃国家银行正式成立。苏维埃国家银行还在各地设有分支机构，以带动根据地银行走向集中和统一。1934年10月，苏维埃国家银行跟随红军长征转移，1935年11月改组为中华苏维埃共和国国家银行西北分行。1937年10月，国家银行西北分行改组为陕甘宁边区银行，总行设在延安。随着解放战争的胜利，解放区迅速扩大并逐渐连成一片，整个金融事业趋于统一和稳定。

（2）中华人民共和国成立以后的中央银行

1948年12月1日，为了统一货币、维护金融稳定，巩固国家的政权力量，我国以华北银行为基础，合并北海银行、西北农民银行，在河北石家庄组建了中国人民银行，并发行人民币。1949年初，中国人民银行总行迁至北京，之后按行政区设立分行、中心支行和支行（办事处），支行以下设营业所，基本上形成了全国统一的金融体系。由此，中国人民银行成为中华人民共和国成立后的中央银行。这一时期的中国人民银行，一方面集中了全国的农业、工业、商业短期信贷业务和城乡人民储蓄业务，另一方面既发行全国唯一合法的人民币，又代理国家财政金库，并管理金融行政，这就是"大一统"的中央银行体制。

党的十一届三中全会后，各专业银行和其他金融机构相继恢复和建立，对过去"大一统"的银行体制有所改进，但从根本上说，在中央银行的独立性、宏观调控能力和政企不分等方面并无实质性进展。同时，随着各专业银行的相继恢复和建立，"群龙无首"的问题亟待解决。1983年9月，国务院决定中国人民银行专门行使中央银行的职能，不再兼办工商信贷和储蓄业务，专门负责领导和管理全国的金融事业。1984年1月1日，中国工商银行从中国人民银行分离出来正式成立，中国人民银行从此专门行使中央银行的职能。1998年10月起，中国人民银行及其分支机构在全国范围内进行改组，撤销中国人民银行省级分行，在全国设立9个跨省、自治区、直辖市的一级分行，重点加强对辖区内金融业的监督管理。由此，我国形成了以中央银行为领导，以商业银行为主体，多种金融机构并存、分工协作的具有中国特色的金融体系。

8.3.2　中国人民银行的性质和法律地位

1995年3月18日，第八届全国人民代表大会第三次会议通过了《中国人民银行法》，并于2003年进行了修正。《中国人民银行法》总则中的第一条明确写道："为了确立中国人民银行的地位，明确其职责，保证国家货币政策的正确制定和执行，建立和完善中央银行宏观调控体系，维护金融稳定，制定本法。"中国人民银行的法律地位通常要通过中央银行与国家权力机关的关系、中央银行与政府及其部门的关系、中央银行与普通银行的关系三个方面加以体现。

《中国人民银行法》对中国中央银行的性质及法律地位做了明确规定：中国人民银行是中华人民共和国的中央银行。中国人民银行在国务院领导下，制定和执行货币政策，防范和化解金融风险，维护金融稳定。货币政策目标是保持货币币值的稳定，并以此促进经济增长。中国人民银行就年度货币供应量、利率、汇率和国务院规定的其他重要事项做出的决定，报国务院批准后执行。中国人民银行就其他有关货币政策事项做出决定后，即予执行，并报国务院备案。中国人民银行应当向全国人民代表大会常务委员会提出有关货币政策情况和金融监管情况的工作报告。中国人民银行在国务院的领导下依法独立执行货币政策，履行职责，开展业务，不受地方政府、各级政府部门、社会团体和个人的干涉，具有相对的独立性。中国人民银行设行长一人、副行长若干人。中国人民银行行长的人选，根据国务院总理的提名，由全国人民代表大会决定；全国人民代表大会闭会期间，由全国人民代表大会常务委员会决定，由中华人民共和国主席任免。中国人民银行副行长由国务院总理任免。中国人民银行实行行长负责制。中国人民银行实行独立的财务预算管理制度。中国人民银行的财务收支和会计事务应当执行法律、行政法规和国家统一的财务会计制度，并接受国务院审计机关和财政部门依法分别进行的审计和监督。中国人民银行对银行业务进行监督、管理和给予指导。根据《中国人民银行法》，中国人民银行要管理流通中的货币总量，维护支付、清算和结算系统的正常运行。至此，中国人民银行作为中央银行以法律形式被确定下来，并且明确了中国人民银行的法律地位、性质和业务内容。

从性质上来说，中国人民银行是我国的中央银行，它是特殊的国家机关，受国务院领导；在法律上，它既和国务院有行政隶属关系，又在国务院领导下依法独立执行货币政策，履行职责，开展业务，不受地方政府、各级政府部门、社会团体和个人的干涉，因此它依法享有相对独立性。

8.3.3　中国人民银行机构设置

中国人民银行实行行长负责制，行长领导中国人民银行的工作，副行长协助行长工作，在组织机构上内设党委办公室、条法司、货币政策司、宏观审慎管理局、金融稳定局、金融市场司、调查统计司、支付结算司、反洗钱局（保卫局）等职能司（局）。

中国人民银行上海总部于2005年8月10日正式成立，作为总行的有机组成部分，在总行的领导和授权下开展工作，主要承担部分中央银行业务的具体操作职责，同时履行一定的管理职能。中国人民银行上海总部总的建设目标可归纳为"两个平台、一个窗口和一个中心"，即把上海总部建设成为总行公开市场操作的平台、金融市场运行监测的平台、对外交往的重要窗口以及一部分金融服务与研究和开发业务的中心。除上海总部和北京、重庆营业管理部外，中国人民银行下设天津、沈阳、上海、南京、济南、武汉、广州、成都、西安9个分行辖区，以及厦门、宁波、青岛、大连、深圳5个计划单列市中心支行。

此外，中国人民银行还下设中国人民银行机关服务中心（机关事务管理局）、中国人民银行集中采购中心、中国反洗钱监测分析中心、中国人民银行征信中心、中国外汇交易中心（中国银行间同业拆借中心）、中国金融出版社、金融时报社、中国人民银行清算总中心、中国印钞造币总公司、中国金币总公司、中国金融电子化公司、中国金融培训中心、中国人民银行郑州培训学院、中国人民银行金融信息中心、中国人民银行党校等直属事业单位。这些机构共同形成一个井然有序的业务体系，使得中国人民银行能很好地履行它的职责。

8.4　中国人民银行的业务职能

《中国人民银行法》第四条规定，中国人民银行履行如下职能：发布与履行其职责有关的命令和规章；依法制定和执行货币政策；发行人民币，管理人民币流通；监督管理银行间同业拆借市场和银行间债券市场；实施外汇管理，监督管理银行间外汇市场；监督管理黄金市场；持有、管理、经营国家外汇储备、黄金储备；经理国库；维护支付、清算系统的正常运行；指导、部署金融业反洗钱工作，负责反洗钱的资金监测；负责金融业的统计、调查、分析和预测；作为国家的中央银行，从事有关的国际金融活动；国务院规定的其他职责。这些职能实际上将中国人民银行的业务职能归结为四大类：发行人民币、制定和执行货币政策、组织支付清算、履行金融监管职责。

8.4.1　货币发行职能

货币发行业务主要指人民币的统一印制和发行，中国人民银行在政府的授权下发行人民币，它代表了国家信用。中国人民银行发行新版人民币，应当将发行时间、面额、图案、式样、规格予以公告。人民币是我国的法定货币，以人民币支付中华人民共和国境内的一切公共的和私人的债务，任何单位和个人不得拒收。它的主币单位为元，辅币单位为角、分。人民币的印制是一个高技术含量的精密生产过程，从白纸到我们手中的钞票要经过层层工序，耗时1个多月。人民币作为一种不兑现信用货币也会存在通货膨胀的压力，因此人民币必须按照严格的程序有计划地适量发行。

人民币的发行程序如下：首先，由中国人民银行总行提出人民币的发行计划，确定年度货币供应量，并报国务院批准；国务院审核后，批准中国人民银行报批的货币供应量计划；接着，人民币发行基金保管库（简称发行库）调拨发行基金，以防止货币无准备金滥发，从而避免发生通货膨胀和货币贬值；然后，中国人民银行的造币厂开始印钞票；最后，中国人民银行通过各商业银行的日常业务把这些新发行的钞票投入到市场上，于是这些新票子就到了老百姓的手中。这个过程是通过中国人民银行设置的发行库和商业银行的业务库之间划拨来完成的。发行基金是中国人民银行保管的已印制好的而尚未进入流通的人民币票券。发行库在中国人民银行总行设置总库，下设分库、支库；在不设中国人民银行机构的县，发行库委托商业银行代理。各商业银行在对外营业的基层行处设立业务库，业务库保存的人民币作为商业银行办理日常现金收付业务时的备用金。为避免业务库的库存现金过多，通常由商业银行的上级银行和同级中国人民银行为业务库核定库存限额。

案例分析 8-1

恶搞人民币是违法的

案情介绍：

2018年6月网上曾曝出这样一件事：迪士尼大中华区创意副总裁欧阳德东在上海迪士尼办公室公然恶搞人民币为自己庆生。他在与友人的微信聊天记录中展示了印有欧阳德东本人头像的10元面额、100元面额"人民币"形象。请问：恶搞人民币的行为是否违法呢？

某居民在小区电梯里面拍了一张照片，内容是某银行卖基金的广告。画面上一个超市购物车里面装满5元、10元、50元、100元的人民币、日元、英镑，表达的意思是在银行买基金就跟在超市购物一样方便。前几年，某杂志有一期主题为"烧钱的营销行为"，封面就搭配了一张正在燃烧的美元照片。请问：拿货币做广告的行为是违法的吗？

案例分析：

上述三种行为涉及变造人民币和使用人民币做广告，都是违法的。《中国人民银行法》第十九条明确规定："禁止伪造、变造人民币。禁止出售、购买伪造、变造的人民币。禁止运输、持有、使用伪造、变造的人民币。禁止故意毁损人民币。禁止在宣传品、出版物或者其他商品上非法使用人民币图样。"《中华人民共和国人民币管理条例》第二十六条规定，禁止下列损害人民币的行为：故意毁损人民币；制作、仿制、买卖人民币图样；未经中国人民银行批准，在宣传品、出版物或者其他商品上使用人民币图样；中国人民银行规定的其他损害人民币的行为。前款人民币图样包括放大、缩小和同样大小的人民币图样。

阅读材料8-3

数字人民币创新产品及解决方案亮相金交会

8.4.2 货币政策职能

中国人民银行货币政策委员会是中国人民银行制定货币政策的咨询议事机构。根据《中国人民银行法》和国务院颁布的《中国人民银行货币政策委员会条例》，中国人民银行货币政策委员会经国务院批准于1997年7月成立。《中国人民银行法》第十二条明确指出了中国人民银行设立货币政策委员会。货币政策委员会的职责、组成和工作程序，由国务院规定，报全国人民代表大会常务委员会备案。货币政策委员会在国家宏观调控、货币政策制定和调整中发挥重要作用。当经济出现过热增长或不景气时，中国人民银行可以使用货币政策工具进行调节。可运用的货币政策工具包括：要求银行业金融机构按照规定的比例缴存存款准备金；确定中央银行基准利率；为在中国人民银行开立账户的银行业金融机构办理再贴现；向商业银行提供贷款；在公开市场上买卖国债、其他政府债券和金融债券及外汇；常备借贷便利等。

（1）存款准备金

存款准备金是金融机构为保证客户提取存款和资金清算需要而准备的在中央银行的存款。中央银行要求的存款准备金占其存款总额的比例就是存款准备金率。存款准备金率通常是由中央银行决定的。存款准备金通常分为法定存款准备金和超额存款准备金，其中法定存款准备金是按央行确定的比例存放的，超额存款准备金是除法定存款准备金以外在央行以任意比例存放的。存款准备金已成为中央银行货币政策的重要工具，是传统的三大货币政策工具之一。实行存款准备金的目的是确保商业银行在遇到储户突然大量提取银行存款的情况时，有充足的清偿能力。自20世纪30年代以后，存款准备金制度成为国家调控经济的重要手段，是中央银行对商业银行的信贷规模进行控制的一种制度。中央银行控制的商业银行存款准备金的多少和存款准备金率的高低影响着银行的信贷规模。存款准备金是典型的规模可测、可控资金，只要"机构专业""规模合理""科学运营"，就会发挥既能控制"热钱""准热钱"，又能促进可持续发展的独特作用，所以它受到各国中央银行的广泛青睐。

1998年3月21日，经国务院同意，中国人民银行对存款准备金制度进行改革，改革的主要内容包括：将原各金融机构在中国人民银行的"准备金存款"和"备付金存款"两个账户合并，称为"准备金存款"账户；法定存款准备金率从13%下调到8%，准备金存款账户超额部分的总量及分布由各金融机构自行确定；对各金融机构的法定存款准备金按法人、按旬统一考核；金融机构按法人统一存入中国人民银行的存款准备金若低于上旬末一般存款余额的8%，中国人民银行对其不足部分按每日6‰的利率处以罚息；金融机构存款准备金利率由缴来一般存款利率7.56%和备付金存款利率7.02%（加权平均值为7.35%）统一下调到5.22%；调整金融机构一般存款范围，将金融机构代理中国人民银行财政性存款中的机关团体存款、财政预算外存款，划为金融机构的一般存款。金融机构按规定比例将一般存款的一部分作为法定存款准备金存入中国人民银行。

目前，存款准备金已成为我国央行调节经济的一个重要手段。当经济过热时，央行通过调高存款准备金率控制商业银行的信贷投放量，从而影响流通中的货币量来调节经济。如表8-1所示，由于2010年出现了明显的通货膨胀苗头，为了抑制通胀，我国在2010年、2011年频繁地对存款准备金率进行调整，其中2010年上调了6次存款准备金率，每次上调幅度都是0.5个百分点；2011年上调了6次、下调了1次存款准备金率，每次的调整幅度也是0.5个百分点，直到2012年，通货膨胀的势头得到遏制，经济增长有所放缓，为了稳定经济、补充流动性，国家才对存款准备金率进行了2次下调，此后这一稳定的存款准备金率一直持续到2015年2月。

表8-1　　　　　　　　2010—2015年2月我国的存款准备金率调整情况表

公布时间	生效日期	调整前	调整后	调整幅度	调整前	调整后	调整幅度
		大型金融机构			中小金融机构		
2015年2月4日	2015年2月5日	20.0%	19.5%	−0.5%	16.5%	16.0%	−0.5%
2012年5月12日	2012年5月18日	20.5%	20.0%	−0.5%	17.0%	16.5%	−0.5%
2012年2月18日	2012年2月24日	21.0%	20.5%	−0.5%	17.5%	17.0%	−0.5%
2011年11月30日	2011年12月5日	21.5%	21.0%	−0.5%	18.0%	17.5%	−0.5%
2011年6月14日	2011年6月20日	21.0%	21.5%	0.5%	17.5%	18.0%	0.5%
2011年5月12日	2011年5月18日	20.5%	21.0%	0.5%	17.0%	17.5%	0.5%
2011年4月17日	2011年4月21日	20.0%	20.5%	0.5%	16.5%	17.0%	0.5%
2011年3月18日	2011年3月25日	19.5%	20.0%	0.5%	16.0%	16.5%	0.5%
2011年2月18日	2011年2月24日	19.0%	19.5%	0.5%	15.5%	16.0%	0.5%
2011年1月14日	2011年1月20日	18.5%	19.0%	0.5%	15.0%	15.5%	0.5%
2010年12月10日	2010年12月20日	18.0%	18.5%	0.5%	14.5%	15.0%	0.5%
2010年11月19日	2010年11月29日	17.5%	18.0%	0.5%	14.0%	14.5%	0.5%
2010年11月9日	2010年11月16日	17.0%	17.5%	0.5%	13.5%	14.0%	0.5%
2010年5月2日	2010年5月10日	16.5%	17.0%	0.5%	13.5%	13.5%	0.0%
2010年2月12日	2010年2月25日	16.0%	16.5%	0.5%	13.5%	13.5%	0.0%
2010年1月12日	2010年1月18日	15.5%	16.0%	0.5%	13.5%	13.5%	0.0%

资料来源　佚名.存款准备金［EB/OL］.［2020-12-15］. https：//baike.so.com/doc/2818688-2974906.html.

从2007年1月到2024年1月的17年间，我国存款准备金率的变化总体来说呈现出先升后降的趋势。2024年1月，我国又将大型金融机构和中小金融机构的存款准备金率各下调了0.5个百分点，调整后的存款准备金率分别为10%和7%（如图8-1所示）。

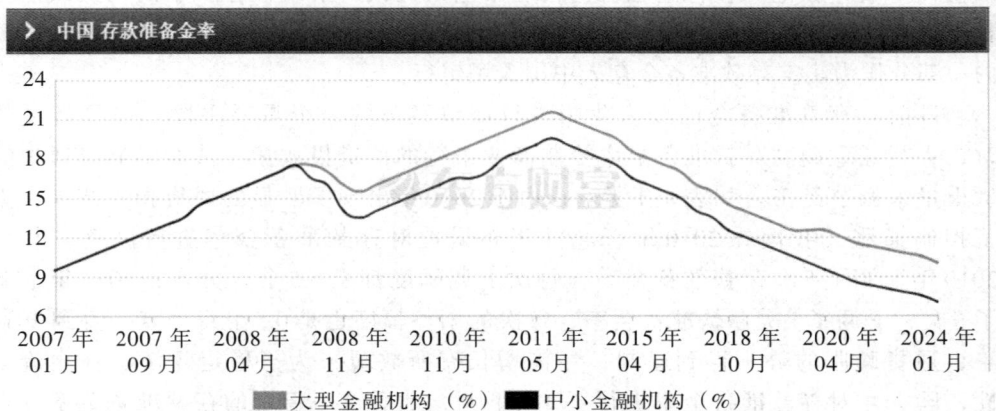

图8-1　中国存款准备金率总体变化趋势图

（2）利率政策

利率政策是一国在一定时期内依据客观经济条件和经济政策目标制定的关于利率方面的各种制度、法令和条例的总称。它主要包括两方面内容：一是实行高利率政策还是低利率政策；二是在利率的管理体制上实行利率管制还是自由利率政策。我国在20世纪90年代曾经实行过高利率政策。1996年我国一年期存贷款利率曾分别达到9.81%和10.98%，其后逐渐回落到2004年的1.98%和5.31%，此后一年期存贷款利率又小幅上升，直到2008年以后又缓缓回落。我国也曾经实行过利率的管控，但是1996年利率市场化改革后，利率逐步成为反映市场变化的重要信号。利率政策是我国货币政策的重要组成部分，也是货币政策实施的主要手段之一。中国人民银行根据货币政策实施的需要，适时地运用利率工具对利率水平和利率结构进行调整，进而影响社会资金供求状况，实现货币政策的既定目标。

中国人民银行采用的利率工具主要有：①调整中国人民银行基准利率，具体包括再贷款利率（即中国人民银行向金融机构发放再贷款所采用的利率）、再贴现利率（即金融机构将所持有的已贴现票据向中国人民银行办理再贴现所采用的利率）、存款准备金利率（即中国人民银行对金融机构缴存的法定存款准备金支付的利率）、超额存款准备金利率（即中国人民银行对金融机构缴存的存款准备金中超过法定存款准备金水平的部分支付的利率）等。②调整金融机构法定存贷款利率。③制定金融机构存贷款利率的浮动范围。④制定相关政策对各类利率结构和档次进行调整等。

（3）中央银行贷款

中央银行贷款是指中央银行动用基础货币向专业银行、其他金融机构，以多种方式融通资金的总称，是中央银行资金运用的一个重要方面，也是中央银行实施货币政策，借以控制货币供应总量的重要手段。中央银行贷款业务是中央银行的重要资产业务，是整个社会货币供应量和信用扩张的基础，中央银行通过再贷款的资金运用方式，影响基础货币，进而影响货币供应量和信用规模，从而调控经济。因此，中央银行作为最后贷款人为维持金融体系的安全、抑制通货膨胀、执行货币政策、促进经济发展起到了重要的作用。一般来讲，中央银行贷款增加，往往释放了"银根松动"的信号；反之，中央银行贷款减少，则释放了"银根紧缩"的信号。

商业银行在头寸不足、有临时性的资金需要时，除在同业拆借市场上拆借资金外，可以向中央银行申请贷款。贷款一般有以下三种形式：①再贴现，即商业银行以工商企业向其贴现的商业票据为抵押，向中央银行再贴现，取得所需的资金，这是最为广泛的一种做法。②抵押贷款，即商业银行以实物资产作抵押向中央银行借款，这种形式使用较少。③信用放款，即中央银行直接向申请贷款的商业银行放款，不需要抵押。这种形式一般表示中央银行对申请贷款的银行比较信任，申请贷款的商业银行在国内也具有一定的声誉和经营业绩。

贷款根据期限的不同有：①年度性贷款，掌握期限一般为1年，最长不超过2年；②季节性贷款，是各专业银行和其他金融机构因季节性支付增大而须向中央银行调剂的贷款，期限一般为2个月，最长不超过4个月；③日拆性贷款，是专业银行和其他金融机构为调剂临时性资金不足而向中央银行申请的贷款，期限一般为10天，最长不超过20天。

商业银行从中央银行获取了贷款，扩大了向社会放款的规模，根据派生存款的原理，最终使社会货币流通量扩大；反之，中央银行减少其对商业银行的贷款，就会使得商业银行的资金来源相应减少，从而迫使商业银行收缩信贷规模，减少对社会的货币供应量，最终减少社会货币流通量。无论是发达国家还是发展中国家，中央银行对商业银行的贷款都是中央银行实行宏观调控的重要手段之一。

（4）公开市场业务

公开市场业务是货币政策工具之一，是指中央银行通过买进或卖出有价证券吞吐基础货币、调节货币供应量的活动。根据经济形势的发展，中央银行认为需要收缩银根时，便卖出证券，相应地收回一部分基础货币，减少金融机构可用资金的数量；相反，中央银行认为需要放松银根时，便买入证券，扩大基础货币供应，直接增加金融机构可用资金的数量。

公开市场业务与其他货币政策工具相比，具有主动性、灵活性和时效性等特点。公开市场业务可以由中央银行充分控制其规模，中央银行有相当大的主动权。公开市场业务操作灵活，多买少卖、多卖少买都可以，对货币供应既可以进行"微调"，也可以进行较大幅度的调整，具有较大的弹性。公开市场业务操作还具有很强的时效性，当中央银行发出购买或出售的意向时，交易立即可以执行，参加交易的金融机构的超额存款准备金相应发生变化。公开市场业务可以经常、连续地操作，必要时还可以逆向操作，由买入有价证券转为卖出有价证券，使整个金融市场不会产生大的波动。目前，越来越多国家的中央银行将公开市场业务作为其主要的货币政策工具。20世纪50年代以来，美联储90%的货币吞吐是通过公开市场业务进行的，德国、法国等国家也大量采用公开市场业务调节货币供应量。从20世纪80年代开始，许多发展中国家将公开市场业务作为重要的货币政策工具广泛使用。

中国人民银行的公开市场业务起步于1994年的外汇市场操作。1994年，我国外汇管理体制进行了重大改革，实行了银行结售汇制度，建立了银行间外汇市场，实现了人民币汇率并轨。为了保持人民币汇率的基本稳定，中国人民银行每天都要在外汇市场上买卖外汇。1996年4月，中国人民银行又开办买卖国债的公开市场业务。此后，公开市场业务得到长足发展。1998年开始，中国人民银行建立了公开市场业务一级交易商制度，其规模逐步扩大，成为中国人民银行货币政策日常操作的主要工具之一，对于调节银行体系流动性水平、引导货币市场利率走势、促进货币供应量合理增长发挥了积极的作用。截至2024年5月，纳入公开市场业务的一级交易商达51家。

从交易品种来看，中国人民银行公开市场业务的债券交易主要包括回购交易、现券交易和发行中央银行票据。

回购交易分为正回购和逆回购两种。正回购为中国人民银行向一级交易商卖出有价证券，并约定在未来特定日期买回有价证券的交易行为。正回购为央行从市场收回流动性的操作，正回购到期则为央行向市场投放流动性的操作。逆回购为中国人民银行向一级交易商购买有价证券，并约定在未来特定日期将有价证券卖给一级交易商的交易行为。逆回购为央行向市场上投放流动性的操作，逆回购到期则为央行从市场收回流动性的操作。为维护季末流动性平稳，2024年6月20日，央行进行200亿元7天期逆回购操作，中标利率为1.80%。

现券交易分为现券买断和现券卖断两种。前者为央行直接从二级市场买入债券，一次性地投放基础货币；后者为央行直接卖出持有债券，一次性地回笼基础货币。中央银行票据即中国人民银行发行的短期债券，央行通过发行央行票据可以回笼基础货币，央行票据到期则体现为投放基础货币。2013年1月，立足现有货币政策操作框架并借鉴国际经验，中国人民银行创设了短期流动性调节工具（short-term liquidity operations，SLO），作为公开市场业务常规操作的必要补充，在银行体系流动性出现临时性波动时相机使用。2019年1月25日，为支持银行发行永续债补充资本，中国人民银行又决定创设央行票据互换（central bank bills swap，CBS）工具。

（5）常备借贷便利

常备借贷便利（standing lending facility，SLF）是全球大多数中央银行都设立的货币政策工具，但名称各异，如美联储的贴现窗口、欧洲央行的边际贷款便利、英格兰银行的操作性常备便利、日本银行的补充贷款便利、加拿大央行的常备流动性便利等。其主要作用是改善货币调控效果，有效防范银行体系流动性风险，增强对货币市场利率的调控效力。

借鉴国际经验，中国人民银行于2013年初创设了常备借贷便利。它是中国人民银行正常的流动性供给渠道，主要功能是满足金融机构短期的大额流动性需求。主要的业务对象为政策性银行和全国性商业银行，期限为1~3个月，利率水平根据货币政策调控、引导市场利率的需要等综合确定。常备借贷便利以抵押方式发放，合格抵押品包括高信用评级的债券类资产及优质信贷资产等。中国人民银行2015年2月11日宣布，在全国推广分支机构常备借贷便利，向符合条件的中小金融机构提供短期流动性支持。中国人民银行分支机构常备借贷便利的对象包括城市商业银行、农村商业银行、农村合作银行和农村信用社四类地方法人金融机构，采取抵押方式发放。分支机构常备借贷便利是短期流动性调节方式的创新尝试，主要满足符合宏观审慎要求的中小金融机构流动性需求，完善中央银行对中小金融机构提供正常流动性供给的渠道。

8.4.3 支付清算职能

（1）中央银行的支付清算职能

中央银行的支付清算职能一般表现为：

① 提供账户服务。在各国中央银行支付清算的实践活动中，中央银行一般作为银行间清算中介人，为银行提供清算账户，通过设置和使用清算账户来实现银行间转账。

② 运行与管理支付系统。中央银行参与和组织银行间清算的另一个重要手段

就是运行与管理重要的银行间支付清算系统。一个稳定的、有效的、公众信任的支付系统，是社会所不可或缺的。中央银行运行的支付系统通常包括账户体系、通信网络和信息处理系统。

③ 为私营清算系统提供差额清算服务。很多国家存在多种形式的私营清算组织，而一些私营清算系统尚未实施差额清算，为了实现清算参加者间的债权债务抵销，很多清算机构乐于利用中央银行提供的差额清算服务，后者通过账户进行差额头寸的转移划拨，即可完成最终清算。

④ 提供透支便利。中央银行不仅运行管理整个支付系统，还以提供信贷的方式保障支付系统的平稳运行。大额支付系统是中央银行提供信贷的重点，尤其是当大额支付系统所处理的支付指令为不可撤销的终局性支付指令时，中央银行的透支便利更为重要。

（2）中国支付清算体系

中国人民银行作为我国支付体系建设的组织者、推动者、监督者，肩负着"维护支付、清算系统正常运行"等法定职责，它建设运行了第二代支付系统、中央银行会计核算数据集中系统、全国支票影像交换系统、境内外币支付系统等重要业务系统，为金融机构和金融市场提供低成本、高效率的公共清算平台，加速了社会资金周转，推动了经济金融较快发展。中国人民银行通过建设现代化支付系统，逐步形成了一个以中国现代化支付系统为核心、商业银行行内系统为基础、各地同城票据交换所并存、支撑多种支付工具的应用和满足社会各种经济活动支付需要的中国支付清算体系。这一支付清算体系主要包括以下几个系统：

① 票据交换系统。该系统是我国支付清算体系的重要组成部分，从行政区划上看，我国票据交换所有地市内的票据交换所和跨地市的区域性票据交换所，通常将地市内的票据清算称为"同城清算"，跨地市的区域性清算称为"异地清算"。

② 全国电子联行系统。它是中国人民银行处理异地清算业务的银行间处理系统。该系统通过中国人民银行联合各商业银行设立的国家金融清算总中心和在各地设立的资金清算分中心运行。各商业银行受理异地汇划业务后，汇出、汇入资金由中国人民银行资金清算分中心运行。

③ 电子资金汇兑系统。它是商业银行系统内的电子支付系统。目前我国商业银行均用电子资金汇兑系统取代了原来的手工操作。

④ 银行卡支付系统。该系统是由银行卡跨行支付系统以及发卡行内银行卡支付系统组成的专门处理银行卡跨行的信息转接和交易清算业务的信息系统，由中国银联建设和运营，具有借记卡和信用卡、密码方式和签名方式共享等特点。2004年，银行卡跨行支付系统成功接入中国人民银行大额实时支付系统，实现了银行卡跨行支付的实时清算。

⑤ 中国现代化支付系统（CNAPS）。它主要提供跨行、跨地区的金融支付清算服务，能有效支持公开市场业务、债券交易、同业拆借、外汇交易等金融市场的资金清算，并将银行卡信息交换系统、同城票据交换所等其他系统的资金清算统一纳

入支付系统处理。

中国现代化支付系统作为我国支付清算体系的核心，是世界银行技术援助贷款项目。中国现代化支付系统由大额实时支付系统、小额批量支付系统、网上支付跨行清算系统、电子商业汇票系统、全国支票影像交换系统、境内外币支付系统六大系统组成。前五个系统主要处理人民币清算业务，境内外币支付系统主要处理外币清算业务。这些系统中最重要的是以下几个系统：

A.大额实时支付系统。

大额实时支付系统（简称大额支付系统）是中国人民银行按照我国支付清算需要，利用现代计算机技术和通信网络开发建设，处理同城和异地跨行及行内的大额贷记与紧急小额贷记支付业务、中国人民银行系统的贷记支付业务，以及即时转账业务等的应用系统。

大额实时支付系统在我国支付体系中占有重要地位，于2002年10月8日投产试运行，2005年6月24日推广至全国。大额实时支付系统连接着境内办理人民币结算业务的中外资银行业金融机构，香港、澳门人民币清算行等，拥有1 600多个直接参与机构，7万多个间接参与机构，日均处理业务80多万笔，资金超过2.5万亿元。每笔业务实时到账，其功能和效率达到国际先进水平。该系统主要处理同城和异地的大额贷记支付业务和紧急的小额贷记支付业务。大额支付指令逐笔实时发送、全额清算资金，主要为银行业金融机构和金融市场提供快速、高效、安全、可靠的支付清算服务，是支持货币政策实施和维护金融稳定的重要金融基础设施。第二代支付系统于2013年10月8日成功上线运行，并于2015年4月底完成全国推广。2015—2020年大额实时支付系统处理业务趋势图如图8-2所示。2024年，大额实时支付系统处理业务3.92亿笔，金额8 824.18万亿元。[①]

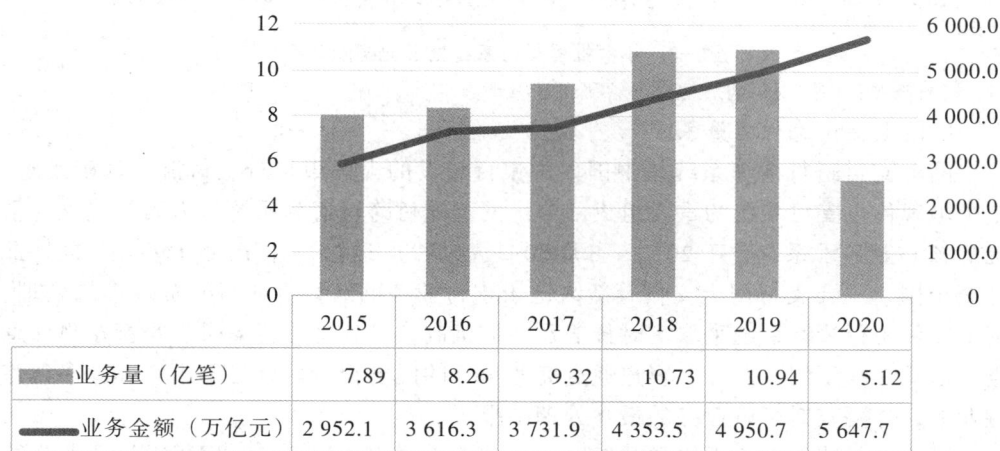

	2015	2016	2017	2018	2019	2020
业务量（亿笔）	7.89	8.26	9.32	10.73	10.94	5.12
业务金额（万亿元）	2 952.1	3 616.3	3 731.9	4 353.5	4 950.7	5 647.7

图8-2　2015—2020年大额实时支付系统处理业务趋势图

资料来源：中国支付清算协会、智研咨询整理。

---

① 数据来源：中国人民银行. 2024年支付体系运行总体情况［EB/OL］.（2025-02-26）［2025-08-11］.https://www.pcac.org.cn/eportal/ui? pageId=598168&articleKey=623166&columnId=595055.

B.小额批量支付系统。

小额批量支付系统（简称小额支付系统）是继大额实时支付系统之后中国人民银行建设运行的又一重要应用系统，是中国现代化支付系统的主要业务子系统和组成部分。小额批量支付系统于2005年11月28日投产试运行，2006年6月26日推广至全国。它主要处理同城和异地纸凭证截留的借记支付业务和小额贷记支付业务，支付指令批量发送，轧差净额清算资金，旨在为社会提供低成本、大业务量的支付清算服务。小额批量支付系统实行7×24小时连续运行，能支撑多种支付工具的使用，满足社会多样化的支付清算需求，成为银行业金融机构跨行支付清算和业务创新的安全高效的平台。2015—2020年小额批量支付系统处理业务趋势图如图8-3所示。2024年，小额批量支付系统处理业务47.90亿笔，金额198.13万亿元。[①]

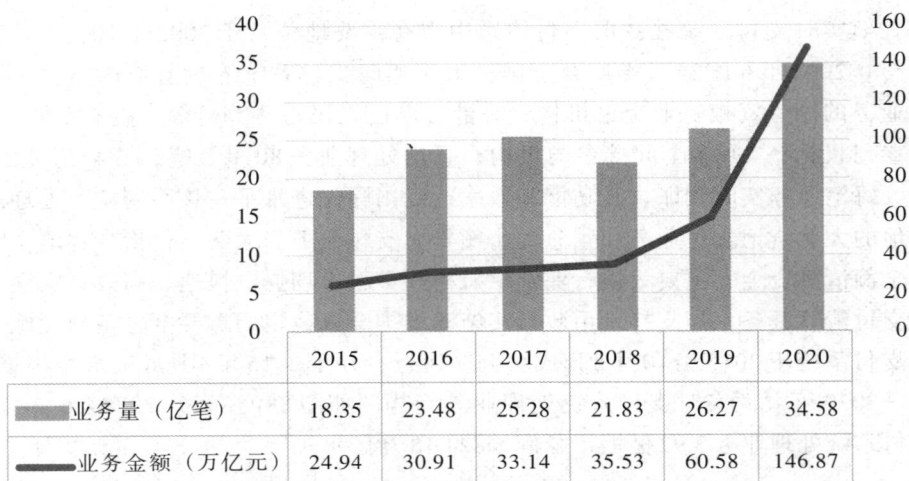

	2015	2016	2017	2018	2019	2020
业务量（亿笔）	18.35	23.48	25.28	21.83	26.27	34.58
业务金额（万亿元）	24.94	30.91	33.14	35.53	60.58	146.87

图8-3　小额批量支付系统处理业务趋势图

资料来源：中国支付清算协会、智研咨询整理。

C.网上支付跨行清算系统。

网上支付跨行清算系统是中国人民银行建设的人民币跨行支付清算基础设施，是中国现代化支付系统的重要组成部分。网上支付跨行清算系统作为第二代支付系统的核心业务子系统，于2010年8月30日先期投产运行，并于2011年1月24日推广至全国，主要支持网上支付等新兴电子支付业务的跨行（同行）资金汇划处理。网上支付跨行清算系统采取实时传输及回应机制，可处理跨行支付、跨行账户信息查询以及在线签约等业务。客户通过商业银行的网上银行可以足不出户办理多项跨行业务，并可及时了解业务的最终处理结果。

网上支付跨行清算系统具有以下业务功能：网银贷记业务，网银借记业务，第三方贷记业务，跨行账户信息查询业务。其支持的业务种类见表8-2。其业务运行模式与小额支付系统相似：7×24小时连续运行，采取定场次清算的模式，设置贷

---

① 数据来源：中国人民银行.2024年支付体系运行总体情况［EB/OL］.（2025-02-26）［2025-08-11］.https://www.pcac.org.cn/eportal/ui? pageId=598168&articleKey=623166&columnId=595055.

记业务金额上限，与大额支付系统共享同一个清算账户等。从业务管理方面来讲，网上支付跨行清算系统是小额支付系统在网上支付方面的延伸；从系统管理方面来讲，网上支付跨行清算系统是与大、小额支付系统并行的人民币跨行清算系统。网上支付跨行清算系统投入使用后，实现网银跨行支付的直通式处理，满足网银用户全天候的支付需求，有效支持电子商务的发展。该系统还支持符合条件的非银行支付服务组织接入，为其业务发展和创新提供公共清算平台。网上支付跨行清算系统业务趋势图如图8-4所示。2024年，网上支付跨行清算系统处理业务166.51亿笔，金额290.24万亿元。[①]

表8-2　　　　　　　　　　**网上支付跨行清算系统支持的业务种类**

业务类型		业务种类
网银贷记业务	汇兑	汇款
	投资理财	股票、基金、保险、彩票、黄金、债券、其他
	网络购物	服装、饰品、家居、生活、食品、虚拟、机票、旅游、美容、数码、电器、文体、其他
	商旅服务	酒店、机票、其他
	缴费	电费、水暖费、煤气费、通信费、保险费、房屋管理费、代理服务费、学教费、有线电视费、企业管理费用、其他费用
	慈善捐款	慈善捐款
	贷款还款	房贷、车贷、信用卡、其他
	预授权结算	预授权结算
	交易退款	服装、饰品、家居、生活、食品、虚拟、机票、旅游、美容、数码、电器、文体、其他
	实时代付	电费、水暖费、煤气费、通信费、保险费、房屋管理费、代理服务费、学教费、有线电视费、企业管理费用、其他费用
	其他	
网银借记业务	实时代收	电费、水暖费、煤气费、通信费、保险费、房屋管理费、代理服务费、学教费、有线电视费、企业管理费用、其他费用
	贷款还款	房贷、车贷、信用卡、其他
	其他	

---

① 数据来源：中国人民银行. 2024年支付体系运行总体情况［EB/OL］.（2025-02-26）［2025-08-11］.https：//www.pcac.org.cn/eportal/ui？pageId=598168&articleKey=623166&columnId=595055.

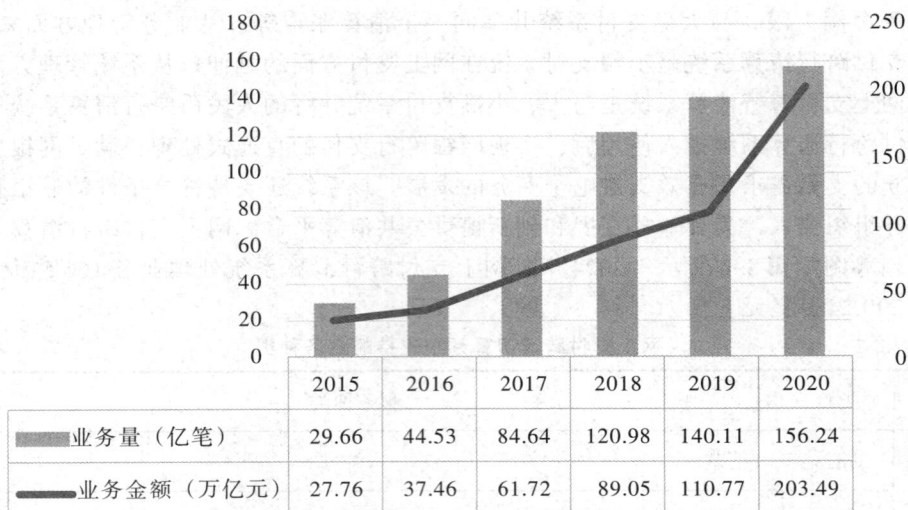

	2015	2016	2017	2018	2019	2020
业务量（亿笔）	29.66	44.53	84.64	120.98	140.11	156.24
业务金额（万亿元）	27.76	37.46	61.72	89.05	110.77	203.49

图8-4　网上支付跨行清算系统业务趋势图

资料来源：中国支付清算协会、智研咨询整理。

D.境内外币支付系统。

境内外币支付系统于2008年4月28日投产，以清算处理中心为核心，由直接参与机构等单一法人集中接入，由代理结算银行进行银行间外币资金结算。清算处理中心负责外币支付指令的接收、存储、清分、转发，并将参与者支付指令逐笔实时清算后，分币种、分场次将结算指令提交结算银行结算。结算银行是中国人民银行指定或授权的商业银行，为直接参与机构开立外币结算账户，负责直接参与机构之间的外币资金结算。该系统目前开通了港币、英镑、欧元、日元、加拿大元、澳大利亚元、瑞士法郎和美元8种货币支付业务，满足了国内对多种币种支付的需求，提高了结算效率和信息安全性。境内外币支付系统业务趋势图如图8-5所示。2024年，境内外币支付系统处理业务613.27万笔，金额4.82万亿美元（折合人民币34.25万亿元）。[①]

8.4.4　金融监管职能

金融监管职能具体是指中国人民银行依法监测金融市场的运行情况，对金融市场实施宏观调控，促进其协调发展，防范和化解系统性金融风险，维护国家金融稳定，这是法律赋予中国人民银行的重要职能和职责。随着我国金融监管体系的不断完善，对金融机构的部分监管工作已由银保监会、证监会等监管机构来分担，因此中国人民银行的监管职能较之以前有了一定的弱化，但是它在宏观调控和维护国家金融稳定等方面还是发挥了不可替代的作用。

《中国人民银行法》中第四条和第五章各条都对中国人民银行的金融监管职能做出了明确要求。第五章更是专章对金融监管职能做出了规定，如依法监测金融市

[①]　数据来源：中国人民银行. 2024年支付体系运行总体情况［EB/OL］.（2025-02-26）［2025-08-11］.https：//www.pcac.org.cn/eportal/ui? pageId=598168&articleKey=623166&columnId=595055.

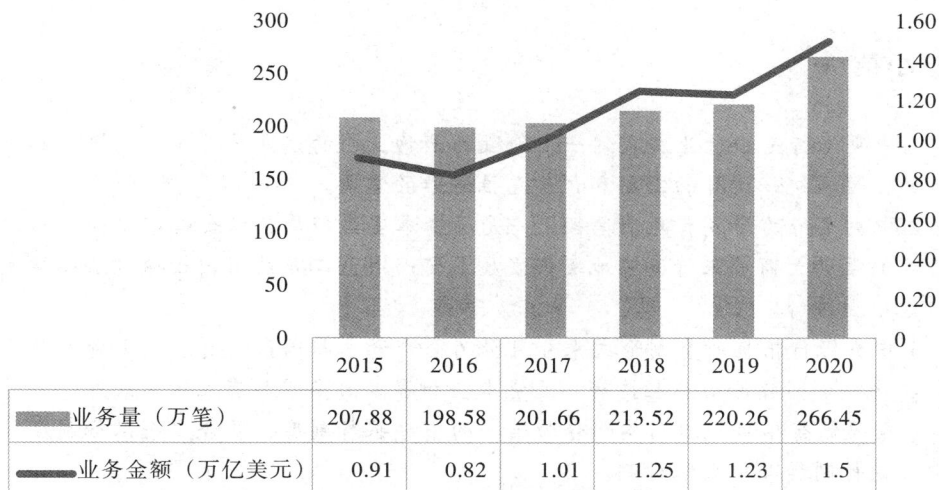

	2015	2016	2017	2018	2019	2020
业务量（万笔）	207.88	198.58	201.66	213.52	220.26	266.45
业务金额（万亿美元）	0.91	0.82	1.01	1.25	1.23	1.5

图8-5　境内外币支付系统业务趋势图

资料来源：中国支付清算协会、智研咨询整理。

场的运行情况，对金融市场实施宏观调控，促进其协调发展；对金融机构以及其他单位和个人的业务行为进行检查监督，具体包括执行有关存款准备金管理、特种贷款管理、人民币管理、银行间同业拆借市场和银行间债券市场管理、外汇和黄金管理、清算管理、反洗钱等相关规定的情况；根据执行货币政策和维护金融稳定的需要，可以建议国务院银行业监督管理机构对银行业金融机构进行检查监督等。

中国人民银行实施金融监管具有如下权力：

① 规章制度制定权。中国人民银行作为国务院的直属机构，有权依照法律和国务院制定的行政法规，制定其履行各项权力所必需的规定、管理办法及其他规章。

② 监管信息索取权。中国人民银行根据履行职责的需要，有权要求银行业金融机构报送必要的财务会计、统计报表和资料。

③ 现场检查监督权。中国人民银行有权对《中国人民银行法》规定的金融机构以及其他单位和个人的有关行为进行检查监督，有权对出现支付困难的金融机构报经国务院批准后进行检查监督。

④ 检查监督建议权。中国人民银行根据执行货币政策和维护金融稳定的需要，有权建议银保监会对银行业金融机构进行监督检查。

⑤ 监督信息共享权。中国人民银行根据法律和国务院规定，有权与其他金融监管机构共享监管信息。

⑥ 违规行为处罚权。中国人民银行有权根据《中国人民银行法》和其他相关的法律、规章，对金融违规行为施以罚款或其他处罚。

本章小结 ✔ ----------------------------------•

1.中央银行是银行业发展到一定阶段的产物，它的建立是为了适应银行券统一发行的需要、统一清算的需要和预防恶性竞争的需要。

2.中央银行的形成有两条途径：一是由资本实力雄厚、社会信誉卓著、与政府有特殊关系的大商业银行逐步地缓慢发展演变而成；二是政府出面通过法律规定直接组建中央银行。

3.中央银行根据所有制形式来分可分为全部资本归国家所有、国家资本与民间资本共建、全部股份由私人持有、无资本金和资本为多国共有五种形式。

4.中央银行根据组织结构划分为单一的中央银行制度、复合中央银行制度、跨国中央银行制和准中央银行制。

5.单一的中央银行制度是指国家设立专门的中央银行，全面、纯粹地行使中央银行职能，这也是当前大多数国家采取的最主要、最典型的中央银行制度形式。

6.复合中央银行制度是指在一国之内，不设立专门的中央银行，而是由一家大银行来同时扮演商业银行和中央银行两种角色，也就是"一身二任"。

7.跨国中央银行制是指两个以上的主权国家设立共同的中央银行，它一般适用于组建了货币联盟的国家之间。

8.中央银行是业务经营上特殊的金融机构，也是居于金融领导地位的特殊国家机关。

9.中央银行是发行的银行，垄断了货币发行权，是一国或某一货币联盟唯一授权的货币发行机构。

10.中央银行是"银行的银行"，充当商业银行和其他金融机构的最后贷款人。当商业银行资金短缺或发生流动性危机时，中央银行会慷慨解囊提供资金支持。

11.中央银行是政府的银行，也称为"国家的银行"，代表国家从事金融活动，为政府提供金融服务，作为政府管理国家金融的专门机构，贯彻执行国家的货币政策，实施金融监管。

12.中央银行是服务的银行。它既为政府服务，也为商业银行和非银行金融机构服务，还为社会公众提供服务。

13.中国人民银行是中华人民共和国的中央银行。中国人民银行在国务院领导下，制定和执行货币政策，防范和化解金融风险，维护金融稳定。货币政策目标是保持货币币值的稳定，并以此促进经济增长。

14.中国人民银行的业务职能归结为四大类：发行人民币、制定和执行货币政策、组织支付清算、履行金融监管职责。

15.货币发行业务主要指人民币的统一印制和发行，中国人民银行在政府的授权下发行人民币，它代表了国家信用。

16.货币政策委员会在国家宏观调控、货币政策制定和调整中发挥重要作用。当经济出现过热增长或不景气时，中国人民银行可以使用货币政策工具进行调节。

17.公开市场业务是货币政策工具之一，是指中央银行通过买进或卖出有价证券吞吐基础货币，调节货币供应量的活动。

18.中国现代化支付系统由大额实时支付系统、小额批量支付系统、网上支付跨行清算系统、电子商业汇票系统、全国支票影像交换系统、境内外币支付系统六大系统组成。

核心概念 ☑️

单一中央银行制　复合中央银行制　跨国中央银行制　准中央银行制　发行的银行　银行的银行　政府的银行　服务的银行　存款准备金　超额存款准备金　中央银行贷款　公开市场业务　大额实时支付系统　小额批量支付系统　网上支付跨行清算系统　境内外币支付系统

课后思考与练习 ☑️

1.中央银行在业务经营上的特殊性体现在哪些方面？

2.中央银行是特殊的国家机关体现在哪些方面？

3.如何理解中央银行是"银行的银行"？

4.中央银行作为银行的银行需履行哪些职责？

5.中央银行作为政府的银行有哪些具体体现？

6.中央银行可运用的货币政策工具包括哪些？

7.中央银行的支付清算职能有哪些表现？

第9章

金融监管

学习目标 ☑️ --◉

通过本章学习，了解金融风险的类型，掌握金融监管的含义、目的、方式和体制，了解我国现行的金融监管体制，理解商业银行监管的三大制度。

重难点提示 ☑️ --◉

重点：对金融监管的含义、目的、方式和体制进行深入理解。
难点：结合商业银行经营的特点，理解商业银行监管的三大制度。

课程思政教学参考 ☑️ --◉

教学知识点	思政结合点
金融监管的含义、对象和经济学理论依据	防范金融诈骗与金融风险 遵纪守法
我国分工型监管体制	前途光明 道路曲折 光荣的接班使命
宏观审慎监管和微观审慎监管的含义	培养关注金融热点的好习惯
我国的存款保险制度	"以人民为中心""一切为了人民" 制度自信

9.1 金融监管的基本内涵

9.1.1 金融风险的类型

金融活动具有典型的风险与收益并存的特点，人们在逐利动机的驱使下常常会忽视或轻视风险的存在，而陷入一种非理性的经济行为中。所以，在进行任何金融活动之前，我们都有必要对可能产生的金融风险有一个清醒的认识。

一般来说，金融交易活动会产生以下风险：

（1）市场风险

市场风险是指因市场价格（利率、汇率、股票价格和商品价格等）的波动企业或投资者不能获得预期收益的风险。市场风险可以分为利率风险、汇率风险、股票价格风险和商品价格风险等，这些市场因素都可能直接对企业产生影响，也可能通过对其竞争者、供应商或者消费者产生影响而间接对企业产生影响。除股票、利率、汇率和商品价格的波动带来的不利影响外，市场风险还包括融券成本风险、股息风险和关联风险。

（2）信用风险

信用风险是指合同的一方不履行义务的可能性，包括在贷款、掉期、期权交易中及在结算过程中交易对手违约带来损失的风险。金融机构在签订贷款协议、场外交易合同和授信时，将面临信用风险。通过风险管理控制以及要求对手保持足够的抵押品、支付保证金和在合同中规定净额结算条款等程序，金融机构可以最大限度降低信用风险。

（3）操作风险

操作风险是指因交易或管理系统操作不当引致损失的风险，包括因公司内部失控而产生的风险。公司内部失控的表现包括，超过风险限额而未被察觉、越权交易、交易或后台部门欺诈（包括账簿和交易记录不完整，缺乏基本的内部会计控制）、职员不熟练以及不稳定并易于进入电脑系统等。例如，曾经享有盛誉的巴林银行于1995年2月倒闭，英国银行监管委员会认为，巴林银行倒闭的原因是新加坡巴林期货公司的一名职员越权、隐瞒进行衍生工具交易带来巨额亏损，而管理层对此毫无察觉。该交易员兼任不受监督的期货交易、结算负责人的角色。巴林银行未能对该交易员的业务进行独立监督，以及未将前台和后台职能分离等，正是这些操作风险导致了巨大损失并最终毁灭了巴林银行。操作风险可以通过正确的管理程序得到控制，如完整的账簿和交易记录，基本的内部控制和独立的风险管理，强有力的内部审计部门（独立于交易和收益产生部门），清晰的人事限制和风险管理及控制政策。

（4）流动性风险

流动性风险在商业银行的经营活动中表现比较突出，它是指商业银行无法以合理成本及时获得充足资金，用于偿付到期债务、履行其他支付义务和满足正常业务开展的其他资金需求的风险。流动性风险主要产生于银行无法应对因负债下降或资产增加而导致的流动性困难。当一家银行缺乏流动性时，它就不能依靠负债增长或以合理的成本迅速变现资产来获得充裕的资金，因而会影响其盈利能力，在极端情况下，流动性不足能导致银行倒闭。

（5）法律风险

法律风险是一种特殊的操作风险，指金融机构与雇员或客户签署的合同等文件违反有关法律或法规，或有关条款在法律上不具备可行性，或其未能适当地对客户履行法律或法规上的职责，因而可能蒙受经济损失的风险。

（6）合规风险

合规风险是指银行因未能遵循法律、监管规定、规则、自律性组织制定的有关准则，以及银行自身业务活动的行为准则，而可能遭受法律制裁或监管处罚、重大财务损失或声誉损失的风险。

（7）国家风险

国家风险是指经济主体在与非本国交易对手进行国际经贸与金融往来时，由于别国经济、政治和社会等方面的变化而遭受损失的风险。

（8）声誉风险

声誉风险是指金融机构因受公众的负面评价，而出现客户流失、股东流失、业务机遇丧失、业务成本提高等情况，从而蒙受相应经济损失的可能性。

（9）系统风险

系统风险是指金融机构从事金融活动或交易所在的整个系统（机构系统或市场系统）因外部性因素的冲击力或内部性因素的牵连而发生剧烈波动、危机或瘫痪，使单个金融机构不能幸免，从而蒙受经济损失的可能性。

要抵御上述多种金融风险，仅仅依靠金融机构的自律行为显然远远不够，我们应该建立一种科学有效的监管机制，从源头预防风险，将金融风险的危害性扼杀在萌芽状态，这样才能保护社会公众的利益，避免社会资源的浪费。

阅读材料9-1

包商银行破产案

9.1.2 金融监管的含义、对象和目的

（1）金融监管的含义

金融监管是金融监督和金融管理的总称。其中，监督主要是全面性、经常性的检查和督促，管理主要是领导、组织、协调和控制等一系列的活动。金融监管是指政府通过特定的机构如中央银行、证券交易委员会等对金融交易行为主体进行的某种限制或规定。金融监管本质上是一种具有特定内涵和特征的政府规制行为。它是金融主管当局对金融机构实施的全面性、经常性的检查和督促，也是主管当局依法对金融机构及其经营活动实施的领导、组织、协调和控制等一系列的活动，以此促进金融机构依法稳健地经营和发展。监管行为的经济学理论依据就是市场失灵和信息不对称，正是由于市场存在缺陷，所以才需要政府来矫正这些缺陷。世界上凡是实行市场经济体制的国家，几乎都在客观上存在政府对金融体系的监管。

金融监管有狭义和广义之分。狭义的金融监管是指中央银行或其他金融监管当局依据国家法律规定对整个金融业（包括金融机构和金融业务）实施的监督管理。广义的金融监管在上述含义之外，还包括金融机构的内部控制和稽核、同业自律性组织的监管、社会中介组织的监管等内容。本章所介绍的金融监管主要是指狭义的金融监管。

（2）金融监管的对象

金融监管的主要对象是金融交易行为主体。传统的金融交易行为主体主要是银行业和非银行金融机构，但随着金融工具的不断创新和互联网金融的迅速发展，金融监管的对象逐步扩大到那些业务性质与银行类似的准金融机构。比如，一些小额贷款公司或网络信贷平台的信贷业务就和银行有一定的相似性；一些投资公司也发售理财产品，这种业务和银行、证券公司等金融机构的业务类似；一些投资机构、贷款协会、银行附属公司或银行持股公司也开展准银行业务等。尤其是近年来互联网金融发展迅速，互联网金融产品以其便捷的流程受到很多消费者青睐，但是信贷审核简单的背后往往蕴藏着巨大的风险，因此对互联网金融产品的监管也成为现代金融监管的重要组成部分。此外，资本市场、货币市场、外汇市场与黄金市场等金融市场也是金融监管的重要对象。从国家金融体系的稳定性来说，一个国家的整个金融体系都可视为金融监管的对象。

（3）金融监管的目的

实施金融监管活动是为了更好地维持金融业健康运行的秩序，金融机构尤其是银行倒闭不仅需要付出巨大代价，还会波及国民经济的其他领域，金融监管的实施可以最大限度地减少银行业的风险，促进银行业和经济的健康发展。只有通过金融监管，保证金融机构和市场良性稳健运行，才能真正降低金融风险，保护社会公众的合法利益，才能通过更好的、更高水平的金融服务来提高社会福利。同时，金融监管可以在一定程度上避免贷款发放过度集中于某一行业，确保公平而有效地发放贷款，由此避免资金的乱拨乱划，防止欺诈活动或者不恰当的风险转嫁。此外，中央银行通过货币储备和资产分配来向国民经济的其他领域传递货币政策，金融监管可以使央行在执行货币政策时的传导机制更有效率，央行的交易账户还能向金融市场传递违约风险信息。

9.1.3　金融监管的原则和内容

（1）金融监管的原则

金融监管原则是政府金融监管机构以及金融机构内部的监管机构在金融监管活动中应当始终遵循的价值追求和最低行为准则。金融监管应坚持以下基本原则：

① 依法原则。依法原则又称合法性原则，是指金融监管必须依据法律法规进行。监管的主体、监管的职责权限、监管措施等均由金融监管法规和相关行政法律法规规定，监管活动均应依法进行，只有这样才能保证监管的权威性、严肃性、强制性、一贯性和有效性。

② 公开、公正原则。监管活动应最大限度地提高透明度，对于金融机构或业务活动中的违法违规行为的处理决议应当向社会公示，这样一方面可以接受社会监

督，加大违法违规行为的社会成本；另一方面也可以使监管活动更加公开、透明。同时，监管当局应公正执法、平等对待所有金融市场参与者，做到实体公正和程序公正。

③ 适度竞争、提高效率原则。适度竞争、提高效率原则是指金融监管应当提高金融体系的整体效率，不得压制金融创新与适度的金融竞争，应通过适度的竞争形成有效的优胜劣汰机制，这样既可以避免金融领域的垄断所带来的低效率，还有利于优化资源配置、降低成本、减少社会支出，从而节约社会公共资源。

④ 独立性原则。独立性原则是指金融监督管理机构及其从事监督管理工作的人员依法履行监督管理职责，行使法律所赋予的监管权，任何地方政府、各级部门、社会团体和个人等都不得干涉。

⑤ 安全性和效益性相结合原则。促使金融机构安全稳健地经营是金融监管的重要目标和原则。一方面，金融监管当局必须采取各种预防和补救措施，督促金融机构依法经营、降低风险；另一方面，金融监管不应该只是单纯地、消极地防范风险，还应该发挥金融机构的主观能动性、调动它们的积极性，将安全性和金融机构的经济效益结合起来，鼓励它们进行业务创新，提供更优质的金融服务。

（2）金融监管的主要内容

金融监管的主要内容具体包括：

① 对金融机构设立的监管，如我国《商业银行法》规定设立全国性商业银行的注册资本最低限额为10亿元人民币，设立城市商业银行的注册资本最低限额为1亿元人民币，设立农村商业银行的注册资本最低限额为5 000万元人民币。注册资本必须是实缴资本。

② 对金融机构资产负债业务的监管，如我国规定商业银行流动性资产余额与流动性负债余额的比例不得低于25%，对同一借款人的贷款余额与商业银行资本余额的比例不得超过10%。

③ 对金融市场的监管，如市场准入、市场融资、市场利率、市场规则等。

④ 对会计结算的监管，如为了鼓励支付创新，防范系统性风险，规范支付服务市场秩序，中国人民银行于2015年12月发布了《非银行支付机构网络支付业务管理办法》。

⑤ 对外汇外债的监管。我国现行有效外汇管理主要法规涉及综合管理、经常项目外汇管理、资本项目外汇管理、金融机构外汇管理、人民币汇率与外汇市场管理、国际收支与外汇统计等各项法规。

⑥ 对黄金生产、进口、加工、销售活动的监管，如2011年中国人民银行、公安部、国家工商行政管理总局、银监会、证监会等机构联合发布了《关于加强黄金交易所或从事黄金交易平台管理的通知》。此外，还包括对证券业、保险业等行业和黄金、典当、融资租赁等投资业务等多项内容的监管。

在对金融机构业务活动的监管中，对商业银行的监管是重点，主要内容包括市场准入与机构合并、银行业务范围、风险控制、流动性管理、资本充足率、存款保护以及危机处理等方面。

案例分析 9-1

银保监会一日之内接管9家金融机构

案情介绍:

一日之内,监管部门依法对9家金融机构实施接管,涉及4家保险公司、2家信托公司、2家证券公司、1家期货公司,接管期限从2020年7月17日至2021年7月16日,可依法延长。

2020年7月17日下午,银保监会宣布对天安财产保险股份有限公司、华夏人寿保险股份有限公司、天安人寿保险股份有限公司、易安财产保险股份有限公司、新时代信托股份有限公司、新华信托股份有限公司等6家机构实施接管,接管期限为一年。如接管工作未达到预期效果,接管期限依法延长。

依照法律规定,银保监会派驻接管组。从接管之日起,被接管机构股东大会、董事会、监事会停止履行职责,相关职能全部由接管组承担。接管组行使被接管机构经营管理权,接管组组长行使被接管机构法定代表人职责。未经接管组批准的对外签约一律无效。接管不改变6家机构对外的债权债务关系。

接管期间,接管组委托中国太平洋财产保险股份有限公司、国寿健康产业投资有限公司、新华人寿保险股份有限公司、中国人民财产保险股份有限公司、中信信托有限责任公司、交银国际信托有限公司组建6个托管组,按照托管协议分别托管天安财产保险股份有限公司、华夏人寿保险股份有限公司、天安人寿保险股份有限公司、易安财产保险股份有限公司、新时代信托股份有限公司、新华信托股份有限公司业务,依法合规采取切实有效措施保持公司正常经营,依法维护保险活动当事人、信托当事人等各利益相关方合法权益。

案例分析:

(1)这些问题机构大都存在公司治理不完善、经营管理不规范、风险控制不到位等情况,导致潜在风险上升并开始显现,监管部门采取相关措施,有助于处置和化解问题机构的经营风险,更好地保护利益相关主体人利益。

(2)天安财产保险股份有限公司、华夏人寿保险股份有限公司、天安人寿保险股份有限公司、易安财产保险股份有限公司这4家保险公司在公司治理和公司经营方面积累了较多的问题和较大的风险。经过几年的内部整顿,这些公司整体上仍无法化解本身的风险。这4家公司已符合《保险法》等规定的接管条件,为保护保险消费者权益,维护社会公共利益,维护金融市场的稳定,监管部门终于出手对其进行接管。

《保险法》第一百四十四条规定:"保险公司有下列情形之一的,国务院保险监督管理机构可以对其实行接管:(一)公司的偿付能力严重不足的;(二)违反本法规定,损害社会公共利益,可能严重危及或者已经严重危及公司的偿付能力的。被接管的保险公司的债权债务关系不因接管而变化。"

(3)银保监会对新时代信托股份有限公司、新华信托股份有限公司采取接管措施,并委托相关信托公司组建托管组,是基于对两家公司难以正常持续的经营现状和管理能力的研究判断，按照市场化、法治化方式，为防止它们继续自行经营管理而导致经营状况和资产质量进一步恶化，最大限度保护信托受益人利益，阻止它们风险外溢传染，采取的果断措施和有力举措，有利于稳定信托行业、稳定金融体系、稳定金融市场，稳定投资者人心。这两家信托公司存在大股东操纵、法人治理结构不清晰、经营不善、资产质量不佳等问题，监管机构前期已经依法采取了相关监管措施，限制了这两家信托公司的部分业务。这两家信托公司规模较小，影响力也很小，它们被监管机构接管，不会对信托业和金融体系风险可控的局面产生大的实质性影响。同时，针对少数信托公司存在法人治理结构不清晰的乱象，银保监会于2020年正式施行《信托公司股权管理暂行办法》，加强信托公司股权管理，规范信托公司的股东行为。

资料来源　胡志挺. 监管部门一日之内接管9家金融机构：原因何在，影响几何？［EB/OL］.（2020-07-17）［2025-06-15］. https://n.eastday.com/pnews/1594992521021746.

9.2　金融监管制度

9.2.1　金融监管方式

金融监管行为需要通过一些具体的监管方式来实现，最常用的监管方式有三种，即公告监管、规范监管和实体监管。

（1）公告监管

公告监管是指政府对金融业的经营不做直接监督，只规定各金融企业必须依照政府规定的格式及内容定期将营业结果呈报政府的主管机关并予以公告，至于金融业的组织形式、金融企业的规范、金融资金的运用，都由金融企业自我管理，政府不对其多加干预。公告监管的内容包括公告财务报表、最低资本金与保证金规定、偿付能力标准规定。在公告监管方式下，金融企业经营的好坏由其自身及一般大众自行判断，社会公众可以根据公布的报表信息在一定程度上评判该金融机构业绩的好坏。这种将政府和大众结合起来的监管方式，减少了对金融机构的行政干预，有利于金融机构在较为宽松的市场环境中自由发展。然而，由于信息不对称，政府和公众很难完全了解金融企业经营的实际情况，对金融企业的不正当经营也无能为力。因此，公告监管是金融监管中比较宽松的一种监管方式。

（2）规范监管

规范监管又称准则监管，是指国家对金融业的经营制定一定的准则，要求其遵守的一种监管方式。在规范监管下，政府对金融企业经营的若干重大事项，如金融企业最低资本金、资产负债表的审核、资本金的运用、违反法律的处罚等，都有明确的规范，但对金融企业的业务经营、财务管理、人事等方面不加干预。这种监管方式强调金融企业经营形式上的合法性，比公告监管方式具有更大的可操作性，但由于未触及金融企业经营的实体，仅有一些基本准则，故难以起到严格有效的监管作用。例如2018年9月，银保监会发布了《商业银行理财业务监督管理办法》，对商业银行开展理财业务的具体规则和风险管理做出了明确的要求，这些要求就是规范商业银行理财业务的明确规则，这就是一种规范监管。

（3）实体监管

实体监管是指国家制定完善的金融监督管理规则，金融监管机构根据法律赋予的权力，对金融市场尤其是金融企业进行全方位、全过程有效的监督和管理。实体监管过程分为三个阶段：

第一阶段是金融业设立时的监管，即金融许可证监管。例如，我国《商业银行法》、《证券法》和《保险法》分别规定：设立一家全国性经营的股份制商业银行最低的注册资本金为10亿元，设立一家全国性经营的证券公司最低的注册资本金为5亿元，设立一家全国性经营的保险公司最低的注册资本金为2亿元，还必须经过监管部门审批，取得银保监会或证监会核发的金融许可证才能营业，即使设立分支机构也需要报批以及取得金融许可证。

第二阶段是金融业经营期间的监管，这是实体监管的核心。这一阶段的监管一般可以将非现场检查监管和现场检查监管结合起来。一方面，通过非现场检查收集金融机构的经营管理和财务数据，运用技术方法（如各种模型与比率分析等）研究分析金融机构经营的总体状况、风险管理状况、合规情况等，对其稳健经营情况进行评价；另一方面，对非现场检查发现的问题进行现场检查，直接由金融监管当局派员进入金融机构，通过查阅各类财务报表、文件档案、原始凭证和规章制度等资料，核实、检查和评价金融机构报表的真实性和准确性，以及金融机构的经营状况、风险管理和内部控制的完善性，从而全面深入了解金融机构的经营和风险状况，对合法经营和风险状况做出客观和全面的判断。

第三阶段是金融企业市场退出的监管。当金融企业出现经营问题，整改后仍然不能正常经营时，往往就需要进入破产和清算程序。金融企业市场退出的监管主要涉及对破产企业进行财产清算、债务偿还、人员安置等相关工作。

实体监管的三个阶段实际上就是从事前、事中和事后三个方面进行全方位的监管。它是国家在立法的基础上通过行政手段对金融企业进行强有力的管理，比公告监管和规范监管更为严格、具体和有效。因此，这三种监管方式从监管强度上来看，应该是实体监管大于规范监管，规范监管大于公告监管。

9.2.2　金融监管体制

金融监管的方式还必须与一个国家的金融监管体制相适应。金融监管体制是金融监管职责划分和权力分配的方式和组织制度。国际上主要的金融监管体制可分为集中型体制和分工型体制两大类。金融监管体制是由各国的历史和国情决定的。确立金融监管体制的基本原则是，既要提高监管的效率，避免过分的职责交叉和相互掣肘，又要注意权力的相互制约，避免权力过度集中。

（1）集中型金融监管体制

集中型金融监管体制也叫集中单一式或一元集中式金融监管体制，它是由一家金融管理机构对国内所有金融机构进行监管。在这种模式下，全国的金融监管权集中于中央或专门的监管机构，一般由中央银行集中监管的情况比较多见，地方没有独立的权力。世界上很多国家采用集中型金融监管体制，比较有代表性的国家有英国（1997年以后）、日本（1998年以后）等。英国在传统上是自律监管的国家，1979年以前并无正式的金融监管体制，1979年与1987年两次颁布银行法，赋予并完善了英格兰银行的监管权力。1997年，英国金融服务监管局（FSA）成立之前，英国一直实行自律性监管为主、法律监管为辅的监管制度。1997年，英国政府将英格兰银行的部分监管职能与自律机构的监管职能合并，成立了一个新的金融监管机构——金融服务监管局。2000年6月，英国通过《金融服务和市场法》，从法律上确认了上述金融监管体制的改变。根据该法的规定，FSA作为英国整个金融业唯一的监管机构，对英国银行业采取以风险控制为基础的监管，并对英国证券业、保险业等进行监管。英国金融服务监管局的设立，意味着金融监管职能与中央银行的分离，金融监管远离中央银行，但更直接地服从于政府。2008年金融危机后，英国的金融监管权由FSA向英格兰银行转移，目前英国实行的是以英格兰银行为核心的集中型监管体制。

采用集中型监管体制的发达市场经济国家还有澳大利亚、新西兰、意大利、瑞典、瑞士等。绝大多数发展中国家，如巴西、泰国、印度等，由于历史原因一般也选择这种金融监管体制。在这种监管模式下，单一监管机构内部负责不同监管领域的部门可以共享监管资源，获得规模经济效益；对被监管者来说，只同一个机构打交道，也可以在一定程度上降低成本；单一监管机构避免了不同监管部门之间相互推卸责任或重复监管，提高了监管效率；同时，金融管理集中，监管政策与标准具有一致性，有利于实现监管政策的连续性和稳定性，促进金融机构之间的公平竞争。然而，在这种模式下，监管机构权力巨大且过于集中，缺乏对权力的制衡和监督，易滋生官僚作风，对已经出现的问题反应迟缓，甚至可能出现权力腐败现象。

（2）分工型监管体制

分工型监管体制也叫多头式监管，它是指设立不同的金融监管部门对国内金融机构进行分类监管的模式。例如，银行监管部门主要对各类银行进行监管，保险监管部门对各类保险机构进行监管等。在这种模式下，中央和地方都对金融机构或金融业务拥有监管权，且不同的金融机构或金融业务由不同的监管机关实施监管。根据权力仅集中在中央还是中央和地方都具有监管权，该模式可分为一元多头式和二元多头式。

①一元多头式金融监管体制。

一元多头式也称单元多头式或集权多头式，是指全国的金融监管权集中于中央，地方没有独立的权力，在中央一级由两家或两家以上监管机构共同负责的一种监管体制。采取一元多头式金融监管体制的国家以德国、法国、日本（1998年以前）为代表，尤以德国最为典型。德国金融监管框架源于1961年通过的《银行法案》，该法授权成立联邦德国银行监管局，并规定由该局在德意志联邦银行的配合下对银行业进行统一监管。除此以外，德国的金融监管机构还有负责对证券机构和证券业务监管的联邦证券委员会、负责对保险机构与保险业务监管的联邦保险监管局。这种体制的运行效率取决于各金融管理机构之间的合作，具备这些条件的国家不多。这种体制也面临机构重叠、重复监管的问题。

②二元多头式金融监管体制。

二元多头式也称双元多头式、双线多头式或分权多头式，是指中央和地方都对金融机构和金融业务拥有监管权，且不同的金融机构或金融业务由不同的监管机构实施监管。采取二元多头式金融监管体制的国家以美国、加拿大等联邦制国家为代表。

最早的金融监管制度产生于美国，以1864年国民银行制度确立为标志，美国开始了联邦和州的二元监管历史。1913年威尔逊总统签署《联邦储备银行法》，这成为世界近代金融监管工作的开端。1929—1933年的经济危机，催生了美国的《1933年银行法》，使得美国的金融企业进入了分业经营时期。相应地，金融监管也采取了多头分业监管的体制。20世纪70年代末，美国开始进行金融监管改革，一度放松了金融管制。1991年底，美国国会通过《1991年联邦存款保险公司改进法》，据此强化了金融监管。1999年美国通过《金融服务现代化法案》，该法确立了美国的"伞式"功能监管模式。在该监管模式下，美国联邦储备委员会被指定为主监管人，执行对所有金融控股公司的监管，同时规定按业务种类确定具体监管人。其中，联邦储备系统负责监管会员银行和银行持股公司；联邦存款保险公司负责监管已参加保险的非会员银行和州注册储蓄银行；货币监理署负责监管联邦注册银行；储贷监理署负责监管所有属于储蓄机构保险基金的联邦和州注册的储蓄机构；证券交易委员会以及州保险监管署分别负责监管证券机构和保险机构。

二元多头式监管模式能较好地提高金融监管的效率，防止金融权力过分集中，因地制宜地选择监管部门，有利于监管专业化，提高对金融业务的服务能力。同时，它会造成管理机构交叉重叠，易导致重复检查和监督，增大监管机构之间的协调难度，影响金融机构业务活动的开展；金融法规的不统一容易形成监管的"真空区"，使金融机构逃避监管，加剧金融领域的矛盾与混乱，不利于为金融机构提供平等、公开、公正的竞争环境。

（3）合作型金融监管体制

合作型金融监管体制又称跨国型金融监管体制，是指在经济合作区域内，对区域内的金融机构实施统一监督的一种金融监管体制。

合作型金融监管体制与区域性货币联盟紧密联系，是区域金融合作和世界经济金融一体化发展的结果，适用于区域集中特征明显的国家或地区，它的建立与区域型经济组织的建立具有异曲同工之处。在经济合作区域内，由统一机构负责区域内所有成员国金融监管的职责，合作性是这种监管体制的最大特点。比如，欧元区国家的金融监管就有些类似一种二元制的结构，中央层面由欧洲中央银行负责欧元区内各成员国的金融监管职责，地方层面由各国中央银行来具体监管。

说到金融监管的国际合作，就不得不提到《巴塞尔协议》，它是巴塞尔委员会制定的在全球范围内得到普遍认可的银行资本和风险监管的国际标准。《巴塞尔协

阅读材料9-2

美国的金融
监管改革

议》的三个支柱包括最低风险资本要求、资本充足率监管和内部评估过程的市场监管。其中，资本充足率是银行的资本总额与风险加权资产总额的比率，用于衡量银行以自有资本承担风险损失的能力。它是国际银行业监管的重要指标，《巴塞尔协议》进一步明确它的重要地位，所以资本充足率也被称为第一支柱。1988年的《巴塞尔协议Ⅰ》规定的最低资本充足率的标准是8%，2010年的《巴塞尔协议Ⅲ》（也叫《巴塞尔新资本协议》）规定的资本充足率的标准为12%。这些协议的出台为全球金融监管尤其是银行监管提供了通用的国际标准。《巴塞尔协议Ⅲ》被认为是全球银行业监管的标杆，它的出台引发了国际金融监管准则的调整和重组，影响了银行的经营模式和发展战略。

9.3 商业银行监管

9.3.1 银行监管的重要性

银行业监管是一国金融监管体系的重要组成部分，尽管在不同的历史时期，各国金融监管的内容、手段及程度有所变化，但与其他行业相比，以银行业为主体的金融业从来都是各国管制最严格的行业。究其原因，既与金融业本身的特殊性和它在现代市场经济中的重要地位有关，也和商业银行自身经营的特点密不可分。

首先，在世界经济日益全球化、资本化、电子化的今天，金融已不再扮演简单的"工具"或"中介"角色，而是积极地对各国经济起着促进甚至先导的作用，成为一国经济发展的关键因素。因此，金融业的稳定与效率直接关系到经济的发展、社会的稳定乃至国家的安全，必须对金融业进行严格的监管，确保金融体系的安全和高效运作。

其次，银行等金融机构面对的都是社会公众，其经营与公众的信任度有着密切关系，带有鲜明的公众性的特点。相对而言，银行是一个非自由竞争的行业，具有一定的垄断性，这必然影响市场机制发挥作用。另外，出于安全或保护客户财务信息机密的需要，银行的信息披露度不高，造成公众获取信息的不对称，使公众难以对金融机构的风险和业绩做出准确判断。因此，需要政府从外部对金融机构的行为进行有效监管，以调节垄断性带来的市场机制相对失灵的现象，减少信息不对称造成的评价和监督困难，达到保护公众利益的目的。

最后，商业银行自身经营的特点也决定了它成为金融监管中的重点对象，具体表现在以下几个方面：

第一，银行系统具有内在不稳定性。一方面，银行业具有高风险性，根据巴塞尔银行监管委员会1997年9月公布的《有效银行监管的核心原则》，银行业有可能面临以下8种主要风险：信用风险、利率风险、市场风险、国家风险、流动性风险、操作风险、法律风险和声誉风险。另一方面，银行资产与负债的期限不匹配，如果银行短期存款和中长期贷款较多，则它很容易面临存款到期后无法兑付的风险，这也是银行内在不稳定性的根源。

第二，商业银行很容易产生挤兑危机，且危机具有传染性。与一般的工商企业不同，高负债和无抵押负债经营是银行营运的基本特点，存款客户可以随时要求提兑，这种特殊的经营方式容易造成风险的聚集与放大，从而引发挤兑危机或其他的营运危机。银行挤兑是大量银行客户因为对金融危机的恐慌或者某些其他因素的影响而同时到银行提取现金，银行的存款准备金不足以支付所产生的危机。它是一种突发性、集中性、灾难性的危机。它所危及的往往不只是单个银行，还会累及其他银行乃至整个银行体系，引发系统性金融危机。银行挤兑源于银行与存款人之间存在信息不对称，银行既无法准确预测存款人的提款时间与支取金额，也无法准确预测借款人需要贷款的金额和时间；而存款人无法准确了解银行资产的营运质量，当听到一些负面的信息时，存款人就很有可能因为非理性行为导致银行挤兑。银行危机一旦发生就具有很强的传染性，当一些银行倒闭时，其他银行的存款者也会对此做出反应，提前支取存款，引起银行挤兑，所以单个银行的挤兑会在银行系统中引起传染，导致其他银行的金融恐慌。金融自由化和国际化使得银行之间的相互联系和依赖大大加强，形成更为复杂的债权债务关系链条，银行间存在的信贷关系使银行危机借助于信贷传染渠道蔓延下去，这种蔓延造成的连锁反应又很容易形成银行业系统风险。系统性银行危机会导致巨大的社会经济成本，既存在如银行股东财富的流失、存款人债权的减少、政府救助的财政投入等直接成本，也会由于银行信贷萎缩甚至大规模收回贷款而造成生产的中断和产出的下降，还有可能导致支付系统崩溃、降低中央银行制定和执行货币政策的能力等。因此，加强对银行业的监管十分必要。

国家金融监管机构对银行业的外部监管与银行业金融机构的自律监管是相辅相成的。国家金融监管机构的外部监管以维护社会公共利益、保障金融秩序的宏观稳定为目标，以防范和化解银行业风险为重点，在银行业监管中起着主导作用。然而，和其他的外部监管制度一样，金融监管机构的外部监管不可避免地带有滞后性和监管盲区，尤其对于金融机构的某些高风险业务，如以金融衍生品为代表的银行表外业务，监管部门很难及时有效地予以监管。由此，自20世纪末，随着金融创新对传统银行监管制度的挑战，各国普遍重视金融机构的自律管理，纷纷立法，要求银行等金融机构加强以内部风险控制为核心的自我监管，并制定标准指导银行对其自身风险进行内部考量与评估。可见，银行业金融机构的内部自律监管是政府监管部门外部监管的必要的有益补充。

9.3.2 银行监管的主要内容

商业银行是金融机构的主体，对它的监管主要从以下三个方面展开，即建立审慎性监管体系、制定存款保险制度和实施最后贷款人制度。其中，第一项是金融机构的日常业务监管，后两项称为"政府安全网"。

（1）审慎性监管

审慎性监管也称为预防性监管，即监管行为是出于将风险防患于未然的考虑而实施的，它意味着监管当局有权更早和更有力地干预陷入困境的银行。从审慎性原则出发，政府对商业银行的日常监管主要从市场准入、业务范围、经营内容、市场退出等方面展开。

①市场准入监管。

市场准入监管即设立"进入壁垒"。它是对银行业金融机构的开业申请加以审查，将不合格的申请人挡在银行业大门之外的监管措施，它是保证银行业稳定的第一道防线。市场准入在量的要求上主要是对注册商业银行的最低资本金的要求，在质的标准上包括对申请进入的商业银行法人资格、经营管理方式和计划等的审核。市场准入还有助于监管当局对商业银行的规模和分支机构数量进行控制，从而统筹协调，既能保证适度的竞争，又不至于使商业银行陷入盲目扩张和恶性竞争。

《商业银行法》规定："设立商业银行，应当经国务院银行业监督管理机构审查批准。未经国务院银行业监督管理机构批准，任何单位和个人不得从事吸收公众存款等商业银行业务，任何单位不得在名称中使用'银行'字样。"设立商业银行，应当具备下列条件："（一）有符合本法和《中华人民共和国公司法》规定的章程；（二）有符合本法规定的注册资本最低限额；（三）有具备任职专业知识和业务工作经验的董事、高级管理人员；（四）有健全的组织机构和管理制度；（五）有符合要求的营业场所、安全防范措施和与业务有关的其他设施。"其中，关于注册资本的规定为："设立全国性商业银行的注册资本最低限额为十亿元人民币。设立城市商业银行的注册资本最低限额为一亿元人民币，设立农村商业银行的注册资本最低限额为五千万元人民币。注册资本应当是实缴资本。"

②业务范围监管。

金融机构一旦成立后，应按照许可的营业范围从事金融活动，不得越线。比如依据我国分业经营的原则，商业银行就不得随意从事证券投资等投资银行的业务。《商业银行法》明确规定了商业银行可以经营下列部分或者全部业务：吸收公众存款；发放短期、中期和长期贷款；办理国内外结算；办理票据承兑与贴现；发行金融债券；代理发行、代理兑付、承销政府债券；买卖政府债券、金融债券；从事同业拆借；买卖、代理买卖外汇；从事银行卡业务；提供信用证服务及担保；代理收付款项及代理保险业务；提供保管箱服务；经国务院银行业监督管理机构批准的其他业务。

③经营内容监管。

经营内容监管主要通过现场检查和非现场检查来实现。非现场检查是监管机构通过收集金融机构的经营管理和财务数据，运用技术方法（如各种模型与比例分析等）研究分析金融机构经营的总体状况、风险管理状况、合规情况等，对其稳健经营情况进行评价。非现场检查能够及时和连续监测金融机构的经营风险状况，为现场检查提供依据和指导，使现场检查更有针对性。现场检查是由金融监管当局派员进入金融机构，通过查阅各类财务报表、文件档案、原始凭证和规章制度等资料，核实、检查和评价金融机构报表的真实性和准确性，以及金融机构的经营状况、风险管理和内部控制的完善性。现场检查有助于全面深入了解金融机构的经营和风险状况，对合法经营和风险状况做出客观和全面的判断。管理当局在对经营内容进行检查时经常采用"骆驼评级制度"。这个制度是美国金融管理当局针对商业银行及其他金融机构的业务经营、信用状况等采取的一整套规范化、制度化和指标化的综合等级评定制度，因其五项考核指标，即资本充足性（capital adequacy）、资产质量（asset quality）、管理水平（management）、盈利水平（earnings）和流动性（liquidity）的英文单词的首字母组合在一起为"CAMEL"而得名。骆驼评级制度因其有效性而被世界上大多数国家采用。从1991年开始，美国联邦储备委员会及其他监管部门对骆驼评级体系进行了修订，增加了第六项考核指标，即市场风险敏感度（sensitivity of market risk），其主要考察利率、汇率、商品价格及股票价格的变化对金融机构的收益或资本可能产生不良影响的程度。因此，新的骆驼评级体系简称"CAMELS"。

④市场退出监管。

市场退出监管即对有问题商业银行的处理。它主要包括制裁与市场退出机制，如兼并、担保及破产清算等。各国金融监管当局都很重视对出现经营问题的金融机构进行挽救和处理，以免因为"多米诺骨牌"效应引发系统性金融风险。一般来说，金融监管当局会首先责令面临困境的金融机构进行纠正和整改，并根据实际情况给予必要的紧急援助；如果整改措施仍然不能使其摆脱困境，则监管当局会尽力促成其他金融机构对该问题金融机构的兼并或收购；如果这些措施仍然无法奏效，则监管当局可能会直接出面接管该金融机构，或宣布其破产倒闭，然后对其进行清算。

商业银行退出市场应遵循的债务清偿顺序是：第一，清算费用；第二，所欠工资和劳动保险费用；第三，个人储蓄存款的本金和合法利息、赔偿或给付保险金；第四，其他债务。

审慎性监管实际上也是从事前、事中和事后三方面来对商业银行的经营进行管理。表9-1列出了2024年商业银行主要监管指标情况。

表9-1　　　　　　　　**2024年商业银行主要监管指标情况（季度）**　　　　金额单位：亿元

时间 项目	一季度	二季度	三季度	四季度
（一）信用风险指标				
正常类贷款	2 036 109	2 060 635	2 081 649	2 098 264
关注类贷款	46 024	47 525	49 350	48 458
不良贷款余额	33 670	33 398	33 769	32 792
其中：次级类贷款	13 819	13 422	12 856	10 836
可疑类贷款	11 842	11 431	11 618	9 949
损失类贷款	8 009	8 544	9 294	12 007
正常类贷款占比	96.23%	96.22%	96.16%	96.27%

项目 \ 时间	一季度	二季度	三季度	四季度
关注类贷款占比	2.18%	2.22%	2.28%	2.22%
不良贷款率	1.59%	1.56%	1.56%	1.50%
其中：次级类贷款率	0.65%	0.63%	0.59%	0.50%
可疑类贷款率	0.56%	0.53%	0.54%	0.46%
损失类贷款率	0.38%	0.40%	0.43%	0.55%
贷款损失准备	68 869	69 908	70 739	69 253
拨备覆盖率	204.54%	209.32%	209.48%	211.19%
贷款拨备率	3.26%	3.26%	3.27%	3.18%
（二）流动性指标				
流动性比例	68.66%	72.38%	75.09%	76.74%
存贷比（人民币）*	78..80%	80.59%	80.76%	80.35%
人民币超额备付金率	1.70%	1.72%	2.08%	1.20%
流动性覆盖率**	150.84%	150.70%	153.29%	154.73%
净稳定资金比例**	125.33%	125.92%	127.43%	128.02%
（三）效益性指标				
净利润（本年累计）	6 723	12 574	18 706	23 235
资产利润率	0.74%	0.69%	0.68%	0.63%
资本利润率	9.57%	8.91%	8.77%	8.10%
净息差	1.54%	1.54%	1.53%	1.52%
非利息收入占比	25.63%	24.31%	22.95%	22.42%
成本收入比	28.95%	30.71%	31.84%	35.56%
（四）资本充足指标***				
核心一级资本净额	234 989	236 119	241 653	245 721
一级资本净额	269 497	272 110	276 624	280 902
资本净额	336 820	341 374	347 362	351 608
信用风险加权资产	2 009 874	2 023 702	2 052 463	2 063 779
市场风险加权资产	36 231	37 112	34 990	31 761

时间 项目	一季度	二季度	三季度	四季度
操作风险加权资产	136 487	136 486	136 536	137 105
应用资本底线后的风险加权资产合计	2 182 779	2 197 550	2 224 232	2 234 301
核心一级资本充足率	10.77%	10.74%	10.86%	11.00%
一级资本充足率	12.35%	12.38%	12.44%	12.57%
资本充足率	15.43%	15.53%	15.62%	15.74%
杠杆率	6.76%	6.78%	6.77%	6.80%
（五）市场风险指标				
累计外汇敞口头寸比例	1.66%	1.48%	1.48%	1.31%

*自 2016 年起，存贷比披露口径改为境内口径。

**流动性覆盖率、净稳定资金比例为资产规模在 2 000 亿元以上的商业银行汇总数据。自 2019 年起，中国邮政储蓄银行纳入"商业银行合计"汇总口径。

***我国自 2024 年 1 月 1 日起施行《商业银行资本管理办法》（以下称"新办法"），原《商业银行资本管理办法（试行）》同时废止。自 2024 年起，表中披露的资本充足率相关指标调整为按照新办法计算的数据结果，与历史数据不直接可比。

资料来源：国家金融监管总局统计与风险监测司. 2024 年商业银行主要监管指标情况表（季度）［EB/OL］.（2025-02-21）［2025-06-25］. https://www.nfra.gov.cn/cn/view/pages/ItemDetail.html? docId=1164263&itemId=954&generaltype=0.

（2）存款保险制度

①基本含义。

存款保险制度是一种金融保障制度，它是由符合条件的各类存款性金融机构集中起来建立一个保险机构，各存款机构根据其吸收存款的数额按规定的保费率向存款保险机构投保，当存款机构发生经营危机或面临破产倒闭而无法满足存款者的提款要求时，由存款保险机构承担支付法定保险金的责任。这一制度保护了存款人的利益，维护了银行信用，有利于稳定金融秩序。截至 2024 年末，国际存款保险机构协会（IADI）数据显示，全球已有近 150 个国家和地区实施存款保险制度。

世界上最早建立存款保险制度的国家是美国。在 19 世纪末，美国国会开始讨论存款保险的话题，美国有 14 个州在 1829 年到 1917 年间就建立了存款保险制度。20 世纪 30 年代，为了挽救在经济危机的冲击下濒临崩溃的银行体系，美国国会在 1933 年通过《格拉斯-斯蒂格尔法案》。联邦存款保险公司（FDIC）作为一家为银行存款提供保险的政府机构于 1933 年成立，1934 年它开始实行存款保险制度，以避免发生挤兑危机，保障银行体系的稳定，由此开启了世界上存款保险制度的先河，建立了真正意义上的存款保险制度。20 世纪 50 年代以来，随着经济形势的不断变化和金融制度、金融创新等的发展，美国存款保险制度不断完善，尤其是在金融监管检查和金融风险控制与预警方面，FDIC 做了大量成效显著的探索，取得了很好的成果，从而确立了 FDIC 在美国金融监管中的"三巨头"之一的地位，存款保险制度也成为美国金融体系及金融管理的重要组成部分。20 世纪 60 年代中期以来，随着金融业日益自由化、国际化，金融风险明显上升，大多数西方发达国家相继在本国金融体系中引入存款保险制度，印度、哥伦比亚、中国台湾等发展中国家和地区也进行了这方面的有益尝试。

②制度特点。

存款保险制度的运作具有如下几个特点：

其一，关系的有偿性和互助性。存款保险主体之间的关系，一方面是有偿的，即投保银行只有按规定缴纳保险费后，才能得到保险人的资金援助，或银行倒闭时存款人才能得到赔偿；另一方面又是互助的，即存款保险是众多的投保银行互助共济实现的，如果只有少数银行投保，则保险基金规模小，难以承担银行破产时对存款人给予赔偿的责任。

其二，时期的有限性。存款保险只对在保险有效期间倒闭的银行的存款给予赔偿，而未参加存款保险或已终止保险关系的银行的存款一般不受保护。

其三，结果的损益性。存款保险是保险机构向存款人提供的一种经济保障，一旦投保银行倒闭，存款人要向保险人索赔，其结果可能与向该投保银行收取的保险费差距很大。因此，存款保险公司必须通过科学的精算法则较为准确地计算出合理的保障率，使得自身有能力担负存款赔付的责任。

其四，机构的垄断性。无论是官方的、民间的，还是合办的，存款保险机构都不同于商业保险公司，其经营的目的不在于获得盈利，而在于通过存款保险建立一种保障机制，提高存款人对银行业的信心。因此，存款保险机构一般具有垄断性。

③运作机制。

存款保险制度要发挥保护存款人利益、稳定银行体系的作用就需要建立一定的运作机制。从其构成要素来看，它由保险人、投保人、受益人、保险标的四大要素组成。其中，保险人即经营存款保险业务的存款保险公司，它们与投保银行签订保险合同，收取保费，在投保人出现经营问题等风险事故时进行补偿；投保人即自愿或强制投保的商业银行，它们与保险人签订保险合同，缴纳保费；受益人即存款保险中直接受益的存款居民、间接受益的投保机构和一国的金融体系；保险标的即投保银行存款人的存款。

存款保险机构的建立一般有三种形式：一是由官方出资建立，比如美国、英国、加拿大等国家；二是由官方与银行界共同建立，比如日本、比利时；三是在官方支持下，由银行业同业合建，如德国、法国、荷兰等。各国对参加存款保险的要求各不相同，有的自愿投保，如德国、意大利等；有的强制投保，如日本、英国等；有的甚至以参加存款保险作为银行领取营业执照的先决条件。当投保银行出现经营问题时，存款保险机构一般采取如下方式救助：一是资金援助，即投保银行出现暂时性清偿能力不足时，存款保险机构通过贷款提供资金援助使其渡过难关；二是兼并转让法，即对于问题严重的投保银行，存款保险机构牵头由其他银行对问题银行进行兼并或收购；三是清算赔偿法，即投保银行被依法宣布倒闭，存款保险机构受托对该银行进行清算，支付存款赔偿。

④存款保险制度的作用。

存款保险制度保护了存款人的利益，增强社会公众对银行体系的信心。当投保银行资金周转不灵或破产倒闭而不能支付存款人的存款时，按照保险合同条款，投保银行可从存款保险机构那里获取赔偿或取得资金援助，或被接收、兼并，将存款人的存款损失降到尽可能小的程度，有效保护存款人的利益，进而降低金融恐慌的传染性，避免对银行体系的挤兑。

存款保险制度能有效提高金融体系的稳定性，维持正常的金融秩序。由于存款保险机构负有对有问题银行承担保证支付的责任，它必然会对投保银行的日常经营活动进行一定的监督、管理，从中发现隐患所在，及时提出建议和警告，以确保各银行都能稳健经营，这实际上增加了一张金融安全网。

存款保险制度能促进银行业适度竞争，为公众提供质优价廉的服务。大银行由于在规模、实力、业务等方面具有明显优势，中小银行往往在竞争中处于不利地位，这使得公众在储蓄存款时由于对小银行经营实力的担忧而更倾向于将存款存入大银行，从而容易造成大银行的垄断地位，存款保险制度对中小银行提供保护，提升了公众对中小银行的信心，有利于促进不同规模银行之间的公平竞争。

然而，金融交易过程中的信息不对称容易使得存款保险制度在实施过程中产生逆向选择和道德风险。从逆向选择来看，那些最有可能造成不利结果（即银行倒闭）的人正是那些缴纳存款保险最积极、最想充分利用存款保险获益的人，在金融市场上这些银行家往往更容易获得存款保险的支持。同时，由于存款保险制度给商业银行提供了保障，银行为了实现自身利润最大化而更倾向于从事一些高风险的投资，这样的投资更容易带来损失，从而引发道德风险，加大银行危机的救助难度，增加保险支出。此外，存款保险制度不利于银行在市场上的优胜劣汰。该制度在某种程度上保护了无效率的银行，使之逃脱于市场规则之外，而且可能使银行倒闭的数目低于对经济社会来说最为有利的水平，最终造成整个银行系统运行的低效。

（3）最后贷款人制度

最后贷款人制度是一国中央银行履行"银行的银行"职能，在银行体系由于遭遇不利的冲击流动性需求大大增加，而银行体系本身又无法满足这种需求时，由中央银行向暂时出现流动性困难的银行提供紧急援助，以确保银行体系稳健经营的一种制度安排。它的建立是为了化解系统性风险，避免金融危机的发生。最后贷款人的职责主要是保证流通中适度的货币供应量和维护经济体系的整体利益。一般来说，中央银行会通过公开市场操作向整个金融市场提供流动性或者通过贴现窗口以及直接贷款增强个别金融机构的流动性。贷款所执行的利率一般是市场利率或是低于市场利率的优惠利率。

最后贷款人制度实际上是为商业银行建立了一张安全保障网，是对商业银行风险的兜底，它在保障每一家商业银行的同时也保障了整个银行体系的安全。同时，对于商业银行来说，最后贷款人制度的执行往往伴随着存款准备金的缴纳，这又在

阅读材料9-4

我国的《存款保险条例》简介

一定程度上限制了商业银行的信贷行为，降低了日常经营业务的风险，所以最后贷款人制度既是一种保障制度，也是一种监管制度。

9.4 我国的金融监管体系

9.4.1 我国金融监管体系的发展历程

改革开放以来，我国的金融监管体系建设也随着金融改革的发展不断推进，整个金融监管的建设历程呈现出明显的渐进性和阶段性特征。我国金融监管体系的建设大体上可以划分为统一监管体系的形成与发展时期、分业监管体系的形成与发展时期和综合监管体系的形成与发展时期三个阶段。

（1）统一监管体系的形成与发展时期（1978—1992年）

1978年正值我国改革开放初期，金融监管体系建设主要围绕专业银行和中央银行进行。1979年，为推动经济体制改革，加快市场化建设步伐，中国农业银行、中国银行、中国建设银行和中国工商银行相继从中国人民银行分离出来，成立专业银行。同时，非银行金融机构也快速发展。随着金融业务的日益增长和金融机构的持续增加，我国迫切需要成立一个能够统一监管和综合协调金融业的职能部门。1984年，中国人民银行开始专门履行中央银行职能，制定和实施全国宏观金融政策，控制信贷总量和调节货币资金，不再办理企业和私人信贷业务。由于国有企业生产经营资金由财政拨款改为银行贷款，在股份制银行金融试点改革加速的同时，也不断涌现出保险公司、证券公司等非银行金融机构。资本市场上开始发行股票和债券，金融监管相关规章制度开始建立和完善。由此，以中国人民银行为唯一监管者的统一监管体系逐步形成。总体来说，这一阶段，金融监管体系建设与经济体制改革紧密联系在一起，由作为唯一监管者的中国人民银行，依据规章制度和行政手段，对银行、保险、股票、债券、信托等业务活动进行监管，以维护金融体系安全和金融机构稳健运行。

（2）分业监管体系的形成与发展时期（1993—2016年）

20世纪90年代，随着上海证券交易所、深圳证券交易所的建立，我国资本市场发展驶入快车道，金融体系格局发生重大转变。1992年，国务院证券委员会和证券监督管理委员会成立，中国人民银行正式将证券期货市场的监管权移交，这标志着金融监管体系开始由统一走向分业。1993年底国务院颁布了《关于金融体制改革的决定》（简称《决定》）。《决定》指出，保险业、证券业、信托业和银行业实行分业经营，要求相关职能部门抓紧拟订金融监管法律草案。1998年，亚洲金融危机的发生使得我国对金融监管格外重视，国务院证券委员会和证券监督管理委员会合并，成立中国证券监督管理委员会（简称"证监会"），统一监管全国证券和期货经营机构。同年，中国保险监督管理委员会（简称"保监会"）成立，统一监管保险经营机构。2003年，中国银行业监督管理委员会（简称"银监会"）成立。至此，我国的分业监管体系基本形成。

此后，各监管机构专业监管能力不断提升，金融监管法律体系不断完善，分业监管协调机制开始建立，国际监管合作机制逐步加强。特别是自2008年国际金融危机以来，我国金融监管体系掀起了一轮改革浪潮，不仅构建了逆周期调节的宏观审慎监管框架，而且强化了中国人民银行对系统性金融风险的管理职能，同时对系统重要性金融机构的监管和对金融消费者权益的保护也逐步加强。这一阶段，金融监管体系由统一监管走向分业监管，形成以中国人民银行、银监会、证监会、保监会"一行三会"为主导的监管格局。中国人民银行的主要职责是对货币市场、信托机构、反洗钱等方面进行金融监管，"三会"的主要职责则是制定监管部门规章和规范性文件，并通过业务审查、现场检查等方式对相应行业进行审慎监管。

这一时期的金融立法也不断完善。2003年12月27日，第十届全国人大常务委员会第六次会议通过了《中华人民共和国银行业监督管理法》，并修改了《中国人民银行法》和《商业银行法》。三部银行法和《证券法》《保险法》《中华人民共和国信托法》《中华人民共和国证券投资基金法》《票据法》，以及有关的金融行政法规、部门规章、地方性法规、行业自律性规范和相关国际惯例中有关金融监管的内容共同组成了中国现行的金融监管制度体系。修订后的《中国人民银行法》强化了中国人民银行在执行货币政策和宏观经济调控上的职能，将对银行业金融机构的监管职能转移给银监会，保留了与执行中央银行职能有关的部分金融监督管理职能，继续实行对人民币流通、外汇的管理，银行间同业拆借市场和银行间债券市场、银行间外汇市场、黄金市场等金融市场活动的监管。至此，中国的金融监管分别由中国人民银行、银监会、证监会和保监会四个机构分别执行。为确保四部门间在监管方面的协调一致，《中国人民银行法》第九条授权国务院建立金融监督管理协调机制；《中华人民共和国银行业监督管理法》第六条、《中国人民银行法》第三十五条分别规定了国务院银行业监督管理机构、中国人民银行应当和国务院其他金融监督管理机构建立监督管理信息共享机制。

（3）综合监管体系的形成与发展时期（2017年至今）

2017年中国金融监管体系发生了两大变化：

其一是为切实强化金融监管，提高防范化解金融风险能力，2017年11月成立了金融稳定和发展委员会（简称"金稳委"）。作为国务院统筹协调金融稳定和改革发展重大问题的议事协调机构，金稳委的成立可以说是拉开了新时代金融监管体系改革的大幕。金稳委是一个在国务院层面设立的、层次高于"一行三会"的委员会，是在分业监管不变的情况下，保证有一个"超级的""高级别"的机制安排来统筹金融发展和监管问题，更加有利于防范和化解金融风险。在我国近年来的金融实践中，监管上搞分业监管，具体经营过程中又出现了混业经营，所以为了提高监管的有效性，需要这个委员会协调监管政策，防止监管套利。

其二是2018年3月，为深化金融体制改革、顺应综合经营趋势、落实功能监管和加强综合监管，中共中央印发了《深化党和国家机构改革方案》，将银监会和保监会合并，组建银保监会。银保监会的主要职责是依照法律法规统一监督管理银行业和保险业，维护银行业和保险业合法、稳健运行，防范和化解金融风险，保护金融消费者合法权益，维护金融稳定。2018年4月8日，银保监会正式挂牌。2020年6月23日，银保监会发布《中国银保监会行政处罚办法》，自2020年8月1日起施行。

金融监管体系的两个重大变革，进一步健全了我国金融监管体系，意味着我国金融监管体系进入了以金稳委、中国人民银行、银保监会和证监会即"一委一行两会"为主导的新时代，综合监管步伐已正式迈开。2019年2月中国人民银行进行了组织机构调整，原有的货币政策二司被取消，新设立了宏观审慎管理局。与微观审慎监管不同，宏观审慎监管以防范金融危机为目的，关注金融系统风险的部分内生性特征而不只重视外生性风险。此次中国人民银行机构设置的调整反映出中国人民银行主要负责宏观审慎监管、银保监会和证监会主要负责微观审慎监管的新格局初步形成。

2023年3月，中共中央、国务院印发了《党和国家机构改革方案》，决定组建国家金融监督管理总局，不再保留中国银行保险监督管理委员会。同年5月18日，国家金融监督管理总局正式揭牌。国家金融监督管理总局在中国银行保险监督管理委员会基础上组建，将中国人民银行对金融控股公司等金融集团的日常监管职责、有关金融消费者保护职责，中国证券监督管理委员会的投资者保护职责划入国家金融监督管理总局。至此，中国金融监管体系从"一行两会"迈入"一行一总局一会"新格局。

总体来说，经过40多年的发展历程，我国金融监管体系日臻完善，组织体系架构更趋合理，监管规则逐步健全，监管决策机制更加高效，监管方式方法更加科学合理，为金融安全的稳定和社会经济的发展提供了重要支撑。

9.4.2　中国现行金融监管体制的评价

（1）现阶段的金融监管体制与我国的金融经营模式相匹配

目前我国金融领域实行银行、证券、保险的分业经营模式，对应于这种分业经营模式，我国的金融监管体制实行的是"一元多头式"的分工型金融监管体制。这种监管体制与我国国情适应：一是分业经营和分业监管的实践证明了这种监管体制对于规范我国的金融秩序、降低和化解金融风险，促进整个金融业的持续、稳定发展发挥了重要作用；二是从金融体制改革的任务看，继续实行"一元多头式"的分业监管体制有利于加快金融体制改革，有助于我国金融业尽快做大做强。我国实行"一元多头式"的分业监管体制时间不长，目前正是步入正轨的时候，从监管的连续性和专业性出发，继续实行分业监管有利于进一步发挥这种体制的作用，更好地提高监管的效率。

（2）金融监管体制与我国的监管目标相适应

我国金融体系的运行始终以保持安全稳定、兼顾经营效率和效益为目标，分业监管体制既有利于相关行业做深、做细，又有利于保持部门稳定。针对目前金融行业发展任务艰巨、需要解决的问题多的特点，现有的监管体制仍然比较适应当前发展的需要，也能为我国的金融创新争取一个稳定、安全的金融环境。

此前在银监会、证监会、保监会"三足鼎立"的分业监管格局下，三大监管机构各自为政，自成系统，仅关注各自特定金融机构的情况，对于跨行业金融产品和金融机构的监管，往往缺乏明确的责权界定，所以在实际监管过程中很容易出现相互推诿责任，从而导致重复监管和监管真空，既增加了监管成本，也影响了监管效率。同时，有效银行监管的基础没有建立起来，缺乏社会联合防范机制。金融机构上级行对下级行缺乏科学有效的激励和约束机制，导致下级行经营者强化内部控制的激励不足。作为商业银行内部控制重要内容的稽核监督体系，隶属于各级行经营者，没有有效独立出来，其监督职能也容易流于形式。这使得金融监管没有形成有效的金融风险监测、评价、预警和防范体系，缺乏早期预警和早期控制，监管信息没有有效利用，风险防范工作忙于事后"救火"，不利于有效防范化解金融风险。为了解决我国金融监管领域存在的上述问题，我国于2023年5月成立了国家金融监管总局。国家金融监管总局的成立正是为了依法对除证券业之外的金融业实行统一监督管理，强化机构监管、行为监管、功能监管、穿透式监管、持续监管，维护金融业合法、稳健运行。

今后的金融监管工作应该进一步改进金融监管方式，要实现由静态监管向动态监管的转变，时刻关注、控制、防范和化解金融机构的风险。同时，应加强各监管机构之间的合作和协调，加大对违规机构及时发现、查处的力度。对业务交叉领域和从事混业经营的金融集团，实施联合监管，建立监管机构之间的信息交流和共享机制。此外，应注重加强跨境金融监管的合作，积极参加金融监管的国际性组织，广泛开展与相关国家监管机构的双边及多边合作。

阅读材料9-5

构建"监管沙盒"创新监管模式

本章小结 ☑️

1.金融监管是指政府通过特定的机构如中央银行、证券交易委员会等对金融交易行为主体进行的某种限制或规定。金融监管本质上是一种具有特定内涵和特征的政府规制行为。

2.金融监管的含义中明确提出了金融监管的主要对象是金融交易行为主体。传统的金融交易行为主体主要是银行业和非银行金融机构，但随着金融工具的不断创新和互联网金融的迅速发展，金融监管的对象逐步扩大到那些业务性质与银行类似的准金融机构。

3.实施金融监管活动是为了更好地维持金融业健康运行的秩序，金融机构尤其是银行倒闭不仅需要付出巨大代价，而且会波及国民经济的其他领域，金融监管的实施可以最大限度地减少银行业的风险，促进银行业和经济的健康发展。

4.金融监管原则，即在政府金融监管机构以及金融机构内部监管机构的金融监管活动中，应当始终遵循的价值追求和最低行为准则。

5.公告监管是指政府对金融业的经营不作直接监督，只规定各金融企业必须依照政府规定的格式及内容定期将营业结果呈报政府的主管机关并予以公告，至于金融业的组织形式、金融企业的规范、金融资金的运用，都由金融企业自我管理，政府不对其多加干预。

6.规范监管又称准则监管，是指国家对金融业的经营制定一定的准则，要求其遵守的一种监管方式。

7.实体监管是指国家订立完善的金融监督管理规则，金融监管机构根据法律赋予的权力，对金融市场，尤其是金融企业进行全方位、全过程有效的监督和管理。

8.金融监管体制是金融监管的职责划分和权力分配的方式和组织制度。国际上主要的金融监管体制可分为集权型体制和分工型体制两大类。

9.集权型金融监管体制也叫集中单一式或一元集中式金融监管体制，它是由一家金融管理机构对国内所有金融机构进行监管。在这种模式下，全国的金融监管权集中于中央或专门的监管机构，一般由中央银行担当集中监管的比较多见，地方没有独立的权力。

10.分工型金融监管体制也叫多头式金融监管体制，它是指设立不同的金融监管部门对国内金融机构进行分类监管的模式。

11.一元多头式金融监管体制也称单元多头式或集权多头式金融监管体制，是指全国的金融监管权集中于中央，地方没有独立的权力，在中央一级由两家或两家以上监管机构共同负责的一种监管体制。

12.二元多头式金融监管体制也称双元多头式、双线多头式或分权多头式金融监管体制，是指中央和地方都对金融机构和金融业务拥有监管权，且不同的金融机构或金融业务由不同的监管机关实施监管。

13.合作型金融监管体制，又称跨国型金融监管体制，是指在经济合作区域内，对区域内的金融机构实施统一监督的一种金融监管体制。在经济合作区域内，由统一机构负责区域内所有成员国金融监管的职责，合作性是这种监管体制的最大特点。

14.商业银行是金融机构的主体，对它的监管主要从以下三个方面展开，即建立审慎性监管体系、制定存款保险制度和实施最后贷款人制度。其中，第一项是金融机构的日常业务监管，后两项称为"政府安全网"。

15.审慎性监管也称为预防性监管，即监管行为是出于对风险防患于未然的考虑而实施的，它意味着监管当局有权更早和更有力地干预陷入困境的银行。从审慎性原则出发，政府对商业银行的日常监管主要从市场准入、业务范围、经营内容、市场退出等方面展开。

16.非现场检查是监管机构通过收集金融机构的经营管理和财务数据，运用技术方法（如各种模型与比例分析等）研究分析金融机构经营的总体状况、风险管理状况、合规情况等，对其稳健经营情况进行评价。

17.现场检查监管是由金融监管当局派员进入金融机构，通过查阅各类财务报表、文件档案、原始凭证和规章制度等资料，核实、检查和评价金融机构报表的真实性和准确性，以及金融机构的经营状况、风险管理和内部控制的完善性。

18.存款保险制度是一种金融保障制度，它是由符合条件的各类存款性金融机构集中起来建立一个保险机构，各存款机构根据其吸收存款的数额，按规定的保费率向存款保险机构投保，当存款机构发生经营危机或面临破产倒闭而无法满足存款者的提款要求时，由存款保险机构承担支付法定保险金的责任。

19.我国金融监管体系的建设大体上可以划分为统一监管体系的形成与发展时期、分业监管体系的形成与发展时期和综合监管体系的形成与发展时期三个阶段。

核心概念 ✓

市场风险　信用风险　操作风险　流动性风险　法律风险　合规风险　国家风险　声誉风险　系统风险　公告监管　规范监管　实体监管　集权型金融监管体制　分工型监管体制　一元多头式金融监管体制　二元多头式金融监管体制　合作型金融监管体制　存款保险制度

课后思考与练习 ✓

1.金融监管应该遵循哪些原则？

2.实体监管过程可以分为哪三个阶段？

3.二元多头式监管模式的优缺点是什么？

4.银行监管的重要性有哪些？

5.银行监管的主要内容有哪些？

6.审慎性监管包括哪些内容？

7.存款保险制度的运作具有哪些特点？

学习目标 ☑️- ●

通过本章学习，了解货币需求的类型及货币需求的决定性的因素，掌握货币供给的决定机制及中央银行在其中发挥的作用，弄懂通货膨胀的经济效应和通货紧缩的成因，为理解货币政策如何影响经济奠定必要的理论基础。

重难点提示 ☑️- ●

重点：货币供给的决定机制及中央银行如何在其中发挥作用。
难点：理解通货膨胀对经济增长的影响和通货紧缩的形成原因。

课程思政结合点 ☑️- ●

教学知识点	课程思政结合点
贴现业务	美国20世纪二三十年代大萧条案例，反思和珍惜我国经济稳定局面
通货膨胀的经济效应	委内瑞拉的高通胀案例，反思和珍惜我国现有的经济稳定局面
通货紧缩的含义	日本长期通货紧缩以及中国积极应对亚洲金融危机前后的通货紧缩状况，体会宏观调控"中国功夫"

▓ 10.1 货币需求

10.1.1 货币需求的概念

货币需求（money demand）是指银行体系以外社会各成员（包括个人、企事业单位和政府部门）在既定的收入或财富范围内能够且愿意以货币形式持有资产的需求。这一概念表明，货币需求有两个基本要素：一是必须有持有货币的愿望；二是必须有持有货币的能力。因此，货币需求关注的是经济主体持有货币的能力与愿望。换言之，经济学上的货币需求是指一种有效需求，既有需求货币的愿望，又有获得或持有货币的能力，即有支付能力的货币需求。

10.1.2　货币需求的类型

出于不同的研究目的，人们往往从不同的角度研究货币需求，进而引申出了货币需求的不同类型。

（1）微观货币需求与宏观货币需求

微观货币需求（micro money demand），是指个体在一定时点上对货币有能力的意愿持有量。也就是说，微观经济主体（个人、家庭或企业等）在既定的收入水平、利率水平和其他经济条件下，所形成的机会成本最少、收益最大时的货币需求。

宏观货币需求（macro money demand），是指一个社会或一个国家在一定时期，由于经济发展和商品流通所产生的对货币的需要。

两者的关系是，从数量意义上看，全部微观货币需求的总和即为相应的宏观货币需求。

（2）名义货币需求和实际货币需求

名义货币需求（nominal money demand），是指经济主体在不考虑商品价格变动情况下的货币意愿持有量。

实际货币需求（real money demand），是指经济主体在扣除物价因素的影响后所需要的货币量，它是用货币的实际购买力来衡量的。

两者的区别在于，是否剔除了通货膨胀或通货紧缩所引起的物价变动的影响。例如，某年物价上涨了4%，经济增长了8%，则名义货币需求增长了12%。如果按照不变价格计算，实际货币需求只增长了8%。怎么理解？假定整个经济社会上一年创造的物品和劳务的总值是100元，本年度经济增长了8%，人们持有货币是为了交易物品和劳务，那么按照上一年的不变价格计算，本年度整个经济社会需要108元的货币来满足交易这些物品和劳务的需要；可是整体物价水平在本年度上涨了4%，因此整个经济社会需要大约112元（108×（1+4%））的货币来满足本年度交易物品和劳务的需要。

10.1.3　货币需求的决定因素

这需要先搞清楚人们为什么需要货币也就是持有货币的动机。在19世纪末20世纪初发展起来的古典货币数量论假定人们持有货币是因为货币是交易媒介，人们可以用它去完成日常交易。

1911年美国经济学家欧文·费雪（Irving Fisher）出版的《货币购买力》对古典货币数量论进行了最清晰的阐述。他给出了一个交易方程式：$MV = PY$。其中，M表示货币总量，P表示价格水平，Y表示总产出或总收入，V表示货币流通速度。

凯恩斯（John Maynard Keynes）在1936年出版的《就业、利息和货币通论》一书中，秉承了古典学派的交易动机假设的传统，但是他强调货币需求这一组成部分主要取决于人们的交易规模，他还超越古典分析的框架，认识到人们持有货币还是为了应付不时之需，并认为人们会出于储藏财富的目的即投机而持有货币。凯恩斯给出的货币需求方程式为 $L = ky - hr$，其中，L 表示货币的实际需求量，k 表示出于交易动机和预防动机所需货币量同实际收入的比例关系，y 表示具有不变购买力的实际收入，h 表示货币投机需求利率系数，r 表示利率。

第二次世界大战后，威廉·鲍莫尔（William Baumol）和詹姆斯·托宾（James Tobin）进一步发展了凯恩斯货币需求理论，认为利率也会影响交易性的货币需求以及资产组合也会影响投机性货币需求。

1956年，米尔顿·弗里德曼（Milton Friedman）出版了论文《货币数量论：一种新的阐释》。他提出了现代货币数量论，也探讨了人们持有货币的动机，但没有进行具体分析，只是笼统地提出影响资产需求的因素一定影响货币需求。他的货币需求公式为 $M_d/P = f(Y_p, r_b - r_m, r_e - r_m, \pi^e - r_m)$，其中，$M_d/P$ 表示实际货币需求量，Y_p 表示永久性收入，r_m 表示货币的预期回报率，r_b 表示债券的预期回报率，r_e 表示股票的预期回报率，π^e 表示预期通货膨胀率。

那么，究竟有哪些因素决定货币的需求呢？综上所述，这类因素很多，也很复杂，其中最主要的是六类因素。

（1）收入状况

收入状况包括收入水平和收入的时间间隔两个方面。收入水平的高低与货币需求成正比。收入越多，财富增长越快，以货币形式持有的财富越多，而且收入越多、支出越多，货币需求越多。人们取得收入的时间间隔与货币需求成正比。时间间隔越长，人们需要持有的货币越多，即货币需求越多。

（2）市场利率

市场利率与货币需求负相关。这是因为市场利率决定了人们持有货币的机会成本。所谓机会成本（opportunity cost），就是指人们为了得到某种东西所放弃的这种东西在其他用途当中能够获得的最高收益。他们持有货币就意味着放弃了这些货币能够获取利息收入的机会。当市场利率上升时，持币的机会成本增加，对货币的需求减少；反之，当市场利率下降时，持币的机会成本减少，对货币的需求增加。

（3）信用的发达程度

信用越发达，货币需求量越少。这是因为信用越发达，意味着交易中的人们越相信对方，越愿意提供赊购赊销等商业信用，从而使债权债务关系增多，债权债务的相互抵消可以节约货币需求量。

（4）消费倾向

消费倾向（propensity to consume）就是指每一元钱的收入中人们愿意拿出多少钱来进行消费或者说人们每增加一元钱的收入愿意增加多少消费。一般而言，消费倾向与货币需求正相关，消费倾向越大，则货币需求越大。

（5）物价水平、商品可供量与货币流通速度

一般来讲，在其他条件不变时，物价水平提高，人们需要持有更多的货币来交易一定数量的商品和劳务；在物价水平等条件不变时，可供交易的商品与劳务的数量增多，人们需要持有更多的货币来交易。因此，物价水平、商品可供量一般与货币需求正相关。货币流通速度（velocity of money，通常简称为流通速度）表示一年当中一元钱的货币用于购买经济体所生产和提供的最终产品和劳务的平均次数。在其他条件不变时，货币流通速度越快，人们为了交易一定数量的商品和劳务所需要持有货币的数量就越少，所以货币流通速度与货币需求量负相关。

（6）公众的流动性偏好和预期

流动性偏好（liquidity preference）是凯恩斯提出的概念，是指人们持有货币的偏好。人们之所以产生对货币的偏好，是由于货币是流动性或者说灵活性最强的资产，随时可满足人们的交易动机、预防动机和投机动机对货币的需求。人们越偏好将货币留在手边，货币需求就越大。因此，流动性偏好与货币需求正相关。而人们的预期与货币需求负相关。弗里德曼认为，除货币以外，人们还可以以债券、股票和商品等形式持有财富，究竟是持有这些资产还是持有货币取决于每种资产相对于货币的预期回报率。例如，根据前面相关章节，对不同种类债券到期收益率的计算结果揭示了一个重要的事实：债券的现期价格和利率是负相关的，当利率上升的时候，债券的现期价格将会下跌，反之亦然。如果利率上升，更多的人会预期债券价格将下降，持有债券的预期回报率将下降，为避免遭受资本损失，货币相对于债券而言更具有吸引力，则货币需求增加；反之，货币需求减少。

10.2　货币供给

货币供给（money supply）是指居民、企业和政府机构可得到的货币数量。前面相关章节介绍过货币的层次。狭义货币包括通货和活期存款，通常用 M_1 表示；广义货币包括通货和活期存款、储蓄存款、定期存款，通常用 M_2 表示。从货币的层次我们知道，M_1 包括最具流动性的资产，M_2 则是由 M_1 和其他一些能以相对较低的成本兑换成现金但是流动性稍低于 M_1 的资产构成。在西方经济学中，货币（money）通常被定义为在商品和劳务的交换及债务清偿中，作为交换媒介或者支付工具而被法定为普遍接受的物品，因此在货币的层次中最符合这个定义的是 M_1。由于中央银行负责监督银行体系，并且是发行货币的银行，商业银行是从个人和机构手中吸收存款并发放贷款的金融中介机构，所以商业银行和中央银行在货币供给中扮演非常重要的角色。

要读懂阅读材料10-1中的信息需要掌握本节的很多知识点。

阅读材料
10-1

中国人民银行开展20亿元逆回购操作

10.2.1　商业银行的货币供给

（1）原始存款和派生存款

首先要指出的是，商业银行供给的是派生存款，所以这个部分的内容其实是商

业银行派生存款的创造。在分析派生存款之前，我们首先来定义原始存款和派生存款。

原始存款（primary deposit/original deposit）是整个银行体系最初吸收的存款，具体是指商业银行吸收的现金存款或中央银行向商业银行提供再贷款、再贴现、购买政府证券而形成的存款，是银行从事资产业务的基础。对于吸收的原始存款，商业银行都有随时给客户提取的义务。尽管如此，很少会出现所有的储户在同一时间里取走全部存款的现象。因此，银行可以把绝大部分存款用于从事贷款或者是购买短期债券等盈利活动。

派生存款（derivative deposit）就是指由商业银行发放贷款、办理贴现或投资等业务活动引申而来的存款。商业银行会把吸收的原始存款留下一部分作为应付储户提款需要的准备金，这种经常保留的供储户提取存款用的一定金额的准备金就称为存款准备金。在现代银行制度中，政府（具体是中央银行）规定存款准备金在原始存款中起码应该占有的比率，这一比率称为法定存款准备金率，按法定存款准备金率提取的准备金是法定存款准备金。法定存款准备金的一部分是商业银行的库存现金，另一部分存放在中央银行的存款账户上。由于商业银行追求利润最大化，它们会把法定存款准备金以外的那部分存款（称为可用资金）贷放出去或者用于短期的债券投资，派生存款由此产生。我们通过举例来说明商业银行派生存款创造过程。

（2）派生存款的创造过程

为了简单清晰地描述派生存款的创造过程，我们先做以下假设：①假定支票存款的法定存款准备金率为10%；②假定银行不持有任何超额准备金；③假定没有现金从银行系统中漏出；④假定没有从支票存款向定期存款或储蓄存款的转化。

客户张三将10 000元现金存入A银行；A银行按照法定存款准备金率保留法定存款准备金存入中央银行，再将这笔原始存款的其余部分全部放贷给客户李四用来买电脑；电脑厂商得到这笔销售款后全部存入与自己有往来的B银行；B银行按照法定存款准备金率保留法定存款准备金存入中央银行，再将其余的存款全部放贷给客户王五用来购买化妆品；化妆品厂商得到这笔销售款后全部存入与自己有往来的C银行……依此不断地存贷下去，就创造了派生存款。商业银行创造派生存款的过程如表10-1所示。

表10-1 　　　　　　　　　　派生存款创造过程 　　　　　　　　　　单位：元

存款人 （1）	银行存款 （2）=（3）+（4）	银行贷款 （3）=（2）×0.9	法定存款准备金 （4）=（2）×0.1
张三	10 000	9 000	1 000
电脑厂商	9 000	8 100	900
化妆品厂商	8 100	7 290	810
⋮	⋮	⋮	⋮
合计	100 000	90 000	10 000

从表10-1我们可以看到，整个银行体系的存款总额为：10 000+9 000+8 100+

7 290+…=10 000（1+0.9+0.9^2+0.9^3+…）=10 000/（1-0.9）=100 000（元）。其中，原始存款为10 000元，派生存款为100 000-10 000=90 000（元）。这90 000元的派生存款就是商业银行创造的。通过这个例子，我们可以看到，存款的总和（用D表示）同这笔原始存款（用R表示）及法定存款准备金率（用r_d表示）之间的关系为：$D=R/r_d$。也就是说，原始存款将使活期存款的总和扩大为原始存款的$1/r_d$倍。本例中，商业银行派生出了相当于原始存款9倍的存款。现在大家可以看到单个银行与整个银行体系在存款创造上的差别。单一银行仅能够创造等于其可用资金的存款，所以单凭自身并不能引起多倍的创造。单一银行发放的贷款之所以无法超过其可用资金的金额，是因为当这笔由贷款创造的存款存入其他银行时，该银行将不再拥有这笔可用资金。不过，银行体系可以作为一个整体来进行存款的多倍创造，因为当一家银行失去其可用资金时，尽管单个银行的可用资金减少，但是这些可用资金并没有离开银行体系，所以当各个银行发放贷款并创造存款时，这些可用资金就转移到其他银行，而后者再利用这些可用资金发放贷款以创造新的存款，这一过程将不断延续，直到最初的可用资金增量引起存款成倍增长。

商业银行创造派生存款的简单过程就介绍到这里，还有一些复杂情况后面再考虑。

10.2.2 中央银行的货币供给

（1）基础货币

中央银行供给的是基础货币。基础货币（monetary base，通常用B表示），通常是指流通在外的通货（C）和准备金（R）之和，即B=C+R。银行准备金包括银行在中央银行的存款和银行库存现金两部分。由于基础货币通过货币创造可以产生数倍货币，因此又称为"高能货币"或"强力货币"（high powered money）。那么，中央银行是如何供给基础货币的呢？中央银行主要是通过在公开市场上进行证券的买卖和通过贴现业务来控制基础货币的变化，进而影响货币供给量。

（2）公开市场业务

公开市场业务（open market operations）是指中央银行通过在公开市场上买进或卖出政府证券来吞吐基础货币从而调节货币供应量的活动。政府证券（government securities）是政府为筹措弥补财政赤字的资金而发行的支付利息的国库券或债券。这些被初次卖出的债券，在普通居民、厂商、银行、养老基金等单位中被反复不断地买卖。中央银行可以参加这种交易，在这种交易中扩大和收缩货币供给量。

①公开市场业务操作途径。

公开市场业务操作分成三个途径：

其一，中央银行与商业银行进行证券买卖，影响商业银行准备金，影响基础货币供给。假设中央银行用一张1 000元的支票向商业银行购买了1 000元的债券。该银行既可以把这张支票存入其在中央银行的账户，也可以将之兑现并且计入库存现金。无论采取什么行动，都意味着该银行会减少1 000元的证券持有额，会增加1 000元可用资金，因为流通中的现金没有变化，所以基础货币也增加了1 000元。

其二，中央银行向非银行公众买卖证券，影响流通中的现金，影响基础货币供给。假设中央银行用一张1 000元的支票向非银行公众购买了1 000元的债券，该个人或公司将得到的支票在当地银行兑现，他（它）在获得1 000元现金的同时，减少了1 000元的证券持有额。在这种情况下，流通中的现金增加了1 000元，则基础货币增加了1 000元。

其三，公开市场业务操作同时改变流通中的货币和银行准备金数量，影响基础货币供给。假设中央银行用一张1 000元的支票向非银行公众购买了1 000元的债券，该个人或公司将得到的支票在当地银行兑现了500元，还有500元存入该银行，在这种情况下，流通中的现金增加了500元，该银行也增加了500元可用资金，则基础货币增加了1 000元。

总而言之，公开市场业务操作对基础货币的影响比对准备金的影响更具有确定性，中央银行运用公开市场业务操作控制基础货币比控制存款准备金更为有效。20世纪90年代初，中央银行开始大量使用正回购协议和逆回购协议来进行公开市场业务操作。

②正回购协议和逆回购协议。

正回购协议（repurchase agreement，简称Repo），指中央银行与交易商都同意，中央银行以一定的有价证券作为抵押向一级交易商融入资金，并承诺在日后再购回所质押债券的交易行为，其目的是从市场收回流动性。

逆回购协议（reverse Repo），又称为再买回交易（matched sale-purchase transaction），与正回购协议刚好相反，指中央银行与交易商都同意，中央银行向一级交易商购买有价证券，并约定在未来特定日期将有价证券卖还给一级交易商的交易行为，目的主要是向市场释放流动性。如阅读资料10-1所讲的，2024年6月11日中国人民银行以利率招标方式开展了20亿元7天期逆回购操作，这是释放流动性，但是由于当日有40亿元逆回购到期，这又意味着收回流动性，因此当日公开市场实现净回笼20亿元。

绝大多数中央银行的回购交易期限都很短，一般在两周以内，也有部分中央银行（如欧洲央行）的回购交易期限长达三个月。中央银行也会安排一些直接交易，包括一次性购买或者出售证券，来处理长期性的存款准备金的短缺或过剩问题。

③公开市场业务的优缺点。

公开市场业务也是目前中央银行控制货币供给最重要且最常用的工具。这是因为公开市场业务与其他的手段相比有以下优点：

一是中央银行主动出击，而非被动等待。在公开市场业务中，中央银行可及时按照一定的目标来买卖政府证券，从而易于准确地控制银行体系的准备金。如果中央银行希望大量地变动货币供给，那么它就可以根据改变量的规模来决定大量买进或者卖出政府债券的数量；如果中央银行只希望少量地变动货币供给，那么它就可以用少量的证券买卖来达到目的。总之，主动权把握在中央银行手中。

二是操作很灵活。中央银行根据对金融市场信息的分析，可以随时决定买卖证券的种类和规模，不断调整其业务，而且中央银行通过给予政府证券的卖方一纸本行支票，就可以对所购买的证券完成支付。支票的最终所有者因此在中央银行有了存款，他可以用存款对其他银行支付，也可以像商业银行的普通存款持有者一样将存款兑换成现金。也可以说，当中央银行开出本行支票为政府证券付款时，它只需要用笔一画或者敲敲键盘就创造了高能货币。

三是操作具有可逆性，可以弥补原来政策的失误或不足。如果在公开市场业务操作中出现了错误，中央银行可以立即实施反向操作等来达到弥补的目的。

四是操作具有迅捷性。当中央银行决定变动基础货币或存款准备金时，它只要向证券交易商下达指令，这一交易就可以立即被执行。

当然公开市场业务在操作中也存在一些局限性：

一是要有足够数量的政府证券在流通，要合理配置证券的期限结构，这样中央银行在公开市场买卖政府证券才会有选择性。

二是要有高度发达的证券市场。比如，债券市场目前在我国分为上海证券交易所、深圳证券交易所和银行间债券市场三块，90%的可流通债券在上海证券交易所交易，银行间债券市场交易相对清淡，中国人民银行进行公开市场业务操作就存在一定局限。

三是信用制度要发达，社会普遍具有使用支票等票据的习惯。如果中央银行购买政府证券所开的支票，被支票最终持有者兑换成现金，那么派生存款的创造过程就会终止，货币供给的规模就会受到影响。

（3）贴现业务

商业银行缺少可用资金时能够通过借款弥补其不足，它既可以从中央银行也可以从其他可用资金充足的银行借入资金。中央银行提供给商业银行的借款称为贴现（discount）。当这种贴现或借款增加时，就意味着商业银行可用资金增加，基础货币的供给增加，进而引起货币供给量多倍增加；当这种贴现减少时，会引起货币供给量减少。

贴现率（discount rate）是中央银行向为应付可用资金短期不足而向其借款的商业银行所收取的利息率。贴现率是商业银行从中央银行借款的成本。贴现率提高，商业银行向中央银行的借款就会减少，商业银行的可用资金减少，从而货币供给量就会减少；贴现率降低，商业银行向中央银行的借款就会增加，商业银行的可用资金增加，从而货币供给量就会增加。由于中央银行的贴现窗口（discount window）主要是作为一种紧急救援的手段来满足商业银行临时可用资金的不足，所以中央银行并不经常使用贴现率来控制货币供给。

贴现业务除了可以作为中央银行影响存款准备金、基础货币和货币供给的工具之外，对于中央银行充当最后贷款人角色来防止金融危机也能起到重要作用。为了防止银行倒闭，中央银行要向商业银行提供贷款，从而阻止商业银行陷入困境和金融系统出现恐慌。在银行业出现危机期间，中央银行向商业银行提供贷款是特别有效的办法，因为这些资金可以立即被注入最需要它的银行。这一工具如果使用得当，就能够有效避免或者降低金融危机的影响，但是历史往往会出现遗憾。

1929年春夏，美国股市节节攀升，至9月3日，道·琼斯工业平均指数达到了381.17点，此后25年之内再也没有到过这个点位。时任美联储主席本杰明·斯特朗（Benjamin Strong）此前已经察觉到投机活动几乎要失控，他在1928年很果断地三次提高了贴现率，使之高达5%，他还写道："现在我们要做的就是制定出适宜的政策，以防止股票市场出现灾难性的崩溃……与此同时，如果有可能的话，我们还要成就欧洲的复兴。"遗憾的是，斯特朗1928年10月在治疗肺结核的最后一次手术当中去世，美联储群龙无首。失去舵手的美联储只是将贴现率保持在斯特朗之前制定的5%的水平。美联储的会员银行从美联储的贴现窗口以5%的利率借出资金，然后倒手以12%的利率借给经纪人，经纪人随后一转身又以20%的利率借给投机者。数以亿计的资金就这样源源不断涌入华尔街。在这片乐观的投资氛围中，有一个毫不起眼的投资顾问罗杰·巴布森（Roger Bobson）大唱悲歌，可是没有多少人听他的。金融大鳄嗅觉灵敏，他们率先从市场上逃跑。1929年9月5日，美国股市开始下跌；1929年10月18日股市加速放量下跌；1929年10月24日，股市狂跌，有人尖叫，有人跳楼，这一天被称为"黑色星期四"。可是，斯特朗去世后的美联储毫无作为。斯特朗早在1928年就曾经说过："美联储存在的意义在于为美国经济提供保护，以抵御货币利率之类的因素所导致的任何灾难……一旦有紧急情况发生，我们有能力通过向市场大量注入货币来缓解危机。"此时美联储还在为美国经济开着治疗通货膨胀、经济过热的退烧药，维持着较高的贴现率。几年之中，货币供应量下降了1/3，9 800家银行倒闭，带走了千百万人的存款和他们的希望。1932年6月8日，道琼斯工业平均指数下降到了41.22点，与1929年的最高点位相比，跌幅达到了89.19%，这一点位仅仅比1896年5月道琼斯工业平均指数问世第1天的收盘点位高了1/4点。[①]

10.2.3　货币供给模型

（1）货币乘数的概念

大家可以思考一个问题：如果中央银行在公开市场购买了1 000万元的政府债券，法定存款准备金率为10%，此举会增加多少基础货币？又会导致货币供给量增加多少？根据前面所讲，中央银行在公开市场，不管是向银行机构购买政府证券还是向非银行的公众购买，也不管这些银行或者是非银行公众将中央银行的支票以现金还是以可用资金形式持有，基础货币都会增加1 000万元，但是货币供给量会增加多少呢？这里我们要来学习一个概念：货币乘数。

货币乘数（money multiplier）是货币供给量与基础货币的比值：m = Ms/B。

（2）货币乘数的公式

据前文所讲，货币供给量通常指M_1，M_1 = C + D，C指通货，D指活期存款。上例中，如果所有的货币都被存入商业银行的活期存款账户，而不是以现金的形式持有，而且商业银行得到的存款在扣除法定存款准备金之后会全部放贷出去，那么此时的货币供给量就是整个银行体系的活期存款数，货币乘数就是m = D/B = D/R_d = 1/r_d，这里R_d表示法定存款准备金，r_d表示支票存款的法定存款准备金率。m=10，

---

① 戈登. 伟大的博弈——华尔街金融帝国的崛起（1653-2004）[M]. 祁斌，译. 北京：中信出版社，2006：199-221.

$M_1= D=10×1\ 000=1$（亿元）。如果商业银行找不到可靠的贷款对象，或者存在其他的原因使银行的实际贷款低于其本身的贷款能力，这部分没有贷放出去的款额就形成了超额准备金（excess reserves），即超过法定存款准备金要求的准备金。超额准备金与活期存款的比率称为超额准备金率，可以用 e 表示。当银行增加超额准备金的持有量时，这些准备金就不再被用来发放贷款，使存款创造过程中途停止，从而导致货币供给收缩。考虑到有超额准备金时，货币乘数就不再是 $1/r_d$，而是变成了 $1/（r_d + e）$。上例中，假设 $e=10\%$，则银行体系的活期存款总量 $D=1\ 000+800+640+\cdots=1\ 000×（1+0.8+0.8^2+\cdots）=1\ 000×1/（1-0.8）=5\ 000$（万元），即 $m=5$，$M_1=5\ 000$ 万元。

前面我们都是假设银行的客户会把一切货币收入存入银行，支付完全以支票的形式来进行。假如客户并没有把他所得到的款项全部存入银行，而是抽出一定比例的现金，我们称这种情况为现金漏出（currency drain）。现金漏出的比率用 c 表示。如前所述，现金的增加不会带来存款的多倍扩张，只有存款的增加才可以做到这一点，因此，假定基础货币和其他条件保持不变，如果支票存款转化成现金，那么在货币供给中，可以实现多倍存款扩张的部分就转化成不能实现多倍存款扩张的部分，总体的多倍扩张水平就会下降，货币供给也相应会减少。考虑到有现金漏出时，货币乘数就不再是 $m=1/（r_d+e）$，而是变成了 $m=（C+D）/B=（1+c）/（c+r_d+e）$。上例中，假设 $c=5\%$，则 $m=4.2$，$M_1=4\ 200$ 万元。大家自己可以算一算银行体系的活期存款总量 D 等于多少。

假如政府证券持有者将证券卖给中央银行后，把得到的支票立即全部兑现，而不是存到商业银行，这就意味着中央银行向证券持有者购买政府债券只增加了 $1\ 000$ 万元现金，则 $M_1=1\ 000$ 万元。在有些国家，支票存款与非交易存款的法定准备金率是不同的，我们可以把前面的法定存款准备金分解为支票存款的法定准备金和非交易存款的法定准备金。经推导，可得货币乘数的公式如下：

$$m = (1 + c)/(r_d + e + c + t·r_t) \tag{10-1}$$

其中：c 是流通中通货与支票存款的比率，即现金漏出率；r_d 是支票存款的法定准备金率；e 是银行超额准备金率；t 是非交易存款与支票存款的比率；r_t 是非交易存款的法定准备金率。

由此可知，如果中央银行在公开市场购买了 $1\ 000$ 万元的政府债券，法定存款准备金率为 10%，货币供给量至少可以增加 $1\ 000$ 万元，在理想的情况下最多可以增加 1 亿元。

（3）货币供给模型

由货币乘数公式可得货币供给的完整模型：

$$M = m·B = (1 + c)/(r_d + c + e + t·r_t)·B \tag{10-2}$$

由货币供给模型可知：

①中央银行决定两个法定准备金率即 r_d 和 r_t。如果中央银行想增加货币供给量，就可以降低这两个法定准备金率；如果想减少货币供给量，就可以提高这两个法定准备金率。法定准备金率具有很强的告示效应，能够立即影响各商业银行的准

备金头寸，而且它的调整具有法律的强制性，一经调整，任何存款性金融机构都必须执行，所以它对货币供给量有显著的影响效果，带给金融机构乃至社会经济的影响是强烈的。

②商业银行决定超额准备金率e。影响超额准备金率的因素有几个方面：一是市场利率。市场利率越高，意味着商业银行持有准备金的机会成本越高，因此商业银行的超额准备金率要尽量降低。二是贴现率。贴现率越高，表示商业银行向中央银行借款的成本越高，意味着商业银行找中央银行贴现越困难，商业银行自己会多留准备金，它的超额准备金率会有所上升。三是社会公众对现金或者是定期存款的偏好。如果社会公众特别偏好现金，则商业银行就要提高超额准备金率，多准备一些资金，以防社会公众随时来提取存款；如果社会公众偏好定期存款，则商业银行就可以降低超额准备金率。四是商业银行的经营态度。如果商业银行的经营比较稳健，它会提高超额准备金率；如果商业银行的经营比较激进，它会降低超额准备金率。五是资金拆借市场完善程度。如果商业银行容易拆借到所需资金，则会降低超额准备金率。

③个人或公众决定现金漏出率c和定期存款比率t。影响现金漏出率的因素有很多。一是整个社会公众的消费倾向。如果社会公众的消费倾向比较高，则现金漏出率就会比较高。二是社会公众的流动性偏好。如果社会公众偏好流动性强的资产，则现金漏出率就会比较高。三是持有现金的机会成本。比如，市场利率越高，持有现金的机会成本就越高，则现金漏出率就会比较低。四是银行发达程度和服务水平。银行体系越发达，服务技术升级越快，服务水平越高，服务网点越多，则现金漏出率越低。随着金融业的发展，各种信用工具越来越普遍，转账结算越来越便利，电子支付工具越来越普及，社会公众的现金持有量越来越少，现金漏出率就会越低。五是经济水平与财富变动。随着经济的发展，社会财富不断增加，现金持有量会越来越少，支票等信用工具的使用会越来越多。如果人们普遍有使用支票的习惯，现金漏出率就会比较低。六是其他因素。比如在节假日，人们的消费会比平时多，现金漏出率可能就比较高。

影响定期存款比率的因素也比较多。一是个人可支配收入水平。如果整个社会的可支配收入水平提高，其持有金融资产的数量也会相应增加，一般情况下定期存款、储蓄存款会增加比较快，从而使存款结构发生相应的变动，最终导致活期存款比率下降，定期存款比率上升。二是存款利率的高低与结构。当活期存款的利率与定期存款、储蓄存款的利率差异扩大，人们觉得活期存款不划算时，定期存款比率会上升。

可见，中央银行并不能决定全部影响因素，货币供给受到中央银行、商业银行、社会公众的共同影响。

10.3 通货膨胀的经济效应

先看一看阅读材料10-2的内容。

看到这一消息，人们会问：什么是通货膨胀？什么是通货膨胀率？为什么会产生通货膨胀？通货膨胀会有什么影响？本节就是要讲清楚这几个问题。

阅读材料
10-2

水深火热

10.3.1 通货膨胀与通货膨胀率

通货膨胀（inflation）是衡量宏观经济运行状况的一个重要指标，它不是指这种或者那种商品及劳务的价格上升，而是指物价总水平的上升。物价总水平也称一般物价水平，是指所有商品和劳务交易价格总额的加权平均数值，也就是价格指数（price index）。

通货膨胀率（inflation rate）也称为物价变化率，就是用价格指数变化的百分比表示物价平均水平的变化幅度，它等于每期价格指数增长的百分比。

衡量通货膨胀率的价格指数一般有三种，即居民消费价格指数（CPI）、生产者价格指数（PPI）和国内生产总值折算指数（GDP implicit deflator）。我们可以把年通货膨胀率为一位数的通货膨胀定义为温和的通货膨胀（moderate inflation）；把年通货膨胀率为两位数或者三位数的通货膨胀定义为急剧的通货膨胀（galloping infla-tion）；把物价上涨率特别高的、通常也是加速的通货膨胀过程称为恶性通货膨胀（hyperinflation）。恶性通货膨胀没有一个准确的定义，但是在实际使用中一般认为，当一国的年通货膨胀率达到1 000%时，该国就处于恶性通货膨胀了。

10.3.2 通货膨胀的形成原因

西方经济学家对通货膨胀的形成原因提出了种种解释，可分为三个方面。

（1）货币数量论的解释

根据前面所介绍的欧文·费雪的交易方程式 $MV=PY$（M 表示货币总量，P 表示价格水平（如 GDP 折算指数），Y 表示实际总产出或总收入，V 表示货币流通速度），可得 $\Delta M\% + \Delta V\% = \Delta P\% + \Delta Y\%$，即，货币供给变化率加上货币流通速度变化率等于价格变化率加上实际 GDP 变化率。如果用更一般的形式表示，有：货币供给增长率+货币流通速度增长率=通货膨胀率+实际 GDP 增长率。进一步可整理为：通货膨胀率=货币供给增长率+货币流通速度增长率—实际 GDP 增长率。假定货币流通速度不变，则有：通货膨胀率=货币供给增长率—实际 GDP 增长率。因此，当中央银行发行过多货币时，也就是货币供给的增长速度超过了实际 GDP 的增长速度时，物价水平会上升。举一个例子，如果每年货币供给按照 10% 的速度增长，而实际的 GDP 按照 5% 的速度增长，那么该经济体每年的通货膨胀率将是 5%。货币主义学派的代表性人物米尔顿·弗里德曼有一句名言："通货膨胀无论在哪里都只是一种货币现象。"非同寻常的货币增长会带来高通货膨胀，比往常更慢的货币增长就会产生低通货膨胀。

货币数量论让我们很容易理解，通货膨胀率达到或超过 20% 时往往伴随着货币供给的急速增长。2018 年，委内瑞拉人在市场交易中不再接受面值为 100、500或者是 1 000 的玻利瓦尔，他们接受的都是新的面值为 10 万的玻利瓦尔，人们都是百万富翁。由于通货膨胀太严重，以物易物在委内瑞拉很普遍，一些有创业精神的委内瑞拉人开始将不值钱的委内瑞拉钞票编织成手提包卖。因此，费雪的交易方程式告诉我们，在长期的实际GDP增长率等于潜在GDP增长率①的经济增长道路上，货币供给增长率增加一定的百分比会导致通货膨胀率增加同样的百分比，其前提条件是货币流通速度的增长率为0。可是，货币流通速度增长率既不是一个常数，也不是一成不变的，它会随着时间的流逝发生相应的变化，那么人们就会问，货币供给增长率的变化一定会导致通货膨胀率的变化吗？

（2）总需求与总供给的解释

从需求的角度看，当整个社会的总产出达到一定水平以后，由于劳动、原材料、生产设备等不足，整个社会的总产出难以继续稳定增加，如果整个社会的总需求继续增加，总供给就跟不上需求，就会出现"过多的货币追逐过少的商品"现象，这时总需求的增加引起物价水平上涨，这种通货膨胀也被称为需求拉动的通货膨胀（demand-pull inflation）。

从供给的角度看，如果工资的增长率超过劳动生产率的增长率，工资的提高会导致成本提高，从而导致一般的物价水平上涨；如果产品市场上存在垄断企业和寡头企业，它们为了追求更大的利润操纵价格，导致价格上涨速度超过成本增长速度，进而导致物价水平上涨；如果企业生产产品需要进口国外的原材料等，而进口原材料等价格大幅上涨，引起国内所生产的产品成本费用增加，并导致连锁反应，从而推动物价水平上升。我们把这种在没有超额需求的情况下，由于供给方面如工资、进口原材料等的价格或者利润的提高所引起的一般物价水平上涨称为成本推动的通货膨胀（cost-push inflation）。

（3）从经济结构因素变动的角度解释

按照西方学者的解释，整个经济社会总会有一些部门的劳动生产率比较高，而另外一些部门的劳动生产率比较低，按照市场经济运行法则，劳动生产率高的部门的工人应该得到高工资，而劳动生产率低的部门的工人应该得到低工资。可是，由于工会组织力量强大等原因，劳动生产率低的部门的工人要求工资水平向劳动生产率高的部门看齐。这样就容易出现整个社会的劳动生产率平均水平并没有什么变化但工资的平均水平上升得很快的现象，整个经济社会就会出现"过多货币追逐比较少的商品"的问题，结果就导致一般物价水平的上涨。西方经济学家通常把这种通货膨胀叫作结构性通货膨胀（structural inflation）。

当然通货膨胀的成因还有其他的解释，在此我们不再进一步展开。

10.3.3 通货膨胀的经济效应

通货膨胀的经济效应表现在如下四个方面：一是通货膨胀对经济增长的影响；二是通货膨胀的收入分配效应；三是通货膨胀的财富分配效应；四是通货膨胀的强制储蓄效应。

（1）通货膨胀对经济增长的影响

经济学界对此存在较大的争论。西方学者在通货膨胀与经济增长的关系上有三

---

① 潜在GDP（potential GDP）是指经济体在所有要素投入均被消耗的情况下企业的产出总量。

种观点：第一种观点是促进论（有益论），认为通货膨胀有利于经济增长。第二种观点是促退论（有害论），认为通货膨胀对经济增长有害无益。第三种观点是中性论，认为通货膨胀对经济增长没有实质影响。下面我们具体分析这些理论。

①促进论（有益论）。

促进论认为通货膨胀有利于经济增长。理由有下面四条：

第一，弥补投资资金不足。资金缺乏、投资不足是造成一国产出水平不高的主要原因。在一国有效需求不足、总产出水平不高的情况下，政府支出的增加一般能够带来社会就业和总产出的增长，但这容易造成政府预算不平衡，收不抵支，出现预算赤字。为弥补赤字，政府一般有三种选择。一是增加社会公众的税收，但这容易招致纳税人的反对。二是发行政府债券来借款。如果政府通过向社会公众增发债券来弥补预算赤字，那就相当于把社会公众的货币转移到政府手中，基础货币和货币供给都不会受到什么影响，也不至于引起通货膨胀。如果这些政府债券最终不是由公众所持有的，而是被中央银行通过公开市场操作购入，就会导致基础货币和货币供给的增加。这种为政府支出提供融资的办法称为债务货币化（monetizing the debt）。既然这种方式会导致货币供给量增加，那是否会产生通货膨胀呢？根据前面的分析我们知道，只有当货币存量持续增长的时候才会导致通货膨胀。在这一操作的开始阶段，随着货币供给量增加，价格水平一般会有所上升；如果到了下一个周期预算赤字依然存在的话，政府需要再次弥补赤字，货币供给量将再次增加，并导致价格水平进一步提高，通货膨胀将会持续。如果随着投资的增加，整个社会的总收入增加，税收收入也在增加，预算赤字是暂时性的，那么就不会引起持续的通货膨胀。这种方式比较适合拥有发达的货币市场和资本市场的国家。三是印钞票。在一些发展中国家，政府无法通过发行债券来弥补财政赤字，其唯一的选择就是印钞票。相对于GDP而言，如果它们的预算赤字规模比较大，货币供给量必然持续增长，最终会导致持续的通货膨胀。因此，只有在保持适当的通货膨胀率的前提下，政府通过赤字财政政策才能有效地弥补投资资金的不足，促进经济增长。

第二，铸币税的正效应。铸币税（seigniorage）通常被称为通货膨胀税，是指政府通过垄断货币发行权而获取的收入，其税率为通货膨胀率。通过创造货币带来的物价水平上升就像税收一样，人们被迫使支出少于收入，把部分收入支付给政府以换取额外的货币，通过增加名义货币来抵消通货膨胀对他们持有的实际货币余额的影响。政府以铸币税的形式得到了一部分资金，政府可将这部分资金用于增加投资。因为消费乘数和投资乘数是相等的，只要居民的消费不变或消费的下降幅度小于投资的增加幅度，整个社会的总产出就能通过乘数效应上升，从而能够促进经济的实际增长。

第三，提高储蓄率。整个经济社会中，有一部分人是靠固定的货币收入维持生活的，如很多工人的收入是固定的货币数额，其增长速度落后于物价的上涨速度，他们的实际收入会因为通货膨胀而减少，每一元收入的购买力将随物价的上升而下降。而企业主是靠利润这种变动的收入来维持生活的人，物价水平上涨会带来销售收入的增加，当然原材料的价格也会上升，如果产品价格比原材料价格上升快的话，尤其是在工人的货币收入没有变化的情况下，企业的收益将比它的成本增长得快，企业主的利润会增加。凯恩斯认为，存在一条基本的消费心理规律，随着收入的增加，消费也会增加，但是消费的增加不及收入的增加，也就是边际消费倾向随着收入增加会不断下降。工人的边际消费倾向往往比较高，而企业主的边际消费倾向往往比较低。边际消费倾向与边际储蓄倾向是反向变动的关系，企业主的边际储蓄倾向比较高，而工人的边际储蓄倾向比较低。通货膨胀通过这种收入再分配效应，使工人的实际工资减少，企业主的利润增加。企业主的边际储蓄倾向较高，有利于储蓄率的提高，他们可以利用这部分储蓄资金来增加投资，从而促进经济增长。

第四，货币幻觉的正效应。人们相信用来表示商品价格的货币数量具有很重要的意义，人们会重视货币名义价值的变化并对此做出反应，而忽视货币的实际购买力的变化，这种心理错觉称为货币幻觉（money illusion）。在通货膨胀初期，全社会都存在货币幻觉。对企业主而言，由于公众对通货膨胀预期的调整存在时滞，此时物价上涨，产品的销售收入上升，而不常变动的工资协议和政府对工资的约束等导致名义工资不会发生变化或者变化缓慢，企业利润会相应提高，通货膨胀会使企业主认为自己的产品销路畅通，对市场很乐观，更加乐意进行投资。对于工人而言，他们通常将名义价格、名义工资、名义收入的上涨看成实际的上涨。于是，工人愿意提供更多的劳动。同时，这些工人作为消费者也只会注意到名义货币收入的增加而忽略物价水平的上涨，会误以为实际收入增加，从而消费倾向也会上升，企业的产品销路顺畅，让企业主愿意扩大投资，进而促进经济增长。

②促退论（有害论）。

与促进论相反，一些反通货膨胀主义者认为通货膨胀对经济增长有害无益。其理由有下面五条：

第一，资源配置失调。价格是市场供求规律配置资源所发出的信号，当市场供不应求时，商品或劳务的价格会上升；当市场供过于求时，商品或劳务的价格会下跌。市场这只无形之手通过价格信号指挥着芸芸众生，生产者看到价格上涨就会将资源合理配置到这个领域满足市场需求，看到价格下跌就会将资源从这个领域撤走。消费者也会根据价格来理性决策。由于通货膨胀指的是一般的物价水平上升或者说是大多数物品和劳务的价格上涨，而且即使是同一种商品或劳务，不同的企业并不总是同时改变其相应的价格，因此通货膨胀会造成物品或劳务的价格信号失真。消费者不知道根据这种价格决定购买什么和购买多少，生产者也不知道根据这种价格生产什么和生产多少。生产者和消费者的决策都被扭曲了，导致稀缺资源配置失调，市场不能把资源配置到其最好的用途中，经济效率降低，使经济处于不稳定状态，尤其是在这种通货膨胀是大家未预期到的情况下越发如此。比如在劳务市场，老板看中了张三，双方按照预期的通货膨胀率10%签订了劳务合同，张三的工资上涨10%以补偿预期的物价上涨。没想到的是，实际的通货膨胀率为4%，因此张三的实际工资只增长了6%。面对高工资的刺激，张三愿意增加为老板工作的时间，可是老板实际付出的代价比原来预想的要高，老板会减少张三的工作时间，甚至有点后悔雇用了张三。

第二，诱发过度的资金需求。通货膨胀使银行的实际利率低于名义利率，企业实际投资成本降低，从而引起投资水平增加，这极易诱发过度的资金需求。而过度的资金需求会使生产扩大、就业增加和收入提高，进而使物价上涨得更厉害。这往往会迫使货币当局加强信贷管理，从而削弱金融体系的运营效率。银行货币和信用紧缩会导致利率上升，投资水平下降，生产收缩，收入减少，失业增加，经济走向萧条。

第三，生产性投资成本和风险加大。从长期来看，通货膨胀最终会引起名义工资率上升和银行利率上调，生产性投资成本增加。另外，当发生通货膨胀时，各种生产要素、商品、劳务的相对价格随之发生不稳定的变化，导致资源分配被扭曲，因而也增大了生产性投资的风险。比如，企业向商业银行贷款100万元购买机器设备，贷款利率为12%，双方预期的通货膨胀率为5%，则其实际利率为7%。假如实际通货膨胀率为6%，则其实际利率为6%，企业生产性投资的实际成本下降，投资收益上升。因此，超过预期的通货膨胀会让企业为向商业银行贷款的数额太少而感到遗憾。假如实际通货膨胀率为2%，则实际利率为10%，企业生产性投资的实际成本上升，投资收益下降。因此，未达到预期的通货膨胀会让企业后悔向商业银行贷款的数额太多。

第四，边际储蓄倾向降低。通货膨胀意味着货币购买力下降，人们的实际收入水平降低。实际收入水平的下降会引起人们的边际储蓄倾向降低，社会储蓄率下降。在没有技术进步的新古典增长模型和有技术进步的新古典增长模型中，储蓄率的下降，虽然对经济的稳态增长率没有什么影响，但是会带来总产出或人均总产出的下降，即储蓄率变化对经济增长只有水平效应没有增长效应；而在内生增长模型中，储蓄率越低，产出的增长率越低，因此通货膨胀使储蓄率下降，从而使投资率下降，这对经济增长有不利的影响。

第五，助长投机。发生通货膨胀时，人们不愿持有货币，而是纷纷抢购实物资产，囤积货物，抢购黄金、外汇和其他奢侈品，甚至从事房地产的投机活动，所以通货膨胀可能扰乱正常的资金流向，导致投资的资金配置出现偏差，使资金从一些生产部门转向一些非生产部门，甚至会使一些人牺牲时间与便利，整天忙于这样一些投机活动的算计，无心于正常的工作，因此通货膨胀的结果严重阻碍了经济的发展。

促进论和促退论的观点之所以截然相反，实际上是由于双方对通货膨胀出现的经济环境以及通货膨胀发生的性质和强度有不同的假设，因而对通货膨胀作用于经济增长的机制和后果产生了不同的看法，并在分析当中显得各有道理。

③中性论。

中性论认为通货膨胀对经济增长没有实质影响，通货膨胀与经济增长不相关。这种观点以美国理性预期学派为代表。他们认为整个经济社会的产量波动可能是由价格波动所造成的，而价格的波动可以分为通货膨胀引起的一般的物价水平的变动和商品或劳务相对价格的比较引起的变化。如果整个经济社会出现了持续稳定的物价水平的变化，生产者就会面临"信号筛选"，他要搞清楚哪些是通货膨胀所引起的名义价格的变化，哪些是技术条件等所引起的相对价格的变化。生产者在决定增加或减少商品或者劳务的生产时，往往考虑比较多的是商品或者劳务相对价格的变化。如果政府想利用人们未预期的通货膨胀政策来刺激经济增长制造经济繁荣，短期内往往会有一定的效果，但如果长期持续实施通货膨胀政策，公众会形成通货膨胀预期，事先提高各种商品的价格，做出相应的储蓄、投资决策，从而抵消通货膨胀的各种影响，政府的政策效应就会大打折扣，通货膨胀与经济增长之间就会没有什么关系。

以上就是西方学者在通货膨胀与经济增长的关系上的三种观点及其理由。那么，我国学者的观点是什么呢？我国学者认为国外学者的促进论、促退论和中性论虽然都有一定的道理，但也都存在一定的片面性。通货膨胀与经济增长之间的关系非常复杂，在不同的国家或者是同一国家在不同的阶段，通货膨胀与经济增长之间都有不同的关系。我国作为最大的发展中国家，存在经济结构性体制性矛盾突出、发展不平衡、不协调、不可持续，传统发展模式难以为继，一些深层次体制机制问题和利益固化藩篱日益显现等问题，我国比发达国家更难承受和更难驾驭通货膨胀，所以我们要高度警惕通货膨胀的负面影响。对于我国而言，从长期看，通货膨胀对经济危害性极大，危害面很广，必须制止通货膨胀。

（2）通货膨胀的收入分配效应

物价水平上涨时，有些人的收入水平会下降，有些人的收入水平会上升，这种由物价上涨导致的收入再分配，就称为通货膨胀的收入分配效应（the income distribution effect of inflation）。那么，通货膨胀如何影响收入分配呢？有下面的三个基本结论：

第一，固定收入者实际收入下降。工薪阶层以及靠救济金等维持生活的人，他们的收入在相当长时间固定不变。通常固定收入者的收入调整滞后于物价水平的变动，在通货膨胀期间其实际收入会因通货膨胀而减少。例如，张三去年和今年的收入都是 1 000 元，但今年的通货膨胀率是 100%，根据通货膨胀率的计算公式 $\prod = (P_{t+1}-P_t) / P_t$，有 $P_{t+1}=2P_t$，则张三今年的实际收入水平缩水了 50%。

第二，企业主利润先升后降。在通货膨胀初期，企业主因产品价格上涨、利润增加而获益，但当通货膨胀持续发生时，随着工资和原材料价格的调整，企业主的相对收益会消失。

第三，政府是通货膨胀的最大受益者。在累进所得税制度下，名义收入的增长会使纳税人进入到一个更高的纳税层次，所适用的边际税率提高，应纳税额的增长高于名义收入的增长。例如，假定税法规定，名义收入小于等于 100 万元时税率为 5%，名义收入大于 100 万元时，超过部分适用 10% 的税率。去年张三的名义收入为 100 万元，今年的通货膨胀率为 10%，张三的名义收入随通货膨胀率上涨为 110 万元，如果今年没有通货膨胀，张三的应纳税额为 5 万元，由于通货膨胀，其应纳税额为 6 万元，因此张三今年的名义收入只增长了 10%，但是应纳税额增长了 20%。此外，政府往往是一个巨大的债务人，价格水平的上涨使政府还本付息的负担相对减轻。

（3）通货膨胀的财富分配效应

当发生通货膨胀时，社会财富的一部分会从债权人手中转移到债务人手中，即通货膨胀使债权人的部分财富流失，而使债务人的财富相应增加，从而形成了财富的再分配效应。这是因为通货膨胀使得货币的实际购买力下降，而债权人未来收回的本息之和的名义价值不变，所以其实际收入下降，财富流失；同时，债务人所偿还本息的名义价值不变，其实际负担减小，财富增加。可见，债权人是通货膨胀的受害者，债务人是受益者。例如，张三2024年底找银行贷款100万元，期限1年，约定不考虑通货膨胀的年利率为5%，则2025年底张三应还银行本利和105万元；假如2024年的通货膨胀率为15%，则2025年底张三所还的本利和105万元只相当于2024年底的87.5万元。这相当于银行在2024年底补贴了12.5万元给张三。

前面所讲的通货膨胀的收入分配效应一定是把收入从一方再分配给另一方吗？不一定。这取决于通货膨胀是否被大家所预期到。如果双方都预期到了通货膨胀，那么就不会存在收入的再分配。就拿刚才所讲的张三找银行贷款的例子来说。假如双方在2024年底签借贷合同的时候，本来约定的实际年利率为5%，可是双方都预期2025年的通货膨胀率是15%，于是双方同意把约定的年利率改为20%，而2025年的通货膨胀率事实上也正如预期，在这种情况下，通货膨胀就没有再分配的效应，张三所付的本利和120万元正是他自己应该支付的也是愿意支付的120万元，也是银行应得到的本利和120万元。如果通货膨胀没有被准确地预测，那么谁又会受损呢？高于预期的通货膨胀率会使付款的那一方受益；低于预期的通货膨胀率会使等待接受付款的那一方受益。

（4）通货膨胀的强制储蓄效应

通货膨胀的强制储蓄效应（effect of forced saving），是指政府以铸币税的形式取得的一笔本应属于公众的消费资金。强制储蓄有两层含义：①强制储蓄是由消费的非自愿减少或强制性减少造成的；②强制储蓄的形成伴随收入在不同主体之间的转移。如何理解呢？如前所述，铸币税是指中央银行利用自己对货币的垄断权来创造名义上的货币让政府获取一定的收入来满足其对资金的需求。名义货币供给量增加引起的通货膨胀会增加名义上的利率，因此人们持有货币的机会成本也会增加，货币持有者会减少他们持有实际货币的余额。社会公众为了抵消通货膨胀对持有的实际货币余额的影响，会把自己的一部分收入节省下来用于增加自己名义上的货币量，其消费量被强制性或非自愿性减少，这就有点像强制人们进行储蓄，也有点像社会公众的收入被政府以税收的形式拿走了一部分，致使人们被迫减少了自己的消费量。

10.4 通货紧缩的含义及成因

早在19世纪通货紧缩现象就多次出现，在20世纪20年代末30年代初的那场席卷全世界的经济大萧条中表现得尤其突出。在20世纪90年代，曾经号称"世界第一"的日本沦为经济绩效最差的发达国家之一，加之亚洲金融危机爆发后世界各国经济表现欠佳，通货紧缩成为世界性的热点问题。本节主要学习两个内容：一是通货紧缩的含义；二是通货紧缩的成因。

10.4.1　通货紧缩的含义

通货紧缩（deflation）是指货币供应量相对于经济增长和劳动生产率增长等要素减少所引起的有效需求严重不足、一般物价水平持续下跌、货币供应量持续下降和经济衰退等现象。虽然通货紧缩的定义众说纷纭，但是通货紧缩的表现形式获得了共识：物价水平持续下降、货币供应量持续减少、货币流通速度下降、有效需求不足、失业率上升。

以日本为例。20世纪90年代初日本泡沫经济崩溃以后，1992—2001年批发物价下降了10.5个百分点，年均下降1.05个百分点；1991—1998年，制造业产品出库额由341万亿日元减少为306万亿日元，附加价值额由126万亿日元减少为113万亿日元，分别减少了10.3%和10%；1992—1999年，全国商业销售额下降了20%，其中批发业下降了22.2%，零售业下降了7%，2000年和2001年全国商业销售额又分别下降了1%和1.5%。针对泡沫经济崩溃后的长期经济停滞，日本银行自1993年9月把贴现率下调到1.75%以后，就实行了金融缓和政策，1995年4月和2001年9月又先后将贴现率下调为0.5%和0.1%，进一步实行了金融缓和政策。尽管如此，货币供应量的增加却十分有限，以M_2+CD为例，1994、1996、2000年分别只增加了2.0%、3.2%、2.2%，2001年也只增加了2.8%，都大大低于1987—1990年10.8%的平均水平。1993—1997年，全国银行贷款总额由480万亿日元增加到493万亿日元，只增加了2.7%，2000年末又减少到460万亿日元，比1993年末减少了4.9%。1991—1999年，全产业企业设备投资下降了19.3%，其中制造业下降了35%，非制造业下降了10.2%；1990—2000年，新建住宅开工户数减少了11.5%，家庭实际消费支出减少了1.2%。[①]

10.4.2　通货紧缩的成因

在不同国家，形成通货紧缩的原因各不相同。西方经济学家关于通货紧缩成因的观点主要有以下几种：

（1）欧文·费雪的"债务-通货紧缩"理论

欧文·费雪将"债务-通货紧缩"的交互作用与强化机制总结为：

①在经济社会发展过程中，由于一些外生变量发生变化，一些经济部门会获利较多，从而增加大量的投资，获取大量利润。物价水平和利润水平的上涨既会刺激投资又会诱发各种投机现象，从而引发经济扩张。在扩张过程中，很多企业并没有足够的自有资金，它们大量举债融资，而且主要靠银行贷款，这样就会通过我们

---

① 刘昌黎. 日本的通货紧缩及其对策与出路［J］. 日本问题研究，2002（1）：1-7.

前面所讲的银行机制创造出大量的派生存款，导致货币供给量大量增加，物价水平进一步上涨，致使人们对于经济形势预期更加乐观，经济会加速扩张，借贷活动更加频繁。这样就容易出现过度负债（over-indebtedness），即因债务负担过重债务人的流动性不足而不能按时清偿到期债务。企业过度负债，债权人感到恐慌，就会开始债务清算。

② 由于债务负担过重，为了清偿债务，债务人被迫低价出售商品和资产来归还银行贷款。

③ 借款人归还银行贷款引起存款货币收缩，货币流通速度也下降。

④ 存款货币增长速度和整个货币流通速度的下滑引致物价总水平下降。

⑤ 物价下跌降低了企业的净值和利润率。

⑥ 净值和利润率的降低意味着企业资信水平的降低，从而导致金融机构贷款规模的收缩，货币流通速度和物价总水平又因此下降（即通货紧缩越来越严重）。

⑦ 在名义利率不变的情况下，通货紧缩会提高债务的实际利率，实际利率的上升则意味着企业真实负债的扩大，企业的债务负担变得更重，企业投资萎缩，破产较多，整个社会的产出水平和就业水平下降，社会购买力不断下滑，人们预期经济前景堪忧。

⑧ 由于社会的产出和就业水平下降，社会购买力下降，人们对于经济前景感到越来越悲观，投资进一步减少，形成一种恶性循环，上述逻辑过程重现。

欧文·费雪认为1933年的美国经济大萧条就是由债务过重所引发的"债务-通货紧缩"恶性循环。如前文所讲，当时美国经济中债务负担过重，资金供给远远满足不了偿债的需求，造成资金稀缺，经济日益萎缩，物价水平下降，实际利率上升，而且债务人越争先恐后地偿还债务，资金越稀缺，债务人的债务负担越严重，如果偿还债务的速度跟不上物价水平下降的幅度，企业的实际债务负担也会越来越重，投资越少，破产越多，产出进一步下降，失业率越来越高，经济越来越萧条。

（2）凯恩斯的有效需求不足通货紧缩理论

20世纪二三十年代的大萧条具有几个方面的特征：一是时间长，通常认为是从1929年到1933年大概5年的时间，其实远不止5年；二是范围广，这场危机所涉及的领域不仅有工商业，连金融业都受到了冲击，它也不只是发生在资本主义国家，世界上很多非资本主义国家也都被牵涉；三是后果很严重，失业率很高，有人饿死街头，按照有些经济学家的说法，资本主义几十年建设的成果几乎毁于一旦，资本主义制度濒临毁灭的边缘。

在这场大危机之下，1936年凯恩斯出版了《就业、利息与货币通论》。他放弃了传统的理性人假设，认为面对未来的不确定性，人们具有动物性（animal spirit）那一面体现得非常明显。他认为大萧条中的人们并非基于各种概率加权平均做出合乎理性的定量决策，而是一种自发的行为冲动，具有非理性。凯恩斯提出了有效需求不足理论，支撑这一理论大厦的是三个心理规律和一个乘数原理。

一是消费心理规律。在诸多影响消费的因素当中，凯恩斯认为消费主要取决于绝对收入水平，随着人们收入的增加，消费需求也会增加，但是消费的增加跟不上收入的增长。因此，面对大萧条，人们在收入普遍减少时，不敢消费，他们的收入中用于消费的部分会比较少，消费需求不足。

二是投资心理规律。他认为投资者在投资决策时是在拿资本边际效率即投资项目的预期保本收益率与实际利率进行比较，如果资本边际效率高于实际利率，投资者就愿意投资；反之，如果资本边际效率低于实际利率，则投资者不愿意投资。在生产超过一定规模后，如果其他条件不变，投资越多，生产越多，资本家或企业家预期的保本收益率就会越低，与实际利率相比后他们就会觉得投资越来越不划算，投资的诱惑力就会越弱，投资需求就会出现不足。

三是流动性偏好规律。如上所述，企业家或资本家在决定投资时，要拿资本边际效率与实际利率进行比较。而实际利率的高低受到流动性偏好规律的支配。所谓流动性，是指各种资产在不损害其原有价值的前提下变换为货币的难易程度。货币是流动性最强的资产。凯恩斯认为，尽管持有现金会牺牲利息或其他收益，但是人们会由于交易动机、预防动机和投机动机愿意持有一定数量货币，这就是流动性偏好。既然人们在心理上喜欢持有货币，要使他放弃这种偏好，除非给他进行货币补偿，即给他支付利息。利息率的高低取决于人们流动性偏好的强弱，流动性偏好越强，利息率就会越高。在大萧条之中，人们收入变少而且对于未来越发不确定，容易陷入流动性偏好陷阱（也称为凯恩斯陷阱，Keynes trap），即无论有多少货币都会持在手上而不去买股票和债券，企业融资的实际利率水平会很高，投资动机会受到抑制，投资需求容易出现不足。

四是乘数原理。乘数（multiplier）也称为倍数，这一概念最早是英国经济学家卡恩（R. F. Kahn）在1931年提出的，是指每单位外生变量发生变化所带来的引致变量的变化情况。消费需求下降和投资需求下降都会带来整个社会总需求以倍数形式下降。凯恩斯有效需求不足理论认为，通货紧缩源于有效需求不足。有效需求不足会导致物价水平下跌，经济收缩，形成通货紧缩。凯恩斯的基本观点是有效需求和社会供给的不一致会产生"通货膨胀缺口"（inflationary gap）或者"通货紧缩缺口"（deflationary gap），并引发通货膨胀或通货紧缩。凯恩斯认为，由于人们的非理性，市场机制本身并不能解决相关问题，因此需要政府干预经济。

（3）奥地利学派的经济周期通货紧缩理论

奥地利学派的创始人卡尔·门格尔（Carl Menger）从物财与人的欲望满足的关系出发把物财区分为与人的欲望满足有直接因果关系的低级财货和有间接因果关系的高级财货，这体现了他对经济体系中不同商品之间相互关系的兴趣，超越了孤立研究每种商品价格或价值的传统，其继承者维塞尔（Friedrich Freiherr von Wieser）、庞巴维克（Eugen Bohm-Bawerk）、米塞斯（Ludwig von Mises）和哈耶克（F.A.Hayek）又分别将这种相互关系分成生产等级或者使用平均生产周期度量生产过程的资本密集度等，这就是所谓的生产结构。

该学派非常注重时间的影响，认为经济体不是一个静态的运行过程，而是一个动态过程。货币注入经济体中，货币利率低于自然利率①，企业家发现申请贷款进行投资是有利可图的，但是生产结构中的那些经济主体不可能得到同等数量的货币，也不会同时得到货币，往往是高级财货或者资本品或者平均生产周期长、资本化程度高的物品生产部门先得到较多货币，该部门要素所有者的收入上涨，带来低级财货或者消费品或者平均生产周期短的物品需求较旺，从而刺激这些部门的生产，又带来这些部门的资本品需求上升，由此不断形成物价累积上涨，这些都需要更多货币。在市场压力和政府某些偏好之下，垄断货币发行权的政府会创造更多货币满足需求，整个社会物价水平因此大幅上涨，这时容易出现错误投资、错误消费的虚假繁荣。当通货膨胀过度时，货币失去其应有的价值与意义，人们会抢购商品、失去工作动机等，经济繁荣不再持续。为了避免出现这种状况，政府会停止信贷扩张，货币减少，货币利率高于自然利率，投资受挫，错误投资与错误消费会得到矫正，但是企业破产增加，产出下降，失业率上升，人们的收入降低，会形成物价累积下跌，整个社会物价水平持续下降就形成了通货紧缩。因此，该理论认为，通货紧缩是一个经济周期的派生过程。通货紧缩并不是独立形成的，而是由促成经济萧条的生产结构失调引起的，是经济过度繁荣的必然后果。没有因投资过度而出现的经济结构失衡，通货紧缩就绝对不会发生。

（4）货币主义的通货紧缩理论

关于通货紧缩的成因，货币主义学派用货币供给收缩理论来解释。美国经济学家、现代货币主义的代表人物米尔顿·弗里德曼1963年和安娜·施瓦茨（Anna Schwartz）出版了《美国货币史：1867—1960》一书。在这本书中他们提出了自己关于货币存量增长与通货膨胀率的实证发现。书中指出，公众会由于有些事件的影响而对银行业产生不信任，纷纷到银行提取存款，兑换成通货，形成挤兑风潮，从而引起银行业恐慌，这迫使银行持有大量的准备金应付公众提取存款的需要。根据前面所讲的货币乘数，银行存款会数倍紧缩，货币供给量大量减少。如果没有政府的干预，大批的银行会陷入恐慌而破产，货币存量进一步下降，导致整个社会的总产出、收入水平下降。对于20世纪30年代的大萧条，他们认为货币政策应该负有主要责任，当时美联储没有执行《联邦储备法案》赋予它的为银行系统提供流动性的责任，采取了高度紧缩的货币政策，强制或允许基础货币急剧下降，让美国的货币数量在萧条过程中下降了1/3。因此，他们认为通货紧缩与通货膨胀一样也是一种货币现象，过低的货币供给增长率，更不用说货币供给的绝对减少，将不可避免地意味着通货紧缩；反之，若没有货币供给如此之低的负增长率，大规模、持续的通货紧缩绝不会发生。

我国在20世纪90年代末到21世纪初也经历了一次通货紧缩，但是其具体表现并不典型，只是具有这种趋势。根据表10-2可知，按照居民消费价格指数计算，1995年物价水平开始下降，1995年的通货紧缩率为5.6%，1996年为7.5%，1997年

---

① 货币利率（money rate of interest），是由货币市场供求关系决定的利率，通常是由银行等金融机构所决定的贷款利率；自然利率（the natural rate of interest），是按照边际主义收入分配理论所表明的资本边际生产率，也就是在实物资本借贷条件下的预期收益率。

为 5.1%，1998年为 3.5%，1999年为 0.6%。与此相对应的应该是生产量下降，可我国的生产量并没有下降，绝对数还是增长的，只是从 1995年开始，每年 GDP 相对于上一年 GDP 的增加额持续下降：1994年 GDP 相对于 1993年增加了 12 125.3亿元，但是 1995年 GDP 相对于 1994年的增加额为 11 718.7亿元，1996年的 GDP 增加额为 9 406.5亿元，1997年的 GDP 增加额为 6 578亿元，1998年的 GDP 增加额为 3 882.6亿元，1999年的 GDP 增加额为 3 722.3亿元。货币流通速度从 1995年开始一直持续下降：V_2 从 1994年的 0.99持续下降到 2000年的 0.664，V_0 从 1996年的 7.712持续下降到 2000年的 6.104。货币的供给量按照通货紧缩的特征应该是减少的，但是我国那几年不管是狭义的货币供给量还是广义的货币供给量都是增加的，只是增加数在下降：1997年货币供给量 M_2 相比于 1996年增加了 14 901.3亿元，M_1 增加了 6 311.5亿元，M_0 增加了 1 375亿元；1998年货币供给量 M_2 相比于 1997年增加了 13 503.7亿元，M_1 增加了 4 127.7亿元，M_0 增加了 1 027亿元。城镇就业人口增长率从 1996年的 3.78%下降到 1997年的 1.98%，但是 1998年和 1999年又开始上升，2000年又下降。

表10-2　　　　　　　　　　1992—2001年中国宏观经济指标

年份	GDP（亿元）	居民消费价格指数	城镇就业人口增长率（%）	货币供给量（亿元）			货币流通速度		
				M_2	M_1	M_0	V_2（GDP/M_2）	V_1（GDP/M_1）	V_0（GDP/M_0）
1992	26 638.1	106.4		25 402.2	11 731.5	4 336	1.049	2.271	6.143
1993	34 634.1	114.7		34 879.8	16 280.4	5 864.7	0.993	2.127	5.906
1994	46 759.4	124.1		46 923.5	20 540.7	7 288.6	0.99	2.276	6.415
1995	58 478.1	117.1	3.69	60 750.5	23 987.1	7 885.3	0.963	2.438	7.416
1996	67 884.6	108.3	3.78	76 094	28 514.8	8 802	0.892	2.381	7.712
1997	74 462.6	102.8	1.98	90 995.3	34 826.3	10 177	0.818	2.138	7.317
1998	78 345.2	99.2	2.33	104 499	38 954	11 204	0.750	2.011	6.993
1999	82 067.5	98.6	3.68	119 897.9	45 837.2	13 455.5	0.684	1.790	6.099
2000	89 442.2	100.4	3.29	134 610.3	53 147.2	14 652.7	0.664	1.683	6.104
2001	95 933.3	100.7	3.4	158 301.9	59 871.6	15 688.8	0.606	1.602	6.115

资料来源　国家统计局. 中国统计年鉴（2002年）[EB/OL]. [2020-12-15]. http：// www. stats.gov.cn/yearbook2001/indexC.htm.有些数据根据年鉴资料计算而得。

我国20世纪90年代末和21世纪初出现的通货紧缩趋势的形成原因是什么呢？有一些人归因于1996年成功实施"软着陆"后，货币政策没有及时做出相应调整。也有一些人想到了凯恩斯，认为是有效需求不足导致经济萎缩。我国是高储蓄率的国家，在简单的国民收入恒等式中，储蓄等于投资，但是在20世纪90年代末，高储蓄率造成了有效需求不足。

一是国有银行是储蓄转化成投资的主要渠道，但是出现了梗塞现象。当时国有银行在进行收益与效益挂钩的改革，而且新修订的《刑法》对金融犯罪的界定使银行内部加强了对道德风险的防范，造成银行"惜贷"，大量储蓄存款不能转化为贷款。同时，投资缺口经常出现负值，国内储蓄没有充分用于本国的经济建设，闲置资源以贸易顺差的形式输往国外。

二是投资难以找到市场方向。过去的投资已经形成过剩的生产能力，这种过剩是结构性的。由于科技开发能力的不足和劳动力素质的欠缺，投资过多集中于技术含量低的资金密集型或劳动密集型企业，形成过多的产品。在收入一定的情况下，高储蓄率的存在使得投资挤占国内消费，造成产品过剩。本来过剩产品可以依靠出口来消化，但是我国多年的改革开放和出口导向型的经济发展，已使得这类产品在国际市场占据了相当大的份额，再增加份额难度加大。另外，生产能力过剩是全球性的经济现象，再加上适逢东南亚金融危机，给当时的出口带来非常大的压力，内需和外需同时出现了问题。[①]

也有人提出了其他的形成机制。中国社会科学院世界经济与政治研究所研究员余永定认为，应该把企业生产成本的提高（而不是有效需求不足）作为分析当时中国通货紧缩形势的起点，或者把它作为分析当时通货紧缩动态过程中的因果链条中的关键环节之一。在市场机制完善、要素流动充分的情况下，面对给定的物价水平，企业为追求利润最大化将减少生产规模以致停止生产，同时裁减员工处理过剩的生产能力。这样整体经济将稳定在物价水平较高、产出水平较低的新均衡状态上。而在中国，面对生产成本上升所造成的经济效益下降，由于种种的制度约束，企业往往不能或者是不愿像正常的市场经济下的企业一样减少生产规模，更不要说退出生产。许多生产效益极低或亏损的企业并没有破产、倒闭，而是依赖银行贷款苟延残喘。伴随着连续几年的紧缩性的宏观政策和东南亚金融危机带来的国际形势的恶化，相比于总供给减少，总需求下降得更厉害，物价水平下跌。因此，造成当时通货紧缩的不仅仅是有效需求不足的问题，根本原因在于生产率下降或者上升太慢所造成的企业利润率或资金回报率的下降。[②]针对这一现象，中央政府是如何应对的？请参看下面的案例分析。

案例分析 10-1

朱镕基总理谈世纪之交我国通货紧缩治理

案情介绍：

2000年1月12日至19日，中共中央在中央党校举办省部级主要领导干部财税专题研讨班。1月14日朱镕基总理在研讨班上讲道："这几年的实践，使我们积累了两种经验。在此之前，我们积累的是治理通货膨胀的经验，可以说我们已经有一套成功的经验。这两年，我们又学会了如何防止通货紧缩，但还没有到总结的时候。我认为积极的财政政策至少还要搞三年，因为国有企业扭亏为盈，盈得还不多，如果不靠国家的拉动，还是搞不上去的。现在来总结治理通货紧缩的经验言之尚早，但是关键的四点我们是可以总结的。"他在讲话中谈到，第一点是取向，即财政政策从紧还是积极要根据形势而定；第二点是力度，要偏于谨慎；第三点是来源，用国家投资拉动国民经济，不能采取财政透

---

①　史晋川，李建琴. 当代中国经济 [M]. 杭州：浙江大学出版社，2017：32-33.
②　余永定，张延群. 如何打破通货紧缩的恶性循环？[J]. 国际经济评论，1999（7-8）：26-29.

支；第四点是投向，一定投在基础设施建设上。

案例分析：

中央政府看到了采取货币政策面临的两难困境，收紧会有更多企业出现资金困难，放松会带来更多重复建设。采取积极财政政策来把银行闲置资金贷出去，投在为整个社会谋福利的基础设施建设上，而不搞竞争领域的建设，这既有利于改善银行经营管理，也有利于整个社会投资与生活环境改善，让当时过剩的生产能力找到产品市场，拉动整个国内需求，从而解决有效需求不足带来的通货紧缩问题。

资料来源　朱镕基. 朱镕基讲话实录：第三卷 [M]. 北京：人民出版社，2011：411-412.

本章小结 ☑ --●

1. 经济学上的货币需求是指一种有效需求，它是指既有需求货币的愿望，又有获得或持有货币的能力，即有支付能力的货币需求。

2. 可以把货币需求分为微观货币需求与宏观货币需求，从数量意义上看，全部微观货币需求的总和即为相应的宏观货币需求。还可以把货币需求分为名义货币需求和实际货币需求，两者的区别在于，是否剔除了通货膨胀或通货紧缩所引起的物价变动的影响。

3. 决定货币需求的主要因素有六类：收入状况，市场利率，信用的发达程度，消费倾向，物价水平、商品可供量与货币流通速度，公众的流动性偏好和预期。

4. 货币供给受到中央银行、商业银行、社会公众的共同影响。

5. 商业银行供给的是派生存款。中央银行供给的是基础货币。存款人增加持有现金的决定或者增减定期存款的数量都会影响货币供给。

6. 通货膨胀（inflation）是衡量宏观经济运行状况的一个重要指标，它不是指这种或者那种商品及劳务的价格上升，而是指物价总水平的上升。一般用价格指数变化的百分比即通货膨胀率来表示物价平均水平的变化幅度。

7. 西方经济学家对通货膨胀的形成原因从三个方面提出了解释：第一个方面是货币数量论的解释；第二个方面是用总需求与总供给来解释；第三个方面是从经济结构因素变动的角度来分析。

8. 通货膨胀的经济效应表现在如下四个方面：一是通货膨胀对经济增长的影响；二是通货膨胀的收入分配效应；三是通货膨胀的财富分配效应；四是通货膨胀的强制储蓄效应。

9. 通货紧缩是指货币供给量相对于经济增长和劳动生产率增长等要素减少所引起的有效需求严重不足、一般物价水平持续下跌、货币供应量持续下降和经济衰退等现象。

10. 在不同国家，形成通货紧缩的原因各不相同。西方经济学家关于通货紧缩的成因的观点众多。

核心概念 ☑️ ────────────────────●

货币需求　微观货币需求　宏观货币需求　名义货币需求　实际货币需求　机会成本　消费倾向　货币流通速度　流动偏好　货币供给　货币　原始存款　派生存款　存款准备金　法定准备金率　法定准备金　库存现金　超额准备金　基础货币　高能货币　公开市场业务　政府证券　正回购协议　逆回购协议　再买回交易　贴现　贴现率　货币乘数　现金漏出　通货膨胀　通货膨胀率　温和的通货膨胀　急剧的通货膨胀　恶性通货膨胀　需求拉动的通货膨胀　成本推动的通货膨胀　结构性通货膨胀　债务货币化　铸币税　货币幻觉　通货膨胀的收入分配效应　通货膨胀的财富分配效应　通货膨胀的强制储蓄效应　通货紧缩　过度负债　流动性　凯恩斯陷阱　乘数　货币利率　自然利率

课后思考与练习 ☑️ ────────────────────●

1. 货币需求有哪些类型？有哪些因素决定货币需求？
2. 商业银行创造派生存款的过程是怎样的？
3. 中央银行怎样影响基础货币的供给？
4. 货币乘数一定大于1吗？为什么？
5. 如何理解通货膨胀会促进经济增长？
6. 利用凯恩斯有效需求不足理论如何解释通货紧缩？

第11章

国际货币体系

学习目标 ☑️ ---●

通过本章学习，理解汇率的含义和标价方法，了解汇率的不同种类、风险类型和人民币汇率制度，能结合现实的经济问题理解汇率的影响因素和汇率变动对经济的影响，掌握固定汇率制和浮动汇率制各自的优缺点，能正确认识和评价国际金本位体系、布雷顿森林体系和牙买加体系。

重难点提示 ☑️ ---●

重点：结合固定汇率制和浮动汇率制各自的优缺点来正确认识和评价国际金本位体系、布雷顿森林体系和牙买加体系。

难点：理解汇率的含义、标价方法，汇率的影响因素，汇率变动的经济影响。

课程思政教学参考 ☑️ ---●

教学知识点	思政结合点
人民币汇率制度	关注金融问题 运用金融思维规划财富人生
人民币国际化	繁荣富强的世界大国 民族自豪感 "前途是光明的，道路是曲折的" 中国梦
布雷顿森林体系及其崩溃	平等的多元化世界 金融霸权注定失败

11.1 外汇的基本内涵

当今世界是一个高度经济全球化、一体化的世界，我们既可以足不出户享受到很多国外的商品和服务，也可以出国旅游、留学或从事商务活动等来满足自己的学习、工作和娱乐需要。我们从事涉外经济活动时，会涉及货币兑换、外汇、汇率等问题。

11.1.1 外汇与汇率

（1）外汇

外汇是国际经济活动中进行各种交易活动所使用的基本工具，也是开放经济活动得以正常、顺利进行的主要载体。外汇一般指货币当局（包括中央银行、货币管理机构、外汇平准基金及财政部等）以银行存款、财政部库券、长短期政府证券等形式保有的在国际收支逆差时可以使用的债权。外汇的表现形式为外国货币、外币存款、外币有价证券（如政府公债、国库券、公司债券、股票等）、外币支付凭证（票据、银行存款凭证、邮政储蓄凭证等）。

我国于2008年修订通过的《中华人民共和国外汇管理条例》将外汇的范围界定为："下列以外币表示的可以用作国际清偿的支付手段和资产：（一）外币现钞，包括纸币、铸币；（二）外币支付凭证或者支付工具，包括票据、银行存款凭证、银行卡等；（三）外币有价证券，包括债券、股票等；（四）特别提款权；（五）其他外汇资产。"

（2）汇率

汇率也叫外汇汇率（foreign exchange rate）或外汇行市，是指两种货币之间的兑换比率，也可以看作一个国家的货币对另一种货币的价值，具体表现为一国货币与另一国货币的比率或比价，或者说是用一国货币表示的另一国货币的价格。当本国货币的汇率升值时，我们用同样的本币可以兑换更多的外币；反之，当本国货币的汇率贬值时，我们用同样的本币所兑换的外币就会减少。一国货币同时具有对内价值和对外价值，货币的对内价值是通过一国国内的物价水平反映出来的，而对外价值则是由外汇汇率体现的。

在金本位时代，黄金是本位币，它可以自由铸造和镕化，金币可以与银行券自由兑换，作为世界货币自由输出输入。各国规定了每一金铸币单位包含的黄金重量与成色，即含金量，所以货币间的比价以含金量来折算，两国本位币的含金量之比即为铸币平价。例如，1英镑铸币的含金量为113.0016格令①，1美元铸币含金量为23.22格令，铸币平价为113.0016÷23.22=4.8665，即1英镑约折合4.8665美元。如此规定的汇率可能出现波动，但波幅有一定界限。这个界限称为黄金输送点，黄金输送点等于铸币平价加上从一国输出或从另一国输入黄金需要支出的费用，包括包

---

① 格令（grains）是历史上使用过的一种重量单位，是英美制最小重量单位，1格令=0.0648克。

装、运输黄金的费用和运输保险费。如果汇率的波动使得两国间在进行国际结算时直接使用黄金比使用外汇更合算，则贸易商宁可直接运送黄金。通过这一机制，汇率的波动可自动保持在一定范围内。

在纸币制度下，各国发行纸币作为金属货币的代表，并且参照过去的做法，以法令规定纸币的含金量（称为金平价）。金平价的对比是两国汇率的决定基础，但是纸币不能兑换成黄金，因此纸币的法定含金量往往形同虚设。所以，在实行官方汇率的国家，由国家货币当局规定汇率，一切外汇交易都必须按照这一规定汇率进行；在实行市场汇率的国家，汇率随外汇市场上货币的供求关系变化而变化。

11.1.2　汇率的标价方法

由于外汇汇率是两种货币之间的兑换比例，因此，既可以用本国货币表示外国货币，也可以用外国货币表示本国货币。这种双向性特征使得我们在表示汇率前必须先确定用哪个国家的货币作为标准，这就涉及汇率的标价法问题。最常用的汇率标价方法有直接标价法、间接标价法和美元标价法。

（1）直接标价法

直接标价法又叫应付标价法，它是以一定单位（1、100、1 000、10 000 单位）的外国货币为标准来计算应付出多少单位本国货币，相当于计算购买一定单位外币应付出多少本币，所以也叫应付标价法。比如，100 美元=672.83 元人民币就是用100 单位的外国货币美元来计算，应付出 672.83 元人民币。在国际外汇市场上，包括中国在内的世界上绝大多数国家都采用直接标价法。比如，日元、瑞士法郎、加拿大元等均为直接标价法。

在直接标价法下，若一定单位的外币折合的本币数额多于前期，则说明外币币值上升或本币币值下跌，叫作外汇汇率上升；反之，如果用比原来少的本币即能兑换到同一数额的外币，则说明外币币值下跌或本币币值上升，叫作外汇汇率下跌。也就是说，在直接标价法下，外币的价值与汇率的涨跌呈同向变动。

（2）间接标价法

间接标价法又称应收标价法，它是以一定单位（如1个单位）的本国货币为标准，来计算应收若干单位的外国货币，即以外国货币表示的单位本国货币的价格。比如，1 人民币=0.1295 欧元就是用1单位的人民币来计算，应收0.1295 欧元。在国际外汇市场上，欧元、英镑、澳大利亚元等均为间接标价法。

在间接标价法下，本国货币的数额保持不变，外国货币的数额随着本国货币币值的对比变化而变动。如果一定数额的本币能兑换的外币数额比前期少，则表明外币币值上升、本币币值下降，即汇率下降；反之，如果一定数额的本币能兑换的外币数额比前期多，则说明外币币值下降、本币币值上升，即汇率上升。也就是说，在间接标价法下，外币的价值和汇率的涨跌呈反向变动。

（3）美元标价法

美元标价法是国际金融市场上通行的标价法，又称为纽约标价法，它是指在纽约国际金融市场上，除对英镑用直接标价法外，对其他外国货币用间接标价法。美元标价法由美国在1978年9月1日制定并执行，它实际上也是一种间接标价法。

一般来说，在各种标价法下，数量固定不变的货币称为基准货币（base currency），数量发生变化的货币称为标价货币（quoted currency）。在直接标价法下，基准货币为外币，标价货币为本币；在间接标价法下，基准货币为本币，标价货币为外币；在美元标价法下，基准货币为美元，标价货币为其他各国的货币。

11.1.3　汇率的种类

汇率根据不同的分类方法有很多不同的种类。

（1）固定汇率和浮动汇率

按照国际货币制度的演变来划分，汇率可以分为固定汇率和浮动汇率。

固定汇率是指由政府制定和公布，并只能在一定幅度内波动的汇率。在金本位制度下，两国货币兑换以各自货币的含金量作为基础，铸币平价则是它们汇率的标准，此时汇率的波动受到黄金输送的约束，这是典型的固定汇率制。19世纪初到20世纪30年代的金本位制时期、第二次世界大战后到20世纪70年代初以美元为中心的国际货币体系，都实行固定汇率制。当今世界实行固定汇率的国家比较少，朝鲜、古巴等国家实行固定汇率制。固定汇率制在国际贸易、国际信贷和国际投资活动中，有利于经济主体进行成本利润的核算，避免汇率波动风险，但是它基本不能发挥汇率在调节国际收支中的经济杠杆作用，还会使一国国内的经济平衡遭到破坏。

浮动汇率是指由市场供求关系决定的汇率，汇率涨落基本自由，一国货币市场原则上没有维持汇率水平的义务，但必要时可以进行干预。1973年固定汇率制瓦解后，西方国家普遍实行浮动汇率制，目前世界上大多数国家实行的都是浮动汇率制。我国在1994年以前实行固定汇率制，此后逐渐采取有管理的浮动汇率制。浮动汇率制能根据市场行情的变化自主做出调节，在应对国际经济问题时能较好地发挥经济杠杆的作用，但是汇率的剧烈波动也会对一国国内经济的发展产生冲击。

（2）买入汇率、卖出汇率、中间汇率和现钞汇率

按照银行买卖外汇的角度划分，汇率可分为买入汇率、卖出汇率、中间汇率和现钞汇率。

买入汇率也称买入价，即银行向同业或客户买入外汇时所使用的汇率。

卖出汇率也称卖出价，即银行向同业或客户卖出外汇时所使用的汇率。买入卖出之间有个差价，这个差价是银行买卖外汇的收益，一般为1‰～5‰。

银行同业之间买卖外汇时使用的买入汇率和卖出汇率也称同业买卖汇率，实际上就是外汇市场买卖价。买入汇率和卖出汇率是站在银行的角度来考虑的买入价和卖出价，中间汇率是买入价与卖出价的平均数。西方媒体报道汇率消息时常用中间汇率，套算汇率也用有关货币的中间汇率套算得出。

现钞汇率是指由于外国货币不允许在本国流通，只有将外币兑换成本国货币才能够购买本国的商品和劳务，因此产生的买卖外汇现钞的兑换率。按理现钞汇率应与外汇汇率相同，但由于需要把外币现钞运到各发行国去，运送外币现钞要花费一

定的运费和保险费，因此银行在收兑外币现钞时使用的汇率通常要低于外汇买入汇率，而银行卖出外币现钞时使用的汇率则高于外汇卖出汇率。

表11-1是中国银行2024年6月28日英镑对人民币的外汇行情，下面我们基于这一行情来认识这四种汇率的区别。

表11-1　　　　　　　　　　　中国银行外汇牌价

货币名称	现汇买入价	现钞买入价	现汇卖出价	现钞卖出价
英镑	915.49	888.19	921.71	904.3

资料来源　中国银行网站（https：//www.boc.cn/sourcedb/whpj/）.

请对照表11-1中的外汇数据思考如下问题：①表中使用的是什么标价法？②如果我们旅游回国后需要把手中持有的英镑钞票和硬币兑换成人民币，应使用哪个汇率？③如果我们的外币账户中有一笔英镑需要直接兑换成人民币存入人民币账户，则使用哪个汇率？

表11-1中表示的是100英镑兑换的人民币数量，所以使用的是直接标价法。"钞"指的是现钞，比如我们手中持有的钞票或硬币之类的；"汇"一般指的是账面上的资金，它比现钞更便于外汇管理。显然，英镑的钞票和硬币兑换时应该适用与"钞"有关的两个汇率，而外币账户中的英镑适用与"汇"有关的两个汇率。由于这些汇率都是站在银行的角度来看待的，因此当我们把英镑钞票卖给银行换成人民币时，对于银行来说就是现钞买入，适用888.19的汇率；当我们把外币账户中的英镑兑成人民币时，对于银行来说就是现汇买入，适用915.49的汇率。同时，大家会发现现汇卖出价高于现汇买入价，现钞卖出价高于现钞买入价，这也符合投资的低买高卖原则。

（3）即期汇率和远期汇率

按照外汇交割期限划分，汇率可分为即期汇率和远期汇率。所谓外汇交割，是指双方各自按照对方的要求，将卖出的货币划入对方指定的账户的处理过程，即外汇购买者付出本国货币、外汇出售者付出外汇的行为。

即期汇率也叫现汇汇率，它是指外汇买卖双方成交当天或两个营业日以内进行交割的汇率。

远期汇率是在未来一定时期进行交割，而事先由买卖双方签订合同、达成协议的汇率。到了交割日期，由协议双方按预定的汇率、金额进行钱汇两清。

远期汇率与即期汇率相比是有差额的，这种差额叫"远期差价"。远期差价有升水、贴水、平价三种情况。当远期汇率高于即期汇率时，称为远期升水；当远期汇率低于即期汇率时，称为远期贴水；当远期汇率等于即期汇率时，称为远期平价。

（4）基本汇率和套算汇率

汇率还可以按照制定的方法划分为基本汇率和套算汇率。

基本汇率是本国在制定汇率时选择某一种关键货币，根据本国货币与关键货币实际价值的对比，制定出对它的汇率。各国在制定汇率时必须选择某一国货币作为主要对比对象，这种货币称为关键货币。选择关键货币时一般考虑以下因素：在本国国际收支中使用最多；在外汇储备中所占比重最大；可以自由兑换且为国际上普遍接受。一般美元是国际支付中使用较多的货币，所以它也是最常用的关键货币。各国都把美元当作制定汇率的主要货币，常把对美元的汇率作为基本汇率。

套算汇率就是各国按照对美元的基本汇率套算出的直接反映其他货币之间价值比率的汇率。

（5）官方汇率和市场汇率

按照对外汇管理的宽严程度划分，汇率可以分为官方汇率和市场汇率。

官方汇率是指国家的财政部门、中央银行或外汇管理当局公布的汇率。官方汇率又可分为单一汇率和多重汇率。多重汇率是一国政府对本国货币规定的一种以上的对外汇率，是外汇管制的一种特殊形式。其目的在于奖励出口限制进口，限制资本的流入或流出，以改善国际收支状况。

市场汇率是指由外汇市场供求关系所决定的汇率，它也是在自由外汇市场上买卖外汇时使用的汇率。在外汇管理较松的国家，官方宣布的汇率往往只起中心汇率作用，实际外汇交易则按市场汇率进行。

此外，按照银行营业时间划分，汇率可以分为开盘汇率和收盘汇率。开盘汇率又叫开盘价，类似于我们所说的股票的开盘价，它是外汇银行在一个营业日刚开始营业时进行外汇买卖使用的汇率。收盘汇率又称收盘价，是外汇银行在一个营业日的外汇交易终了时使用的汇率。

按银行外汇付汇方式划分，汇率还可以分为电汇汇率、信汇汇率和票汇汇率。电汇汇率是经营外汇业务的本国银行在卖出外汇后即以电报委托其国外分支机构或代理行付款给收款人所使用的汇率。信汇汇率是银行开具付款委托书，用信函方式通过邮局寄给付款地银行转付收款人所使用的汇率。票汇汇率是指银行在卖出外汇时，开立一张由其国外分支机构或代理行付款的汇票交给汇款人，由其自带或寄往国外取款所使用的汇率。

11.2 汇率的影响因素和汇率制度

11.2.1 汇率风险

不论是企业还是个人，当从事涉外经济活动时，无一例外会受到汇率变动的影响，当货币汇率升值或贬值时，它产生收益或发生损失。汇率风险又称外汇风险或汇兑风险，它是指经济主体在持有或运用外汇的经济活动中，因汇率变动而蒙受损失的可能性。由于这种损失只是一种可能性，并非必然，所以称其为风险。汇率风险一般来说有交易汇率风险、折算汇率风险和经济汇率风险几种。

（1）交易汇率风险

交易汇率风险也叫汇率结算风险，它是在运用外币进行计价收付的交易中，经济主体因外汇汇率的变动而蒙受损失的可能性。个人出国购汇或企业在换汇过程中因人民币汇率变化而遭受损失的可能性就属于交易汇率风险。交易汇率风险主要包括：在商品、劳务的进出口交易中，从合同的签订到货款结算的这一期间，外汇汇率变化所产生的风险；在以外币计价的国际信贷中，债权债务未清偿之前存在的风险；外汇银行在外汇买卖中持有外汇头寸的多头或空头，也会因汇率变动而遭受风险；资本在输入和输出过程中同样会承受汇率风险。很显然，在这些场合，一般都会涉及不同货币之间的兑换问题，这时汇率的变化就有可能给换汇者造成损失。

（2）折算汇率风险

折算汇率风险又称会计风险，它是指经济主体在对资产负债表的会计处理中，将功能货币转换成记账货币时，因汇率变动而导致账面损失的可能性。这种风险一般发生在涉外企业财务活动中，个人产生这种风险的可能性较小。例如，我国某外贸出口企业日常经营活动使用美元，但是资产负债表中使用人民币，这时在进行财务报表处理时需要将功能货币美元转化为记账货币人民币，在转化的过程中就可能因汇率变动而导致账面损失。功能货币是经济主体于经营活动中流转使用的各种货币。记账货币是在编制综合财务报表时使用的报告货币，通常是本国货币。同一般的企业相比，跨国公司的海外分公司或子公司所面临的折算风险更为复杂。一方面，当它们以东道国的货币入账和编制会计报表时，需要将所使用的外币转换成东道国的货币，面临折算风险；另一方面，当它们向总公司或母公司上报会计报表时，又要将东道国的货币折算成总公司或母公司所在国的货币，同样面临折算风险。

（3）经济汇率风险

经济汇率风险又称经营风险，是指意料之外的汇率变动通过影响企业的生产销售数量、价格、成本，引起企业未来一定期间收益或现金流量减少的一种潜在损失。经济汇率风险包括真实资产风险、金融资产风险和营业收入风险三方面，其大小主要取决于汇率变动对生产成本、销售价格以及产销数量的影响程度。例如，一国货币贬值可能使得出口货物的外币价格下降从而刺激出口，也可能使得使用的进口原材料的本币成本提高而减少供给，此外，汇率变动对价格和数量的影响可能无法马上体现，这些因素都直接影响企业收益变化幅度的大小。据海关统计，2009年受欧洲债务危机影响，我国对外贸易进出口总值为 22 072.7 亿美元，比 2008 年（下同）下降 13.9%，略高于 2007 年的贸易总值。其中，出口为 12 016.7 亿美元，下降 16%；进口为 10 056 亿美元，下降 11.2%。①欧洲债务危机使得我国出口企业的订单减少，销售数量和出口价格下降，同时汇率变化又增加了我国出口企业的收汇成本，使得一些外贸企业经营陷入困境。这三种风险中，第一种风险在个人和企业中均可发生，第二种和第三种风险多发生于外贸企业。因此，如何有效规避汇率风险对我国外贸企业来说尤其重要。

虽然交易汇率风险、折算汇率风险与经济汇率风险都是由未预期的汇率变动引起的企业或个人外汇资产或负债在价值上的变动，但它们的侧重点各有不同。从损

---

① 数据来源于国家统计局官网（http://www.stats.gov.cn/）.

益结果的计量上看，交易汇率风险可以从会计程序中体现，使用一个明确的具体数字表示，既可以从单笔独立的交易，也可以从子公司或母公司经营的角度来测量其损益结果，具有客观性和静态性的特点。对经济汇率风险的测量需要经济分析，从企业整体经营上预测、规划和分析，涉及企业财务、生产、价格、市场等各方面，因而带有一定的动态性和主观性。从测量时间来看，交易汇率风险与折算汇率风险的损益结果，只突出了企业过去已经发生的交易在某一时间点的外汇风险的受险程度；而经济汇率风险则要测量将来某一时间段出现的外汇风险，不同的时间段的汇率波动，对各期的现金流量、经济风险受险程度以及企业资产价值的变动将产生不同的影响。

案例分析 11-1

汇率升值影响我国外贸企业的经营业绩

案情介绍：

曾经我们需要使用 800 多元人民币去兑换 100 美元，而今，随着人民币的升值，只需要 700 多元人民币就可以兑换 100 美元了。这对于一些去美国旅游、留学的人士来说，意味着可以花更少的钱买到更多自己心仪的商品；然而，对于有些人来说，人民币对美元升值带来的却是压力。这些人中有外贸出口企业的老板及员工，有手中有美元还未结汇的市民等。

宁波现有外贸进出口企业近千家，年进出口总额达 300 多亿元，结、售汇总量占浙江省的 1/3。外贸竞争本来就激烈，美元贬值使得企业的毛利润又下降了好几个点，收益大幅度缩水。以年销售额在 3 000 万美元左右的 A 外贸出口企业为例，在 2005 年 7 月汇改刚开始时，以 1∶8.11 的比率，3 000 万美元能兑换人民币 24 330 万元；而以 2024 年 6 月 28 日的汇率行情 1∶7.265 7 这个比率来计算，3 000 万美元只能兑换人民币 21 797 万元。用两种比率计算，所兑换到的人民币相差 2 533 万元。

案例分析：

汇率升值给外贸企业带来了高额成本，大幅度压缩了企业利润，使原本竞争激烈的外贸企业更加举步维艰。从汇率风险类型来看，由汇率的升值所带来的风险属于交易汇率风险的范畴，那么我国外贸企业可以采取什么办法来规避风险呢？目前，国内银行对出口企业提供的主要贸易融资品种有授信开证、出口押汇、外汇票据贴现、进口押汇和国际保理融资等。此外，从货币、外汇、股票、债券等传统金融品中衍生出来的金融衍生产品，如远期、期货、掉期和期权等也可以用于规避汇率风险。同时，企业也可以采用非金融手段，如早收迟付、换结算货币等。从实践来看，宁波的一些外贸出口型企业已经开始在合同中附加相关汇率条款，若遇上老客户、大客户，企业就会考虑在合同中与对方约定汇率变化范围，明确对人民币升值风险的分担，或者明确在供货期内人民币升值到某个幅度时，价格进行重新调整。

资料来源　根据网络资料改编.

11.2.2 影响汇率变动的因素

要找到规避风险的办法，首先就要知道影响汇率的因素有哪些。从宏观和微观层面来看，影响汇率的因素有很多，比如国际收支、利率、通货膨胀、经济状况、政治局势等。

（1）国际收支

国际收支就是一个国家的货币收入总额与货币支出总额的差额。如果货币收入总额大于支出总额，便会出现国际收支顺差；反之，则是国际收支逆差。国际收支的状况会影响到一国的外汇储备，从而直接影响到本币对外币的比价，进而造成货币的升值或贬值。一般来说，如果一国的国际收支顺差，则该国的货币将会升值；反之，国际收支逆差会导致该国货币贬值。

（2）利率

利率作为一国借贷资本供求状况的基本反映，对汇率波动起决定性作用。利率水平影响了国家间的资本流动，高利率国家发生资本流入，低利率国家则发生资本外流。资本流动会造成外汇市场供求关系的变化，从而对外汇汇率的波动产生影响。一般而言，一国利率提高在短期将导致该国货币升值；反之，一国利率下降短期内会导致该国货币贬值。

（3）通货膨胀

通货膨胀会导致本国货币汇率下跌，通货膨胀的缓解会使汇率上浮。通货膨胀由于影响了本币的价值和购买力，会引起本国进口商品减少、出口商品增加，还会对外汇市场产生心理影响，削弱本币在国际市场上的信用地位，从而导致本币贬值。

（4）经济状况

经济景气状况和本币汇率一般呈正相关关系。经济繁荣时，本币往往会升值；反之，经济不景气时，本币往往会贬值。

（5）政治局势

一国国内及国际政治局势变化，也会对外汇市场产生影响。政治局势的变化一般包括政治冲突、军事冲突、选举和政权更迭等。这些政治因素对汇率的影响有时很大，但影响时限一般都很短。

此外，财政赤字和投资者的心理预期也会影响汇率。如果一国的财政预算出现巨额赤字，则其货币汇率将下降；如果出现大量的盈余，则会使货币汇率上升。投资者的心理预期在国际金融市场上表现得尤为突出，当投资者对某种货币评价高、充满信心时，该货币汇率往往升值。汇率理论中的汇兑心理说就认为外汇汇率是外汇供求双方对货币主观心理评价的集中体现。

11.2.3 汇率变动对经济的影响

一方面，政治、经济因素会影响汇率的变化；另一方面，一国汇率的变化也会对国内经济、国际经济和金融市场造成影响。

（1）从对国内经济的影响来看

①对进出口的影响。汇率对进出口的影响主要表现在：当本币汇率降低，即本币贬值时，以本国货币标价的商品价格下降，在国际市场上更有竞争力，从而能起到促进出口、抑制进口的作用；当本币汇率升高，即本币升值时，本国货币的购买力增强，有利于进口，不利于出口。

②对物价的影响。汇率对物价的影响表现在：本币汇率下降，即本币贬值，会引起国内价格总水平的提高；本币汇率上升，即本币升值，能起到抑制通货膨胀的作用。

③对资本流动的影响。汇率对资本流动的影响表现在：短期内当本币汇率对外贬值时，本国投资者和外国投资者就不愿意持有以本币计值的各种金融资产，并会将其转兑成外汇，导致资本的流出；反之，当本币汇率对外升值时，本国投资者和外国投资者就力求持有以本币计值的各种金融资产，从而引起资本流入。

④对国民收入、就业和资源配置的影响。本币贬值，利于出口、限制进口，生产资源转向出口产业，扩大出口产业的投资，促使国民收入和就业增加，同时也改变国内的生产结构。

（2）从对国际经济的影响来看

汇率的频繁波动加剧了企业尤其是进出口企业收汇、购汇的风险，也催生了它们对避险性金融产品的需求，促进了金融机构国际金融业务的不断创新和发展。储备货币汇率的变化会影响一国外汇储备的结构，从而影响这些储备货币的地位和作用，有助于形成国际储备货币的多元化。国家外汇管理局统计数据显示，截至2024年5月末，我国外汇储备规模为32 320亿美元，较4月末上升312亿美元，升幅为0.98%。2024年5月，受主要经济体货币政策预期、宏观经济数据等因素影响，美元指数下跌，全球金融资产价格总体上涨。汇率折算和资产价格变化等因素综合作用，当月外汇储备规模上升。我国经济内生动能持续增强，经济回升向好态势不断巩固，将为外汇储备规模继续保持基本稳定提供支撑。中国的外汇储备以美元资产为主，也有一定数量的日元、欧元和英镑等其他国家货币，储备资产的多元化更有利于我们规避美元汇率变动所带来的风险。

货币汇率不稳定，加剧了国家与国家之间争夺销售市场的斗争，容易引起贸易摩擦和贸易壁垒，不利于国际贸易的正常发展。同时，一些主要国家汇率的波动会直接影响国际外汇市场上其他货币汇率的变化，使国际金融市场动荡不安。由于汇率频繁变动，外汇投机活动增加，这又进一步加剧了国际金融市场的风险，很容易引发全球性的金融危机。1998年的亚洲金融危机发端于泰国，以索罗斯为代表的国际金融炒家趁着汇率的频繁波动在泰国金融市场上兴风作浪，他们在泰国金融市场上大获全胜后又狙击港币，由此掀起了著名的港币保卫战。虽然香港特别行政区政府在中央人民政府的强力支持下击败了索罗斯，但是金融危机对各个国家和地区产生的负面影响值得我们警惕和反思。此外，汇率大起大落，尤其是主要储备货币的汇率变动，还会影响国际资本流动和金融市场上的资本借贷活动。因此，我们应该正确认识汇率对经济的影响，它就像一把双刃剑，在给人们带来收益的同时往往伴随着风险，只有正确认识风险才能更好地规避它。

11.2.4 汇率制度

汇率制度又称汇率安排（exchange rate arrangement），它是指各国或国际社会对于确定、维持、调整与管理汇率的原则、方法、方式和机构等所做出的系统规定。

（1）汇率制度的内容和影响因素

汇率制度一般包括如下内容：

① 确定汇率的原则和依据。例如，是以货币本身的价值为依据，还是以法定代表的价值为依据等。

② 维持与调整汇率的办法。例如，是采用公开法定升值或贬值的办法，还是采取任其浮动或官方有限度干预的办法。

③ 管理汇率的法令、体制和政策等。例如，各国外汇管制中有关汇率及其适用范围的规定。

④ 制定、维持与管理汇率的机构，如外汇管理局、外汇平准基金委员会等。

一国在选择适合自己的汇率制度时一般会考虑如下因素：

第一，经济规模与开放程度。如果贸易占 GDP 的份额很大，那么货币汇率的频繁波动就会加大贸易成本，在这种情况下采用固定汇率制比较利于控制成本。

第二，通货膨胀率。如果一国的通货膨胀率比其贸易伙伴高，那么它的汇率必须浮动，以防止它的商品在国际市场上的竞争力下降，如果通货膨胀率的差异适度，那么最好选用固定汇率制。

第三，劳动力市场弹性。工资越是具有刚性，就越需要选择浮动汇率制，以利于经济更好地对外部冲击做出反应。

第四，金融市场发育程度。世界上金融市场发达的国家一般都选择实行浮动汇率制。很多发展中国家由于金融市场发育不成熟，往往选择固定汇率制，这样比较易于控制汇率风险。我国此前在较长时间内也实行了固定汇率制。

第五，政府的声望和调控经济的能力。一般来说，一国中央银行的声望越高，在调控金融市场上的能力越强，公众对政府的信心越大，则越适合选择浮动汇率制。

第六，资本流动性。一国经济对国际资本越开放，保持固定汇率制就越难，就越倾向于采用浮动汇率制。

（2）固定汇率制（fixed exchange rate system）

传统上，一般根据汇率变动的幅度将汇率制度分为固定汇率制和浮动汇率制两种。固定汇率制是以本位货币本身或法定含金量为确定汇率的基准，汇率只能在一定幅度内波动的一种比较稳定的汇率制度。固定汇率制可以分为1880—1914年金本位体系下的固定汇率制和1944—1973年布雷顿森林体系下的固定汇率制（也称为以美元为中心的固定汇率制）。在这种汇率制度下，汇率波动幅度较小，给市场提供了明确的价格信号，减少了经济活动的不确定性，有利于对外贸易结算和资本的正常流动，它也使得政府对经济的操控性更强。由于在这种制度下汇率不能变动，缺乏灵活性，所以政府、投资者等市场参与者丧失了利用汇率对市场进行调节的手段，从而降低了风险意识和抵御风险的能力。同时，在固定汇率制下，本国货币政策缺乏独立性，导致固定汇率有时会变得极其不稳定，汇率水平的突然变化也容易迫使一国政府在市场压力下放弃原有的目标汇率而实行新的汇率，这是一种汇率的再安排。

（3）浮动汇率制（floating exchange rate system）

浮动汇率制是一国货币的汇率并非固定，而是由自由市场的供求关系决定的制度。当供过于求时，汇率就下降；当供不应求时，汇率就上浮。在这种汇率制度下，汇率涨落基本自由，一国政府原则上没有在金融市场上维持汇率波动界限的义务，但必要时可以进行干预。1973年固定汇率制瓦解后，西方国家普遍实行浮动汇率制度，目前世界上大多数国家也都实行的是浮动汇率制。我国在1994年以前实行过固定汇率制，此后逐渐采取有管理的浮动汇率制。

浮动汇率制根据管理方式和宽松程度可以分为不同的类型。

①按政府是否干预，可分为自由浮动制、管理浮动制和联合浮动制。

自由浮动制又称清洁浮动制，是指汇率完全由外汇市场上的供求状况决定，自由涨落、自由调节，政府不加干预。

管理浮动制又称肮脏浮动制，是指一国货币当局为使本国货币对外的汇率不致波动过大，或使汇率向着有利于本国经济发展的方向变动，通过各种方式，或明或暗地对外汇市场进行干预。

联合浮动制是指一些经济关系密切的国家组成集团，在成员国货币之间进行固定汇率制的同时，对非成员国货币实行共升共降的浮动汇率。例如，在欧元推出之前欧洲货币体系成员国实行联合浮动制。

②按照汇率的浮动方式，可分为单独浮动制、联合浮动制、盯住浮动制和联系汇率制。

单独浮动制是指一国货币不与任何国家货币发生固定联系，其汇率根据外汇市场供求变化而自动调整。例如，美元、日元、加拿大元、澳大利亚元和少数发展中国家的货币采取单独浮动制。

如前所述，在联合浮动汇率制度下，在国家集团的成员国之间实行固定汇率制，同时对非成员国货币汇率采取共同浮动的方法。

盯住浮动制度是指一国货币与外币保持固定比价关系，随外币的浮动而浮动。依据盯住货币种类不同，盯住浮动分为盯住单一货币浮动和盯住合成货币浮动两种。盯住单一货币浮动是由于历史上的原因，一些国家的对外经济往来主要集中于某一发达国家或主要使用某种外币，这些国家使本币汇率盯住该国货币变动。例如，一些美洲国家的货币盯住美元。盯住合成货币是指一些国家为了摆脱本币受某一种货币支配的状况，将本币与一篮子货币挂钩。特别提款权是最著名的一篮子货币，它由美元、日元、英镑、欧元、人民币等货币按照不同的比例共同构成，其价格随着这些货币的汇率变化而调整，由国际货币基金组织逐日对外公布。

联系汇率制简称联汇制，也叫货币发行局制度，它是一种特殊盯住汇率制。它将本币与某特定外币的汇率固定下来，并严格按照既定兑换比例，它随着所盯住的外币浮动而浮动，其货币发行量随外汇存储量联动。最典型的联系汇率制是港元联系汇率制。香港在受英国殖民统治时期采用此汇率制度，港元与英镑联系，1972年被取消；1983年10月15日再次实行联系汇率制，港元与美元挂钩，汇率定为7.8港元兑换1美元，此后稳定下来，一直实行至今。

浮动汇率制能根据市场行情的变化自主做出调节，在应对国际经济问题时能较好地发挥经济杠杆的作用；它可以防止国际金融市场上大量游资对硬货币的冲击。同时，在浮动汇率制下，各国无义务维持其汇率稳定，因而不会出现由于被迫干预汇率形成的外汇黄金储备大量流失问题。可是，汇率的剧烈波动既会对一国国内的经济发展产生冲击，也容易助长国际金融市场上的投机活动，使国际金融局势更加动荡，同时也不利于国际贸易和国际投资，使进出口贸易不易准确核算成本或使成本增加。

11.3 人民币汇率制度

11.3.1 我国汇率制度的发展历程

我国的人民币汇率制度是以市场供求为基础、参考一篮子货币进行调节、有管理的浮动汇率制度。这一汇率制度是从1994年汇率制度改革以来逐步形成并走向成熟的。我国的人民币汇率制度的形成大致可以分为四个阶段：1994年之前的人民币汇率制度、1994—2005年7月的汇率并轨与有管理的浮动汇率制、2005—2015年的汇率机制和2015年以后的汇率机制。

（1）1994年之前的人民币汇率制度

中华人民共和国成立以来至改革开放前，在传统的计划经济体制下，人民币汇率由国家实行严格的管理和控制。根据不同时期的经济发展需要，改革开放前我国的汇率制度经历了中华人民共和国成立初期的单一浮动汇率制（1949—1952年）、单一固定汇率制（1953—1972年）和布雷顿森林体系崩溃后以"一篮子货币"计算的单一浮动汇率制（1973—1980年）。

党的十一届三中全会以后，我国进入了向社会主义市场经济过渡的改革开放新时期。为鼓励外贸企业出口，我国的汇率制度从单一汇率制转为双重汇率制，经历了官方汇率与贸易外汇内部结算价并存（1981—1984年）和官方汇率与外汇调剂价格并存（1985—1993年）两个汇率双轨制时期。

所谓汇率双轨制，是指企业的出口收汇被分为两个部分：一部分必须按较低的官方汇率上缴国家，余下部分可按调剂市场汇率售出或可自行根据市场供求信号进口盈利商品。在第一个双轨制时期，由于改革开放以前，人民币汇率长期低于出口创汇成本，但高于国内外消费物价之比，为了扩大出口，人民币需要贬值，不过人民币贬值对非贸易外汇收入不利。从兼顾贸易和非贸易两方面的需要出发，1979

年8月政府决定自1981年1月1日起在官方汇率之外实行贸易内部结算汇率，它以全国出口平均换汇成本加一定幅度的利润计算出来，明显低于官方汇率。在第二个双轨制时期，国家取消了内部结算汇率，进入官方汇率与外汇调剂市场汇率并存时期（1985—1993年）。

双重汇率体制明显调动了出口企业的积极性，国家外汇储备也有所增加，但是，这种安排存在明显的问题：第一，从对外关系来看，IMF将双重汇率看作政府对出口的补贴，发达国家威胁要对我国出口商品征收反补贴税。第二，从国内角度来看，双重汇率造成外汇管理工作中的混乱，而且它在外贸部门仍然"吃大锅饭"的情况下不能有效抑制进口。所以，从1985年1月1日起，取消内部结算价，人民币又恢复到单一汇率。

以外汇留成制为基础的外汇调剂市场的发展，对促进企业出口创汇、外商投资企业的外汇收支平衡和中央银行调节货币流通均起到了积极的作用。随着我国改革开放的不断深入，官方汇率与外汇调剂市场汇率并存的人民币双轨制的弊端逐渐显现出来。一方面，多种汇率的并存，造成了外汇市场秩序混乱，助长了投机行为；另一方面，外汇黑市的长期存在影响了人民币汇率的稳定和人民币的信誉。外汇体制改革的迫切性日益突出。

1993年11月，党的十四届三中全会通过的《中共中央关于建立社会主义市场经济体制若干问题的决定》，要求改革外汇体制，建立以市场供求为基础的、有管理的浮动汇率制度和统一规范的外汇市场，逐步使人民币成为可兑换货币。1993年12月，国务院正式颁布了《关于进一步改革外汇管理体制的通知》，采取了一系列重要措施，具体包括：实现人民币官方汇率和外汇调剂市场汇率并轨；建立以市场供求为基础的、单一的、有管理的浮动汇率制；取消外汇留成，实行结售汇制度；建立全国统一的外汇交易市场等。

（2）1994—2005年7月的汇率并轨与有管理的浮动汇率制

1994年1月1日，人民币官方汇率与外汇调剂市场汇率正式并轨，我国开始实行以市场供求为基础的、单一的、有管理的浮动汇率制。建立全国统一的、规范的银行间外汇交易市场，企业和个人按规定向银行买卖外汇，银行进入银行间外汇市场进行交易，央行通过参与该市场交易管理人民币汇率，人民币对外公布的汇率即为该市场所形成的汇率。中央银行设定一定的汇率浮动范围，并通过调控市场保持人民币汇率稳定。同时，实行银行结售汇制，取消外汇留成和上缴。1996年12月我国实现人民币经常项目可兑换，从而迈出了人民币自由兑换的重要一步。

1997年以前，人民币汇率稳中有升，海内外对人民币的信心不断增强。此后由于亚洲金融危机爆发，为防止亚洲周边国家和地区货币轮番贬值使危机深化，中国作为一个负责任的大国，主动收窄了人民币汇率浮动区间。随着亚洲金融危机的影响逐步减弱，我国经济持续、平稳较快发展，经济体制改革不断深化，金融领域改革取得了新的进展，外汇管制进一步放宽，外汇市场建设的深度和广度不断拓展，为完善人民币汇率形成机制创造了条件。

（3）2005年7月—2015年的汇率制度安排

2005年7月21日，我国对人民币汇率形成机制进行改革，开始实行以市场供求为基础、参考一篮子货币进行调节、有管理的浮动汇率制度。当时施行的汇率形成机制改革主要包括三个方面：

一是汇率调控的方式。人民币汇率不再盯住单一美元，而是选择若干种主要货币组成一个货币篮子，参考一篮子货币计算人民币多边汇率指数的变化，并根据市场供求关系来进行浮动。这里的"一篮子货币"，是指按照我国对外经济发展的实际情况，选择若干种主要货币，赋予相应的权重，组成一个货币篮子。同时，根据国内外经济金融形势，对人民币汇率进行管理和调节，维护人民币汇率在合理均衡水平上的基本稳定。

二是中间价的确定和日浮动区间。中国人民银行于每个工作日闭市后公布当日银行间外汇市场美元等交易货币对人民币汇率的收盘价，作为下一个工作日该货币对人民币交易的中间价格。

三是起始汇率的调整。2005年7月21日19时，美元对人民币交易价格调整为1美元兑8.11元人民币，作为次日银行间外汇市场上外汇指定银行之间交易的中间价，外汇指定银行可自此时起调整对客户的挂牌汇价。新的人民币汇率制度以市场汇率作为人民币对其他国家货币的价值标准，这使外汇市场上的外汇供求状况成为决定人民币汇率的主要依据。

2008—2010年，由于美国次贷危机全面爆发并迅速扩大，引发国际金融危机，为了应对金融危机，人民币对美元双边名义汇率波动幅度开始收窄，人民币重新回到了盯住美元的汇率制度，直至2010年6月中国人民银行决定进一步推进人民币汇率形成机制改革，增强人民币汇率弹性。

图11-1中"人民币对美元汇率"折线反映了自2000年以来，我国人民币对美元汇率的总体变化情况。从图中我们可以看到，2005年以前，我国人民币对美元汇率一直都维持在8以上的水平；2005年汇率形成机制改革以后，汇率升值趋势非常明显。自2006年1月4日起，中国人民银行授权中国外汇交易中心于每个工作日上午9时15分对外公布当日人民币对美元、欧元、日元和港元汇率中间价，作为当日银行间即期外汇市场（含OTC方式和撮合方式）以及银行柜台交易汇率的中间价。新人民币汇率制度的平稳实施充分证明了"以市场供求为基础、参考一篮子货币进行调节、有管理的浮动汇率制度"符合我国汇率形成机制改革对主动性、可控性、渐进性的要求。人民币汇率以市场供求为基础，参考一篮子货币，在合理、均衡水平上保持基本稳定。

（4）2015年至今的汇率制度安排

2015年，A股市场行情突然发生了大的变化，A股市场在经历了一年的上涨之后忽然跳水，沪深两市"千股跌停"，数百只股票临时停牌避免连续暴跌。国家通过降息、紧急救市等多方举措才终于将市场情绪稳定。2015年8月11日，鉴于当时的国际环境以及人民币实际有效汇率与市场预期出现偏离，为进一步完善人民币中间报价，央行决定主动放弃对中间价的管理，改由做市商在银行间市场开盘前参

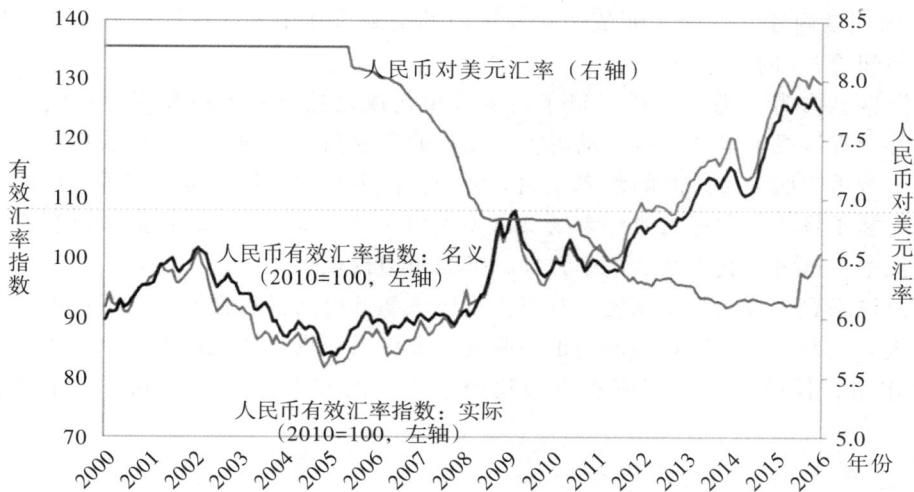

图11-1　2000—2016年人民币对美元平均汇率走势图

资料来源　中国人民银行官网（http://www.pbc.gov.cn/）.

考上一日收盘价，综合考虑外汇供求情况以及国际主要货币汇率变化，向中国外汇交易中心提供中间价报价，并且未来将进一步完善汇率制度，由此迈出了人民币汇率市场化改革的至关重要的一步，这一重要事件被称为"8·11汇改"。

"8·11汇改"后，为了抑制人民币对美元汇率的过快贬值，2015年12月中国外汇交易中心发布 CFETS 人民币汇率指数，在此基础上人民币对美元汇率中间价初步形成了"收盘汇率+一篮子货币汇率"的双目标中间价定价机制。人民币对美元汇率中间价的制定，要等权重地参考如下两个目标：一是人民币对美元汇率上一日的收盘价（这实际上由市场供求来决定）；二是维持24小时（后来改为15小时）之内人民币对 CFETS 货币篮子的汇率指数不变（这实际上类似于盯住一篮子）。

阅读材料
11-2

人民币跌破
7.30大关

11.3.2　我国汇率制度的特点

我国的人民币汇率制度具有如下几个特点：

第一，以市场供求为基础。这体现在根据新的人民币汇率制度确定的汇率与当前的进出口贸易、通货膨胀水平、国内货币政策、资本的输出输入等经济状况密切相连，经济的变化情况会通过外汇供求的变化作用到外汇汇率上。

第二，有管理的汇率。我国的外汇市场是需要继续健全和完善的市场，政府必须采用宏观调控措施来对市场的缺陷加以弥补，因而对人民币汇率进行必要的管理是必需的。这主要体现在国家外汇市场进行监管、国家对人民币汇率实施宏观调控、中国人民银行进行必要的市场干预。

第三，实行浮动汇率制。浮动汇率制就是一种具有适度弹性的汇率制度。中国人民银行于每个工作日闭市后公布当日银行间外汇市场美元等交易货币对人民币汇率的收盘价，作为下一个工作日该货币对人民币交易的中间价格。现阶段，每日银行间外汇市场美元对人民币的交易价仍在中国人民银行公布的美元交易中间价上下

0.3%的幅度内浮动，非美元货币对人民币的交易价在中国人民银行公布的该货币交易中间价3%的幅度内浮动。

第四，参考一篮子货币。篮子内的货币构成是综合考虑在我国对外贸易、外债、外商直接投资等外经贸活动占较大比重的主要国家、地区的货币选择的。参考一篮子货币表明外币之间的汇率变化会影响人民币汇率，但参考一篮子货币不等于盯住一篮子货币，它还需要将市场供求关系作为另一重要依据，据此形成有管理的浮动汇率。这将有利于增加汇率弹性，抑制单边投机。

总体来看，我国汇率制度改革正在也应该朝着更加具有弹性和灵活性的方向稳步推进，只有完善有管理的浮动汇率制度，发挥市场供求在人民币汇率形成中的基础性作用，保持人民币汇率在合理均衡水平上的基本稳定，金融市场才会变得安全。

11.4 国际货币体系

11.4.1 国际货币体系的主要内容

（1）国际货币体系的含义

国际货币体系（international currency system）就是各国政府为适应国际贸易与国际支付的需要，对货币在国际范围内发挥世界货币职能所确定的原则、采取的措施和建立的组织形式的总称。建立国际货币体系的目的很明确，就是为满足各国在贸易和支付活动中的需要，对有关货币兑换、国际收支调节、国际储备资产的构成等问题做出共同安排。

（2）国际货币体系的主要内容

建立国际货币体系主要是确定以下基本内容：

其一，国际支付原则。也就是，一国对外支付是否受到限制，一国货币可否自由兑换成支付货币，本国货币与其他国家货币之间的汇率如何确定，货币比价波动的界限如何确定，货币比价如何调整，为维护货币比价应采取哪些措施，是否采取多元化比价等问题。

其二，国际收支调节方式。一国的国际收支很容易出现顺差或逆差，要确定各国政府用什么方式来弥补国际收支缺口，各国政府之间的调节措施如何相互协调。

其三，国际货币或储备资产。也就是，用什么货币作为支付货币，一国政府应持有何种为世界各国所普遍接受的资产作为储备资产，以及如何确定储备资产的数量等。

其四，国别经济政策与国际经济政策的协调。在国际经济合作日益加强的过程中，一国的经济政策往往也会对别国造成影响，因此不同国家之间经济政策的协调也成为国际货币体系的重要内容。

我国一直积极致力于推进人民币国际化，目前我国已经和很多国家签订了双边支付和货币互换的协定，人民币在经常项目下已经实现了可自由兑换，资本项目下的兑换还在稳步推进；我国实行有管理的浮动汇率制并以一篮子货币作为外汇储备货币；我国通过财政政策和货币政策的应用调节国际收支并保持汇率水平的稳定，同时注重加强国家间的协调与合作。建立国际货币体系可以通过协调各国之间的汇率机制防止货币贬值的恶性循环，它能够为调节国际收支不平衡提供有力手段和解决途径，也能促进各国经济政策的协调。

（3）国际货币体系建立的过程

国际货币体系的建立过程经历了三大重要时期：1880—1914年的金本位制时期、1944—1973年的布雷顿森林体系时期、1976年至今的牙买加体系时期。在这三大时期之间，1918—1944年，有20多年的虚金本位制。随着1929—1933年世界经济危机的爆发，国际虚金本位制走向解体。由此，国际货币体系进入了长达十几年的混乱时期，其间形成了以英、美、法三大国为中心的三个货币集团（英镑集团、美元集团、法郎集团）。三大集团以各自国家的货币作为储备货币和国际清偿力的主要来源，同时展开了在世界范围内争夺国际货币金融主导权的斗争，这种局面一直持续到二战结束。二战后，随着美国世界政治经济霸权的确立，国际货币体系进入了布雷顿森林体系。1973—1976年，布雷顿森林体系解体后国际货币体系向浮动汇率制度过渡。

11.4.2　国际金本位体系

金本位制是以一定成色及重量的黄金为本位货币的一种货币制度，黄金是货币体系的基础。历史上第一个国际货币制度，是19世纪到第一次世界大战前相继推行的金本位制。一般认为，1880—1914年的35年间是国际金本位制的黄金时期。

（1）国际金本位体系的特点

①黄金是货币体系的基础。这一时期黄金成为整个国际货币体系的基础，它是国际储备资产和结算货币；金铸币可以自由流通和储藏，也可以按法定含金量自由铸造，各种金铸币或银行券可以自由兑换成黄金。

②实行严格的固定汇率制。在金本位制下，各国货币之间的汇率由它们各自的含金量比例决定，同时受到市场供求影响，围绕着铸币平价上下小幅波动，其波动幅度不超过两国黄金输送点。

③国际收支的自动调节机制。该机制由英国经济学家大卫·休谟于1752年提出，所以又称"休谟机制"。他认为，在国家间普遍实行金本位制的条件下，一个国家的国际收支可通过物价的涨落和现金（即黄金）的输出输入自动恢复平衡，金融当局无须干预。他所分析的调节过程是：一国的国际收支如果出现逆差，则外汇供不应求，外汇汇率上升，若外汇汇率上升超过了黄金输送点，则本国商人不再用本币购买外汇付给商人，而是直接用黄金支付给外国出口商，这样黄金就大量流出。黄金外流导致本国银行存款准备金升高，从而使流通中货币量减少，物价下跌，而物价下跌使得出口成本降低，本国商品的出口竞争力增强，出口增加，进口减少，直至国际收支改善。这样，国际收支的不平衡完全能够自发调节，用不着任

何人为的干预。如果一国国际收支出现顺差，其自动调节过程完全一样，只是各经济变量的变动方向相反而已。

（2）国际金本位体系的优缺点

国际金本位制是一种较为稳定的货币制度，该体系下各国货币之间的比价、黄金以及其他代表黄金流通的铸币和银行券之间的比价、各国物价水平都相对稳定。这种稳定的汇率对国际贸易、国际资本流动和各国经济发展起到了积极作用。但是，该货币制度过度依赖黄金，而现实中黄金产量的增长远远无法满足世界经济贸易增长对黄金的需求，简言之，黄金不够用了；再加上各国经济实力的巨大差距造成黄金储备分布的极端不平衡，于是银行券的发行日益增多，黄金的兑换日益困难。一战爆发，各国便中止黄金输出，停止银行券和黄金的自由兑换，国际金本位制度宣告解体。

（3）虚金本位制（又称金汇兑本位制）

这一制度盛行于一战结束到20世纪30年代经济大萧条前夕，它是在1922年意大利热那亚召开的国际货币金融会议上确定的。在虚金本位制下，黄金依旧是国际货币体系的基础，各国纸币仍规定有含金量，代替黄金执行流通、清算和支付手段的职能；本国货币与黄金直接挂钩或通过另一种同黄金挂钩的货币与黄金间接挂钩，与黄金直接或间接保持固定的比价；在间接挂钩的条件下，本国货币只能通过兑换外汇来获取黄金，而不能直接兑换黄金；黄金只有在最后关头才能充当支付手段，以维持汇率稳定。

虚金本位制节约了黄金的使用，弥补了金本位制中黄金储量不足的劣势，但是世界贸易和商品经济的快速发展仍然使得黄金的产量和黄金的需求之间存在巨大缺口，尤其是在汇率频繁波动时，用黄金干预外汇市场来维系固定比价显得力不从心。1929—1933年，世界经济大危机爆发，国际虚金本位制瓦解。

11.4.3　布雷顿森林体系

布雷顿森林体系是一个以外汇自由化、资本自由化和贸易自由化为主要内容的多边经济制度。

（1）布雷顿森林体系的内容

①建立了以美元为中心的汇率平价体系。该体系规定美元与黄金挂钩、各国货币与美元挂钩（简称"双挂钩"），彼此之间建立固定比价关系，这是典型的以美元为中心的国际金汇兑本位制。"双挂钩"的具体内容包括：第一，美元与黄金挂钩表现为：美元以35美元兑换1盎司黄金的官价和黄金保持固定比价；美国准许各国政府或中央银行随时按官价向美国兑换黄金；其他国家的货币不能兑换黄金。第二，各国货币与美元挂钩表现为：各国货币与美元保持固定比价，通过黄金平价决定固定汇率；各国货币汇率的波动幅度不得超过黄金平价的上下1%，否则各国政府必须进行干预。这种"双挂钩"实际上是一种典型的固定汇率制度，即各国货币与美元保持固定比价，美元与黄金保持固定比价。在这种制度下，美元作为国际支付手段与国际储备手段，发挥着世界货币的职能。

②建立永久性国际货币金融机构——国际货币基金组织。国际货币基金组织与世界银行同时成立，并列为世界两大金融机构，其职责是监察货币汇率和各国贸易情况，提供技术和资金协助，确保全球金融制度运作正常。

③规定了美元的发行和兑换方式。基于美国强大的经济实力和雄厚的黄金储备，布雷顿森林体系实际上建立了一种以美元作为国际储备货币的制度。在该体系下，美元实际上等同于黄金，充当国际储备货币，可以自由兑换为任何一个国家的货币，充当价值尺度、流通手段和贮藏手段职能，成为最重要的国际货币。

（2）布雷顿森林体系的优缺点

布雷顿森林体系对于解决国际储备短缺的困难、稳定世界金融市场、营造一个相对稳定的国际金融环境的确发挥了重要作用；国际货币基金组织及其资金融通方案也促进了国际金融合作，保证了全球金融秩序的正常运行；这一体系对于资本主义国家的战后重建和经济复苏发挥了积极作用。然而，这个体系过分依赖一个国家的金融力量，这种以一个强大经济实体来稳固整个世界金融市场的制度使得整个世界的经济都受制于美国经济的起伏与盛衰，它很容易造成世界金融市场的不稳定。

（3）布雷顿森林体系崩溃的原因

布雷顿森林体系崩溃的原因主要有以下几点：

首先，最重要的原因在于其内在的缺陷所导致的"特里芬难题"。"特里芬难题"来源于1960年美国经济学家罗伯特·特里芬的《黄金与美元危机——自由兑换的未来》一书。它是指美元要发挥世界货币的作用必须保持币值的稳定，这不仅要求美国有足够的黄金储备，而且要求美国的国际收支必须保持顺差，从而使黄金不断流入美国而增加其黄金储备，这也是布雷顿森林体系运转的必备条件。然而，世界各国为了发展国际贸易、满足支付和储备的需要就必须获得充足的美元，这会导致流出美国的货币在海外不断沉淀，美国国际收支就会发生长期逆差，否则全世界就会面临外汇储备短缺，国际流通渠道就会出现支付困难。这两个要求互相矛盾，因此是一个悖论，这种矛盾被称为"特里芬难题"，也叫"特里芬两难"。"特里芬难题"是布雷顿森林体系自身的制度性缺陷所形成的，它最终促使该体系走向崩溃。

其次，汇率体制的僵化。布雷顿森林体系所采取的"双挂钩"模式实际上无视了各个国家经济发展起点、发展程度、发展速度的差异，这种差异在客观上要求每个国家有自主调节经济的政策手段。布雷顿森林体系的固定汇率制度使得这些国家丧失了汇率这一调节经济的手段，也限制了国家经济政策作用的发挥；同时，美国经济的起伏与盛衰很容易造成世界金融市场的不稳定，通过传导机制也影响了别国经济的独立性。这种僵化的状态违背了"可调整的固定汇率体系"的初衷，也导致了布雷顿森林体系的解体。

最后，IMF作为国际协调机构在解决各国国际收支不平衡上的能力有限，尤其是各国国际收支问题日益严重，大大超过了IMF所能提供的财力支持，IMF已经无法支撑布雷顿森林体系的运转，这一体系的崩溃就成为必然。

阅读材料 11-3

回望布雷顿森林体系

11.4.4　牙买加体系

随着布雷顿森林体系逐步解体，1972年7月，国际货币基金组织成立一个专门委员会来具体研究国际货币制度的改革问题。该委员会于1974的6月提出一份"国际货币体系改革纲要"，对黄金、汇率、储备资产、国际收支调节等问题提出了一些原则性的建议，为以后的货币改革奠定了基础。1973年后，国际货币体系由固定汇率制向浮动汇率制过渡。直至1976年1月，IMF理事会国际货币制度临时委员会在牙买加首都金斯敦举行会议，讨论国际货币基金协定的条款，经过激烈的争论，签订了《牙买加协议》，确认了布雷顿森林体系崩溃后浮动汇率的合法性，并继续维持全球多边自由支付原则。同年4月，国际货币基金组织理事会通过了《IMF协定第二修正案》，从而形成了新的国际货币体系，牙买加体系建立起来并沿用至今。

（1）牙买加体系的主要内容

①黄金非货币化。该体系规定了黄金非货币化，黄金与各国货币彻底脱钩，不再是汇价的基础，各会员国中央银行可以按照市场价格自由进行黄金的交易。

②浮动汇率制合法化。该体系取消了汇率平价和美元中心汇率，确定了单独浮动、联合浮动、盯住浮动、管理浮动等多种浮动汇率制的形式；承认了固定汇率制与浮动汇率制并存的局面，成员国可自由选择汇率制度。同时，IMF继续对各国货币汇率政策实行严格监督，并协调成员国的经济政策，促进金融稳定，缩小汇率波动范围。该体系还建立了汇率调节、利率调节、国际货币基金组织干预和贷款调节等多种货币调节机制。

③国际储备货币多元化。牙买加体系削弱了美元作为单一储备货币的地位，各国储备货币呈现出以美元为首的多元化状态，美元、欧元、英镑、日元、黄金、特别提款权等都可以构成国际储备；提高了特别提款权的国际储备地位，扩大其在IMF一般业务中的使用范围，并适时修订特别提款权的有关条款；规定参加特别提款权账户的国家可以使用特别提款权偿还国际货币基金组织的贷款，也可用特别提款权作为偿还债务的担保进行借贷。

④增加成员国基金份额，扩大对发展中国家融资。国际货币基金组织成员国的基金缴纳份额从原来的292亿特别提款权增加至390亿特别提款权，增幅达33.6%。基金缴纳份额的增加，提高了IMF成员国的清偿能力。同时，IMF用出售黄金的收入建立了信托基金，扩大对发展中成员国的资金融通，改善发展中国家的贷款条件。

（2）牙买加体系的运行

①储备货币多元化。与布雷顿森林体系下国际储备结构单一、美元地位十分突出的情形相比，在牙买加体系下，国际储备呈现多元化局面，美元虽然仍是主导的国际货币，但美元地位明显削弱了，由美元垄断外汇储备的情形不复存在。德国马克、日元伴随两国经济的恢复和发展脱颖而出，成为重要的国际储备货币。此后，国际储备货币日趋多元化，欧元被全球接受，成为各国的主要储备货币之一，甚至

可以和美元相提并论。

②汇率安排多样化。在牙买加体系下，浮动汇率制与固定汇率制并存。一般而言，发达国家多数采取单独浮动或联合浮动，有的也采取盯住自选的货币篮子。发展中国家多数采取盯住某种国际货币或货币篮子，单独浮动的很少。不同汇率制度各有优劣，浮动汇率制可以为国内经济政策提供更大的活动空间与独立性，而固定汇率制则减少了本国企业可能面临的汇率风险，方便生产与核算。各国可根据自身的经济实力、开放程度、经济结构等一系列相关因素去权衡得失利弊。

③国际收支调节手段多样化。

其一，运用国内经济政策。国际收支作为一国宏观经济的有机组成部分，必然受到其他因素的影响。一国往往运用国内经济政策改变国内的需求与供给，从而消除国际收支不平衡。比如，在资本项目逆差的情况下，可提高利率、减少货币发行，以此吸引外资流入，弥补缺口。

其二，运用汇率政策。在浮动汇率制或可调整的盯住汇率制下，汇率是调节国际收支的一个重要工具，其原理是：经常项目赤字，本币币值趋于下跌，外贸竞争力增强，出口增加、进口减少，经常项目赤字减少或消失；相反，经常项目顺差，本币币值上升，削弱出口商品的竞争力，出口减少、进口增加，从而减少经常项目的顺差。

其三，进行国际融资。在布雷顿森林体系下，这一功能主要由IMF完成。在牙买加体系下，IMF的贷款能力有所提高，更重要的是，伴随石油危机的爆发和欧洲货币市场的迅猛发展，各国逐渐转向欧洲货币市场，利用该市场比较优惠的贷款条件融通资金，调节国际收支中的顺逆差。

其四，加强国际协调。这主要体现在：一是以IMF为桥梁，各国政府通过磋商，就国际金融问题达成共识与谅解，共同维护国际金融形势的稳定与繁荣。二是西方七国（美、英、法、德、日、意、加）通过多次会议达成共识，多次合力干预国际金融市场，主观上是为了各自的利益，但客观上也促进了国际金融与经济的稳定与发展。

（3）评价

在牙买加体系下，国际储备实现多元化，摆脱了对单一货币的依赖，货币供应和使用更加方便灵活，在一定程度上解决了"特里芬难题"；浮动汇率制能更加灵敏地反映各国经济动态，也便于政府灵活地对经济进行调节，有助于保持国内经济政策的连续性和稳定性。同时，牙买加体系提供了多渠道调节国际收支的手段，避免了布雷顿森林体系下调节失灵的尴尬，增强了调节的时效性和有效性。因此，在牙买加体系下，国际经济交往得到了迅速发展，国际贸易和国际投资活动不断增加，各国政策的自主性得到加强，在开放经济条件下各国经济的稳定运行也有了进一步保障。

国际储备多元化也使得整个国际货币格局不稳定，管理调节复杂性强、难度高，尤其是当各国货币当局进行储备货币结构调整时，汇率变动更加剧烈，不利于各国内外均衡目标的实现；同时，浮动汇率制容易导致汇率的大起大落，加剧国际金融市场的动荡和混乱，大大增加外汇风险，也会在一定程度上抑制国际贸易和国际投资活动。20世纪90年代的亚洲金融危机以及2000年以后的金融危机和债务危机的发生也使得浮动汇率制的缺陷更加凸显出来。同时，调节机制多样化不能从根本上改变国际收支失衡的矛盾，这些危机发生后，国际货币基金组织的几次干预并未收到预期效果。

（4）超主权国际储备货币

阅读材料
11-4

未来国际货币体系是数字货币与主权货币共生的格局

阅读材料
11-5

从美元到e-SDR（超主权数字储备货币）

1998年亚洲金融危机爆发后，国际学术界就对国际金融自由化的规则和牙买加体系的问题进行了反思，要求改革现有国际货币体系的呼声也从未停止过。在改革问题上中国人民银行提出了建立"超主权国际储备货币"的构想。"超主权国际储备货币"是指一种与主权国家脱钩并能保持币值长期稳定的国际储备货币。中国人民银行于2009年6月26日公布《中国金融稳定报告（2009）》，在这份报告中正式提议创设"超主权国际储备货币"的主张。这一提议旨在改革国际货币体系，推动国际储备货币向着币值稳定、供应有序、总量可调的方向完善，从根本上维护全球经济金融稳定。中国人民银行在报告中强调了特别提款权，主张应充分发挥特别提款权的作用，由IMF集中管理成员国的部分储备，降低对现有少数储备货币的过度依赖，增强国际社会应对危机、维护国际货币金融体系稳定的能力。

本章小结 ✅ --●

1. 外汇一般指货币当局（包括中央银行、货币管理机构、外汇平准基金及财政部等）以银行存款、财政部库券、长短期政府证券等形式保有的在国际收支逆差时可以使用的债权。

2. 汇率也叫外汇汇率或外汇行市，它是指两种货币之间的兑换比率，也可以看作一个国家的货币对另一种货币的价值。具体表现为一国货币与另一国货币的比率或比价，或者说是用一国货币表示的另一国货币的价格。

3. 直接标价法又叫应付标价法，它是以一定单位（1、100、1 000、10 000单位）的外国货币为标准来计算应付出多少单位本国货币，相当于计算购买一定单位外币应付出多少本币，所以也叫应付标价法。

4. 间接标价法又称应收标价法，它是以一定单位（如1个单位）的本国货币为标准，来计算应收若干单位的外国货币，即以外国货币表示的单位本国货币的价格。

5. 一般来说，在各种标价法下数量固定不变的货币称为基准货币，数量发生变化的货币称为标价货币。

6. 按照国际货币制度的演变来划分，汇率可以分为固定汇率和浮动汇率。按照银行买卖外汇的角度划分，汇率可分为买入汇率、卖出汇率、中间汇率和现钞汇率。按照外汇交割期限划分，汇率可分为即期汇率和远期汇率。按照制定的方法划分，汇率可以分为基本汇率和套算汇率。按照对外汇管理的宽严程度划分，汇率可以分为官方汇率和市场汇率。

7.交易汇率风险也叫汇率结算风险，它是运用外币进行计价收付的交易中，经济主体因外汇汇率的变动而蒙受损失的可能性。

8.折算汇率风险又称会计风险，它是指经济主体在对资产负债表的会计处理中，将功能货币转换成记账货币时，因汇率变动而导致账面损失的可能性。

9.经济汇率风险又称经营风险，是指意料之外的汇率变动通过影响企业的生产销售数量、价格、成本，引起企业未来一定期间收益或现金流量减少的一种潜在损失。

10.一方面，政治、经济因素会影响汇率的变化；另一方面，一国汇率的变化也会对国内经济、国际经济和金融市场造成影响。

11.汇率制度又称汇率安排，它是指各国或国际社会对确定、维持、调整与管理汇率的原则、方法、方式和机构等所做出的系统规定。

12.固定汇率制度是以本位货币本身或法定含金量为确定汇率的基准，汇率只能在一定幅度内波动的一种比较稳定的汇率制度。浮动汇率制度是一国货币的汇率并非固定，而是由自由市场的供求关系决定的制度。当供过于求时，汇率就下降；当供不应求时，汇率就上浮。

13.国际货币体系是各国政府为适应国际贸易与国际支付的需要，对货币在国际范围内发挥世界货币职能所确定的原则、采取的措施和建立的组织形式的总称。

14.国际货币体系的演变过程经历了三大重要时期：1880—1914年的金本位制时期；1944—1973年的布雷顿森林体系时期；1976年至今的牙买加体系时期。

核心概念 ✅

外汇　汇率　直接标价法　间接标价法　美元标价法　基准货币　标价货币　固定汇率　浮动汇率　买入汇率　卖出汇率　中间汇率　现钞汇率　即期汇率　远期汇率　基本汇率　套算汇率　官方汇率　市场汇率　交易汇率风险　折算汇率风险　经济汇率风险　汇率制度　国际货币体系　特里芬难题　超主权国际储备货币

课后思考与练习 ✅

1.简述远期汇率和即期汇率之间的关系。

2.如何认识买入汇率、卖出汇率、中间汇率和现钞汇率的区别？

3.简述影响汇率变动的因素。

4.简述汇率变动对国内经济的影响。

5.汇率制度实施的内容有哪些？

6.选择汇率制度应该考虑的因素有哪些？

7. 我国的人民币汇率制度有哪些特点？

8. 国际货币体系的主要内容有哪些？

9. 国际金本位体系的优缺点是什么？

10. 布雷顿森林体系的"双挂钩"制度是什么？

11. 布雷顿森林体系崩溃的原因是什么？

12. 什么是"特里芬难题"？

13. 牙买加体系的主要内容有哪些？

参考文献

［1］戴国强．商业银行经营学 ［M］．6版．北京：高等教育出版社，2022．

［2］多恩布什，费希尔，斯塔兹．宏观经济学 ［M］．王志伟，译．13版．北京：中国人民大学出版社，2021．

［3］高鸿业．西方经济学：宏观部分 ［M］．8版．北京：中国人民大学出版社，2021．

［4］蒋先玲．货币金融学 ［M］．3版．北京：机械工业出版社，2021．

［5］米什金．货币金融学 ［M］．郑艳文，荆国勇，译．12版．北京：中国人民大学出版社，2021．

［6］朱新蓉．货币金融学 ［M］．5版．北京：中国金融出版社，2021．

［7］黄达，张杰．金融学（精编版）［M］．5版．北京：中国人民大学出版社，2020．

［8］殷孟波，等．货币金融学 ［M］．4版．成都：西南财经大学出版社，2020．

［9］吴晓求．证券投资学 ［M］．5版．北京：中国人民大学出版社，2020．

［10］张自力．中国货币市场业务实训教程 ［M］．北京：经济科学出版社，2020．

［11］王宇，李宏瑾．经济转型中的利率市场化改革 ［M］．北京：商务印书馆，2019．

［12］休亨瑞．全球货币市场手册——精通全球货币市场规则的必读工具书 ［M］．北京融合友信科技有限公司，译．北京：企业管理出版社，2016．

［13］冯科．金融监管学 ［M］．北京：北京大学出版社，2015．

［14］本尼卡．基于Excel的金融学原理 ［M］．金永红，陆星忠，郭建邦，等译．2版．北京：中国人民大学出版社，2014．

［15］布鲁，格兰特．经济思想史 ［M］．邸晓燕，等译．8版．北京：北京大学出版社，2014．

［16］赫尔．期权、期货及其他衍生产品 ［M］．王勇，索吾林，译．9版．北京：机械工业出版社，2014．

［17］叶永刚，张培．衍生金融工具 ［M］．2版．北京：中国金融出版社，

2014.

[18] 范从来，姜宁，王宇伟. 货币银行学 [M]. 4版. 南京：南京大学出版社，2013.

[19] 霍默，西勒. 利率史 [M]. 肖新明，曹建海，译. 4版. 北京：中信出版社，2010.

[20] 朴明根，邹立明，王春红. 证券投资学 [M]. 北京：清华大学出版社，2010.

[21] 陈志武. 金融的逻辑 [M]. 北京：国际文化出版公司，2009.

[22] 荣卡格利亚. 西方经济思想史 [M]. 罗汉，耿筱兰，郑梨莎，等译. 上海：上海社会科学院出版社，2009.

[23] 胡维熊. 利率理论与政策 [M]. 上海：上海财经大学出版社，2001.

[24] GORTON G, METRICK A. Securitized banking and the run on repo [J]. Journal of Financial Economics，2012，104（3）：425-451.

[25] CECCHETTI S G. Money, banking and financial markets [M]. New York：McGraw-Hill Higher Education，2005.

[26] BLACK F S, SCHOLES M S. The pricing of options and corporate liabilities [J]. Journal of Political Economy，1973，81（3）：637-654.